仅将此书献给在中国改革开放40年中，
　　　　　奉献了青春、才华和璀璨人生的奋斗者们

HUAWEI
FROM CATCHING UP
TO LEADING

华为启示录

从追赶到领先

董小英 晏梦灵 胡燕妮 著

图书在版编目（CIP）数据

华为启示录：从追赶到领先 / 董小英，晏梦灵，胡燕妮著. —北京：北京大学出版社，2018.9
（光华思想力书系）
ISBN 978-7-301-29843-5

Ⅰ.①华… Ⅱ.①董… ②晏… ③胡… Ⅲ.①通信企业—企业经营管理—经验— 深圳 Ⅳ.①F632.765.3

中国版本图书馆 CIP 数据核字（2018）第 199044 号

书　　　名	华为启示录：从追赶到领先
	HUAWEI QISHILU：CONG ZHUIGAN DAO LINGXIAN
著作责任者	董小英　晏梦灵　胡燕妮 著
责 任 编 辑	徐　冰
标 准 书 号	ISBN 978-7-301-29843-5
出 版 发 行	北京大学出版社
地　　　址	北京市海淀区成府路205号　100871
网　　　址	http://www.pup.cn
微信公众号	北京大学经管书苑（pupembook）
电 子 信 箱	em@pup.cn　QQ：552063295
新 浪 微 博	@北京大学出版社　@北京大学出版社经管图书
电　　　话	邮购部 010-62752015　发行部 010-62750672　编辑部 010-62752926
印 刷 者	北京大学印刷厂
经 销 者	新华书店
	730毫米×1020毫米　16开本　26.25印张　378千字
	2018年9月第1版　2018年9月第1次印刷
定　　　价	78.00元

未经许可，不得以任何方式复制或抄袭本书之部分或全部内容。
版权所有，侵权必究
举报电话：010-62752024　电子信箱：fd@pup.pku.edu.cn
图书如有印装质量问题，请与出版部联系，电话：010-62756370

丛书序言一
Preface I

很高兴看到"光华思想力书系"的出版问世,这将成为外界更加全面了解北京大学光华管理学院的一个重要窗口。北京大学光华管理学院的前身是1985年成立的北京大学经济管理系,以"创造管理知识,培养商界领袖,推动社会进步"为使命,到现在已经有三十余年了。这三十余年来,光华文化、光华精神一直体现在学院的方方面面,这套"光华思想力书系"是学院各方面工作的集中展示,同时也是北京大学光华管理学院的智库平台,旨在立足新时代,贡献中国方案。

作为经济管理学科的研究机构,北京大学光华管理学院的科研实力一直在国内处于领先位置。光华管理学院有一支优秀的教师队伍,这支队伍的学术影响在国内首屈一指,在国际上也发挥着越来越重要的作用,它推动着中国经济管理学科在国际前沿的研究和探索。与此同时,学院一直都在积极努力地将科研力量转变为推动社会进步的动力。从当年股份制的探索、证券市场的设计、《证券法》的起草,到现在贵州毕节试验区的扶贫开发和生态建设、教育经费在国民收入中的合理比例、自然资源定价体系、国家高新技术开发区的规划,等等,都体现着光华管理学院的教师团队对中国经济改革与发展的贡献。

多年来,北京大学光华管理学院始终处于中国经济改革研究与企业管理研究的前沿,致力于促进中国乃至全球管理研究的发展,培养与国际接轨的优秀学生和研究人员,帮助国有企业实现管理国际化,帮助民营企业实现管理现代化,同时,为跨国公司管理本地化提供咨询服务,从而做到"创造管理知识,培养商界领袖,推动社会进步"。北京大学光华管理学院的几届领导人都把这看作自己的使命。

作为人才培养的重地,多年来,北京大学光华管理学院培养了相当多的优秀学生,他们在各自的岗位上做出贡献,是光华管理学院最宝贵的财富。光华管理学院这个平台的最大优势,也正是能够吸引一届又一届优秀的人才的到来。世界一流商学院的发展很重要的一点就是靠它们强大的校友资源,这一点,也与北京大学光华管理学院的努力目标完全一致。

今天,"光华思想力书系"的出版正是北京大学光华管理学院全体师生和全体校友共同努力的成果。希望这套丛书能够向社会展示光华文化和光华精神的全貌,并为中国管理学教育的发展提供宝贵的经验。

厉以宁

北京大学光华管理学院名誉院长

丛书序言二
Preface II

"因思想而光华。"正如改革开放走过的40年,得益于思想解放所释放出的动人心魄的力量,我们经历了波澜壮阔的伟大变迁。中国经济的崛起深刻地影响着世界经济重心与产业格局的改变;作为重要的新兴经济体之一,中国也越来越多地承担起国际责任,在重塑开放型世界经济、推动全球治理改革等方面发挥着重要作用。作为北京大学商学教育的主体,光华管理学院过去三十余年的发展几乎与中国改革开放同步,积极为国家政策制定与社会经济研究源源不断地贡献着思想与智慧,并以此反哺商学教育,培养出一大批在各自领域取得卓越成就的杰出人才,引领时代不断向上前行。

以打造中国的世界级商学院为目标,光华管理学院历来倡导以科学的理性精神治学,锐意创新,去解构时代赋予我们的新问题;我们胸怀使命,顽强地拓展知识的边界,探索推动人类进步的原动力。2017年,学院推出"光华思想力"研究平台,旨在立足新时代的中国,遵循规范的学术标准与前沿的科学方法,做世界水平的中国学问。"光华思想力"扎根中国大地,紧紧围绕中国经济和商业实践开展研究;凭借学科与人才优势,提供具有指导性、战略性、针对性和可操作性的战略思路、政策建议,服务经济社会发展;研究市场规律和趋势,服务企业前沿实践;讲好中国故事,提升商学教育,支撑中国实践,贡献中国方案。

为了有效传播这些高质量的学术成果,使更多人因阅读而受益,2018

年年初，在和北京大学出版社的同志讨论后，我们决定推出"光华思想力书系"。通过整合原有"光华书系"所涵盖的理论研究、教学实践、学术交流等内容，融合光华未来的研究与教学成果，以类别多样的出版物形式，打造更具品质与更为多元的学术传播平台。我们希望通过此平台将"光华学派"所创造的一系列具有国际水准的立足中国、辐射世界的学术成果分享到更广的范围，以理性、科学的研究去开启智慧，启迪读者对事物本质更为深刻的理解，从而构建对世界的认知。正如光华管理学院所倡导的"因学术而思想，因思想而光华"，在中国经济迈向高质量发展的新阶段，在中华民族实现伟大复兴的道路上，"光华思想力"将充分发挥其智库作用，利用独创的思想与知识产品在人才培养、学术传播与政策建言等方面做出贡献，并以此致敬这个不凡的时代与时代中的每一份变革力量。

北京大学光华管理学院名誉院长

序
Foreword

一、为什么长期研究华为

我和我的研究团队从2010年开始关注和研究华为,在这近10年间,有3位博士生、20多位硕士生及MBA学生参与其中,整个研究过程主要依靠自有经费和国家自然科学基金经费("战略领导力、组织学习对高科技企业双元能力建设的影响研究",2013—2017,项目号71371017)的支持。这么长的时间常常有彷徨、困惑和自我质疑,但最终还是坚持下来,到底是什么力量支持我们用这么长时间、这么大精力去研究一家企业?究其原因,有三件事情对我触动很大。

第一件事是在1999年,我参加欧盟—中国高等教育交流项目,在英国开始研究知识管理。那时候知识管理在国际上刚刚起步,世界上很多知名跨国公司在为人才离开导致知识流失而苦恼;同时,随着智力资本在企业价值创造中扮演越来越重要的角色,很多企业开始重视如何通过知识管理创造财富,通过知识重用避免错误重犯,通过挖掘人才的隐性知识增强创新能力。记得当时英国导师对我研究知识管理并不以为意,在他看来,社会主义国家不需要知识管理。而在我看来,知识管理代表着未来管理的重要方向,因为自然资源会消耗殆尽,而人类的创造力和知识资源是无穷无尽的,人类的创造力和知识潜能远远未被充分挖掘。当我2000年回到北京大学为企业家开设知识管理课程时,很多人也不以为然,他们说,他们的企业不靠知识和知识管理,仍然能挣到很多钱。但是,在我最开始接触华为时,华为对知识资源战略价值的认知与众不同,给我留下了极其深刻的印象,特别是他们在 1997 年发布的《华为基本法》中，就已经将知识资源作为企业发展的唯一战略资源。《华为基本法》第六条明确提出："华为没有可以依存的自然资源，唯有在人的头脑中挖掘出大油田、大森林、大煤矿……"在第十七条中特别谈到华为"是用转化为资本这种形式，使劳动、知识以及企业家的管理和风险累积贡献得到体现和报偿；利用股权的安排，形成公司的中坚力量和保持对公司的有效控制，使公司可持续成长。知识资本化与适应技术和社会变化的有活力的产权制度，是我们不断探索的方向"。中国改革开放头 20 年，很多企业聚焦在有形资源和自然资源的开发利用上，把挣第一桶金作为关键目标，而华为却十分鲜明深刻地指明人力资本、知识资本对企业可持续发展的战略意义和核心价值，并将知识资本化作为企业凝聚人心、激发潜能、释放奋斗精神和整合个人与组织目标的关键制度设计和激励机制，这在当时是非常少见的。

第二件事是在 2009 年，我有机会为一家知名的民营企业做知识管理顾问，当时这家企业已经是国内行业领先者，发展势头良好，企业对未来有乐观的预期和扩张计划，战略已经制定到了 2018 年，领导层内出现了高唱凯歌、偏听偏信的状况，对于内部管理运营体系的升级换代和组织变革并不积极。记得当时访谈时问及高管知识管理价值，对方高管回答："对企业来说，知识管理是中医，只能调养，不能救命。"到了 2012 年，市场并没有像该企业高管预测的那样高速增长，而是趋向萧条。由于盲目乐观、过度扩张、能力滞后、管理系统柔性不足、缺乏危机预案，企业无法适应市场的瞬息万变，大量产品变成库存，只能廉价销售，对企业品牌和价值造成了严重伤害。一个曾经非常优秀的企业就这样在很短的时间内市场地位急转直下，股价贬值严重，高管纷纷离职，陷入危难之中。对此我感到非常震惊，一个如此优秀的企业，为什么在两三年内就出现断崖式的下滑？问题到底出在哪里？什么样的企业家才能带领整个组织避免落入如此陷阱，并把组织从一个高峰带到另一个高峰？带着这个困惑，在研读任正非的讲话时，有一段话令我豁然开朗。他在谈到华为的成长过程时说到自己作为领导人"没有荣誉感、自豪感，只有危机感"。一个企业为了能够活下来，必须要不断地自我批判，"组织层的自我批判，使流程更加优化，管理更加优化；员工的自我批判，将会大大提高自我素质。这样，用户就不会再担心这个公司垮了"。正是这种全方位的自省与自知，使华为深刻意识到自身的不足和差距，通过"耗散结构"，前瞻、持续、高压强地在无人区构建新的能力。相比之下，我切身感受到，领导人的心智、思维模式、定力、智慧、理性、自省与忧患意识，对带领组织选择未来方向、确立资源投入、建设有生命力的文化是如此重要和关键。

第三件事是在2009—2014年，我有机会得到北大光华管理学院思科领导力研究院的全力支持，与央企领导一起到美国思科公司学习，与思科高层有了比较广泛的交流，听到了很多介绍。思科作为1984年创立的互联网企业，在过去34年的发展历程中历经风雨，其间很多行业巨头（如阿尔卡特、北电、摩托罗拉等）相继谢幕或被收购，但思科依然以科技乐观主义者的身份活跃在互联网发展的浪潮之中。通过系统研究我们发现，思科既重视对外的创新转型，又重视对内的管理运营，如果我们把这两个方面视为驱动企业可持续发展的双元能力的话，思科是在精心打造内部卓越管理体系基础上，通过不断创新转型，适应客户和技术发展的新变化，尤其是在创新与运营双元整合上构造了高效的商业模式，从而确保了高科技企业在激进式技术频发的环境中立于不败之地。[①] 以客户为中心的经营理念与制度设计、高适应性的组织文化、高效执行力系统、卓越运营与风险管控体系、持续转型变革等能力是确保其可持续发展的关键。与此相比，华为在研发、市场、管理、品牌等领域与领先企业存在巨大差距且百业待兴、资金捉襟见肘的发展早期，优先投入管理体系和平台的建设。按照任正非的说法："管理是核心，人才、技术、资金可以引进，但形成不了系统的力量。"华为是在对为什么中国几千年来没有出现世界级的企业的思考、对中国文化的反思、对西方跨国公司进行深入研究和理解的基础上，设置企业的发展路径与模式。作为追赶者，华为如何建立自己的双元模式，也特别值得我们研究和探索。

---

① 请参见本书的姊妹篇，《思科实访录：从创新到运营》，北京大学出版社，2018年。

二、如何研究华为

研究华为是一件困难的事情,因它一直保持低调,不输出"革命",是一个非常"内敛"的企业。无奈,我们采用了几近笨拙的办法,尽一切可能搜集一手和二手资料。一手资料包括:(1)任正非在正式或非正式场合的讲话(共107篇,约35万字);(2)华为心声社区上的发帖;(3)华为公司年报(2006—2015);(4)华为员工撰写的书籍和研究论文;(5)非正式场合对华为高管和员工的访谈,华为人在北京大学等地举办的讲座,在MBA、EMBA课堂上的讲座记录,以及我们在华为做讲座时与其员工的访谈;(6)对学生中华为前员工和现员工的访谈,他们的课程报告和论文资料;(7)外资与国内企业(如西门子、三星等企业)高管对华为的看法和评价(总共近30万字);(8)对与华为有过合作或竞争关系的专业人员的访谈(近5万字)。二手资料包括:(1)现有研究华为的书籍;(2)中国学术期刊网(知网)上有关华为的研究论文;(3)国内外媒体对华为的报告;(4)关于华为的网络新闻及报道。通过对这些资料的系统整合与分析,确认这些资料的一致性、可信性和真实性,以弥补我们难以近距离走进企业的不足。同时,时间是一个非常好的标尺,帮助我们多维度、多层面、多视角和多阶段来了解和确认企业的言、行和果(实)。这种笨拙方法的一个"意外"好处是,通过对华为的远距离观望,我们对整个画面有了一个相对完整的认识,但这种方法的缺点也是显而易见的:对画中细节、鲜活故事和场景背后的玄机了解不足。

在这种情况下,我们以双元能力、知识管理、信息管理为理论视角,把研究重点集中在系统梳理华为发展的核心战略、思路和管理方法上。在写作过程中,我们以时间为主要脉络、以管理问题为导向,系统化、结构化地梳理华为从追赶到领先的发展路径。其中,任正非的讲话是最重要、最有价值的分析资料和信息来源。通过对其讲话进行解构和重构,梳理他作为企业领袖在不同阶段和环境中对问题的看法、判断和选择。在此基础上,我们再根据访谈资料和其他一手、二手资料进行深化补充,并在非正式的交流中确认信息的有效性、可靠性和准确性。

我们在接触访谈华为人的过程中，常感受到他们并不掩饰、回避自身的问题和短板，鲜有粉饰太平的敷衍之词，即使是普通员工，也常常是直面现实、保持清醒甚至自嘲。华为并不是一个完美的企业，它的成长过程中也充满着各种各样的"组织黑洞"。华为也经历过"选择失误""研发低效""市场失利""员工流失""山头主义""高层腐败""压力山大"等诸多问题，有些问题在企业摸索过程中消失了，有些问题可能得到了缓解，有些问题可能还在继续恶化，另外还有新问题在不断暴露。我们的研究并非旨在树立一个企业楷模，而是试图从高管认知、人力资源、研发流程、组织学习等多个方面描述一个企业暴露问题、多次试错、寻求改进的历程（"what"与"how"）。这些华为公司曾经经历的成长问题并非特例，很多都是企业成长过程中的共性问题，对中国企业的成长、发展及国际化都有一定的参考意义。

本书的读者对象是企业家和管理者，在写作中，我们将研究重点集中在华为是"如何想"和"如何做"的，并对此进行系统的调研、梳理、整合和分析，通过问题导向的框架结构和标题引导，为企业管理者提供更直接、更有用的信息和线索。在对华为的实践进行系统理解的基础上，我们进行了总结提炼，形成了如基于时间序列、数据和资料的模型、图例和流程图等；对每一章内容进行总结后还与思科的实践进行比较；从整体上总结提炼了"雄鹰模型"，分析华为到底做对了什么，从双元能力视角，探讨了华为能力的构建过程和模型。尽管如此，我们深知，从广度、深度和跨度上看，面对这样一个有着30年复杂曲折发展历史的跨国公司，我们对它的挖掘和总结仍然非常有限，书籍所能呈现的也仅是冰山上的一角。面对未来的全球竞争，我们需要有更多的学者去研究中国企业的发展之路，从而为有志于把企业发展成为具有国际竞争力的企业的企业家和企业高管提供参考。

三、研究华为的感受

对华为的研究历时近10年，我和我的团队怀着忐忑之心和空杯心态，既被研究激情所驱动，又被研究对象所感动。华为人所展示的远见卓识、专注执着、意志顽强、坚忍不拔、客户导向、奋发学习的精神一直鼓舞和激励着我们奋力前行；每当我们想放弃、动摇或被其他研究教学机会所吸引时，是华为的"压强原则""利出一孔"，帮助我们整顿心态、凝聚精神、重回书桌，潜心研究并完成写作。可以说，我们从学习研究华为的过程中获益良多，精神受到洗礼，身心与毅力得到修炼，感受到了伟大企业从追赶到领先的艰辛与不易。尤其是在社会上急功近利、心绪浮躁、追逐短期利益、好大喜功、缺乏长远视野与对未来关键能力投入的氛围下，华为的实践尤其值得尊敬。

今年是改革开放40周年，为了振兴祖国、繁荣社会、缩小与领先国家的差距，一代又一代中国人付出了艰苦努力与智慧求索，创造了"中国奇迹"，这些成果来之不易。这段历史值得书写，值得铭记，这不仅是对这代人奋斗精神的记录，更是为后代留下的一笔宝贵的智力财富。

本书的写作分工如下：董小英，引言，第一部分第一、二章，第二部分第三、四、五、六、八、十一章；晏梦灵，第二部分第九章，第三部分第十二章；胡燕妮，第二部分第七、十章，第三部分第十三章。书中的图均在董小英课件基础上加工完成。由晏梦灵主笔、已发表的有关华为双元能力研究的论文请参见书后的参考文献，她在研究中搜集了大量任正非讲话、华为心声社区的文章，并制作了华为典型的自我批评事件、华为联合创新中心等一览表。胡燕妮负责整理、修正了全书内容及参考文献。作者特别感谢彭泗清教授、武亚军教授、巩见刚教授、方菲及很多同学的贡献。作者还要感谢北京大学出版社林君秀和徐冰女士，她们热情、认真负责，是我们非常好的合作伙伴。作者还要特别感谢我们的家人，是他们的爱、信任、鼓励和支持，让我们一直坚持下来。

董小英

2018年8月28日于北大燕园

目录
Contents

引　言 ... 1
    0.1　追赶型国家 ... 1
    0.2　追赶型企业 ... 3
    0.3　为什么研究华为 ... 6

第一部分　从追赶到领先：华为做对了什么

第一章　华为的雄鹰模型 ... 11
    1.1　思维模式 ... 14
    1.2　战略 ... 15
    1.3　企业文化 ... 17
    1.4　组织能力 ... 18
    1.5　组织变革与能力构建 ... 19
    1.6　人才能力 ... 20
    1.7　组织学习与知识管理 ... 21
    1.8　研发创新体系 ... 23
    1.9　市场竞争体系 ... 24
    1.10　管理体系与平台 ... 25

第二章　华为的经验可复制吗 ... 27

第二部分　从追赶到领先：案例呈现

第三章　独特的思维体系及战略领导力　33
- 3.1　理性英雄主义与现实主义者　34
- 3.2　把逆境作为人生财富　36
- 3.3　一把手关注的焦点问题　38
- 3.4　不确定环境中的战略思维　41
- 3.5　领导人的悖论思维　46
- 3.6　团结与分享的力量　53
- 3.7　领导人的自我管理　54
- 3.8　华为与思科的比较　57

第四章　从农民企业转型为世界级高手　63
- 4.1　初创期：聚焦如何活下来（1987—1996）　66
- 4.2　规范期：从本土公司到国际化公司（1997—2007）　73
- 4.3　市场期：向全球型公司转型（2008—2011）　84
- 4.4　品牌期：打造服务消费者的高端品牌（2012—2016）　88
- 4.5　数字化：全球领先的数字化企业（2017年至今）　90
- 4.6　华为的变革方法论　94
- 4.7　华为转型变革的关键成功要素　96
- 4.8　华为与思科的比较　99

第五章　融合关键利益群体的企业文化与实践　102
- 5.1　企业文化的核心是服务　104
- 5.2　核心文化之一：以客户为核心　105

5.3	核心文化之二：以奋斗者为本	109
5.4	核心文化之三：自我批判的价值	112
5.5	核心文化之四：开放、妥协、灰度	121
5.6	通过《华为基本法》凝聚共识	122
5.7	华为与思科的比较	127

第六章 理性和有控制的研发创新体系   132

6.1	研发的地位及其投入	134
6.2	研发体系的建设	136
6.3	早期研发创新原则	139
6.4	研发组织设计与管理	142
6.5	创新的内外部资源利用	145
6.6	研发创新的氛围	149
6.7	基础与应用研究双轮驱动	151
6.8	华为与思科的比较	155

第七章 打造蜘蛛网型的组织结构   160

7.1	组织体系设计原则与方法论	162
7.2	组织变革的业务领先模型	166
7.3	华为的组织变革流程	170
7.4	片联：区域特派员机构	176
7.5	铁三角：面向客户的一线作战单元	178
7.6	重装旅：助攻前线的资源池	184
7.7	华为与思科的比较	186

第八章	与国际接轨的管理转型与体系建设	189
8.1	管理体系对追赶型企业的战略价值	191
8.2	管理体系建设的目标与重点	195
8.3	管理体系建设中的均衡原则	199
8.4	管理变革的原则与目标	202
8.5	华为的信息化能力建设	219
8.6	华为的风险管理	223
8.7	华为与思科的比较	226

第九章	动态赋能的组织学习体系	228
9.1	组织学习构建关键能力	229
9.2	组织学习的方法与演进	231
9.3	组织学习与知识传播	238
9.4	学习的开放性与多样性	243
9.5	组织记忆的形成与积累	244
9.6	华为大学的建设与发展	246
9.7	组织学习的发展演变	254
9.8	华为与思科的比较	259

第十章	激发潜能的人力资源开发体系	262
10.1	组织人才体系	263
10.2	轮值 CEO 制度的价值	265
10.3	训战结合培养人才	268
10.4	管理者的精神品格	271

10.5	什么样的人会得到提拔	277
10.6	持续激活的全面激励机制	283
10.7	华为与思科的比较	292

第十一章　整合组织智慧的知识管理　　295

11.1	对知识资产价值的战略认知	297
11.2	将尊重知识制度化	299
11.3	缩小知识差距的关键路径	300
11.4	华为知识管理实践演化	305
11.5	知识管理平台建设	312
11.6	实践知识社区建设	314
11.7	基于项目的知识管理	316
11.8	对知识内容和资产的管理	321
11.9	华为与思科的比较	323

第三部分　研究论文

第十二章　华为如何突破企业双元能力构建的三重困境　　327

12.1	双元能力构建的三重困境	327
12.2	华为双元能力构建的整体模型	329
12.3	探索与利用活动的分离策略	331
12.4	探索与利用活动的集成策略	347
12.5	华为如何克服双元能力构建的三重困境	357
12.6	讨论与结论	364

第十三章　从低端到高端：华为手机如何实现升级换代　367
　　13.1　放弃低端手机，启动产品升级（2003—2010）　367
　　13.2　手机升级换代的战略路径（2011—2013）　368
　　13.3　如何打造高端品牌（2014年至今）　371
　　13.4　华为手机获得成功的关键方法　373
　　13.5　从低端到高端：华为经验总结　380

附录Ⅰ　华为公司发展历程　382
附录Ⅱ　华为组织变革历程　382
附录Ⅲ　华为典型的自我批判事件　383
附录Ⅳ　华为联合创新中心简介　385
华为相关研究及参考文献　388

引 言

0.1 追赶型国家

美国哈佛大学已故著名经济史学家亚历山大·格申克龙（Alexander Gerschenkron）在其《经济落后的历史透视》[①]一书中，从历史视角研究了19世纪俄罗斯、德国、法国、奥地利、保加利亚等国经济发展的特殊经验，提出了以相对落后程度为核心的基本概念。他发现，经济发展现状、限制障碍和对经济发展的高期望值之间存在着紧张关系，这种紧张关系成为推动工业化发展的巨大动力。追赶型国家在生产结构、组织结构和制度设计上，存在着与领先国家不同的模式。格申克龙教授基于对欧洲发展模式的研究发现，越落后的经济体，发展速度越快；企业越重视规模化、制成品的增长率越高，特殊的制度因素使得资本在供给中发挥的作用也越大。对企业家的社会赞同会加速工业化进程。外部环境对创新和创新过程的阻力越大，对企业家个人品格和意志力的要求也会越高。他的研究表明：相对的经济落后并非如人们想象的那样是一种劣势，也有可能转化成一种优势。在格申克龙教授看来，较为落后国家的发展是否要遵循先进的或已经实现工业化国家的历史轨迹，是一个值得研究的问题，特别是"工业较发达国家是否向工业欠发达国家展示了后者未来的图景"[②]需要有更多的案例和实证研究来进一步探索。

---

① 〔美〕亚历山大·格申克龙.经济落后的历史透视.北京：商务印书馆，2009.
② 〔德〕卡尔·马克思.资本论.上海：上海三联书店，2009.

从追赶到领先，是很多经济落后国家所追求的梦想。在过去的40年里，中国改革开放实践向世界展现了一个百年难得的案例。中国自1977年以来，在经济发展和社会进步上释放了巨大的能量。如图0.1所示，在2007—2017年这10年中，中国进入《财富》世界500强的企业数量是大幅增加的，而同期的美国、日本与德国，数量都是在减少的。

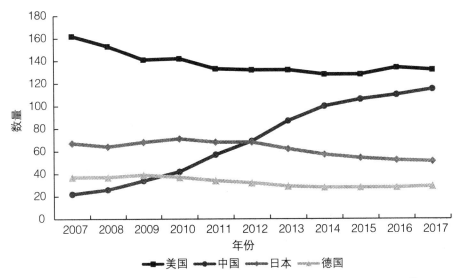

图0.1 《财富》世界500强企业数量变化的国家比较（2007—2017）①

在中国经济快速发展的这个时间段里，除了政府的政策和战略的驱动外，大企业快速增长主要得益于三种力量的驱动：

一是市场规模和体量。人口众多必然导致常态消费者人数众多，服务于市场人群的企业基数必然大，特别是基础设施、公共服务和资源类企业，如2017年全球排名前10的企业中资源类企业（石油、电力等）占6席，中国同类企业占3席。

二是受新增需求的驱动。过去30年，中国人的消费（如家电、食品、汽车、房地产等行业）呈现出井喷式增长，为满足本地快速增长的需求，

---

① 本图由北京大学光华管理学院荣休教授王其文提供，作者特别表示感谢。

孕育而生了一大批快速成长的企业。

三是新技术发展应用的速度和规模。高新技术的发展（如生物医药、信息通信技术和互联网技术等）催生了一大批知识密集型企业，与前面企业不同的是，这类企业对人才、知识和创新能力要求更高，遭遇的竞争强度和挑战更大。

0.2 追赶型企业

从研究概念上讲，追赶型企业与后进入企业是两个不同的概念：追赶型企业根据其进入产业的时间来判定，通常是在竞争对手已经遥遥领先的情况下，在资源匮乏、能力缺失的情况下力争做到最好；但后进入企业则是一种主动的战略选择，它并不缺乏资源与能力，只是等待领先技术或产品被市场接纳之后，通过产品优化或低成本优势，在后置的时间窗口进入市场。追赶型企业与创业企业也不同，创业企业通常选择差异性资源、新技术、新模式或新市场定位参与竞争，因此较少受到之前技术或市场壁垒的阻碍。

追赶型企业有几个基本特征：

- 从进入行业时机看，追赶型企业进入时行业中往往已经聚集了众多的领先企业；
- 从战略意图看，追赶型企业以追赶为主要目标，在追赶的基础上逐渐实现超越；
- 在运作模式上，追赶型企业是一个模仿者而非创新者，善于利用多种形式的杠杆效应和资源整合机制；
- 在组织学习上，追赶型企业是一个快速学习者，用制度为能力提升加速，不断提高竞争地位；
- 从资源和能力上看，追赶型企业通常缺乏技术、市场、管理和品牌资源，它们需要把有限资源转化为可持续发展能力，并实现资源价值最大化。

追赶型企业在进入产业时，最明显的竞争劣势是技术和市场劣势。技术劣势不仅表现在缺乏核心技术及技术研发体系，还体现在获取技术资源的生态环境上。从地理位置来看，追赶型企业通常位于发展中国家，与国际技术研发核心和主流知识体系相距甚远，在工程、技术能力和研发落后的地方孤立运行，周边的工业和技术基础设施也不成熟，所在大学及其他教育和技术机构相对落后。相比之下，领先企业则拥有大型研发部门，投入大量资金推动新技术的产生和市场化，同时，周边拥有大量初创技术企业，使其不断通过并购手段强化其技术的领先性和差异化，从而持续推动技术和市场前沿的发展，并以此增加竞争优势。相比之下，追赶型企业接触国际和国家新技术研发创新知识系统的难度和代价更大。

在市场劣势上，追赶型企业早期不仅缺乏品牌、声望、渠道和营销体系，而且在客户信任度上遇到更大困难。对于来自发展中国家的技术企业，在进入先进市场时会遇到客户的质疑和轻视。追赶型企业要改变客户对发展中国家技术企业的刻板印象和认知偏差，需要付出艰苦努力来建立与客户的信任关系。如果追赶型企业定位于服务本地客户，与国际领先客户脱节，就会与国际主流市场距离越来越大，给后续发展带来更大困难。因此，要克服重重困难进入全球市场才能获得真正的发展，形成业内认可的竞争力。

除了技术劣势和市场劣势，追赶型企业内部还面临着管理劣势，与英、美、德等国工业化成熟度较高的企业相比，文化距离越远，管理差异越大。追赶型企业要参与激烈的国际竞争，必须在效率、流程、信息系统、供应链管理等运营体系上与领先国家具有同台竞技的能力，因此，如何快速有效地提升管理能力也是当务之急。除了上述列举的劣势之外，追赶型企业还有很多其他先天不足，如资金匮乏使得必要投入捉襟见肘，专业人才经验不足导致方法失效和试错成本高昂，等等，因此，如何使"好钢用在刀刃上"，让有限的资源发挥关键价值，对追赶型企业的决策者是重要挑战。

追赶型企业除了有各种劣势，也有优势。相对行业领先者，追赶型企业有更强烈的进取精神、对成功的渴望、内在的学习意愿和追求发展的动力。为了活下来，他们的求生意志使其具有强烈的危机意识，而危机意识又转化为对未来能力的投入；资源的短缺使其在投入时格外审慎，并对投入回报有更高的要求。年轻企业的激情、活力、灵活性、高效率、成本优势和对细分市场的高度关注，使他们格外珍惜发展机遇，善于在不利环境中寻求突破的空间，更加认真地学习、研究竞争对手，更加珍惜客户给予的有限业务，更愿意接受艰苦地区的订单，更努力地服务客户以建立信任关系。他们没有大企业的傲慢和自负，也没有大企业的刻板和固化，更没有因长期稳定而形成的官僚体制和供应链负担。因此，追赶型企业更努力地轻装前进，接纳改变，寻求突破。追赶型企业会仔细审核每一个市场和技术转型的机会以寻求超越，如在有足够的技术资源时快速学习领先者的经验，通过模仿规避创新陷阱，愿意根据用户需求对产品或流程进行适应性改造，愿意在客户手头吃紧时以更低价格提供产品，愿意在客户不信任时将产品免费赠送……他们会将有限的优势发挥到极致，并在领先者大意时寻求突围的机会。

国际上对追赶型国家和追赶型企业的研究主要集中在亚太地区（特别是日本和韩国）电子、半导体和通信行业上，重点研究它们成功的发展经验。在对日韩半导体产业追赶型企业的案例研究中发现，战略目标的差异化，企业间联盟，组织学习，组合能力，对标比超，逆向工程和逆向投资，先开发、后研究等手段（D&R，而非发达国家的R&D），使得知识体系逐步深化，并成功取代欧美领先企业。对于追赶型企业来说，有效地将外部资源内部化，并通过内化外部资源形成自身能力的迭代发展和深化，形成叠加的吸收和组合能力，是确保其成功的重要途径。同时，追赶型企业通过慢半拍的战略节奏，让市场先驱者先试探客户对创新的反应和接纳程度，在客户认可之后再大量生产和营销，复制扩大新产品的规模，利用模仿和跟进的策略，这些有时比市场领先者的先发优势更大。

追赶型企业选择创新阶段的切入点也非常关键。根据 W. Abernathy 和 J. Utterback 的研究[①]，领先国家的技术发展轨迹主要分三个阶段：萌芽阶段、转型阶段和稳定阶段。

在萌芽阶段，激进式产品创新率高，不过新产品技术通常粗糙、昂贵、可靠性低，但能满足一部分细分市场需求。科技创业小公司和大企业会投资探索这些新技术，但此阶段产品和市场频繁变化，生产体系稳定性差，企业需要灵活的结构快速有效应对市场和技术的变化。

---

① Abernathy, W.J., and M.Utterback. 1978. Patterns of innovation in technology. *Technology Review*, 80(7): 40-47.

在转型阶段，多种探索性产品技术逐渐被市场淘汰或被行业整合，能满足市场需求的主流产品开始涌现。行业重点转向主流产品的设计和大规模生产，竞争不仅限于产品的新颖性、性能、价格和效率，流程创新更加重要，以迅速降低成本。如果新进入者发起激进式商业模式创新，就有机会重塑行业态势。

在稳定阶段，随着行业市场成熟，价格战日益激烈，生产流程自动化、整合化、系统化，严谨、标准化和高品质的产品变得更加重要。

在萌芽阶段，激进式产品创新频率高，但探索性技术淘汰率也很高；转型阶段，激进式流程创新和商业模式创新频率高；稳定阶段，产品和流程的激进式创新降低，新兴技术开始转化为成熟技术。研究表明：追赶型国家的技术轨迹不仅发生在稳定阶段，还发生在早期技术萌芽阶段和转型阶段。追赶型企业在成功获取、吸收、改进领先国家的成熟技术并掌握创新技术的关键思路和方法后，有可能在萌芽阶段发力并率先推进技术的普及与应用，进而叠加成本优势和运营优势，最终寻找到突破机会并跨越领先企业，一跃实现从追赶者向领先者的转型。当追赶型国家的大量企业进入这个阶段时，其整体经济竞争力就一跃达到领先国家水平。

0.3　为什么研究华为

格申克龙教授的研究重点探讨了在工业化发展进程中苏联和东欧国家的追赶历程。而在当今工业化转向信息化、本地化转向全球化的大背景下，中国这个追赶历程是如何实现的呢？自改革开放以来，中国工业化和信息化整体追赶进程呈现出速度快、规模大、结构复杂等特征，无论是在政府政策推进、国有企业和民营企业的探索、全社会对互联网和移动互联网的应用，还是消费者的普及率上，中国都已经成为全球信息化发展最快的市场之一。信息和互联网产业的发展广度、深度与速度产生了全球影响，并引起了世界的关注。大产业的蓬勃发展，为大企业的出现创造了有利的外部环境，但具有全球影响力的大企业的形成与出现一定不是偶然的，特别是在产业内高手林立的情况下，一个资源匮乏的小企业如何走上国际竞争的最前台，其思想体系、战略实践和成长历程如何，是我们特别感兴趣的问题。

华为1987年以2万元起家,作为一家追赶型企业,目前已然成为行业中的领先者。

2017年,华为销售收入6 036亿元人民币,在世界500强中排名第83位,和运营商一起在全球建设了1 500多张网络,帮助世界超过三分之一的人口实现连接,每年销售手机上亿部。公司业务覆盖全球170多个国家,拥有18万名员工、900多个分支机构、15个研发中心和36个联合创新中心。在技术研发能力上,根据2016年世界知识产权组织发布的全球科技公司专利实力排行榜,华为排名榜首,超过了竞争对手三星(第四名)和爱立信(第六名),该排名的评判标准依据的不仅仅是专利数量,更包括专利质量。在业务增长率、全球研发排行榜上,华为都名列前茅(参见图0.2)。同时,根据国际品牌集团(Interbrand)2017年发布的全球最佳品牌榜,华为名列全球第七十位,是继Facebook和Adobe之后,ICT企业中增值最快的品牌。国际品牌集团在排名时考虑的不仅是公司的财务业绩,还有消费者评价,以及公司保障收入的能力。

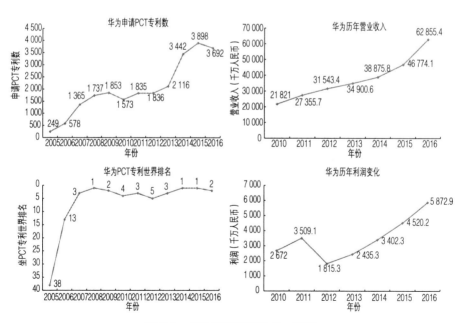

图0.2 华为研发及其收益一览表

但是，从资产规模来看，华为没有排在最前列，在全球和全国富豪排行榜上，也难以寻觅到任正非的名字。多年来，华为一直尽力保持低调。但是，社会、媒体和企业家对华为给予的关注和尊敬，大大超出了一般企业的水平。

本书作者及研究团队经过近10年的积累、验证与探究，研究团队希望以冷静理性的客观态度、实事求是的研究精神、系统全面的管理视角、脚踏实地的研究方法，理解、分析和解读这家企业，发现和提炼华为的管理思想脉络、战略选择、发展轨迹和关键成功要素。这10年积累和探求过程，让我们有足够的时间多维度观察和确认各种事实与判断、多层面搜集和整理不同观点；同时，也满足了我们对这家企业的好奇心和学习欲望，令我们保持着持续的研究激情。在研究过程中，独立、中立和客观是我们秉承的最重要的行为准则，不受干扰是研究乐趣所在。特别是作者基于对美国思科公司5年的学习而完成的著作《思科实访录：从创新到运营》，为我们比较这两家世界电信设备巨头的创新与管理提供了绝佳的素材。

我们深知，就广度、深度、复杂度和发展速度而言，华为的体量已经大大超出了我们研究团队的驾驭能力，但是，作为研究者，我们依然感觉到有责任和使命来记录这群肯吃苦的小人物，经过艰苦卓绝的努力和钝学累功的修炼，从沧海一粟的个体户成长为世界一流企业的历程。

第一部分　从追赶到领先：
　　　　　华为做对了什么

第一章

华为的雄鹰模型

在辽阔的亚马逊平原上,生活着一种"雕鹰",它的飞行时间之长、速度之快、动作之敏捷,堪称鹰中之王。被它发现的小动物,一般都很难逃脱它的捕捉。雕鹰的幼鹰出生后没过几天舒服的日子,就要经受母鹰近似残酷的训练。在母鹰的帮助下,幼鹰没多久就能独自飞翔,但这只是第一步,幼鹰需要成百上千次的训练才能获得母鹰口中的食物。母鹰会把幼鹰带到高处的树梢或悬崖上,然后将它们摔下去,有些幼鹰因胆怯而被母鹰活活摔死。那些被母鹰推下悬崖而能胜利飞翔的幼鹰又将面临最艰难的考验,因为它们翅膀中大部分骨骼会被母鹰折断,然后被再次从高处推下,很多幼鹰就这样成为悲壮的祭品,但母鹰不会停止这"血淋淋"的训练。有的猎人动了恻隐之心,偷偷把被母鹰折断翅膀的幼鹰带回家里喂养,但后来发现那些被喂养大的雕鹰飞不高便落下来,那两米长的翅膀成了累赘。原来,母鹰"残忍"地折断幼鹰翅膀中的大部分骨骼,是幼鹰可以在广袤天空中自由翱翔的关键:雕鹰翅膀骨骼的再生能力很强,只要在被折断后仍能忍着剧痛不停地振翅飞翔,使翅膀不断充血,不久便能痊愈,痊愈后便可以任意翱翔。

本书在对华为过去 30 年的发展进行系统梳理、总结,以及与思科进行比较后,将其从追赶到领先发展历程的关键成功要素总结提炼成一个"雄鹰模型"(参见图 1.1)。雄鹰模型中的十要素既有丰富的内涵,彼此之间又有着紧密的逻辑关联,十要素之间相互支持、协同,形成了一个坚强有力的整体,支持雄鹰在各种气候条件下展翅飞翔。

图 1.1　华为的雄鹰模型

在雄鹰模型中，十个要素由一纵三横结构共同构成，它们之间相互连接、相互支持、相互制衡。"一纵"由四个要素组成：思维模式、战略、企业文化及管理体系与平台。

华为是一家用军事战略思想指导商业作战的企业，领导层在复杂多变的环境中所展现出的理性思维、战略思维、前瞻性思维、双元悖论思维、批评性思维，以及在思维模式背后深藏的价值观、英雄主义情怀和乐观精神，对企业的战略定位和路径选择至关重要。它们决定了华为发展中的"正念"，影响其在抉择和决策中的稳定性、前瞻性、理性、克制与专注。

华为的思维模式决定了它的战略定力，在众多投资机会和选择的环境下，华为能够抗拒诱惑，表现出高度的聚焦与专注，不激进，不追逐热点，不受他人干扰，不追逐短期利益，专注企业长远发展和长期目标，始终前行在战略主航道上。

企业文化代表了华为的"道"，它所强调的"以客户为核心，以奋斗者为本，长期坚持艰苦奋斗"把人（客户和员工）作为核心，把艰苦奋斗作为行为准则，奠定了这个企业结果导向、质朴实干的文化底色。

管理体系与平台是企业的"术"，在"要致富，先修路"理念指导下，华为在确立"打造世界一流企业"的愿景后，在百业待兴的窘境下，将管理平台的建设作为重中之重，通过用"外国砖建中国城"的途径，依据"僵化、固化、优化"的原则，高效导入领先企业成功应用的管理体系、管理流程和管理方法，为资源整合和企业规模化经营打下了坚实的基础。管理体系和平台作为雄鹰的尾部，是整个组织战略执行、战略协同和战略平衡的关键力量。

在横向结构中，两翼的力量是三组悖论。人才的个人能力与组织能力是确保企业成功最关键的力量；组织学习与知识管理是个人能力升级的赋能系统，组织变革与能力构建是组织能力升级的赋能系统。在这两翼体系的支持下，雄鹰的能量最终汇聚在两个鹰爪上代表着企业的成果，即研发创新体系和市场竞争体系。研发创新体系是华为技术产品与服务的综合集成，市场竞争体系是华为满足全球客户需求的整体实力。

华为的成功，一方面源自纵向体系中思维模式与战略、企业文化和管理体系与平台的高度一致与契合，形成了一个从道到术、从思想到实践的高效支持体系；另一方面，源自其很好地处理了人才能力、组织能力及两者的保障赋能系统，研发创新体系和市场竞争体系之间的悖论关系。所谓悖论，是指人们能够看到事物双方存在既对立又关联的要素，两者既相互竞争、相互冲突，又相互依赖和相互转化。悖论思维防止人们在非黑即白、你对我错的绝对真理中走向极端，帮助人们在两种冲突对立的事物中采用"接受"而不是"对抗"的态度，悖论思维强调双方既相互对立又相互联系，不是压制、排斥或消除悖论，而是用积极的管理方式，动态平衡两者之间的关系，充分挖掘悖论转化的潜力，用创造性的方法同时发展张力的两端，寻找在对立事物之间建立提升彼此价值的方法和途径。如早期华为在处理研发创新体系与市场竞争体系的关系时，通过"有控制的创新""工程商人""基于客户需求的创新"等原则，既关注创新与市场的共同利益，又用市场引领研发与创新，以活下来为核心准则，将两者紧密关联和整合，最大限度减少创新失败概率。近年来，随着外部竞争环境和自身能力的变化，动态调整研发创新体系与市场竞争体系的比例与强度，在产品和技术创新基础上，强化理论和前沿创新，用研发创新引领市场未来。

华为通过企业文化，将个人能力与组织能力深度融合为目标与利益高度一致的共同体，并通过一系列制度与治理机制建设（如 CEO 轮值制度、员工持股机制、绩效考核机制等）强化共同体的合力，最大限度降低和化解内外部有可能引发冲突和分裂的风险，将相关利益体的目标和利益一致化。在组织学习与知识管理、组织变革与结构优化两者之间，华为在继承与变革之间保持动态平衡，既确保企业知识体系的稳定性和共享性，通过动态赋能、轮岗，让每个人可以分享到组织的知识与智慧；又通过组织变革来适应在更大空间的发展。一方面持续强化个人与组织能力，另一方面又减少稳定造成的惰性和变革带来的混乱。

1.1 思维模式

在雄鹰模型中，大脑的位置代表华为的思维模式。思维模式是企业客观理性认识和预判世界的认识论和思维罗盘，是解读外部环境和评估自身能力的主导逻辑体系。华为是一家有完整且深刻思想体系的企业，领导人的思想是华为最核心的发展动力，难能可贵的是，思想体系以领导人讲话和组织文件的方式系统显性化，对达成组织共识起到了关键作用。华为的实践是思想体系的贯彻与外化，围绕思想体系和实践所形成的组织记忆成为凝聚人心的关键力量。因此，华为的成功首先归因于它是一家有思想和独立判断的企业。

聚焦与专注

在华为的思维模式中，活下来（特别是长期地活下来）始终是企业的核心目标。虽然华为曾面临很多投资机会和快速成功的契机，但它始终能够抗拒诱惑，延迟满足，高度聚焦于主营业务，深耕细作，在他人不以为意的领域苦干、实干、巧干，通过坚守、执着和压强式投入与努力，选择了一条艰辛的拓荒之路。在常人看来，这种成功来得太过艰辛、漫长，但正是这种为他人所不为、"勇闯无人区"的做法，确保了企业能力更能经得起竞争。任正非认为，越是有投资价值的领域，选择进入的人越多，失败的比率越高；只有进入"无人区"，在一般人不愿吃苦和付出的领域聚焦并深耕，才能获得独特的竞争力。

危机意识

为了活下来，在华为的主导思维模式上，危机意识、忧患意识、恐惧感和不安全感贯彻始终。在遍读了历史、军事、行业发展中大量失败的案例之后，华为试图识别失败的误区和陷阱，小心翼翼、理性探索企业发展路径，并将注意力放在当下的稳健与未来的增长上。对于过去，任正非没有荣誉感、自豪感，只有危机感；对当下，低调、耐得住寂寞；对未来，虽然不能准确预测，但要大胆拥抱，与客户共同探讨未来的痛点。华为的危机感基于企业高层领导人对行业动态性和竞争残酷性的深刻认识，企业领导人将这种不安全感在对外和对内两个层面转化：对外表现为对未来和外部世界的高度警觉、动态扫描、研发探索、前瞻性战略布局和新能力构建，对行业内外竞争对手的研究不遗余力，目的是对自身差距保持高度清醒的认识，避免战略误判和战略盲点；对内表现为将外部竞争压力传导为内部压力，通过压力持续激活组织，防止惰性的形成，特别是繁荣期思想惰性的形成。

自省与自知

任正非在创业之初就意识到自身力量的局限性，要做成事，必须要团结所有力量。要能团结人，需要几个因素：一是有愿景和舞台，能聚合有理想、有激情和有事业心的人共同奋斗；二是对人性的深刻洞察并满足其多层次需求，包括对人的价值的认可、自我实现、学习成长、公平对待、尊重关爱和潜能开发；三是通过制度或机制创新释放人的潜能；四是直面问题和不足，持续改进。华为在成长过程中始终保持对自身的清醒认识并尽力保持低调，不仅是领导人的低调，更是整个企业保持低调和自律。保持低调对华为从追赶到领先有几个好处：一是排除干扰、专心做事；二是对企业成长相对安全；三是减少不必要的议论和争议。

1.2 战略

战略聚焦

在雄鹰模型中，华为在理性和前瞻性预判的引导下，在战略制定、战略分解、战略执行和战略收益中建立了一整套强有力的方法论与螺旋式上升的闭环，通过持续改善，华为的战略解码体系对战略转型与变革的推进也非常有效。华为始终高度专注于战略目标不动摇，坚定不移向前走。一方面源自高层对企业使命和信念的坚守，对行业竞争残酷性的深刻认识，意识到稍有懈怠可能带来的致命伤害；另一方面也源自对自身能力缺陷的清醒认识，通过自我批评不断识别与竞争对手的差距，资源和能力的短板使其必须集中优势兵力重点突破才有可能胜出。因此，华为在战略制定和战略执行中坚持压强原则，针尖战略，力出一孔、利出一孔，突破一点，局部领先。正是这种狠劲，使华为一点点地构筑出核心竞争力，将有限资源的价值最大化。

在追赶过程中，华为意识到只有聚焦才能在有限定位中把根做深，把能力做实，把竞争力做强，通过"急用先行"策略，才能将有限资源用在最重要、对未来最有价值的事情上，才能把事情做到极致。战略聚焦要求对诱惑有抵抗力、对贪婪有管控力，这是对人性的考验。在关键能力建设上，华为用尖兵战略寻找突破口，形成纵深能力后再扩大规模。在战略执行上，华为在组织层面建立了一整套战略解码方法，将组织战略意图有效地分解到每个项目组和每个人，使每个人都有明确的绩效目标。

战略转型

华为较好地把握了战略转型的节奏、处理了动态升级与稳定性之间的关系，通过战略转型不仅进入了新市场，同时提升和更新了能力体系。根据笔者观察，在过去的30年里，华为经历了四次比较大的转型。

第一次转型是从"农民军"向"正规军"的转型。1995年，在通信产业进入高速发展、国内外厂商激烈争夺市场的情况下，规模不足百亿元的华为提出了成为世界一流大公司的战略愿景，并通过"三年内生产和管理与国际接轨，五年内在营销上与国际接轨，十年内在科研上实现国际接轨"的战略地图实现这一目标。

第二次转型是从集中管控向服务市场前端转型。2006年，华为进入国际市场，在与国际领先对手的距离进一步缩小的情况下，行业巨头却通过并购进一步拉大了距离。在此种背景下，华为启动新一轮转型，任正非提出行业竞争已经转向对客户资源的竞争，因此，要从中央集权转型为真正的市场导向，做到"让听得见炮声的人呼唤炮火"，打赢"班长的战争"。为了实现这一新的战略目标，华为启动了新一轮的财经、IT系统、管理流程和授权的变革。

第三次转型是从服务于企业客户向服务于终端客户转型。2011年，华为在明确"云管端"的战略定位后，首次启动从面向运营商与企业（2B）到面向终端消费者（2C）的转型，大力发展自有品牌的手机业务，通过从重视工程到重视设计、从重视产品到重视品牌等一系列转型，一跃成为行业前三的手机提供商。

第四次转型刚刚启动，是从实体企业向数字化的转型。2017年，华为在启动云战略的基础上，明确提出向数字化转型。在战略转型过程中，既重视对行业的缜密的调查研究，又有鲜明的战略意图，既有战略制定过程的方法论，又有严格的战略落地执行团队和绩效考核制度，成为成功管理战略转型的范例。

1.3 企业文化

在雄鹰模型中，企业文化居于心脏位置，如果说大脑决定企业理性，心脏则给企业带来情感。企业文化重点展示了对人的关注和集体温暖。

情感温度

在华为文化的核心价值观中，最关注的人是客户和有奋斗精神的员工。这两者密切相关，凡是为满足客户需求尽心付出的员工，都会得到企业的认可与厚爱。华为智慧地将这两个最重要的相关利益者进行对接和整合，使员工简单清晰地把握行为准则和绩效标准。华为企业文化的价值取向质朴、平凡、简单，能够唤醒人们的同理心与共情能力。

动力机制

企业文化的动力机制是自我批评。华为从中国共产党早期的发展中学到了自我批评的方法，并将其作为"三省吾身"的重要方法。自我批评的价值在于讲真话，直面问题，保持内敛的作风，总是看到客户和竞争对手的优点，以及不断提升境界。在自我批评的氛围中，华为通过不断揭示自身问题、寻找有效解决问题的方法，推动企业持续改善。自我批评的氛围使"雄鹰"在各种气候环境中都能清醒应对、沉着镇静、扬长避短、持续成长，而不会自我膨胀，在顺风顺水时飘飘然，忘乎所以。自我批评在追赶期是容易的，因为那时企业自知存在大量短板；但当企业发展起来后仍然坚持自我批评，对防止大企业的傲慢、自以为是和偏见具有积极作用。

开放包容

华为文化中的开放、包容与灰度更是一种天人合一、与生态共存的文化取向，它助力雄鹰在风云变幻的各种气候条件中寻找到与其他生物共存的生存法则。在混沌环境中，随着时间与空间的变化，合理地掌握灰度，选择合适的时机，摒弃激进、僵化、苛刻、单一、直线和绝对，在左右摇摆的曲线中探寻升降的空间，永远给自己和他人留有自我调整和修复的空间。

1.4 组织能力

在雄鹰模型中，华为的组织体系是其坚强的右翼，也是其不断成功最重要的力量。华为的组织体系有两个关键特征：强关联的组织网络、激活组织体系。

强关联的组织网络

任正非曾经用蜘蛛网的韧性比喻华为的组织体系，将其视为企业跨部门协作、团队合作和自愈能力的重要基础。强关联的组织网络首先是由共同愿景、共同目标和共同利益凝聚而成，通过近30年的艰苦奋斗，一批元老级人物在残酷竞争中所历练出来的深厚友谊成为连接组织的关键节点；高层述职大会、训战体系、之字形的人才培养模式等方式，形成了组织的共同记忆和多元化网络结构，进一步强化了人与人之间的组织链接；根据团队绩效提拔人才的机制、铁三角作战单元等模式使团队具有内在动力相互提携、配合和支持；三年轮岗制度使组织内部很难形成山头和亚文化，要求每个管理层都能快速融入新岗位。正是这种组织体系内部强有力的蜘蛛网式结构，使得华为具有很强的自愈能力，也就是说，胜则举杯相庆，败则拼死相救，一方有难，八方支援。

激活组织体系

华为在追赶阶段的早期充满激情和活力，但随着企业规模扩大，知名度提高，如何继续保持激情与活力是高层特别关注的问题。很多大企业在取得成功之后，懈怠和官僚主义会在无意之中滋生，而华为恰恰对此保持了高度警觉。任正非多次发文警告全体成员繁荣时期面临的危险，指出思想上的惰性是企业发展的最大障碍。华为通过能上能下制度、末位淘汰制度、将激励向最艰难的岗位倾斜、持续高压状态、市场部集体大辞职、资深研发人才被派往国际市场、人员的年轻化等举措，用相对激烈的手段局部重构组织体系以激活企业，全力防止舒适区的形成。

1.5 组织变革与能力构建

在雄鹰模型中，能力体系是为组织体系赋能的基础和靠山，华为的强大并不是因为某个人的强大，而是由于其能力体系的强大与自我更新。华为高层信奉耗散结构理论，认为一个远离平衡态的开放系统需要通过不断与外界交换物质和能量，在系统内某个参量达到一定阈值时引发系统突变，由原来的混沌无序状态转变为一种在时间、空间或功能上的有序状态。因此，华为需要这样的耗散结构导入新的能量，实现自身的螺旋式上升。

能力构建为先

与短期急功近利挣快钱的做法不同，华为在企业发展中始终将能力构建作为优先项。任正非在创业早期就意识到：构建能力比积累财富更重要。因此，知识产权和技术诀窍的价值和支配力将超过资本，资本只有附属于知识才能保值增值。要想立于不败之地，关键是掌握核心技术，唯此才能不受制于人；同时，在组织层面，最好的防御就是进攻，要敢于打破自己已有的优势形成新的优势；在企业战略发展中，拥有知识不是最重要的，重要的是掌握和应用知识的能力和视野。在这种认识的引领下，华为的发展路径展现了与众不同的地方：一是研发投入不遗余力，在经费高度紧张的情况下，也不降低对研发的投入。二是将知识转移和能力构建作为国际化的优先项，华为并不急着先卖产品，而是紧靠国际领先者建立能力中心，在爱立信、思科周边和印度建立了能力中心，随后根据企业发展战略需要，又分别在俄罗斯、以色列和法国建立了利用当地强项的能力中心。在任正非看来，对未来投资不能手软，不敢用钱是因为缺少领袖，缺少将军,缺少对未来的战略。

吸收能力

华为在能力构建中博采众长,特别重视国内外实践证明行之有效的解决方案,体系化导入全球顶级解决方案和外部最佳实践和知识(如美军、国际咨询公司等),对焦业界最佳实践,通过购买方式引入华为内部。例如,华为在践行世界一流企业的目标中,首先是构建管理能力和产品品质,认识到好的管理才能形成系统的力量,聚合人才、技术和资金。他们通过引入 IBM 的研发方法——集成产品开发(Integrated Product Development,IPD),把世界领先企业实践中证明是行之有效的方法流程,有效地导入企业实践中,通过执行"僵化、固化、优化"的原则,确保方法引入的全面性和完整性,在系统理解的基础上,根据几年实践再做适应性调整,使能力建设扎实、彻底,确保华为研发体系在较短的时间里尽快与国际实践对齐,快速接受、吸收和消化外部知识。

1.6 人才能力

在雄鹰模型中,人才体系是华为从追赶到领先的最关键因素。在华为工作的人既是幸运的,又是艰苦的。幸运是在这里可以加速学习和成长,奋发向上的年轻人可以拥有很多公平的机会和平台;艰苦是指这里的工作强度、压力和挑战超乎寻常,有时让很多人不得不远离家人和故土。如何赋予这种艰辛付出以意义,是吸引和留住优秀人才的关键。

军队的效率与血性

华为的人才是在艰苦环境中成长起来的,他们形成了一些独特的精神气质:勤奋、谦逊、好学、进取、刻苦、质朴、顽强、钻研、吃苦,质朴、守拙、自律、真诚、利他、自我牺牲精神等。在这些精神气质中,既有军队的血性、强悍和执着,又有学生的探索精神、激情和真诚。这些精神气质的形成与企业机制有关,在笔者看来,主要是三种机制:一是提拔人才的机制。华为选拔人才,是让实践和业绩证明谁是人才,这种机制相对公平、客观与透明,真正做到任人唯贤,以业绩论英雄。公平、客观的人才提拔机制有助于提高员工的忠诚度和满意度,使人才在相对单纯的氛围中专注于做事，而较少地在左右逢源、上下逢迎的组织政治中耗散精力。二是激励机制向条件艰苦、成果最佳的岗位倾斜。华为给员工明确信号，激励机制向最愿意付出的人倾斜，对于那些愿意和能够到艰苦地方工作、承担挑战性工作的人，企业会给予大量的支持和回报。因此，每个人的命运可以自我选择和把握。三是激发潜能和激情。华为要求高层有使命感、中层有危机感、基层有饥饿感，使命感牵引企业持续奋进和成长。

治理机制聚合利益共同体

由于各种内外部原因华为未能上市，但其所采取的员工持股计划使其能够降低内耗，一致对外。上市公司通常要在平衡内外部股东、大小股东、投资人和企业创始人关系上花费很多精力，如果相关利益者目标并不一致，如有些追求短期收益，有些追求长期发展，则战略制定会耗费很多时间和精力。但华为的员工持股计划和任正非的低占股率，形成了将华为所有持股人打造成利益共同体的集体意志，它使企业和个人的目标高度一致，减少了战略冲突，凝聚了集体的力量与知识共谋发展，形成强有力的利益共同体。在这个过程中，企业大大降低了在协调外部利益和内部利益、短期利益和长期利益冲突时的代价和成本，可以按照企业意志和战略构想把钱投在对其未来发展至关重要的领域，摆脱了外部股东的掣肘，减少了相关利益者的矛盾与冲突。同时，员工持股计划既凝聚了股东共谋未来发展的注意力和能量，又形成了内部融资的高效途径，还约束和制衡了任何可能对企业带来伤害的行为，可谓一举三得。

1.7 组织学习与知识管理

在雄鹰模型中，组织学习与知识管理是为人才赋能的最佳途径和养分，对于华为十几万寒门子弟来说，唯一支持其成功的资源就是知识和努力。华为的人才选拔机制对用心的奋斗者的偏好（那些发现问题、积极探索解决问题途径、善于在失败与成功经验中快速成长的人），使得学习成为内生的、与个人未来命运密切相关的主动行为，内在求知欲望被有效激发。

工作即学习

与很多企业大学学习体系不同，华为的组织学习融入了工作的各个环节,"工作即学习"成为常态。强烈的进取心最直接的表现就是强烈的求知欲,这在各个层面、各个领域均有所体现。最高领导人的学习状态通过其文章扩散到整个组织,形成了良好的示范。整个组织学习体系几乎无所不包:无论是对中国史和世界史中失败案例的反思,还是对世界军事建制和军事体系的学习;无论是分析全球市场的作战地图,还是遍访世界各国企业后的分析总结;无论是在喝咖啡时从研究者那里汲取能量,还是仔细研读消费者反馈以求得改善途径;无论是从IBM所学到的商业分析和研发设计框架,还是基于企业自身实践的服务体系总结和方法论;无论是形成组织记忆的述职大会,还是严肃认真的自我批评会……华为的组织学习氛围渗透到每一个角落和每一个细节。华为的低姿态、空杯心态、赛马式学习、冗余知识,人才的之字形成长,都旨在促进人的心智开放和模式更新,使知识流动的速度和密度超过竞争对手。特别是述职大会这种上下级可以充分振荡交互的学习研讨体系,使高层战略意图和思想直达基层。

训战结合

华为组织学习体系的另一个重要特征是训战结合,问题导向的互动交流有助于把隐性知识显性化、把沉寂的经验教训活化为有价值的财富、把提问和对话转化为在最短时间内获取知识的最有效途径。华为的组织学习具有针对性、实战性、混合性、竞争性甚至对抗性。针对性是指带有明确的问题导向,问题有可能是哲学层面,也可能是现实层面。实战性是知识传授和问题研讨要切实解决企业或团队发展中的现实问题和困惑。混合性是指无论是高层述职,还是团队研讨,学习小组一定是跨部门和跨区域的,背景的多样性在增加信息冗余度的同时可以提供更多的思路和解决方案。同时,跨界团队在共同学习中形成的组织记忆,有利于建立跨部门链接,增加合作和协同的空间。竞争性是各个团队小组不断在组内、组间和组外PK,竞选出最具价值的案例,在这种较量和竞争中,经验的提炼和挖掘达到极致,聪明人之间彼此过招,互相欣赏,谁也不输于谁。对抗性是知识和创意被充分激活的学习方法,蓝军和红军对垒,两方苦心积虑,不断发现对方的短板和盲点,在彼此的较量中把解决方案完善到极致。

知识为要

作为追赶型企业，知识底子薄是最大的短板，华为的知识管理经历了几个阶段：在第一阶段，华为作为行业里的新兵，知识获取成为最重要的活动。华为不惜代价地扫描和获取知识，向竞争对手学习、向客户学习，模仿、复制、逆向工程成为重要的学习手段。在第二阶段，华为的知识管理重视知识吸收和知识保护。一方面，华为投入巨资引入西方的管理体系，把外部知识体系有效地内部化，在这个过程中，他们一方面仔细甄别知识的价值，把最具实践经验的顾问引入企业，并通过"僵化、固化和优化"方法论，全面完整地吸收外部知识，并内化为自己的能力。另一方面，随着华为研发投入加大、技术知识的积累，它也开始了对自身技术和知识产权的保护，特别是在经历了一些知识流失的事件后，华为知识保护措施的严明在业内堪称典范。在第三阶段，华为重视知识整合和知识重用活动。随着企业规模扩大，业务范围覆盖全球市场，华为必须有效地整合其碎片化的知识，只有这样才能提高知识利用和分享的效率，因此知识平台的建设提到议事日程。在研发领域，华为非常重视知识重用，用鲜花与牛粪的关系比喻新知识与旧知识的关系，同时通过有效利用旧知识，提高研发的效率，降低成本。目前，华为的知识管理实践融入企业业务的各个环节，知识管理意识非常普及，知识收购、知识分享和实践社区等活动有助于企业快速有效地搜集实践中的经验教训，并最大限度地在企业内部分享，为打造世界级知识密集型组织奠定了坚实基础。

1.8　研发创新体系

在雄鹰模型中，研发体系与市场体系是两个鹰爪，是华为核心竞争力外化的体现。华为能够活下来并获得快速发展，一方面是有展现竞争优势和比较优势的技术和产品系列；另一方面是有良好的渠道和营销体系，使技术和产品在全球市场上获得客户的认可、接纳和好评。

有控制的创新

华为一步一步地打造自己的研发体系，从模仿复制到有控制的创新、从专注于产品改善的渐进式创新到面向激进式和未来的2012实验室，华为

30年来高强度的研发投入源于它深刻地意识到：掌握核心技术才能不受制于人。同时，华为在研发体系建设过程中尽可能减少研发的失败和浪费，提高研发的投资回报率和成功率。华为采取的方法是重视研发与市场的紧密结合，重视研发体系知识的积累、重用与传承，重视研发过程和质量的管理。在研发体系建设中，华为始终秉承预防过度创新的原则，用悖论思维看待创新的两面性。正如任正非所说："创新意味着破坏，变革亦伴随着动荡。如何把控创新与秩序的均衡，如何拿捏变革的节奏与分寸，是企业管理的真正难点。在很多情况下，创新更多的是修补。变则通，变亦则溃，在创新成为时髦的当今，我们还是要多一些对过度创新的警惕。"华为的创新虽然不像硅谷创新型企业听起来那么高大上，那么具有颠覆性、突破性与想象力，但是，它与市场和客户需求紧密关联，与行业发展趋势和演化紧密关联，与企业能力、资源高度匹配和适应，因而成为确保企业活下来的重要法宝。

全球布局

目前华为的18万人中，有8万是研发人员，是迄今为止全球最大的研发团队。华为在北回归线以北，在全球构建了强大的能力中心布局，包括以色列、英国、法国、意大利、瑞典、荷兰、爱尔兰、俄罗斯、日本、加拿大、美国等，在15个大研究所中，少则1 000多人，多则10 000多人。在研发队伍中有很多世界顶级专家。他们始终紧盯战略主航道，确保华为不在非战略竞争点消耗战略力量，即使在通信领域，也在严格规划主航道不偏离。每隔几年就做分解，把不属于主航道的分支砍掉。

1.9　市场竞争体系

用躬亲的态度打市场

华为从服务于我国的村镇县域开始，逐渐进入大城市；从服务于发展中国家的"盐碱地"到逐渐进入欧洲发达国家的"丰产田"，经历了在客户中慢慢建立信任和信心的过程，能够走到销售收入的70%来自海外市场是相当不容易的。在这个过程中，不要说发达国家，即使是发展中国家的客户，对中国电信设备产品，也是从不相信、不信任、看不起，逐渐到试试看、免费用、还不错、花钱买的过程。这其中的心酸与屈辱，恐怕只有亲身经历的华为人才能体会。华为不仅产品要过硬，服务要全覆盖，苦活、累活、价格低的活都要接，服务于客户的墙要垒得厚，才能在挑剔与质疑后赢得尊敬与口碑。

高效协同的尖兵体系

在市场推进的过程中，华为的市场体系创新很多，但其主要特征是高度重视一线队伍的协作与能力组合，以及一线队伍与组织平台的交互关系。这里面涉及对市场队伍的管理、授权、控制、协调等复杂问题。在组织体系上，"让听得见炮声的人呼唤炮火"，最重要的是让企业管理的大平台，有效支持各个铁三角组成的小前端，使服务于客户的高、精、专队伍，能够以更高的效率、更快的速度、更强有力的整合，满足客户的复杂需求。华为市场体系得到三级平台支持与保障：区域、机关总部和全球能力中心。正是服务于客户的"班长们"的准确判断、及时反应，平台部门对于一线作战组织的有效支持，以及对一线班长们的信任与授权，才使得华为在竞争激烈的全球市场中逐渐取得成功。

1.10 管理体系与平台

在雄鹰模型中，管理平台位于尾翼，它对雄鹰的展翅飞翔有两大重要作用：一是系统整合力量，二是平台支持力量。在华为的发展历程中，管理平台居于极其重要的地位，是华为最先打造的核心能力。任正非在对国际领先企业成功经验进行深入探究的基础上，对中国百年未出大型企业的文化基因和思维模式进行反思和自我批判。他意识到，中国人思维的灵活性、模糊性和好奇心，很难建立稳定和可控的管理体系，而这种管理体系对大企业来说是非常重要的基础。在任正非看来，只有管理平台才能集成人员、资金和技术，形成系统的力量，虽然华为在管理平台建设中经历了严峻的文化挑战和变革障碍，但是它坚定不移地用20年时间持续推进的管理平台建设和优化，为其迈向世界一流企业打下了坚实的基础。

系统整合力量

系统力量是指华为通过流程化、信息化和平台化管理能力建设；系统集成覆盖整个企业的资源，包括信息流、业务流、资金流、物流和知识流。集成的维度涵盖横向和纵向：横向资源集成主要表现在跨部门、跨地区和跨业务单元，纵向资源集成表现在市场前端与后方管理的集成。当企业能够有效地集成覆盖所有神经末梢的资源，就可以极大地提升业务透明度、资源流向、决策支持、供应链监控、端到端客户服务和跨部分协作的效率。华为在过去30年投入巨资构建系统力量来集成资源，这个进程仍然没有完成，但随着企业规模扩大、复杂度增加，系统力量将更加重要。

平台支持力量

支持是指华为构建管理平台实现小前端的能力。小前端是指面向全球市场，分布各地的高、精、专的精兵队伍；大平台是指支持小前端高效灵活运营的区域、机关两级平台，配套全球能力中心建设，提供专业能力和知识共享，为前端提供有效的支持。华为很早就意识到未来的商战是信息战、是"班长的战争"，班长就是一线项目经理，班长与地区总部和公司总部的协调效率是整个组织能力的综合体现。在实战中，班长绝不是孤军奋战，后方的机关总部要积极转变成服务与支持机构，支持一线的协同作战，信息流和知识分享非常重要。小前端、大平台能力的构建得益于华为过去30年时间里在流程、信息化和平台化建设中的持续投入和能力构建，使其具有了强有力的资源整合能力、动态协调能力和精准分析能力，能在最短的时间内为一线的员工提供高效的服务。为了"让听得见炮声的人呼唤炮火"，打赢"班长的战争"，华为需要用管理平台这个尾翼来平衡所有前端的业务运用，以恰如其分的方式配置资源，在合适的时机和合适的地点，把资源交给合适的人。在这个过程中，最大的挑战是平台对多元市场前端的动态把握和了解，这对信息化管理能力提出了非常高的要求。

第二章

华为的经验可复制吗

在从追赶到领先的过程中,华为的案例说明,格申克龙教授所说的落后会激发更强烈的发展动力确实存在。中国积贫积弱的近现代史,在改革开放政策的引导下,唤醒了大多数民众对财富、成功和美好生活的渴求,强烈的饥饿感与追求成功的意愿在聚集多年后宛若沉睡的火山能量迸发出来,一大批一贫如洗、胸怀大志的小人物抓住这个难得的时间窗口,以坚强的意志和顽强的精神,刻苦努力,主动学习,奋力追赶。在大大落后于领先企业的情况下,通过思想、政策、体制、机制和治理的创新,释放出巨大的人力资本潜能和激情;依靠团队合作、分享精神和集体主义精神,迈出任何困难、障碍和劣势都无法阻挡前进的步伐,这些正是经济落后国家最重要的战略资源。

格申克龙教授提出的"较为落后国家是否要遵循先进的或已经实现工业化国家的历史踪迹"研究课题,在对华为的单案例研究中得到了部分的验证,从截止到目前的发展历程看,一方面,华为在很大程度上深入地理解和遵循了工业化国家企业发展的理念、规则、路径和方法,特别是在管理体系、技术研发体系和产品质量体系的构建过程中,通过直接和间接转移的方式,接纳、导入和实施了发达国家的流程、系统和方法论,并在这个过程中有创造和发展。

另一方面,华为在从追赶到领先的过程中,通过系列化的理念、机制、人才和组织创新,在发展的速度、强度、深度上超越了它的竞争对手。**理念的创新**主要体现在战略层面,对战略与战略变革节奏的把握到位。华为大约每5—7年实现一次战略升级,每次战略升级都将环境的变化和内部能力相匹配，并为战略实现辅以新一轮的能力建设，用若干年的聚焦去深耕新能力的落地，因此，每一个台阶都走得相当稳健，达到了预期目标。在**机制创新**中，华为的高层领导人智慧地将相关利益体的诉求进行关联与整合，把可能分裂组织实力的风险化解到最低：员工持股计划整合了企业和员工的核心目标和关键利益；高层轮值机制整合了多元一把手的选择与去留问题；以客户为核心、以奋斗者为本整合了外部和内部关键利益者的关系。在**人才创新**中，华为突破性地处理了"知本"（知识分子）与资本的关系，将知本的地位置于资本之上，将激励的指针向艰苦奋斗、快速学习成长并取得卓越成果的人高度倾斜，通过结果逆向选拔和重用人才，评价体系努力做到客观、公正、透明，人才的"目标—路径—结果"清晰可寻，不确定性降低，有利于激发人的主观能动性和努力程度。在**组织创新**上，华为在组织发展壮大后，不断寻找固化大企业惰性形成的土壤和氛围，通过战略升级、3年轮岗、动态变革等多种形式，不断化解可能形成的舒适区和固化区，保持组织的活力和危机意识。

华为从追赶到领先付出也是巨大的，华为人在身心上所承载和经历的付出、压力、挑战、艰辛、苦难、质疑、不安全感也是巨大的。因此，它的经验能否被复制，是一个仁者见仁、智者见智的话题。有些企业为了获得更大的成功愿意付出更多的努力；有些企业为了更好地平衡工作与生活的关系，不愿意放弃美好生活中的享受。因此，从本质上讲，企业的差异首先源于价值观和目标的差异。

从外部环境看，华为的成功也有其特殊的历史背景：一是身处中国改革开放早期，华为正好在改革的试验田深圳，有好的政策和环境；二是全球通信和互联网产业大发展，需求旺盛；三是华为进入市场就遭遇强劲的国际竞争对手，提升了它的国际视野和行业标杆标准，促使其快速成长；四是抓住了2008年全球金融危机后世界各国对物美价廉产品的需求，以及斯诺登事件后人们对信息安全的关注的契机等。这些外部条件不可复制，环境更难以复求。

尽管如此，华为的实践是否有通用的价值呢？这是一个仁者见仁、智者见智的问题，相信读者们都会各持己见。中国的市场环境也需要多元化的实践和探索，在对华为进行系统梳理和研究之后，笔者有五点印象与读者分享：

一是企业家的思想体系是企业最重要的创新力和竞争力。企业的愿景、使命、转型变革，企业文化的塑造与相关机制的建立，无不源自企业家对世界、人生使命和产业环境的深刻认知。因此，伟大企业的产生，首先要有伟大的企业家精神、企业家人格和企业家思想。

二是做大事必须专注。华为领导人在30年的发展中选择了聚集、专注和长期价值，敢于把所有鸡蛋放在一个篮子里，不疑惑、不动摇、不懈怠，终成大业。在急功近利的环境中，能够力排干扰、低调自律、延迟满足，用窄带高频的方式打造能力深度和差异性，这是对人性的挑战和历练，没有坚定的信念根本难以为继。在瞬息万变的社会环境中，诱惑、机会、风险与挑战丛生，各种资产的价值在不断飙升，给投机带来了绝佳的机会。但30年来，华为心无旁骛，长期坚守通信技术研发与产品品质提升，在技术和知识制高点耐心地深耕，逐步构建了行业领导地位。这种坚守与定力，要超越人性短视与欲望之后才能获得。

三是组织文化塑造独特人格。在华为工作是个苦差，在以客户为核心，以奋斗者为本，长期坚持艰苦奋斗的文化背后，培养和褒奖的是一批勇于担当、不怕吃苦、恪尽职守、脚踏实地的工程商人，靠实干开创市场，靠"板凳一坐十年冷"获得尊敬，靠"败则拼死相救"赢得成功，在这里裙带关系与"拼爹"文化失效，寒门子弟靠努力就可以成功。

四是竞争强度与难度决定了企业受尊敬的程度。华为在高强的国际竞争环境中选择了难走的路。竞争强度与难度越大，对企业家品格和意志力要求越高，对企业战略选择和执行能力的要求也越高，对组织网络强度、组织学习强度要求也越高。企业家的品格和意志力源自其视野和格局；战略选择与执行力取决于认知强度和行动强度；组织网络强度取决于管理平台、组织共同记忆、跨部门协同和团队合作。组织学习强度与其目标设定、对知识差距的认识和学习的价值密切相关，作为追赶者，华为始终充满危机意识，保持空杯心态，敢于直面问题，没有满足感、荣誉感、傲慢感，这是追赶型企业最宝贵的心态。

五是开发人的潜能是从追赶到领先的最重要法宝。所有的制度机制都是以人为核心的，好的制度和机制能将人的潜能释放到极致。华为在用人制度上最大限度地调动和开发了人的潜能和奋斗精神。华为作为一个追赶者，它做到了更一致、更团队、更努力、更好学、更刻苦、更谦虚、更勇敢、更强悍，这是它非常特别的地方。

尽管如此，人们对华为的未来仍有很多关注和担忧，在互联网和数字化时代，从追赶者变成了领先者之后，华为面临的挑战与问题会很不一样。习惯了从1到100，能否做到从0到1？已经善用集成多种现存技术，能否在开发原创技术上有所作为？已经习惯了服从与执行，能否做到突破与原创？已经习惯了一致性与集体主义，能否做到差异性与个人英雄？已经习惯了急行军与高压力，能否做到从容淡定？已经习惯了做华为人，能否形成华为系、华为生态？等等。无论是自我转型、激进与渐进双元并持还是分离与整合，华为的未来仍将取决于它在一轮又一轮产业和市场转型中能否实现自我突破和凤凰涅槃。大多数领先企业的失败都被过去的成功和核心能力所桎梏，成功带来的无节制贪大、更大规模、更高增长和喝彩、偏听偏信与高唱凯歌，使得很多在位领先企业低估了早期颠覆性技术的影响和价值，错失了企业转型的良机。好在华为有自我批评和自我否定的基因，有对"歪瓜裂枣"式人才的器重与偏爱，使其有机会和空间突破自我，因此，对其未来我们仍充满信心。

第二部分　从追赶到领先：
　　　　　　案例呈现

第三章

独特的思维体系及战略领导力

　　企业的生死、强弱、大小是考量企业家综合能力和恒久力的关键指标。企业家在残酷竞争的大风大浪中历练出来的实践智慧决定了企业的理想情怀、精神品格、价值取向和文化诉求，并直接映射到企业的战略发展、资源配置和人才潜能开发中。所谓实践智慧，根据世界著名知识创造理论学者野中郁次郎先生所总结的，是指人们的良知、正念，判断好坏时所具备的真实、合理推断能力，在特定情境中预知未来做出决策的能力，在实践中有效采取最佳行动的能力。[1]具有实践智慧的人通常能够"将常识用到极致"。对于企业家来说，开发实践智慧主要解决四个关键问题：

　　第一，如何设定企业长远目标并持之以恒。在稳定的环境中企业能够专注发展，但在高度动荡与充满变数的环境中，人们往往受到机遇的吸引和诱惑偏离原有方向，放弃初心。中国过去30年，发展快速，变化频发，企业专注于原有业务需要巨大定力。因此，领导人如何有效地管理自己的注意力成为最大挑战。领导人的注意力是组织的核心战略，特别是对于相对集中的组织体系来说，领导人的注意力吸引了大多数战略资源，也成为企业绩效考核的关键指标，尤其是在企业发展早期更是如此。但是，领导人的注意力通常是稀缺的，需要领导人关注的问题多而杂，因此，领导人注意力需要在当下与未来、相关与非相关、战略与战术、内部与外部之间动态分配，如何把握其中的"度"是领导艺术的一部分。

　　第二，如何把满腔热血化做智慧选择和理性思维。企业家通常充满激

---

[1] Nonaka I., Takeuchi H. The wise leader[J]. *Harvard Business Review*, 2011, 89(5)58-67 146.

情，激情飞扬是一把双刃剑，既可能把企业带入充满荆棘与挑战的商战中而坚忍不拔，也可能在冲动之下把企业带入非理性的扩张与误区。因此，既充满激情，又富于智慧、善于理性思考的平衡型企业家心性，使其张弛有度、收放自如、荣辱与共、兼容并包。由于企业发展环境具有复杂性、动态性和不确定性，企业领导人需要兼具理性思维、战略思维、前瞻性思维、探索性思维、批判性思维、整体思维、双元思维和逆向思维等多种思维能力来应对环境变化，领导人的认知复杂性对带领组织驾驭环境复杂性是非常重要的。要获得这种认知能力，领导人开放式的学习能力和交流分享能力非常重要，领导人对世界范围内优秀企业和实践的研究思考，对失败案例的解析和自省，一方面可以不断提升其思维的高度和深度，另一方面又使其保持思维的理性与客观，而对企业发展环境和内在体系的批判性思维，又有助于其带领组织不断实现自我突破。

第三，如何有效沟通、引发共鸣。即企业领导人的精神品质和情怀如何有效地分享给员工，在组织内引发共情和共鸣，触发大家对共同愿景和目标的理解和支持，愿将个人付出与组织目标融为一体，并感知到艰苦付出的意义与价值。

第四，如何自知、自省与自我管理。领导人的自省精神、自我认知和自我激励是情商的关键组成部分。通过自省认识到自我局限性和能力边界，在失败和挫折时做到宠辱不惊，发现他人的价值，凝聚组织力量为共同目标而奋斗，是领导人的一项重要修炼，在此基础上所形成的自我评价成为自我管理和自我约束的重要组成部分。有效的自我管理对组织在繁荣时期不狂妄、在萧条时期不沮丧具有重要的平衡作用。

领导力是哲学，是艺术，是文化，也是管理，只有出现了伟大的人格和精神品质，才有可能出现伟大的企业。

3.1 理性英雄主义与现实主义者

任正非谈道："小时候，妈妈给我们讲希腊大力神的故事，我们崇拜得不得了。少年不知事的时期我们崇拜李元霸、宇文成都这种盖世英雄，传播着张飞'杀'（争斗）岳飞的荒诞故事。在青春萌动的时期，突然敏感到李清照的千古情人是力拔山兮的项羽,至此'生当作人杰,死亦为鬼雄'又成了我们的人生警句。当然这种个人英雄主义,也不是没有意义,它迫使我们在学习上争斗,成就了较好的成绩。"①

英雄是发挥优势,而不是追求完美。在华为,做英雄并不意味着做完人。任正非在总结自己人生经验的时候,强调人生的关键是发挥自身的优势。在访谈的过程中,从华为不同员工身上感受到一个共同的特性是对企业现存问题的坦诚,人们会比较真实地面对华为的不足与困境。也许,正是这种对不完美的接纳,才使华为人可以真实地接纳自我,放下心理包袱,调整心态,同时增强信心,在不足中寻求发展,追求真实的目标,并把自身的优势发挥到极限。

在任正非的发展历程中,他不断地进行自省和反思。根据他的认识体验,他意识到,一个人成功的关键是充分发挥自身的优势,而不是去追求完美。追求完美在抹去人身上棱角的同时,也抑制了自身的特性和优势。他认为自身的最主要优势是对逻辑及方向的理解,这方面远远深刻于语言能力。因此,他放弃对语言的努力,集中发挥在逻辑方面的优势。集中精力充分发挥优势,在华为的发展战略和研发战略上也有体现。因此发挥自身优势,实现比较现实的目标,成为任正非和华为道路选择中的重要原则。

华为的英雄是集体行为。企业领导人的英雄情怀映射到了对员工的培养,并一直贯穿于华为的发展历程中。在任正非的讲话中,"英雄"一词出现了143次,在演讲稿的标题中就出现了3次,从"不要忘记英雄""呼唤英雄"到"不做昙花一现的英雄",反映了在任正非的概念中,企业员工中应该有一批英雄涌现。那么,华为的英雄是哪些群体呢?这些英雄具有哪些特质呢?在他看来,推动华为前进的不是一两个企业家,而是70%以上的优秀员工,他们与企业家的互动推动了华为的前进,他们就是真正的英雄。

英雄主义具有的特质和行为具体表现在:其一,任劳任怨、尽心尽责地完成本职工作,华为的英雄是在艰苦卓绝的环境中勤勤恳恳奋斗着的普

---

① 出自任正非2011年12月在华为内部论坛上发表的文章"一江春水向东流"。

通人。比如华为的市场游击队"一把炒面,一把雪"地奋战在云南的大山里、在西北的荒漠里、在大兴安岭的风雪中,以及远离家人在欧洲、非洲的陌生国度里。其二,思想上艰苦奋斗,不断地否定过去;不怕困难,愈挫愈勇。其三,具有良好的品德,改正错误,摒弃旧习,愿意做一个无名英雄。其四,勇于付出和奉献,如1995年市场部集体辞职引入竞争淘汰机制,又让出权利,开创了制度化的让贤。其五,英雄是一种集体行为,是一种集体精神,要人人争做英雄。① 但是,华为的英雄是有一定时间性的,需要在发展中不断自我更新。今天的成功,不是开启未来成功之门的钥匙,要永葆英雄本色,就要不断地学习。戒骄戒躁,不断超越自我。②

华为的英雄主义摒弃假大空。华为的英雄主义气概表现在对企业发展目标的设定和坚持不懈的追求上。任正非的英雄主义并不提倡虚无缥缈的远大目标、高唱凯歌、奋发激进和舍身忘我,而是具有现实和理性的目标,将理性的英雄与高尚的现实结合起来。唯有在世界领先,否则随时都可能破产。对企业来说,首先是要活下来,给国家交税,让国家用税收去关怀爱护其他的人。对员工来说,奋斗的目的是为了自己和家人幸福,员工春节带着奖金回家,给爱人、父母洗个脚,表达他们真诚的爱。

在理性的理想主义情怀指导下,任正非提出目标现实可行才能轻装前进:"我们要跳出狭隘的圈子看到未来的结果。我们今天是有能力,但不要把自己的能力设计得完全脱离我们的实际。我们若要完全背负起人类的包袱,背负起社会的包袱,背负起中华民族振兴的包袱,就背得太重了,认为我们的目的要简单一点,我们也担负不起重任来,华为能往前走一点就是胜利,不要以为一定要走多远。"③

3.2 把逆境作为人生财富

荣辱历练的沉静和坚强。任正非的成长历程与中国50年来的发展息息

---

① 出自任正非1997年1月23日在来自市场前线汇报会上的讲话"不要忘记英雄"。
② 同上。
③ 出自任正非2012年7月2日与2012实验室座谈会纪要。

相关，其中充满了波折、挫败和痛苦，童年的饥饿，父亲接受审查，弟妹们入学录取被否定，没有机会接受高等教育，除了他本人大学读了三年就开始"文化大革命"外，弟妹们连高中都没读完。在他走向社会后，也是碰得头破血流。大学没入团，当兵没入党，都处在人生逆境，个人很孤立。在"文化大革命"中，无论如何努力，一切立功、受奖的机会均与其无缘。他领导的下属中很多战士都立了功，但他从未受过嘉奖。这也给任正非创造了一种不争荣誉、保持平静、低调的心理素质。这种物质上的艰苦和心灵上的磨难，成为驱使他成熟的动力和机会。[1]在苦难中，他意识到依靠大家、分享成果、团结就是力量的价值和重要性。[2]

1976年粉碎"四人帮"以后，任正非的生活发生了很大的改变。因为他有技术发明创造，两次填补国家空白，一下子"标兵""功臣"的名誉排山倒海地涌来，但此时，他已经形成了淡泊名利的心理状态，许多奖品都是别人代领，回来后分给大家。20年的军旅生涯对他的人格和管理风格产生了很大影响。按照他自己的话说："这20年对我起到的作用，就是服从、吃苦和忍耐。收获最多的是服从。"[3]这种精神在华为的文化和特质中也得到了映射和体现。

有事做就是人生幸事。任正非把父亲作为人生的楷模，他父亲不计命运坎坷与屈辱，把能做点事情作为人生的乐趣和奋斗目标，使得他从父亲身上感受到在忍辱负重的情况下努力奋斗的精神追求。他父亲在"文化大革命"中是个专科学校的校长，不计地位升降和个人得失，认为有了工作机会，全身心地投入就好了，很快就把教学质量抓起来了，学校升学率超过了90%，变得远近闻名，他本人直到1984年75岁高龄时才退休。他说自己总算赶上了一个尾巴，干了一点事。他希望孩子们珍惜时光好好干。这种精神对任正非创业早期所经历的困难有很大的支持作用，也帮助他耐受各种困境和艰辛奋力前行，在70多岁时仍坚持奋斗在企业发展的最

---

[1] 出自任正非2006年7月19日的内部文章"我的青春岁月"。
[2] 同上。
[3] 出自任正非2008年5月21日在优秀党员座谈会上的讲话"不要做一个完人"。

前线。

磨难是铸造坚强意志的心理基础。逆境中所经历的挫折和磨难使得华为在整个发展历程中坦然面对各种压力、挑战、谣言和委屈。按照任正非的说法:"所有的姑娘都不要学阮玲玉,都要承诺永远不自杀,不要害怕谣言,习惯在这样的风浪中生活。"① 华为30年走过了一条崎岖不平的道路,经历了很多失败、挫折和痛苦,但华为始终坚信"烧不死的鸟是凤凰""从泥坑中爬起来的都是圣人"②。逆境也让华为学会了低调和自我审视,特别是在发展早期,这对华为也是一种保护。

领导人的人生经历使得逆境和困难在华为都被赋予正面意义,使华为在困难的时候、在艰难的环境中可以越战越勇。按照任正非的说法:"越是在最艰难、最困苦的时候,越能磨炼人的意志,越能检验人的道德与良知,越能锻炼人和提高人的技能。检验一个公司或部门是否具备良好的企业文化与组织氛围,不是在一帆风顺的时候,而是在遇到困难和挫折的时候,古人讲患难知人心,就是这个道理。"③ 对于华为来说,挫折和失败是寻求正确道路的指南针,"磨难是一笔财富,而我们没有经过磨难,这是我们最大的弱点",磨难是支持企业在困难中奋勇前行的心理基础。④ "在人生的激励中,最重要的是自我激励。"⑤

3.3 一把手关注的焦点问题

危机与忧患意识

华为能够走到今天并不断壮大,与它的危机和忧患意识密切相关,这种危机与忧患意识源自任正非对全球领先企业生死存亡惨烈案例的反思,也来自华为奋斗过程中的种种惊险与困境。忧患意识既是企业前进的动

---

① 出自任正非2010年在上海研究所与来自多个部门的主管和员工交流。
② 出自任正非2008年6月13日在网络产品线奋斗上的讲话纪要"让青春的生命放射光芒"。
③ 出自任正非2002年在研委会会议、市场三季度例会上的讲话"认识驾驭客观规律,发挥核心团队作用,不断提高人均效益,共同努力渡过困难"。
④ 出自任正非2001年发表在《华为人》上的文章"华为的冬天"。
⑤ 出自任正非2011年与华为大学第10期干部高级管理研讨班学员座谈纪要。

力，也是企业为未来投资的心理基础。在华为的艰难发展历程中，任正非谈道："多年来我天天思考的都是失败，对成功视而不见，也没有什么荣誉感、自豪感，而是危机感。也许是这样才存活了下来。如果大家都来考虑怎样才能活下去，企业就会存活得久一些。失败这一天是一定会到来的，大家要准备迎接，这是我从不动摇的看法，这是历史规律。公司所有员工是否考虑过，如果有一天，公司销售额下滑、利润下滑甚至会破产，我们怎么办？"[1] 正是在危机意识的驱使下，华为持续保持改进的动力。华为面对全球互联网泡沫的破灭和行业转型，广泛展开对危机的讨论，讨论华为有什么危机，部门、科室、流程有什么危机，能否改进，以及如何提高人均效益。"如果讨论清楚了，那我们可能就不死，企业生命就得到了延续。"[2]

华为的忧患意识并不是仅仅聚焦在战略层面，而是渗透到了企业的每一个细枝末节，不同岗位和不同层次的人都要有忧患意识，并且为这种忧患承担责任，因此，华为的忧患意识是集体意识和共同担当。"每个人最大的忧患意识体现在如何做好本职工作，产品质量不高、返修率不低就是我们的忧患意识。"[3] 任正非的忧患意识传递到了管理层或普通员工，无论问到谁，他都会坦诚地告诉你华为还存在很多问题，或者是用数字或事实告诉你华为与竞争对手相比还有哪些差距，大家很清楚每年要做哪些改进，如何提升自己的核心能力。做同样的项目，爱立信报价35万美元，华为可以做到20万美元，这巨大的空间源自华为不断发现自身的不足，改善内部管理，同时，在很大程度上也得益于华为内部的团队精神，这种团队精神成就了华为的卓越，促成彼此之间的配合。在华为，可能有人不配合，但不会有故意拆台的情况发生。华为的团队合作精神强的一个原因是，愿意留下来的人并不都是当年出类拔萃的人，出类拔萃的人往往有强烈的自我意识和以自我为中心的倾向，但在华为文化中，任正非强调普通人就是英雄，同时强调组织平台管理的价值，把个人冒进的因素降

---

[1] 出自任正非1995年12月26日在年度总结大会上的讲话"失败不属于华为人"。
[2] 出自任正非2001年发表在《华为人》上的文章"华为的冬天"。
[3] 出自任正非1997年2月22日在秘书座谈会上的讲话。

到最低。①

核心是企业如何活下来

为了解决企业如何才能活下来这个问题,任正非对企业的生存环境进行思考,这个思考是从历史、全球技术发展和产业格局进行展开的。从历史视角看,相比过去一百多年以火车、轮船、电报、传真等手段的竞争,当今信息产业的竞争强度非常大,稍有懈怠,企业就会垮掉。正是基于这样的认知,任正非要求华为所有员工聚焦主业、潜心发展、艰苦奋斗、管理欲望,只有这样,才能在竞争惨烈的产业环境中活下来。从全球技术发展大势看,互联网与通信技术的发展使得资源配置可以全球化和动态化,交付、服务更加贴近客户,服务更加快速优质,制造贴近低成本,研发贴近人才集中的低成本地区。竞争的强度大大增强,资源和速度优势使得卓越企业经营越来越强,没优势的企业经营越来越困难。特别是电子产业将会永远处于供过于求的状态。从产业竞争看,在信息产业,电子产品的性能质量越来越高,需要的人才素质越来越高,酬劳也越来越高。同时,支撑信息产业发展的两个要素(数码和硅)取之不尽用之不竭,导致电子产品过剩。过剩的结果就是大家都"拧毛巾",开展"绞杀战"。西方公司过去日子太好了,拧的水多了,拧着拧着就把自己拧死了。②在电子产品价格不断下降的情况下,只有把自身管理做好,减少浪费,才能活下来。

在如此惨烈的竞争环境下,任正非不断地问自己:华为如何才能不衰落?他为企业指出三个方向:第一,持续变革。他指出:要活下来,"唯一不变的是变化。面对变革,每个企业如果不能奋起,最终就是灭亡,而且灭亡的速度会很快。国际竞争对手的失利是因为薪酬太高,而不是华为的崛起"。③第二,不断提高企业核心竞争力。"对华为公司来说,要长期研究如何活下去,寻找活下去的理由和价值。活下去的基础是不断提高核心竞争力,而提高企业竞争力的结果就是获得利润,这是一个闭合循

---

① 出自笔者与华为员工的访谈。
② 出自任正非2008年5月21日在优秀党员座谈会上的讲话"不要做一个完人"。
③ 同上。

环。"① 第三，放眼长远，关注当下。任正非坦言，对个人来讲我没有远大的理想，我思考的是这两三年要干什么，如何干，才能活下去。我非常重视近期的管理进步，而不是远期的战略目标。在活下来的基础上，华为还要努力做到世界领先。要达到这一目标，任正非认为：首先要虚心、认真学习国外主要竞争对手的优点，时时看到和改正自己的缺点。同时，要开放合作，不能关起门来赶超世界。所有拳头产品都是在开放合作中研制出来的。公司要长久生存下去，不断地面对问题并认真解决问题，问题解决了，公司就能前进。②

如何启动企业发展的内生活力

在任正非看来，华为作为民营高科技企业，能够以势不可挡的发展速度走到今天，真正起作用的还是内部机制。华为改革始终围绕内部发展机制持续提升。改革的成功使华为在新的水平上进入一个发展的新阶段，使具有高度责任心和强烈敬业精神、大公无私、努力学习、有较高技能、善于协作、勇于合作、踏踏实实的骨干员工，形成企业的核心，保持企业发展的稳定性，增强承受风险的能力，这种机制和能力可以进一步吸引越来越多优秀人才加入华为，补充和壮大队伍，并使他们持之以恒地奋斗。

3.4 不确定环境中的战略思维

华为领导人的思维模式

华为之所以能够持续前行，关键在其领导人的思维模式：不沉迷于过去的成功，聚焦于未来的发展。图3.1所展现的华为领导人思维模式从两个维度、六个指标上展开。横轴代表时间维度，包括过去、现在和未来三个指标；纵轴代表空间维度，包括个人、组织和社会三个指标。华为的领导人对于自己和企业的过去，没有荣誉感和自豪感，充满着自我批评、理性思维和危机意识。对待现在，通过低调、不输出革命专注做事；通过耐得住寂寞、管理欲望抗拒各种诱惑，实现战略聚焦，关注当下企业如何活

---

① 出自任正非2000年发表在《华为人》上的文章"活下去，是企业的硬道理"。
② 出自任正非1999年11月11日答新员工问。

下来；通过悖论思维，平衡企业短期利益和长期目标之间的关系。面对未来，在社会、技术和行业层面，华为前瞻性地判断发展趋势，面对不确定性大胆拥抱未来，通过耗散结构构建面向未来的能力；在各种不确定性中抓住主要矛盾，放眼企业的长远发展；展现出领导人的战略思维、前瞻思维和创新思维。

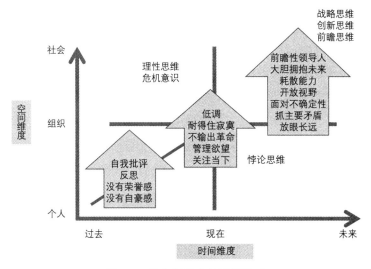

图 3.1　华为领导人的思维模式

在思维体系中，如何管理不确定性是非常重要的。

虽然不能准确预测未来，但要大胆拥抱未来

所谓不确定性，是指在决策时点上对未来发展趋势的未知状态，对外部环境掌握的信息有限。导致不确定性主要有三个原因：一是从客观上讲，企业未来发展趋势是隐藏、模糊和难以感知的；二是从主观上看，人们缺乏预判未来趋势的信息和知识；三是在主客观的交互中，人们的认识被"特定边界"锁定，无法突破，从而丧失了产生新的认知并把握适应环境变化的时间窗口。对不确定性的误判、错判会给企业的可持续发展带来难以估算的损失。环境的要素及要素关系发生变化，变化的频率和方向与人们的预测和经验发生偏差。如果对不确定性的认知出现偏差，企业就可能出现战略上的失误。管理不确定性是当前企业决策者面临的重要课题和挑战。在应对不确定性时,任正非意识到:"历史的灾难是前车之鉴。我们对未来的无知是无法解决的问题,但我们可以通过归纳找到方向,并使自己处在合理组织结构及优良的进取状态,以此来预防未来。死亡是会到来的,这是历史规律,我们的责任是不断延长企业的生命。"[1] 任正非提出:"虽然我们无法准确预测未来,仍要大胆拥抱未来。面对潮起潮落,即使公司大幅度萎缩,不仅要淡定,也要矢志不移地继续推动组织朝向长期价值贡献的方向去改革。要改革,更要开放。去除成功的惰性与思维的惯性对队伍的影响,也不能躺在过去荣耀的延长线上,只要我们能不断地激活队伍,我们就有希望。"[2]

识别发展趋势与陷阱

华为对不确定性的应对还得益于对市场和技术的前瞻性研究和关注。2012年,华为投资20亿美元成立了致力于面向未来基础研究的2012实验室。对于该研究院的战略使命,他用赌博来比喻战略眼光。"我们赌什么呢,赌管道会像太平洋一样粗。"[3] 在不确定环境中,市场上常常存在着大量诱惑和陷阱,对长远目标不清晰的企业往往无法抵御外部短期利益的诱惑而跌入陷阱。任正非要求企业要密切关注市场的变化,在变化到来之前做好准备。他认为要时常注意陷阱,关注市场的调整期。对于早期华为来说,产品单一,如果一下子没有了订单,就会十分艰难,因此,一定要密切关注市场的动态变化,保持准确的分析判断。在这市场变化到来之前,加快成熟产品的技术升级、系统化、成套化;加快产品多元化;加快国际市场的开发;全面开展增产节约,努力降低成本;优化管理、简化程序,精减人员、提高效率。除此之外别无出路。[4]

企业目标越明确,应对不确定性能力越强

在任正非看来,不确定性是长期客观存在的,但在企业有清晰而长远

---

[1] 出自任正非2011年12月在华为内部论坛上发表的文章"一江春水向东流"。
[2] 同上。
[3] 出自任正非2012年7月2日与2012实验室座谈会纪要。
[4] 出自任正非1995年12月26日在年度总结大会上的讲话"失败不属于华为人"。

目标的情况下，根据自身的战略思路，对不确定性会具有更快、更准确的判断能力和快速识别机会的能力。任正非认为，企业的长期战略明确，就要敢于机会主义，"敢于抓住机会窗开窗的一瞬间赢取利润，以支持长线产品的生存发展。我们要培养起一大群敢于抢滩登陆的勇士，这些人会不断激活我们的组织与干部体制。尽管抢滩的队伍不担负纵深发展的任务。但干部成长后，也会成为纵深发展的战役家。只有敢于胜利，才能善于胜利。猛将必发于卒伍，宰相必起于州郡。我们各级部门，要善于从成功实践者中选拔干部。没有基层实践经验的干部，需要补上这一课，不然难以担起重任"。①

应对不确定性时要抓主要矛盾

面对国内外技术和市场环境的不确定性，任正非认为："面对着不确定性，各级主管要抓住主要矛盾，以及矛盾的主要方面，要有清晰的工作方向，以及实现这些目标的合理节奏与灰度；多作一些自我批判，要清醒感知周围世界的变化。"② 如何才能在不确定性中把握未来的发展机遇，任正非认为，首先要抓住客户的痛点进行表达，才能打动客户，让客户认可我们。其次要关注客户未来关心什么，研究客户自己看不到的未来，与客户共同探讨未来的需求与痛点，让客户看到未来、认清未来，然后和华为一起寻找关于未来的解决方案，看企业能为客户提供的服务并帮助他们走向未来，让客户认识到华为是他真正的盟友。最后，华为的展示厅要向客户展现未来的技术，而不是展示历史。

预见力是领导者的关键能力

在复杂多变的市场环境中，作为企业一把手，任正非及其高管团队不仅在混沌和不确定的环境中聚焦核心战略，同时，总是能够在困难的时候预见到铺满曙光的道路，在鲜花盛开的时候预见到冬天将至。"我们在春天与夏天要念着冬天的问题。"③ 在混沌和不确定时发现一条发展的道路，

---

① 出自任正非2009年1月在华为销服体系奋斗颁奖大会上的讲话"让一线直接呼唤炮火"。
② 同上。
③ 出自2001年任正非发表在《华为人》的文章"华为的冬天"。

在转型时机找到上升的空间。虽然在这个过程中也出现了各种误判和错误，但是，跌跌绊绊，华为领导层的战略思维和预见性总是不断把企业带向未来。

预见性的重要性源自任正非1978年参加国家科技大会时的感悟。当时，罗瑞卿同志身患重病，但仍然发表了重要讲话，他对全国科学大会军队代表说，未来十几年是一个难得的和平时期，我们要抓紧全力投入经济建设。年仅33岁的任正非当时并不明白其中的政治意义，过了两三年，军队大裁军，任正非所在的整个兵种被全部裁掉，他才理解了什么叫预见性的领导，并意识到未来的主战场是在经济上，而不是在政治和军事上。

在华为成立之初，任正非通常是采用听任各地"游击队长"自由发挥的方式获得对现状的了解，这种开放式的讨论并不像办公会议那样有着固定的议事日程和信息选择，而是在相对自由、平等与混乱的氛围中获取市场与研发人员的发散思维，并理解、支持他们，他们说怎么办就怎么办。但是，有一个基本原则是不变的，就是一定以客户需求为核心，听到客户一点点改进要求，就奋力去找机会。华为早期的这种开放和发散的思维和决策模式，不仅使企业能够适应不同市场和不同环境的发展要求，同时，在企业最高决策层和中高层领导者之间，建立了一种信任、授权、平等的文化，这种直截了当的沟通方式也大大提高了交流的效率，为后来华为应对更加复杂多样的环境奠定了基础。

对发展机遇与对困难环境的预见能力，成为华为战略能力中最重要的组成部分。在各种环境中，华为的高层会把企业和决策的困境真实地告诉大家，特别是核心团队，借助群体智慧研究应对未来的决策。如果没有预见未来困难的能力，企业陷入的困境就会更加严峻。除了自身的远见卓识，任正非非常重视并要求高层管理团队建立发展自身的长远眼光，呼唤更多有战略眼光的人走到管理岗位上来。他要求华为"高级将领"发挥的关键作用就是在看不清未来的混沌中，用自己发出的微光，带领队伍前进。就像丹柯一样把心拿出来燃烧，照亮后人的前进道路。

正是在战略思维和远见卓识的引导下，华为总是在困境到来之前预见到未来的发展变化，及时尽早地做出应对。"每一次我们看见、预见的困难，解决措施都刚好和时代的同步，所以取得成功了，才会发展到今天。《华为基本法》上为什么提出了'三个顺应'？因为我们不能与规律抗衡，我们不能逆潮流而行，只有与潮流同步，才能极大地减少风险。因此，我们过去有能力预测成功和胜利，今天有能力预测存在的困难和问题，那么渡过这场困难，我们的条件是比别人优越的，是有信心的。"[1]

3.5 领导人的悖论思维

所谓悖论思维，是指人们能够看到事物双方存在既对立又关联的要素，两者既相互竞争、相互冲突，又相互依赖和相互转化。悖论思维防止人们在非黑即白、你对我错的绝对真理中走向极端，帮助人们在两种冲突对立的事物中采用"接受"而不是"对抗"的态度。悖论思维强调悖论双方既相互对立又相互联系，不是压制、排斥或消除悖论，而是用积极的管理方式，动态平衡两者之间的关系，充分挖掘悖论转化的潜力，用创造性的方法同时发展张力的两端，寻找在对立事物之间建立提升彼此价值的方法和途径。任正非的悖论思维体现在他对企业关键要素的动态把握上，他指出公司运转是依靠两个轮子，一个轮子是商业模式，一个轮子是技术创新。二者是矛盾的对立体，构成了企业的平衡，其中难以掌握的灰度、妥协考验所有的管理者。

兼顾长期目标与短期利益

对于企业发展短期利益与长期目标的关系，以及短期收益与长期收益之间如何兼顾的问题，任正非清醒地认识到：短期挣大钱死得快，因为大家眼红，因此，华为要拼命进入长期挣小钱状态，才有可能活得更长。2001年，他提出，公司在推行激励机制时，不要有短期行为，要强调可持续发展。既要看到员工的短期贡献，也要看到组织的长期需求。不要对立起来，不要完全短期化，也不要完全长期化。[2] 当长得长，当短得短；长

---

[1] 出自任正非2002年在华为研委会会议、市场三季度例会上的讲话"认识驾驭客观规律，发挥核心团队作用，不断提高人均效益，共同努力渡过困难"。

[2] 出自任正非2001年发表在《华为人》上的文章"华为的冬天"。

短结合，相得益彰。这就是战略。"在短期投资和长期利益上没有看得很清楚的人，实际上他就不是将军。将军要有战略意识，没有战略意识怎么叫将军呢？

如何才能兼顾长期发展与短期利益呢？任正非提出了两种方法：一是明确公司发展的长期目标。华为的管理进步必须有一个长远的目标方向，这就是核心竞争力的提升。公司长远的发展方向是网络设备供应商，这是公司核心竞争力的重要体现。有了这个导向，近期抓管理就不会迷失方向。朝着这个方向发展，近期发展和远期发展就不会产生矛盾，核心竞争力的提升也为企业建立了生存的理由和存在的价值。[①] 二是建立组织的"耗散结构"。所谓耗散结构，就是通过耗散已有的优势资源，建立新的优势资源。具体说来就是，华为在相对较好的时期要加大投入，把优势耗散掉，打造形成新的优势。因此，对未来的投资不能手软。任正非这样形象地比喻耗散结构：如果吃了太多牛肉而不去跑步就成了美国大胖子，吃了很多牛肉再坚持跑步就成了刘翔。都是吃了牛肉，耗散和不耗散是有区别的。所以要长期坚持这个制度。[②]

市场繁荣与萧条都有价值

任正非能够辩证地看待市场繁荣与萧条的内在原因，以及两者之间的转化对企业的价值。他深刻地意识到繁荣给企业带来的损害，提前预警员工做好准备，设定制度保持持续的奋斗。同时，意识到市场萧条对企业的价值，促使华为在市场变化时也能做到游刃有余，动态调整。任正非指出，在繁荣背后都充满危机，这个危机不是繁荣本身的必然特性，而是处在繁荣包围中人的意识的懈怠。艰苦奋斗必然带来繁荣，但如果繁荣后不再艰苦奋斗，必然丢失繁荣。因此，华为价值观中的以奋斗者为本和艰苦奋斗，就是确保华为持续保持发展的核心思想。任正非认为，市场的冬天对企业的警醒作用非常重要，"冬天也是可爱的，并不是可恨的。我们如果不经过一个冬天，我们的队伍一直飘飘然是非常危险的，华为千万不能

---

① 出自任正非2000年发表在《华为人》上的文章"活下去，是企业的硬道理"。
② 出自任正非2011年1月17日在公司市场大会上的讲话"成功不是未来前进的可靠向导"。

骄傲。所以，冬天并不可怕。我们是能够度得过去的，今年我们可能利润会下降一点，但不会亏损。与同行业的公司相比，企业盈利能力比较强。还要整顿好以迎接未来的发展"。①

组织管理中的集权与授权

集权与授权、集中与分散、统一与多元化是组织管理中常见的悖论。如果没有集权，企业会出现大量跑冒滴漏的现象，但集权过严，企业难以满足对市场业务快速响应和灵活发展的要求。任正非认为，企业的发展要保持节奏，宽严有度。在初创时期，必须有严格的管控体系，而当企业发展到一定阶段，必须保持适当的宽松，不骄不躁，保持"36度的体温"，激励创新。华为1997年开始在实施权力下放的同时，推进严格的制度制约。企业发展壮大要求权力不断再分配，不断下放，这样才能产生和利用更多资源，但如果对下放的资源不实施制约，任其放纵自流，就会产生腐败。权力既要下放又要制约，这是一个辩证的矛盾。虽然权力在下放过程中被某些不道德的人利用犯了错误，但权力仍要继续下放，要相信绝大多数干部的品质是好的。高薪不能养廉，要靠制度养廉。虽然在制定流程过程中存在经验不足的问题，但是如果不采取在权力下放的同时进行管控的方法，我们就永远建立不起有效的管理体系。②步调一致才能得胜利，但步调不能太僵化，不能太保守。统一是谋定，而不是操作层面，谋定后如何执行，公司就不管了，因此，公司的每个模块都有自己的自由。

国际化中统一化与本地化的关系管理

华为在国际化建设的过程中，面临着如何协调母公司与各地区公司的关系，这是任何走向全球的公司都面临的共同问题。任正非从共产党的领导案例中获得启发，他意识到，共产党的成功原因在于统一了思想、确立了共同的奋斗目标，建立了广泛、庞大、严密的组织体系，这个组织体系对国家实施控制和管理，使国家积极、正向地发展。任正非的思路是："要

---

① 出自2002年任正非在华为研委会会议、市场三季度例会上的讲话"认识驾驭客观规律，发挥核心团队作用，不断提高人均效益，共同努力度困难"。
② 出自1997年2月26日任正非内部讲话"坚定不移地推行ISO 9000"。

把华为的资源与当地需求结合并开创出新的天地,这就是片区建设。"在这个过程中,华为存在的问题是对办事处建设干涉过多,但又没有力度。三十多个办事处,两年跑一遍,怎么可能对办事处有深入的了解?所以,华为公司机关派出机构成立片工程部,作为中间环节,成为办事处与公司总部机关的过渡机构,它的责任就是把华为公司的资源利用当地化。总部建立统一的资源体系,片区在调动与利用这些资源过程中要与当地实际密切结合。

在向高端市场进军中不忽略低端市场

2015年,任正非提出,我们在争夺高端市场的同时,千万不能把低端市场丢了。华为采取的"针尖"战略是聚焦全力往前攻。他担心,一旦企业"脑袋"(高端)钻进去了,"屁股"(低端)还露在外面。如果低端产品让别人占据了市场,有可能培育了潜在的竞争对手,高端市场随即也会受到影响。华为就是从低端聚集了能量后进入高端的,别人也可能重复走华为的道路。[①] 为了兼顾这两端市场,任正非提出,低端产品要做到标准化、简单化、生命周期内免维修。"我们不走低价格、低质量的路,那样会摧毁战略进攻的力量。在技术和服务模式上,要做到别人无法与我们竞争,就是大规模流水化。"客户想要加功能,就买高端产品去。这就是华为的"薇甘菊精神"。[②]

在黑与白之间保持灰度

2009年,任正非首次提出"灰度"概念,随着华为在国际化进程中获得快速发展,企业从活下来的窘迫和压力中逐渐变得从容一些,灰度的思想是在一个更大的国际格局中寻求多元利益主体发展与平衡的心态。任正非认为:"一个领导人重要的素质是方向、节奏。他的水平就是合适的灰

[①] 凤凰财经,http://finance.ifeng.com/a/20150312/13548071_0.shtml,2015年3月12日。
[②] 薇甘菊原产于南美洲和中美洲,现已广泛传播到亚洲热带地区,成为当今世界热带、亚热带地区危害最严重的杂草之一。其生长特点一是生长周期短。从花蕾、到盛花、授粉、种子成熟,再到种子传播,仅需要短短两周左右。二是生长速度快,可以节点生根,进行无性繁殖,根与节同时吸取营养,故称"一分钟一英里的杂草"。三是生命力强,对生存条件要求极低。四是侵略性强。由于薇甘菊能快速覆盖生长环境,且有丰富的种子,通过竞争或他感作用抑制自然植被和作物的生长,甚至大树都被绞杀。

度。坚定不移的正确方向来自灰度、妥协与宽容。"① 灰度思想伴随着妥协与宽容，它有助于企业在三个方面获得可持续发展能力：一是对战略方向的认知，二是对变革节奏的把握，三是对利益关系的处理。

在战略方向的认知上，任正非认为："一个清晰方向，是在混沌中产生的，是从灰色中脱颖而出，方向是随时间与空间而变的，它常常又会变得不清晰，并不是非白即黑、非此即彼。"企业的发展方向是坚定不移的，但并不是一条直线，也许是不断左右摇摆的曲线，在某些时段来说，还会画一个圈，但是我们离得远一些或粗一些来看，它的方向仍是紧紧地指着前方。②

在把握变革节奏时，关键是在变革与稳定之间保持均衡。对华为来说，灰度意味着变革时不走极端。在对变革节奏的把握上，任正非提出："每个干部都不要走向极端，极端会产生争论、'战争'，有可能酿成对成熟流程的破坏。我为什么讲灰色？灰色就是不要使用'革命'的手段，要以改良的方法对待流程变革，要继往开来，不要推倒重来。只要有黑和白两种极端观点存在，这两种观点总会交战，最后结果就是什么事情都做不成；灰色就是两种观点妥协了，形成一种东西，就不要争了，好好干吧。我们不允许华为公司有黑白观点的存在，每个人都要讲实事求是。"③ 任正非反思中国历史上许多变革太激进、太僵化，冲破阻力的方法太苛刻。如果用较长时间来实践，而不是太急迫、太全面，收效也许会好一些。很多变革失败的原因就是缺少灰度。④

在相关利益关系的处理上，任正非提出，要宽容，在他看来：宽容所体现出来的退让是有目的、有计划的，主动权掌握在自己手中。无奈和迫不得已不能算宽容。只有勇敢的人，才懂得如何宽容，懦夫绝不会宽容，这不是他的本性。只有宽容才会团结大多数人与你一起认清方向，只有妥协才会使坚定不移的正确方向减少对抗，只有如此才能达到目的。方向是

---

① 出自任正非2009年在全球市场工作会议上的讲话"开放、妥协与灰度"。
② 同上。
③ 同上。
④ 同上。

不可以妥协的，原则也是不可以妥协的。但是，实现目标过程中的一切都可以妥协，只要它有利于目标的实现。任正非教育其员工，妥协并不意味着放弃原则和一味地让步。明智的妥协是一种适当的交换。为了达到主要目标，可以在次要目标上做适当的让步。这种妥协并不是完全放弃原则，而是以退为进，通过适当的交换来确保目标的实现。相反，不明智的妥协，就是缺乏适当的权衡，或是坚持了次要目标而放弃了主要目标，或是妥协的代价过高遭受不必要的损失。明智的妥协是一种让步艺术，妥协也是一种美德，而掌握这种高超的艺术，是管理者的必备素质。只有妥协，才能实现双赢和多赢，否则必然两败俱伤。因为妥协能够消除冲突，拒绝妥协必然是对抗的前奏。妥协其实是非常务实、通权达变的丛林智慧，凡是人性丛林里的智者，都懂得在恰当时机接受别人妥协或向别人妥协，毕竟人要生存靠的是理性，而不是意气。"妥协"是双方或多方在某种条件下达成的共识，在解决问题上，它不是最好的办法，但在更好的方法出现之前，它却是最好的方法，因为它有不少的好处。

把握创新与稳定的动态平衡

在华为早期走向规范化的过程中，任正非始终对创新保持一种客观、理性的和认识和态度，他反复告诫员工，不要把创新炒得太热，不要随便创新，要保持稳定的流程。要处理好管理创新与稳定流程的关系。尽管我们要有管理创新、制度创新，但对一个正常的公司来说，频繁变革的话，内外秩序就很难得到安定的保障和延续。不变革又不能提升核心竞争力与工作效率。创新中到底要改变什么是个严肃问题，各级部门切忌草率。一个有效的流程应长期稳定运行，不能因为有一点问题就常去改动它，改动的成本会抵消改进的收益。已经证明是稳定的流程，尽管效率不高，除非整体设计或大流程设计时发现缺陷，而且这个缺陷非改不可，其他时候就不要改了。宁可保守一些，也不可太激进。[①] 管理既要走向规范化，又要

---

① 出自任正非2000年9月22日在中研部将呆死料作为奖金、奖品发给研发骨干大会上的讲话"为什么要自我批判"。

创新，还要对创新进行管理，形成相互推动和制约的机制。[①] 我们总是在稳定与不稳定、在平衡与不平衡的时候，交替进行这种变革，从而使公司保持活力。

例外与例行管理两手抓

例行管理是指在实践中被证明是行之有效的方法和流程，在遇到类似情况时可以重复使用，或者在任何情况下按照企业制定的规章制度和政策观察执行。例行管理的主要目的是提高组织效率和一致性。例外管理是指企业遇到突发情况或以前未遇到的新情况，需要协商探索新的解决办法。如果企业缺乏有效的例行管理，实践证明行之有效的知识无法重复利用，或者政策及规章制度得不到执行，企业的效率就无法得到有效提升，同时，也没有时间和精力应对突发情况和新情况，更不要提创新了。这两者只有配置好，才能使企业在保持高效运行的情况下，对新出现的事件保持快速响应能力和灵活性。华为在这方面做得卓有成效。ISO 9000 定义了例行管理原则，《华为基本法》也定义了例行和例外管理的概念，例行就是原则上可以按照 ISO 9000 流程处理的事例，例外是不能按 ISO 9000 去做的。当一个公司的例外管理与例行管理的比例为 3∶7 时才是合适的，30% 的例外管理在不断细化、规范过程中转变为例行管理，这样才能促进管理的细化和提升。[②]

平衡内部和外部的关系

华为在国际化过程中取得成功的一个原因，是平衡与世界各国的关系。这里既包括与俄罗斯的关系，也包括与日本和加拿大等国的关系。在普京当选总统时任正非会发去贺电，在加拿大建立大的研究所，号召员工到新西兰旅游并多买新西兰奶粉，"你既然给了我们国家宽带网，我总要给你们新西兰做点贡献，为公司的生存平衡发展做贡献"。[③]

客户与员工利益的一致性与平衡

平衡内部和外部的关系还体现在平衡客户与员工的关系。在华为的核

---

① 出自任正非2000年发表在《华为人》上的文章"活下去，是企业的硬道理"。
② 出自任正非1997年2月26日内部讲话"坚定不移地推行ISO 9000"。
③ 出自任正非2012年7月2日与2012实验室座谈会纪要。

心价值观中，明确提出"以客户为中心，以奋斗者为本"。这两个利益群体之间，既存在相互竞争的关系，也存在利益共同的关系。华为在企业理念和机制设计上，做到了将外部客户和内部员工变成共同的利益群体。

3.6　团结与分享的力量

华为在过去 30 年时间里所焕发的奋斗精神、学习能力和集体主义力量，集大成地展现了中国人在获得发展机会后所汇集的巨大能量，这种能量的来源是组织分享机制的设计，而领导人对组织机制的设计思想来自于他的自我意识和认知。任正非在创业之初对此已有深切感悟。正是他看到了自我的渺小，深知团结才能形成力量这样一个根本的原理，才在设计组织机制时形成了一系列的做法。"当我看到万里长城、河边的纤夫、奔驰的高铁……我深刻地体会到，组织的力量、众人的力量，才是力大无穷的。人感知自己的渺小，行为才开始伟大。"[①] 在任正非 46 岁创办企业的时候，一个重要认知是依靠个人的力量是不够的。一个人不管如何努力，也永远赶不上时代的步伐，更何况在知识爆炸的时代，必须要组织起数十人、数百人、数千人一同奋斗，才跟得上时代的脚步；必须要善待团队，发挥各路英雄的作用，才能有所成就。[②]

凝聚组织力量需要多元制度设计

在创办华为之初，任正非虽然并不懂期权制度，也不知道西方在这方面很发达，已经有很多成熟的激励机制，但他凭着自己过去的人生挫折，感悟到与员工分担责任、分享利益的重要性，就与父亲商量员工持股制度，并得到了父亲的大力支持。华为的分享机制包括三个方面：一是管理权的分享，主要体现在 CEO 轮值制度上。二是利益的分享，主要体现在员工持股制度上。三是学习的分享。请参见后面人力资源管理和学习型组织的相关内容。

曾经有一位高科技企业董事长问我："为什么华为人经常加班，工作

---

① 出自任正非2012年7月2日与2012实验室座谈会纪要。
② 同上。

非常卖力,但是它的员工看上去还很快乐?"这是一个非常好的问题,但也是难以回答的问题。任正非认为,快乐有两个层面:精神的快乐和物质的快乐。精神的快乐来源于自己,是不需要成本的,只要心里快乐就一定快乐。但物质快乐的权力掌握在别人手里,需要等价交换。你不付出别人就不会提供。如果人生目标定义为希望做一件事,然后为这件事付出多大的努力都在所不辞,那这个人就是快乐的。快乐来自于参与和奉献,没有奉献就不能产生快乐。

当很多企业都因如何管理"80后"和"90后"感到困扰时,任正非却认为这件事情非常简单。"80后"的年轻人很坦诚、不隐晦,比较好交流,大家也可以相互讨论一下怎么能快乐。他认为"80前"和"80后"没有什么本质区别,"80后"中总有人要承担起国家兴亡的责任的。

3.7 领导人的自我管理

实现长期目标的关键是管理欲望

华为能控制人的欲望和贪婪,所以能长远发展,不看蝇头小利。轮值CEO胡厚崑提出"获取分享制"有几个特点,第一个特点是要有包容性而不是压榨性,要包容客户、员工的利益,也要包容资本的利益,包容各种要素(如知识产权)的利益,这个机制就能永久生存下来。我们要坚持这种分配制度、干部制度,逐步整改、努力提高。

如何看待成功和失败

过去的成功,能不能代表未来的成功?不见得,成功不是未来前进的可靠向导。成功也有可能导致我们经验主义,导致我们步入陷阱。历史上有很多成功公司步入了陷阱。时间、空间、管理者的状态都在不断变化,我们不可能刻舟求剑,所以成功是不可能复制的。①

批判性思维

任正非冷静而理性地看到了成功的负面作用:成功可能导致经验主义,使我们步入陷阱。时间、空间、管理者的状态都在不断变化,因此不

---

① 出自任正非2011年1月17日在公司市场大会上的讲话"成功不是未来前进的可靠向导"。

能刻舟求剑。成功会导致思想上的懈怠，缺乏积极思维。难以认真去研究如何简化工作，提高贡献能力。在快速变化的环境下，成功是不能复制的。在这种情景下，他在公司创立早期，就推崇自我批评的文化。

坦然面对外部质疑

在华为的成长历程中，国内外都有大量质疑、猜测和议论，对此华为采取了沉默、低调的方法。2001年，任正非提出，无论社会上如何攻击华为，"我们从不解释，因为我们没有功夫，我们的重心是建设自己"。他建议员工"安安静静地应对外界议论，对待媒体的态度，希望全体员工都要低调，我们的员工都要自律，也要容忍人家的不了解，不要去争论。有时候媒体炒作我们，我们的员工要低调，不要响应，否则就是帮公司的倒忙"。在大量怀疑面前，任正非鼓励员工"严格要求自己，把自己的事做好，把自己不对的地方改正。别人说得对的，我们就改了；别人说得不对的，时间长了也会证实他说的没道理。我们要以平常心对待。我希望大家真正能够成长起来，挑起华为的重担，分担整个公司的忧愁，使公司不要走上灭亡"。①

清晰的自我认知

任正非在对自己进行自我剖析时谈道："我唯一的优点是自己有错能改，没有面子观，这样的人以后也好找，所以接班并没有什么难，他只要比较民主，而且会签字就行。万不可把一个人神化，否则就是扭曲华为的价值创造体系，公司就会垮掉。因为员工认为自己在创造价值，积极性就会很高，如果员工认为只是某一个人在创造价值，积极性就会丧失。"② 在谈到企业接班人问题时他坦诚地说："一旦华为破产，大家都一无所有。所有的增值都必须在持续生存中才能产生。要持续发展，没有新陈代谢是不可能的。包括我被代谢掉，都是永恒不变的自然规律，不可抗拒的，我也以平常心对待。"③

---

① 出自任正非2001年发表在《华为人》上的文章"华为的冬天"。
② 出自任正非1999年11月11日答新员工问。
③ 出自任正非2001年发表在《华为人》上的文章"华为的冬天"。

自我约束与自律

一个高度团结、能展开批评与自我批评的领导班子是企业胜利的保证。历经二十余年的耕耘,华为领导班子多数人已销蚀了健康,但意志经过千锤百炼更加坚强,管理也开始成熟了。这是一个不谋私利的班子;是一个以身作则、奋力工作的班子;是一个经济上说得明白、政治上清清楚楚的班子;是一个勇于批评与自我批评、有自我的约束机制的班子;是一个目光远大、不畏艰难的班子;是一个坚持各尽所能、按劳分配的社会主义原则,关怀职工利益的班子。因此,有资格领导公司,也能领导公司走向成功。"我们一定要公私分明。大家认为我这么大年纪坐飞机应该坐头等舱吧,公司的文件是不允许我坐头等舱的,公司的最高报销级别是商务舱,我坐头等舱是自己掏钱的。"①

压力管理

巨大的工作和生存压力使得任正非罹患焦虑症,夜里无法入睡。"应对压力,我个人就有多次感觉活不下去的经历,我跟他们是同类,所以我才有这么多感触。但是我有一个最大的优点,我开放,我讲出来。我知道自己这是病,难受得很,实在受不了的时候,我会往外打电话,诉说自己心里的感受,没有一个人会劝你自杀的。我以前不知道这是病,也不知道这个能治,后来就治好了。我记得郭平在美国跟我谈心的时候说,'老板,你要找一些无聊的事情来干'。所谓无聊的事情就是瞎聊瞎侃,把精神岔开,慢慢就不会想这件事,可能病也就好了。"②

开放与学习

任正飞在带领企业发展中首先做到成为学习的表率。他的学习领域跨历史、跨文化,特别注重对军事方略、失败案例和企业精神的学习和反思。每到不同国家,他都尽可能深入了解这个国家和企业成功与失败的经验教训,并将自己的反思写成文章发送给所有员工,将这些反思与华为未来关联起来,一方面提醒员工学习不同国家的创新精神和工匠精神,另一

---

① 出自任正非2010年10月在世博会闭幕期间与多个部门员工交流讲话。
② 出自任正非2008年5月21日在优秀党员座谈会上的讲话"不要做一个完人"。

方面也要避免重蹈其他失败企业的覆辙。这种学习精神为所有员工树立了非常好的榜样。在图 3.2 中，我们统计了任正非讲话中对不同国家提及的次数，以及华为可以从这些国家的企业中学到哪些有益的方面。

- "我们访问的所有公司都十分重视研发，而且研发对营销、技术支援、成本与质量负责任"
- "美国人民的创新机制与创业精神，美国的先进水平"
- 提及199次

- "一丝不苟的敬业精神，产品的高稳定性"
- "二战后，德国工会起到很大作用，工会联合起来要求降薪，从而增强企业的活力，这使我很感动，德国工人把企业的生死存亡看得很重"
- 提及28次

- "孙亚芳在写有关以色列高速发展的秘密的文章中，感慨上帝给了欧洲多么好的条件"
- "使知识产生价值，以创造民族的财富。以色列这个国家是我们学习的榜样，它说它什么都没有，只有一个脑袋。像以色列一样在贫乏的资源上建立起辉煌"
- 提及17次

- "希望丢掉速成的幻想，学习日本人的踏踏实实"
- "日本的三种困难是雇佣过剩、设备过剩和债务过剩"
- "长时间不吸收新员工，内部改革滞后"
- 提及128次

图 3.2　任正非讲话中对不同国家提及次数（截至 2014 年 12 月 31 日）

3.8　华为与思科的比较

在对任正非进行研究的基础上，我们发现，具有实践智慧的企业家往往身兼多种角色：既是能够抓住事物本质、从偶然观察到的现象中找到问题的哲学家，又是在企业发展关键时刻预见环境变化、引领组织转型和变革的军事家，同时，又是能关注一线基层员工工作品质、注重企业大厦建设的"工匠"；既是对企业和社会都有价值的理想主义者，又是能够激发人们行动热情的政治家；既是善用隐喻、故事和精美言辞的文学家，又是鼓励员工们学习和接受美好价值观及原则的教师。有实践智慧的领导善用权力，用智慧将不同的人和资源整合起来朝着一个目标共同努力。在这个过程中，领导人善用胡萝卜加大棒的方法，恩威并施，既是调动员工的热情和积极性、展现人性关怀的长者，同时，又是为了激发企业活力置换管理层和新老员工、推进末位淘汰的"屠夫"。这种多元能力进一步验证领导力认知的复杂性与行为复杂性对于企业发展的必要性。

华为领导人的精神品质

优秀的领导人能够从逆境和失败中获得经验，并且把这种经验转化为坚强的意志和毅力，心中有明确的方向和目标，不向挑战和困难妥协，在这个过程中，能够耐得住寂寞、误解、冷落和挫折，有很强的耐挫性和自愈力。同时，领导人在多种选择中能够判断善良与优秀，根据自身价值观和道德罗盘判断善良与优秀、短期收益与长期价值。他们有更高的视野和更广阔的胸怀，能够将感知、信念、经验和情感写成文章和企业"戒律"，并将这些"戒律"变成企业的灵魂。没有灵魂，企业就是一个空壳。智慧的领导者善于创建沟通的氛围，特别重视在对话中传递情感的重要性，鼓励各级员工充分交流，无论是正式还是非正式场合，这种即兴交流和积极倾听会带来很多信息并可能触发灵感。他还善于用故事、隐喻、象征或其他形象的语言增强员工的想象力和创造力，领导人能够理解员工的诉求、情感和看法，通过各种途径的交流与员工产生共情和共鸣。

华为领导人的注意力管理

有实践智慧的领导人关注的核心问题是怎样才能让组织活下来。领导人会从全球、产业和企业三个层面思考这个问题，特别是对产业竞争力和资源本质进行深入的思考。而最有效的方法只有三个：一是持续变革和奋起；二是不断提高核心竞争力；三是放眼未来，关注当下。为了活下来，任正非要求企业虚心、认真地向国内外所有竞争对手学习，吸纳别人的优点，时时看到和改正自己的缺点，在开放合作中发现问题、解决问题。为了活下来，华为从来不回避和掩饰问题，坦诚直面现实挑战和企业困境，就严峻的现实和本质问题进行直接沟通，鼓励企业内部的批评和自我批评精神，把问题和缺陷扼杀在摇篮中。

华为领导人的思维模式

拥有实践智慧的领导人能洞察事物本质，预见未来和结果。他们拥有敏锐的直觉，因此善于洞察环境、人、事物和事件的关键特征及影响。他们特别重视时间窗口，在产业和市场转型的早期形成预判和发现机遇，总是能够抓住采取行动的关键时间点，引导和推进组织变革。拥有实践智慧的领导人具有悖论思维，他坚定地认为人兼具逻辑与情感的双向特质，可以深刻理解人性中的冲突，如文明与野蛮、乐观与悲观、勤奋与懒惰等，善于利用辩证思维，将冲突、对立和悖论提升到更高的境界，采用彼此相依而不是非此即彼的方式，在既不损害公共利益又有利于自身发展的情况下做出决策。正如美国著名作家弗朗西斯·斯科特·基·菲茨杰拉德所言："一流智力是同时拥有两种对立思想的人。"任正非在华为发展中所提出的"宽容、妥协与灰度"正是悖论思维的明证。

华为领导人的理想主义情怀与完美主义倾向

当企业的领导者毕其"洪荒之力"，为企业的生存和发展而奋斗，在可以颐养天年时仍然意气风发地为企业命运四处奔波，在不必为衣食而忧时坐着经济舱游走在世界各国市场时，我们会问：他们追求的到底是什么？如果说他们追求的是事业的成功、价值的被认可和财富，我们将无法解释这些行为。我们只能从精神层面探究领导人的内在动力，即源自理性主义情怀，对企业发展的使命感和责任的担当，对企业未来发展的忧患意识和远见卓识，在全球视野下对失败企业的深刻认识与反思，以及不断寻求自我超越的完美主义倾向。去华为北京展厅和深圳华为大学参观的人，无不为其装修风格的超级审美和完美主义倾向所折服，惊叹于一个来自穷乡僻壤的企业家为何能有如此高级的色彩偏好和美学追求，并为其中所折射的精神内涵所感染。

华为领导人关键特征与自我管理

在图 3.3 中，笔者识别了华为领导人的一些关键特征，主要表现在四个方面：一是在企业文化与价值观上重视危机意识、自省和长期的艰苦奋斗；二是在战略领导力上重视全球视野和产业格局，高度专注于企业核心战略和核心业务；三是在放权、分享与团结方面，团结所有可以团结的力量协同作战，通过股权分享将关键员工与企业的目标凝聚在一起，形成巨大的合力；四是在耗散能力构建上重视企业关键能力的建设，引入全球最佳实践"强身健体",在无人区构建核心能力。

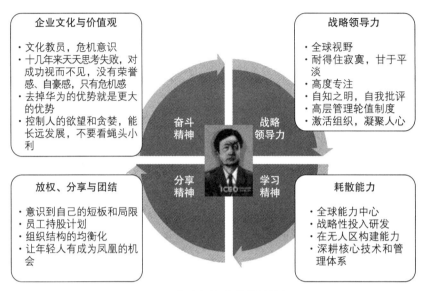

图3.3 华为领导人的关键特征

华为在国内外发展的历程中,一直饱受争议、怀疑和批评,但它始终保持低调。这种低调一方面来自领导人的自知之明,首先意识到自我在与媒体打交道中可能遇到的障碍,其次领导人要求企业自我约束与自律,将所有注意力聚焦在企业的生存与发展上。另一方面,这种低调是一种积极的自我保护,使其规避各种争议,专注于事业发展。尽可能减少社会关注的企业才是比较安全的企业,不过,这种神秘感恰恰引发了社会的更多关注和好奇。

如果将华为的任正非与思科公司原董事长钱伯斯相比,作为领导人,他们还是有很多的共同之处的。

- **设定愿景**。两个人都具有长远眼光,可以为企业发展提出清晰和正确的战略愿景与长期目标。任正非在华为发展的早期,就清晰地意识到:未来的世界是知识的世界,不是泡沫的世界。中国"地大物薄",只有靠科教兴国,从人脑中挖资源,在通信设备行业,要么成为领先者,要么被淘汰，没有第三条路可走。1996年，当华为销售规模只有100亿元人民币时，任正非就坚定地提出了要成为行业内全球领先企业的战略愿景，并设定了路线图带着企业向着这个目标奋进。在访问思科时，钱伯斯曾说当看到公司的愿景"互联网改变人们的学习工作与生活"不断实现时，心中就燃起了对公司的强烈热情。我们每年去思科，都会发现它关注的战略重点发生了变化，从云计算、大数据、物联网到智能技术，公司高层不断被新兴市场和新技术激发出工作热情，企业持续变革，眼中看不得懈怠和停下来的痕迹。

- **忧患意识**。任正非在企业发展30年的历程中，天天思考失败，对成功视而不见，没有荣誉感、自豪感，只有危机感。他提出，去掉华为的优势就是更大的优势，他最关注的问题是华为如何活下来，如何激发企业的内生活力。早期他对企业未来生存的担忧与困扰曾使他一度患有焦虑症，但恰恰是这种忧患意识，使得任正非在带领企业发展过程中，更加注重未来的能力建设，敢于为未来的发展耗散现有的资源，敢于打破已有的优势建立新的优势。在访问思科时，钱伯斯也坦诚地告诉我们，他的同事觉得他有些"paranoid"（偏执狂），他有3—5年的战略耐心等待战略的落地与执行。正是这种忧患意识，使得企业家在现状中有强烈的不安全感，从而不断地对未来进行投资建设。

- **文化建设**。对于很多民营企业来说，企业家是企业文化最重要的构建者。企业家的童年经历，家庭所赋予他的价值观，他人生经历的挫折与教训，都会映射到企业文化建设中。任正非早期的家境虽然困难，但是，父亲嘱咐他出身贫寒并不可耻，出身高贵但思想与知识贫寒也不光荣，要求他记住"知识就是力量，别人不学，你要学，不要随大流"，以及父亲一生的追求就是"做点事"。这些对任正非后来设置的华为"员工持股计划""以奋斗者为本""灰度文化"等都有深刻影响。钱伯斯认为，领导人经历的失败事件对企业文化的建设至关重要。他在王安工作时与其是很好的网球球友，在经历了王安公司从辉煌到衰落的惨痛过程之后，他深刻地意识到，王安公司之所以走到这个地步，是因为它的文化是以自我为核心，认为只有王安公司是懂技术的，客户是不懂技术的，因此，客户要跟着公司走。经过这个历程后,钱伯斯在思科大力推行"以客户为核心"和"高适应性文化",就是在反思王安以技术为核心失败案例的基础上,真正实现以客户为核心的文化建设。

- **沟通能力**。任正非和钱伯斯的沟通能力可以说都是超一流的,所不同的是,任正非擅长用文字表达自己的思想和情感,他的文风(特别是早期)真诚、流畅、感性,思路清晰,善用隐喻和类比,读起来不枯燥,能够引发共鸣。公司的所有员工读了任正非的文章,都会感受到他的所思所感,感动之余共识自然形成。而钱伯斯擅长语言表达,虽然他早期有阅读障碍,但后来听他的演讲,宛若听一首长诗,绵软柔长。他会边讲边在听众中走动,有时就像在你身边与你倾谈。在思科的网站上,钱伯斯是通过视频直接与所有员工沟通的。虽然沟通途径不同,但充分利用自己有最有效的沟通方式。用最直接的方式与所有员工沟通,引发员工的共鸣和共识,是两位领导人的共同特征。

第四章

从农民企业转型为世界级高手

活下来的企业最重要的能力之一是自我蜕变与自我突围。在市场和技术转型到来的时候,很多在位的领先企业无法快速摆脱既往思维与能力的约束,深受原有组织深层结构的羁绊,丧失了转型与变革的最佳时机。由于原有体系难以适应环境变化,既往的核心能力变成了核心障碍。特别是领导人对市场和技术转型认知不同,把握转型变革的时机、速度和强度也有所不同,因此,面对变化,企业呈现出不同的类型,如主动型、适应型、被动型和淘汰型。

从概念上看,转型与变革是不同的。转型以对外为主,指企业针对外部环境变化调整自身战略定位、发展路径和竞争优势。变革以对内为主,指组织为了有效应对外部环境挑战和机遇,不断对内部的组织体系、流程、技术和管理体系等进行改变。企业转型与变革同行业特征高度相关。在相对稳定、成熟和进入门槛高的市场环境中,企业的转型与变革频度较低,以渐进式改善为主,通过不断强化已有的竞争优势维持领先地位。但是,在技术创新和市场需求快速变化、竞争强度很高的环境中,新进入者不断通过创新突破甚至颠覆行业相对稳定的格局时,在位企业的转型变革压力就非常大。信息与通信技术行业是高动态性行业,激进式技术创新频发,如何领导企业的转型变革本身就很有挑战,特别是在认知、行为和组织三个层面。

在认知层面,具有远见卓识,具有创新思维的领导层能主动转型与变革,这批人通常具有强烈的危机意识,对外部变化高度敏感,对企业未来有远大的抱负,不满意企业已经取得的成绩,他们的思考永远是在现实与未来之间进行穿梭,而不是安于现状。由于市场环境千变万化,新技术、新产品层出不穷,如何识别未来市场、技术、政策、消费者变化的弱信号,并主动进行组织变革,成为考量领导人能否把握转型先机的关键。在这个过程中,预知能力与领导人驾驭环境不确定性的能力密切相关。同时,先知先觉的高层领导人不仅需要准确预判未来变化,及时调整战略思维,推进新的战略布局,坚定地引导和推进组织转型,同时还要影响所有员工改变思想,接纳和拥抱转型与变革。

在行为层面,随着战略思维的调整,组织领导人不仅拥抱未来的不确定性,而且愿意对未来的关键能力进行投资和布局,通过组合型的投资策略,孵化和培育未来的技术和市场。同时,通过亲自领导新兴团队、收购并购、引进外部人才或提拔年轻人才、组建新的部门等措施,对新能力的构建给予强有力的支持,并在激励机制上对新人和新部门给予倾斜。在实践中,企业的转型与变革是一件痛苦的事情,因为企业既有的奶酪要重新配置,人的观念、组织体系、部门利益和流程都要发生变化,在这个过程中,以往人们长期积累的经验技能、资源、社会关系会失效,触动很多人的权利和利益,因此,会带来很多担忧、焦虑和恐惧。通常,在旧有体系中获益越多、越稳定、越安于现状的人,抵触情绪会越大,而处于边缘、年轻、弱势或非主流人群对变革的接纳程度更高。因此,领导人在推进组织转型和变革时,只有对阻碍和反对企业转型的潜在思想阻力进行分析,找到化解对策,通过沟通和激励机制,让员工理解变革的必要性和紧迫性,激发主动转型与变革的乐观情绪,才能将变革带来的痛苦转化,这也是转型变革中最困难的地方。转型与变革过程是一块硬骨头,仅靠软技巧是不够的,必要时也需要铁腕领导。

在组织层面,转型与变革需要突破已有的深层结构,构建新的深层结构。企业的深层结构由五个层面组成:

第一,战略定位,包括组织、员工的核心信仰与价值观。创新型业务要求组织扁平化、边界模糊和更具灵活性,这势必对稳定环境下组织所形成的惯性、层级制和一致性带来很多冲击。

第二,产品与服务定位。相对于竞争对手,产品和服务定位可以按照高中低、客户群体和市场特性进行划分，企业转型既包括从低端向高端的转型，也包括从细分市场向综合型市场的转型，反之亦然。

第三，组织结构，包括权力配置、资源配置和决策权的配置。战略调整使得战略新兴部门获得更大的资源使用权，势必会引发传统优势部门的不满。

第四，组织流程和价值链。客户需求驱动的流程和价值链需要建立以客户为核心、端到端的响应能力，这对以内部为核心的管理流程是重要的改变。

第五，控制系统。为了应对环境的不确定性，企业需要对基层进行授权以增强其响应速度和灵活性，这对集中管控、刚性的组织控制系统是个挑战。

大企业在稳定发展时期一直确保深层结构的稳定性和高效率，以渐进式创新为主，并以此来抵消内部或外部的扰动和变化，公司的核心目标是持续强化已有的深层结构。随着组织内结构、系统、控制和资源的匹配度逐渐提高，组织运作效率也不断提高，但是，新技术出现要求企业深层结构快速分解和优化，战略、权力、结构和系统都要从根本上向新结构转变。

对于华为来说，它的转型与变革面临着更大的挑战与困难。从外部看，在通信设备行业，国际跨国公司林立，竞争已经非常激烈，华为必须要适应行业领先者转型变革的频率。从内部来看，华为是成长中的民营企业，在管理、研发、产品品质、市场和品牌上都与跨国公司存在巨大的差距。特别是由于文化差距，华为要通过持续变革使自身成为与跨国公司在运营上相当的企业，同时还要寻找胜出的机会。在百废待兴的情况下，民营企业的资源极其有限，它在应对外部竞争的同时必须不断改变和提升内在运营体系和效率，转型变革需要同步推进。因此，它如何推进转型与变革，重点在哪些领域推进转型，转型变革的方法是什么，都是非常值得关注的问题。

4.1 初创期：聚焦如何活下来（1987—1996）

在激烈竞争中奋力成为大公司战略

自 20 世纪 80 年代末期开始，中国通信业和通信市场的快速发展催生了中国通信制造业的快速成长。全世界厂家都寄希望于这块世界最大、发展最快的蛋糕，从而拼死争夺，形成了中外产品撞车、产品严重过剩的局面。外资产品价格昂贵，且已经占领了大部分中国市场；中国厂家仍然维持分散经营，困难重重。在此情形下，华为意识到泱泱 12 亿人口的大国必须有自己的通信制造产业，因此，必须要有大公司战略。

华为作为一家年轻、充满活力的创业企业，创立之后的年增长都超过了 100%。1996 年产值达到 25 亿元，1997 年达到 50 亿—60 亿元，员工 3 100 人，其中 40% 从事开发与研究，35% 从事市场销售和技术支持，12% 从事行政管理，13% 左右从事生产制造。1998 年时已经发展到 5 000 多人，新招大学生 1 500 人，全公司员工平均年龄 26 岁左右，其中 60% 取得了硕士、博士和高级工程师的学历和头衔，许多人已经是掌握先进技术、从事电信研究工作达 5 年以上的熟练员工。正是这些高素质、高学历的青年积极推动着公司快速发展。华为在发展的初创期，经历了很多的风险与困境，从代理香港的电信设备到在缺货的情况下把所有收益都投入程控机研发中，每一天都面临着生与死的考验。因此，企业领导人必须要考虑如何活下来，危机意识成为这个组织最显性的基因，这个基因一直伴随着企业的发展历程。同时，作为一家初创民营企业，创业之初就在家门口遭遇了跨国公司的激烈竞争，当时的华为无论是掌握的资源和拥有的能力，还是产品品质、技术、管理和品牌等各个方面，都与竞争对手存在着很大的距离，企业唯有通过快速和全方位的学习努力提升自己，才能在激烈的竞争中活下来。华为第一次创业成功主要靠企业家行为，为了抓住机会，不顾手中资源贫乏，奋力前进，凭着第一、第二代创业者的艰苦奋斗、远见卓识、超人胆略，使公司从小发展到初具规模。华为走过的这十年是曲折崎岖的十年，教训多于经验，在失败中探寻到前进的微光，不屈不挠、艰难困苦地走过了第一次创业阶段。这些宝贵的失败教训，与不可以完全放大的经验,都是第二次创业的宝贵的精神食粮。在第一次创业阶段,华为在战略、组织、研发、市场、企业形象上都采取了不同的策略。

组织体系:打造灵活的组织机制

小企业最大的优势是对环境和客户需求高度敏感,华为拥有高素质人才群,具有灵活有效的管理体系和激励机制,反应比较灵活,跟随新技术发展的方向比较及时。华为在创业初期,特别关注体制改革、组织改革、工资改革、企业文化教育、业务流程重整和管理信息系统的引进等,为未来迈向一个大集团打下坚实的基础。为了促使华为所有员工始终对不进则退、不进则亡的现实处境保持警醒,任正非鼓励企业坚定不移地向国际知名公司看齐,努力实现全面接轨。同时,在比对领先企业的基础上,各个部门、各个环节都必须保持持续的自我优化,将懒羊、肥羊、不学习上进的羊、没有责任心的羊吃掉。不愿重新分配工作的员工,可以劝退,被劝退员工的合理利益会受到保障。华为每年保持5%的自然淘汰率与10%的合理流动率,防止部门人员凝固,一旦人员不再流动,说明部门的领导已经僵化。在团队文化层面,建立"胜则举杯相庆,败则拼死相救"的市场工作作风。①

研发:再难也要投入

华为在早期就高度重视研究开发。研发人员比例在40%左右,同时,建立了三个地位平行的研发体系:产品战略发展研究体系,产品中央系统规划与集成研究系统,中间试验系统(参见第六章)。研发总部设在深圳,同时在美国硅谷、北京和上海建立了研发分支机构。公司保证按销售额10%拨付研究经费,在年景好时还要加大支持。华为在为了活下来的艰苦奋斗中一直坚持对研发的投入,就是因为领导人相信"高投入才有高产出",企业不能仅仅考虑眼下的发展,还必须要有长远的目标。虽然这种高投入给企业带来了很大的压力,但如果企业只顾眼前利益,忽略长远投资,将会在产品的继承性和扩充性上伤害用户。华为始终在短期绩效和长期目标之间保持平衡。当然,在如何配置研发费用方面,我们可以初步判

---

① 出自任正非1994年6月5日内部讲话"胜利祝酒词"。

断华为是在努力平衡两者之间关系的。从华为早期的分配方案来看，在其研发金额到达1亿元的时候，每年8 000万元用于对研发的支持，2 000万元用于国内外的培训和考察。也就是说，华为将80%的经费用在现有体系的研发与深化上，20%的经费用在获取新的视野、新的项目和新知识上。任正非始终相信，如果华为按照这一方向坚定不移地走10年，就可以初步建成具有世界先进水平的科研体系。

人才：聚合优秀的知识型人才

1995年的华为，虽然距离世界一流企业仍有相当大的距离，但是，他们在理念和架构上不断地为实现未来这一目标而努力，任正非提出了大市场、大科研、大系统、大结构的发展目标，同时建立了运作良好的组织体系和服务网络。为了实现宏达的目标，企业在发展早期就要为未来的目标打下宽阔和扎实的基础。华为人才的知识密集度非常高，在1 750多名员工中，1 400多人受过本科以上教育，其中有800多名博士、硕士。在一个没有大石油、大森林等自然资源的企业，员工的大脑就是企业最大的财富，因此，华为从一开始就努力探索如何形成一整套方法论，吸引、使用、留住和培养这些人才。笔者在访谈中，一些早期进入华为的员工对在这里的体验都留下了深刻的印象，一位从南京南下的硕士生，因为在当地待遇太低而被女朋友抛弃，到深圳华为竞聘时先是发现这里是整栋大楼里唯一安装空调的办公室，而第一个月的薪水竟然是在南京工作时的10倍，当时泪水就夺眶而出。任正非爱才如命，看到一位从清华大学毕业的农家孩子简历时，立即抢过简历说我们直接录取，并给以大大优越于市场的待遇。当任正非遇到一位从北京大学数学系毕业的学生后，马上提出在人力资源部支取10万元（当时是很大的一笔数额），到北京大学数学系设立奖学金，并将找不到工作的数学系学生都招到华为来。早期的华为通过改善员工的伙食、打造更明亮的办公环境等表达对员工的关爱，使得年轻的知识分子愿意留在这里与公司一同奋斗和成长。

华为在做企业的同时，把自己变成了一所学校，它鼓励员工以发达国家领先企业为学习榜样，把跨国公司不仅当作竞争者，更当作老师。是这些跨国公司让华为在家门口就遇到了国际竞争，知道了什么才是"世界先进",学到了很多营销方法、职业修养、商业道德等,使华为在竞争中学会了竞争规则,在竞争中学会了如何赢得竞争。

收益:先生产、后生活

华为的研发经费是随着企业市场的扩大、销售额的增加而快速增加的。1996年研究经费为1.8亿元,1997年增加到3亿—4亿元,2000年达到8亿—10亿元。通过这种持续加大投资力度的策略,华为努力缩短与世界先进企业的差距。尽管华为对研发的投入是大手笔,但此时员工的生活条件很差,公司员工住房率从1.5%只提升到5.5%,很多博士、硕士、高级管理人员住在出租屋里,过着简易的生活。但是,华为人仍然对未来充满了乐观的情绪,任正非也告诉大家,如此奋斗一方面是为了下个世纪活得更好一些,为了祖国拥有自己的技术,为了中央领导在发达国家面前腰杆硬一些;另一方面也是为了将来买一个更大的带大阳台的房间用来"晒钱"。这样做不仅是为了祖国,也是为了自己与亲人。①

由于华为多年对员工如此灌输教育和培养,员工认识到活下去就是胜利,因此,大家将收益延迟,把主要精力放在如何提升生产能力上,"先生产、后生活"的安排得到了大家谅解。通过凝聚共识和目标集中创造奇迹。先把企业内部的事情办好再开放自己。如果内部是一盘散沙是无法对外开放的。在这一时期,任正非鼓励华为学习"蜘蛛精神"和"蜜蜂精神":蜘蛛不管狂风暴雨,不畏艰难困苦,不管网破多少次仍孜孜不倦地用纤细的丝织补。数千年来没有人去赞美蜘蛛,但它们仍然勤奋,不屈不挠,生生不息。而蜜蜂带给人们蜂蜜,孜孜不倦地酿蜜,天天埋头苦干,用坚持换来甜蜜。如此胜不骄、败不馁的精神才能推动组织的可持续发展。

市场:从苦地方切入

华为早期在国内外市场的拓展中都遇到过很多的困难、尴尬和屈辱。比如,由于当时企业知名度不高,有次为了帮助地方市场负责人,市场部高管吃了晚饭就等候在大厅直到深夜一点半客户出来,但客户说了一句

---

① 出自任正非1996年6月30日在市场庆功及科研成果表彰大会上的讲话"再论反骄破满,在思想上艰苦奋斗"。

"没时间"扭头就走,把华为的高管晾在一边。还有一次,有位博士员工在首都机场迎接一个重要客户,在寒风中等了四个小时,客户起初看到有人接他十分高兴,但一问不是跨国公司的人员扭头就走。而在东北伊春的一个项目中,市场人员为拿下合同作了不下十次的技术推广和工程建议,风餐露宿、长途跋涉长达半年,最后却由于一些原因不得不放弃。从事此项目的数名七尺男儿,伤心地痛哭了一场。^① 拓展市场是企业活下来的根本。企业要活下去,充分条件是要拥有市场,没有市场,企业就没有规模,没有规模就没有低成本,没有低成本和高质量就难以参与竞争。

在这种困难的情况下,华为只能从跨国公司不在意的苦地方拓展市场。2000年,华为在全国各地建立了很多合资企业,客户经理部成为一个个碉堡,而本地化合资就是通向这些碉堡的一条条战壕,在多层次上和客户建立了全方位的关系。华为与跨国公司不同的是,西方跨国公司没人会卖命到偏远地方去攻占阵地,更别说守上几年都不回家。这是因为西方公司的价值观和华为不一样,华为有很多地区客户经理非常辛苦,生活条件也很差,但是他们从不退缩。通过把这一个个碉堡建设起来并守住,挖通一条条战壕来争取更大收益。^② 华为通过扩大市场规模降低成本,同时,华为的高管清晰地知道,市场经济最终会把产品逼到薄利经营,因此,仅有低成本是不够的,必须同时提升产品的先进性、实用性和产品的多元化,实行超大规模生产以降低成本、提高质量,企业才能真正抗衡内战外困的巨大压力。大市场才能孵化大企业,企业规模大才能满足市场吞吐需求,因此,如何扩大市场占有,平滑供需矛盾,对华为来说是十分艰巨的任务。

销售:建立平台,指挥部前移

1996年,华为就开始将决策机构向市场靠拢,建设以片区工程部、办事处为基础的销售平台。平台的主要职责是完成多种产品销售、实现多家

---

① 出自任正非1995年12月26日在年度总结大会上的讲话"失败不属于华为人"。
② 出自任正非2000年1月28日在华为市场部集体大辞职四周年颁奖典礼上的讲话"凤凰展翅,再创辉煌"。

公司共同销售（下属合资企业），目的是打造利益共同体、实现市场资源共享。同时，建立以办事处主任为首的催款队伍，像抓销售一样抓货款回收。回款率达不到指标与完不成销售一样，办事处主任都算不合格。任正非提出，不管华为发展到多大，合作公司有多少，销售平台仍是一个。

在华为，不同片区的任务以商务策划为主，商务人员要深入了解产品与技术，管理与服务水平要瞄准外国公司在华办事处的水平。对于在平台工作的大学生，除了外语不苛求外，在管理上争取达到与跨国公司一样的水平。对于平台人才的培养，通过干部轮换制度，在循环中培养，提高基层干部的水平。在对平台的绩效考核上，市场部组成多个工作组切实帮助、检查、考评销售平台的建设。

与此同时，华为还探索以技术换市场的战略，开发国际市场。通过把市场作战指挥部前移，将其真正建设为一个实实在在的战斗、指挥团体。除了在全国建有若干办事处和用户服务中心，与22个省管局建有合资公司，还开始了初步的国际化试水，如在莫斯科设立代表处，在其他国家兴建合资工厂，在东欧十多个国家安装了设备，为我国香港地区提供了商业网、智能网和接入网。[①]

营销：培养世界级专家

在1996年，华为就已经开始布局，建立一个吸取国际精髓、符合中国国情、具有国际水准的市场营销系统。用比研发部门少一半的时间，在5年内达到与国际接轨，在2000年左右达到超大规模跨出国门。市场部从销售思想转为战略营销，贯彻全面顾客服务意识。为了达到这一战略目标，华为要实现从观念到组织的五个转变：从公关到策划的转变，从推销到营销的转变，从小团队作战到营销兵团作战的转变，从局部市场到大市场的转变，从产品营销到战略营销的转变。

任正非要求市场部每一件事都要策划。1996年以全年策划报告为龙头，树立市场策划的思维模式，规范指导工作。以策划报告实施的动态跟踪、评估、修正、总结来提高自身的营销策划水平和判断与组织能力，贯

---

① 出自任正非1996年12月13日内部讲话"坚持顾客导向，同步世界潮流"。

彻全面顾客服务意识,加强对内部顾客和外部顾客的服务,以服务展示公司的新形象。华为认为,营销的国际化不是在国外建几个工厂,把产品卖到国外去就够了,而是要拥有世界级的营销专家,培养 50 至 60 个指挥战役的"将军"。为此,华为鼓励优秀人才进入市场。华为为了促进技术与市场的深度融合,提出了"技术市场化、市场技术化"的口号,鼓励英雄好汉到市场前线去。鼓励一大批博士、硕士进入市场历练,在 3 至 5 年后对公司发展做出推动。

产品:用服务弥补品质不足

华为在创建初期,产品质量并不好,要靠遍布全国的 33 个维修点及时的售后服务来弥补。经过早期 7 年的发展,华为认识到在没有市场的情况下,只能靠技术先进、质量可靠、服务周到去争取市场,靠服务支撑市场体系。各种及时的售后服务体系发展至今,形成了三级支持系统、200 名优秀技术人员的服务网络。及时服务已成为良好的风气,市场对公司也越来越信任。公司投资近 1 亿元建立用户服务中心大厦,开通集中维护系统,向全国用户提供远程支援。

形象管理:展现大企业气质

在我国,当企业条件比较差时,无论是在办公建筑、展台设计还是产品包装上,通常顾不上外部形象的建设,给客户留下了品质低劣的印象。外部形象不佳,会使客户(特别是国外客户)对企业实力和资质产生很多怀疑。华为为了让客户对企业和产品有正面印象,从很早起就重视对企业形象的管理,如聘请外国设计公司对龙岗的工厂进行设计,使其建筑群体与世界级企业相比毫不逊色,让企业的灵魂、骨架、外衣都有可能达到一流水平。① 很多海外客户对中国的印象都是从电影(特别是好莱坞电影)中获得的,形成了很多过时的刻板印象,认为中国愚昧、落后、穷困、低劣,既不相信中国有高科技企业,也不相信中国有品质过硬的现代化产品,给中国企业的国际化道路带来很多困难。因此,华为从公关型销售过渡到策划型战略营销的过程中,按照国际一流水平推销"华为"企业形象

---

① 出自任正非1995年12月26日在年度总结大会上的讲话"失败不属于华为人"。

和产品品牌形象[①]，同时，从小团队冲锋陷阵发展到大兵团的整体性经营行为。在这个过程中，华为逐渐从销售国家开始到销售企业，海外客户会被邀请到上海、北京访问，再到深圳访问华为，通过改变客户对中国的整体印象，逐渐与客户建立信任关系。

4.2 规范期：从本土公司到国际化公司（1997—2007）

1997年至2003年，互联网和信息技术投资泡沫逐渐在全球浮现，大量资本投入互联网早期行业形成了克林顿所说的"新经济浪潮"，互联网作为新兴产业的吸引力，加上金融杠杆的力量，使得处于萌芽期的互联网经济出现了巨大的泡沫和诸多非理智行为。当随之而来的互联网经济泡沫破灭，一些当时非常显赫的互联网公司一夜之间化为乌有，很多领先的国际跨国公司也在缩水、裁人，降低投入。2005—2006年，朗讯裁员5万多人，销售额从原来的375亿美元降低到189亿美元；北电裁了三分之二的员工，市场份额下降了一半以上。

华为在此时也面临内外交困的情景，国内市场和企业内部也遭遇了巨大的困境。竞争、市场危机和销量的下降迫使华为不得不考虑如何在市场的冬天提升核心竞争力。同时，在外部国际资本的吸引下，华为鼓励内部员工创业，但这种方式使得华为商业机密和技术机密外泄，催生了一批潜在的华为竞争对手，华为内部也呈现出摇摇欲坠的状况。[②] 这种内外交困的情况早在1999年华为的高层会议上就预测到了，但当时认为公司危机可能在3年以后出现，实际上却来得更早。

既要发展，又要避开危机，企业高层需要考虑哪些问题呢？比如，在经历了10年高速发展之后，是否会出现长时间的低增长，企业能不能长期持续发展？企业在结构与管理上存在哪些问题？员工经历了和平时期的快速晋升，能否经受得起冬天的严寒？快速发展中的现金流会不会中断？该如何应对华为的严冬？

---

① 出自任正非1995年12月26日在年度总结大会上的讲话"失败不属于华为人"。
② 出自任正非2007年11月6日在华为收购港湾时的谈话纪要。

有国内外市场的挑战,有内部管理转型的巨大压力,还有核心员工流失并成为潜在竞争对手的窘境,华为此时做了哪些事情呢?

事实上,华为非但没有被压垮,反而开始制订第二次创业计划,并提出了建立世界一流企业的战略愿景,把企业做到规模化经营。这对当时销售额尚不足百亿元人民币的华为来说,是一个重大的牵引和挑战。在布置具体的时间表和路线图时,任正非提出,我们将瞄准世界上第一流的公司,这个目标我们分三步走:3年内生产和管理上实现与国际接轨,5年在营销上实现与国际接轨,10年在科研上实现与国际接轨。为此,任正非带领高管走访世界级企业,探寻突围之路。

战略反思:从日本企业兴衰看可持续发展问题

在华为准备进行第二次创业、走向规模化经营的时候,需要向国际强手学习,吸收他们宝贵的经营思想与理论。① 在这个重要的战略转折点上,任正非带领华为高层代表团特别选择访问近邻日本,试图从日本企业的发展历程中反思华为应该避免哪些问题。在考察日本企业之后,华为高层意识到,日本作为一个多山岛国,善于把"长大厚重"的东西做成"短小薄轻",因此长期养成了精工的习惯。日本民族的勤劳奋斗,在机电产品产业时代,震撼了世界。但战后,日本错过了四次战略发展机遇:

一是错过信息化与工业化融合后的高价值转移。20世纪50年代,日本经济靠军需订货和美国扶持,60—70年代在机电产品制造业上成为世界中心,附加值主要在制造业上。但冷战结束后,美国迅速把军工技术转向民用,促成了信息技术的迅猛发展。信息技术进入工业体系后,产业附加值很快转移到核心技术研发及销售环节,制造业开放成为竞争激烈而获利微薄的合同制造形态,以制造为竞争优势的日本受到了重创。

二是错过知识经济的战略转型。20世纪70年代,在大规模批量生产和销售的时代,日本经济的增长率约10%;80年代后,以混合创新、知识生产率为中心的环境发生变化,日本企业的体制并没有随之变化,很快便由世界经济中心滑向利益圈的边缘,增长率低于4%;90年代以后,在经

---

① 出自任正非1998年4月6日发表在《华为人》上的文章"要从必然王国,走向自由王国"。

济全球化、知识价值增值、信息化社会大发展的环境下，日本企业的体制仍然没有根本改变，一下子被抛到经济圈外，增长率约2％左右。

三是错过面向全球的人才开放市场。在日本经济飞速发展的时期，美国视日本与德国为假想敌，他们认真研究了日、德的弱势。针对日、德所采取的封闭政策，美国反其道而行之，对其他国家实行了开放政策。先是吸引各国优秀人才到美国工作，引进所有国家的先进技术，炒旺股市，吸引全世界的资金。而日本是单一民族，内部缺少竞争，人民的收入水平较为平均，抑制了创新。外国企业在日本的发展不足以激活日本的内部竞争。只有激烈的竞争才会促使创新，日本在创新上是不足的，使原有的优势不能持续。

四是产业结构转型速度慢。日本在经济腾飞年代，田中角荣提出了日本列岛改造计划，当时日本企业与人民都很有钱，岛国土地资源又少，一下子地价、房价暴涨，连续几十年繁荣兴旺。当金融危机到来时，制造业又创新乏力，收益锐减，地产就大幅降价，使许多拥有地产的公司一朝变成负资产，债务累累。这些地方公司的钱主要来自银行，银行也有被拖垮的危险。不去掉这些不良债务，企业就翻不过身来。

除了上述外部机遇没有抓住外，日本企业的雇佣过剩、设备过剩和债务过剩也束缚了转型。随着日本企业长时间不吸收新员工，员工平均年龄逐步增大，人才结构由宝塔形转向纺锤形。优秀的人才少，新生力量少，年龄大的员工多，使企业缺少活力，而且工资成本较高。人才流动减弱，职位相对凝滞，创新动力明显不足。同时，良好的治安、舒适的生活使人们安于现状，年轻人很少外出留学。这种追求稳定安逸的现状，不利于企业痛下决心进行改革。日本作为岛国，有强烈的不安全感，求稳心态严重，致使企业经营者年龄偏大，决策过程过于谨慎。许多重要决策必须一致通过，少数人通不过决策就一直拖延，这种决策的安全性拖累了决策的及时性，导致日本企业响应速度太慢。

日本教训之于华为

任正非在深刻认识日本企业的发展困境后，对华为未来发展提出了三点警示：

第一,危机意识与自我批判。任正非认为在华为,冬天的意识还不强烈,还没有传递到基层。华为尚未完全处在冬天的位置,还在秋末冬初,需要认真向别人学习,加快工作效率的整体提高,改良流程的合理性与有效性,裁去不必要的机构,精减富余的员工,加强员工的自我培训和素质提高。居安思危,争取在冬天来临之前"做好棉袄"。任正非认为,只要不断地发现问题和探索,不断地自我批判,不断地建设与改进,就会有出路。正如松下电工昭示的救冰海沉船的唯有本企业员工,能救华为的,也只有华为自己的员工。

第二,重新理解成功。经过对日本企业的访问和反思,任正非意识到,对于企业来说,真正的成功就是九死一生后还能好好地活着,这才是真正的成功。从这个定义来看,华为远没有成功,只是在成长。但是,如果企业太顺利了,经历的太平时间长,在和平时期升的官太多,就会成为企业发展的灾难。因此,华为的自我批评,以奋斗者为本的文化精髓,对帮助企业在和平时期保持自省、谦逊和审慎,对其在成长过程中避免失败是非常重要的。

第三,确保合理的增长速度。通过对日本的考察,任正非深刻意识到"增长—财富—人才—管理—增长"之间相互强化和支持的关系。因此,任正非认为华为必须在困难的时刻仍然保持必要的增长速度。如果华为的增长速度大幅减慢,日本企业的三种过剩都会在华为出现。如果没有及早的认识和充分的思想准备,就会陷于被动。合理成长速度的重要性主要表现在三个方面:一是在产业竞争中确保自身地位。没有合理的成长速度,就会落后于竞争对手,最终将导致公司的死亡。那么,怎样才能使发展速度更快?只有靠管理、靠服务。没有管理就形不成力量,没有服务就失去方向。外延的基础是内涵的做实,没有优良的管理难以保持超过竞争对手的速度,因此,扩张必须踩在坚实的基础上。二是给员工更多的发展机会,吸引更多优秀人才。人才的发展有马太效应:当企业经济效益好时,会有更多人才加入,在高水平的管理下,人才就会尽快地成长起来,创造更多的财富;再以更多的财富支撑更多的人才来加入,使企业管理更加优化,企业就有了持续发展的基础。三是打造坚实的基础才能确保合理的发展。如果没有坚实的基础，擅自扩张，那只能是自杀。如果产品品质不可靠、不优良，没有良好的售后服务体系保障，制造体系不是精益求精，没有产品的高质量和工艺的先进性，企业会走向死亡，因此，企业要造就坚实的发展基础。正是在这个大的思维格局下，华为启动了管理转型，导入了一系列国际领先的管理体系和管理方法。[①]

在市场非常艰难的情况下，任正非及其高管通过对跨国公司的调研和分析，深刻地认识到市场和行业周期性低谷也许是企业发展的良机，因此，他鼓励高层一定要振奋，员工要克服悲观情绪，利用这一机会用5—10年时间将内部关系合理化和理顺，使之成为助力扩张的力量，而不是制约与限制的力量。为此，公司的战略布局没有止步不前或收缩后退，而是逆周期成长。华为采取的具体应对策略是：

第一，要增长，就要进入国际市场。华为意识到，在现有市场出现困难时，要像哥伦布一样发现新大陆——市场部要雄赳赳、气昂昂地跨过太平洋、印度洋，在艰苦的条件下，甚至冒着炮火不屈不挠地探索和争取新市场。

第二，提高传统产品的生命力，在同一个市场获得新的份额。如果产品越来越稳定，订单就会增加，在原有基础上就能增加产量。

第三，在财务极度困难的情况下，进一步加大投入。同时不再封闭自我，而是加大开放的合作力度。特别是针对海外有价值但濒临破产的小企业，华为打算努力通过收购将其收入囊中。[②]任正非还用20世纪90年代初华为用400万美元收购濒于崩溃的美国小公司从而在长距离光传输技术上成为世界第一的例子，说明在收购企业的意义和价值。

第四，增加新产品研发投入。1999年，华为研发项目经费投入已经达到15亿元，有些部门认为，投资太高了，钱用不完怎么办？在任正非看来，研发费用用不完，一是缺少成熟的学术带头人，二是组织结构和管理规范化不够，容纳不进更多的人和项目。如果长期在研发经费投资使用上

---

① 出自任正非2001年4月24日内部讲话"北国之春"。
② 出自任正非2006年内部讲话"迎接挑战，苦练内功，迎接春天的到来"。

完不成任务，公司的核心竞争力牵引速度就会减慢，实际上公司的核心竞争力就是在被削弱。①

第五，把企业落后变成一种优势。落后使华为没能力盲目追赶技术驱动的潮流，而是转向基于客户需求导向的创新，真正实现基于市场和客户需求的创新。

战略思考：从旧思维到创造性思维

在这一阶段，华为提出不管是在工作方法上、营销手段上，还是在对客户需求的细分上，都要鼓励创新思维，国内市场困难期最能锻炼人的思维，不能再用原来的老思想、老方法去看待问题。市场越理性，对好企业越有利。经济困难时，用户不再将产品价格作为优先考虑因素，而是先选择公司。如果从产品价格考虑，小公司会倒，但大公司不会倒。美国的一些小公司不知自己能生存多久，只能把公司卖给思科，因此他们以思科的技术路线图为参照做互补性的开发和研究。②

在市场环境错综复杂的情况下，任正非要求企业进一步强化危机意识。任正非基于他对行业、竞争对手、技术变化和华为早期发展的艰辛历程，深刻认识到：华为公司是一个随时都会崩塌的危险的公司。危机是什么？危机就是不知道危机在什么地方，或者感觉不到危机。如果知道危机是什么，华为就没有危机了，就稳操胜券了。公司的危机主要有内外部两种，外部危机是方向性错误，但对于高科技公司来说，这种危机有时是不可避免的，因为技术选择与开发有太多的不确定性；内部危机是队伍混乱，自乱阵脚，如果合格员工的标准不断提高，在危机到来时内部队伍不乱、员工训练有素，企业就少了一分危机。③

在企业发展顺利的时期，特别要警惕繁荣背后的懈怠。任正非认为，繁荣背后充满着危机。这个危机不是繁荣的必然特性，而是在繁荣包围中人的意识问题。艰苦奋斗会带来繁荣，繁荣以后如果不再艰苦奋斗，必然

---

① 出自任正非1999年3月5日内部文章"创业创新必须以提升企业核心竞争力为中心"。
② 出自任正非2006年内部讲话"迎接挑战，苦练内功，迎接春天的到来"。
③ 出自任正非1999年11月11日答新员工问。

丢失繁荣。华为鼓励员工踏踏实实、矢志不渝、集中精力钻研一项成果的精神。虽然成功可以使企业获得前所未有的条件与能力，使人们增强信心和勇气，获得内在可持续成长的生命力，系统地克服迅速成长中的弱点，大胆地去捕捉更大的战略机会。但是在荣誉与失败面前，华为平静得像一面湖水，这就是华为应具有的心胸与内涵。

在任正非看来，市场的冬天不一定是坏事，市场下滑可以使企业冷静下来，好好调整队伍和结构，抓住这个提高人均效益的好机会，确保春天到来时组织结构和战略队形保持不乱。因此，在混乱和波动的环境中，华为通过加强信息安全、交付件管理，使研发队伍和体系逐步稳定下来，通过市场体系的干部教育与管理使市场部萎靡之风渐渐平息下来，企业召开的干部大会稳定了组织，调整了士气，使公司从崩溃边缘又活回来。

战略决策：从个人决策到民主决策

在这一时期，任正非多次强调要淡化个人企业家的影响，强化职业化和流程化管理。具体表现在逐步开放高层民主。华为实行的委员会民主决策、部门首长办公会议集体管理的原则，是发挥高层集体智慧、开放高层民主的重要措施。由资深行政人员、资深专业人士及相关各行政职能部门首长组成的委员会，贯彻了选拔从贤不从众原则。在实行决策管理过程时，充分利用民主原则，减少和避免了高层个人决策失误。即使失误了，也因事先进行过充分研究，有众多人员去补救。委员会主要是务虚讨论，确定管理目标、措施、评议和挑选干部，并在实践中进行监控，使企业的列车始终运行在既定的轨道上。

战略布局：抓住机会窗和企业根本

在市场困难的情况下，华为思考能够活下来的企业首先是确保好的质量、服务和低成本。价格和成本体系问题、优质服务体系问题、质量体系问题，是决定企业生死存亡的三大问题。同时企业内部管理好，各种规章制度健全，在发生市场波折时，存活下来的机会也更大，只要华为能够存活下来，别人就有可能从行业中出局。在竞争对手逐步走向消亡时，华为的原则是吸纳它们的好员工，给他们以成长发展的机会。所以，市场部员工要能包纳优秀员工。[①] 抓住"机会窗"就是要敢于创造和引导需求。取得机会窗的利润,要善于抓住机会,缩小差距,使公司同步于世界而得以生存。面对国际化的残酷竞争,华为必须提升对未来客户需求和技术趋势的前瞻力,未雨绸缪,从根本上扭转作为行业的后进入者所面临的被动挨打局面;必须提升对客户需求理解的准确性,提高击中靶心的成功率,减少无谓的消耗;还要加强前端需求的管理,理性承诺,为后端交付争取到宝贵的作业时间,减少不必要的急行军;以及在策划、技术、交付等各方面加强基础积累,提升面对快速多变的市场的响应效率。做任何事情都有好的策划,谋定而后动,要善于总结经验教训并在组织内传播共享。[②]

企业活下来,关键是现金流

在困难环境下,华为通过改善销售的粗放模式,以守为攻,将现金流作为过冬的"小棉袄"。除了在企业内部抓住发展的根本外,这一阶段华为也更加重视在整个供应链体系建立利益同盟。任正非提出,供应链是未来竞争的制高点,供应链上连着数百个厂家,有器件的、标准的、系统的、合同的制造商、分销商和代理商,是非常庞大的体系。这个体系要成为同盟军。在市场萧条的情况下,华为要积极建立同盟军,宁亏自己不能亏同盟军,适当地和竞争对手开展合作,降低研发成本。

组织体系:通过基本法稳定组织思想

1997年,华为邀请中国人民大学的几位教授共同参与制定《华为基本法》,将华为领导人的隐性想法显性化和透明化,增强组织共识和认知的一致性。在基本法中,把华为的使命、战略观、文化取向、价值观、实践指导原则明确陈述和展现出来,为企业在规模扩大的过程中统一思想奠定了基础。基本法把企业做什么、不做什么进行了明确阐述,为组织的自我管理和激励提出了明晰的边界,大大降低了统一思想过程中的沟通成本(详见5.6小节)。

---

① 出自任正非2006年的内部文章"迎接挑战,苦练内功,迎接春天的到来"。
② 出自任正非2006年7月21日发表在《华为人》上的文章"天道酬勤"。

在确保组织思想稳定的同时，华为还需要持续激活组织的发展动力。越是在市场困难时期，越要磨炼队伍，如果不加大对队伍的教育、管理和帮助，一旦将来有新的机会，员工怎么能雄赳赳、气昂昂地走向新的市场？在市场低潮期培育出强劲的队伍是市场系统一个很大的命题。要强化绩效考核管理，实行末位淘汰，裁掉后进员工，激活整个队伍。华为贯彻末位淘汰制，只裁掉落后的人，裁掉那些不努力工作的员工或不胜任工作的员工，企业才能轻装、快速前进。那么，企业什么时候中止末位淘汰制呢？借用通用电气总裁杰克·韦尔奇的一句话，"末位淘汰永不停止"。只有这样，才能把整个组织激活。通用电气活了上百年的长寿秘诀就是"活力曲线"。活力曲线其实就是一条强制淘汰曲线，用韦尔奇的话讲，活力曲线能够使一个大公司时刻保持小公司的活力。华为的末位淘汰也不是一个三五年的短期行为，而是像西点军校那样耐着性子做，实行中不会草率地对人进行不负责任的评价。

管理：引入和建立国际化的管理体系

华为从创建时起就借助了国际公司的管理经验，建立了产权明晰、权责明确、管理科学的企业制度，建成了以市场为导向，新产品开发、生产为主体，以资产为纽带的规范运行新型公司。华为作为新兴的高科技产业，没有什么包袱、机制灵活，有良好的各尽所能、按劳取酬的实践与探索，有利于留住人才，有利于集体奋斗。华为投入巨资将IBM和其他世界跨国公司的管理体系和管理方法系统导入华为，打造具有国际水准的管理体系和管理平台，为规模化经营奠定了坚实的基础。任正非深刻意识到，当时华为在技术研发、产品品质、市场能力、品牌建设和管理体系上与真正的一流企业还有很大的差距，企业可利用的资源也很有限。在百废待兴的情况下，他将管理体系的建设放在最优先建立的地位，因为"管理是企业生死攸关的事情，管理是平台，使技术、人才和资金发挥最大潜能；没有管理，人才、技术、资金形成不了力量，没有服务，管理没有方向"。为此，华为公司投入巨资，开始了去本土化管理的进程，用"僵化、固化和优化"的方式导入美国式管理。有关这些内容的详细信息，可参见图4.1 华为借助外部资源构建市场能力的过程演化和本书附录中的华为大事年表。

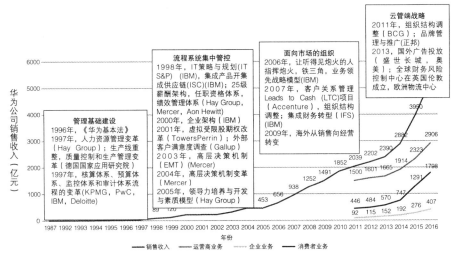

图 4.1　华为借助外力构建内部能力历程

管理转型的最大目标是从民营企业的灵活导向转向跨国公司常用的流程导向。华为的生产系统正逐步实现全面质量管理，产品的可靠度已大大提高，有力地支援了前方。① 公司将在 2—3 年后，初步实现信息系统管理、端对端的流程化管理，每个职业管理者都在一段流程上规范化地运作。要实现这一目标，华为需要在自我改革、自我设计的基础上，大量引进西方成熟的管理，而不是把改进管理的工作都推给顾问。

市场：国际化拓展

在市场遇到困境时，华为采取的策略是积极扩大海外市场。"东方不亮西方亮，黑了北方有南方"。这一策略为规模化经营拓展了更广阔的市场空间。到非洲去，越是艰难的地方，越是能锻炼人，越是成长迅速。年轻人在生命力非常旺盛的历史时期，勇敢走向国际市场，经风雨见世面，一生受益不浅。② 华为要利用 2—3 年时间，把出口额提高到 20 亿美金，为企业的生存安全打下坚实的基础。此时，任正非和孙雅芳在不同的国家轮流奔走，基本上把每个国家都跑了下来，了解真实的情况和面临的挑

---

① 出自任正非1997年1月23日在来自市场前线汇报会上的讲话"不要忘记英雄"。
② 出自任正非2006年内部讲话"迎接挑战，苦练内功，迎接春天的到来"。

战,积极地解决问题,国内国外联手打一场胜仗。①

人才:从英雄化到职业化

在华为第二次创业的过程中,其重要内容就是向管理规范化和职业化的转型。职业化管理的目的就是使个人英雄难以在高层生成,从一个自我膨胀、以自我为核心的企业,真正变成以客户为核心的企业。只有这样,大公司才能真正提高运作效率,降低管理内耗。在华为看来,组织创新的最大特点不在于个人英雄行为,而是经过组织试验、评议、审查之后的规范化创新。② 华为曾经是一个"英雄"创造历史的小公司,正逐渐演变为一个职业化管理的具有一定规模的公司。淡化英雄色彩,特别是淡化创始人的色彩,是实现职业化的必由之路。把人格魅力、牵引精神、个人推动力变成一种氛围,使它形成一个场,以推动和引导企业的正确发展。在这个过程中,组织氛围是一种宝贵的管理资源,只有氛围感染了大多数人,才会形成宏大的具有相同价值观与驾驭能力的管理者队伍,才能在大规模的范围内,共同推动企业进步,而不是相互抵消。这个导向性的氛围就是共同制定并认同的《华为基本法》。

与发达国家的领先企业相比,虽然华为员工的经验和知识水平都不如这些企业,但它却充分利用了人员年轻的优势,好学、上进、充满活力和进取精神,敢想敢干,在局部上突破技术的前沿。相比之下,跨国公司处在老人退役、新人交替的换挡时期,给了华为3—5年的时间缝隙和突击机会。在此期间,华为如果通过持续努力和改善,确立自身的国际地位,在跨世纪后就会在国际市场中占据有利地位,当然,这对年轻的队伍而言是一个巨大的挑战、考验和机遇。当然,年轻也可能成为弱点,员工缺少国际经验,取得一点成绩就盲目乐观、骄傲自满,企业随时有可能滑入破产整顿的深渊。在这种情况下,任正非如何驾驭成千上万充满活力和野心的小马驹,确保其在正确的道路上奔跑而不走偏道,是一个非常具有挑战的

---

① 出自任正非2001年4月24日内部讲话"北国之春"。

② 出自任正非2000年在高级副总裁以上干部就"无为而治",以公司治理为题作文考试前的讲话"一个职业管理者的责任和使命"。

课题。

企业形象：让客户对华为有信心

在困难的情况下，企业形象更加重要，让客户增强对华为的信心是很重要的。2004年，华为在海外的销售情况已经非常好。独联体地区部、亚太地区部都有规模性的突破，出口开始大于内销。华为大楼的玻璃幕墙就是为市场部建的。世界各地的客户来一看，看到华为很漂亮、很气派，不像要垮的样子，就会对这个企业有信心，愿意把合同签给这个企业。华为是为客户服务的，客户看了华为的建筑感觉振奋、安全、有信心，华为就要建这样的建筑。

4.3 市场期：向全球型公司转型（2008—2011）

在管理转型和国际化战略取得成功之后，2007年，华为处于大发展时期，销售额首次突破100亿美元。2008年，全球金融危机，在华为看来，这既是挑战也是机遇。金融危机导致强者更强，弱者更弱。华为在当时不属于弱者，但也不是最强者。任正非在分析华为的强项和弱点时指出，华为走向强者过程中有两个短板：一是交付，端到端交付；另一个是财务管理。① 因此，华为在这两个领域不断寻求变革和改进方向，从埃森哲导入LTC咨询项目，以支持端到端体系的建设，致力于全流程打通，实现与周边部门的合理协调，有了这些，华为就有可能成为全球最强的公司。

全球能力构建演化过程

华为的全球化进程并非是以产品出口为引导的，而是把能力构建作为核心战略。从图4.2反映的演化历程看，华为非常重视在靠近国际领先企业的地方建立能力中心，通过近距离地学习、观察和利用人际网络资源，获得国际竞争对手的第一手资料和顶尖人才。通过这种方式，华为快速缩短与国际领先企业的知识差距，并将国际优秀人才为我所用。在访谈中，我们获知，华为曾为一位世界级专家专门成立一个研究所，由专家亲任所长。能够重用国际领先人才，是全球型企业的关键特征。

---

① 出自任正非2009年4月13日与PMS座谈会议纪要。

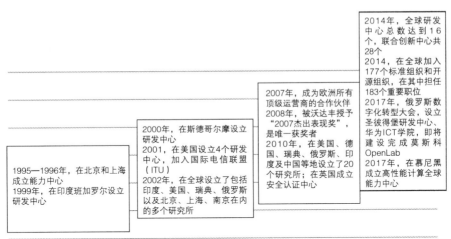

图4.2 华为全球能力构建演化过程

让听得见炮声的人呼唤炮火

2009年，任正非提出"让听得见炮声的人呼唤炮火"的组织转型。机关不了解前线，但拥有太多的权力与资源，为了控制运营的风险，自然而然设置了许多流程控制点，而且不愿授权。过多流程控制点降低了整体运行效率，增加了运作成本，滋生了官僚主义及教条主义。当然，因内控需要设置合理的流程控制点是必需的，但要将指挥所放到听得到炮响的地方去。北非地区部探索性实践为公司发展提供了一条思路，就是把决策权根据规则授予一线团队，后方起保障作用。这样，企业的流程要以一线员工为出发点逆向梳理和优化，明确一线的需求和目的，一切为前线员工着想，上下共同努力控制有效流程点，精简不必要流程和人员，为生存下去打好基础。

打造面向客户的组织

组织体系的设计始终是大企业的一个难题。2009年以前，华为通过流程变革实现了从分散走向集中；2009年以后，在客户资源成为稀缺资源的情况下，华为需要从以集中控制为中心转向以客户为中心，分权制衡、协调发展。通过全球流程集成，把后方变成系统的支持力量。沿着流程授权、行权、监管来实现权力的下放，以摆脱中央集权的效率低下、机构臃肿，实现客户需求驱动的流程化组织建设目标。华为此时已经明确将变革重点放在"以作战需求为中心,后方平台及时、准确满足前线需求"。机构设置的目的就是作战,作战的目的是取得利润。后方平台是以支持前方为中心,提高后方业务的综合度。

管理转型:建立一线户为核心的组织

这一阶段,随着华为面向全球市场和客户需求的多样化,市场人员与后方支持机构的协作成为掣肘企业发展的重要问题,大大影响了企业满足客户需求的速度和能力。华为发现,前方作战部队只有不到三分之一的时间用在找目标、找机会及将机会转化为结果上,大量时间用在频繁与后方平台往返沟通协调上,后方该解决的问题却让前方来协调,拖了作战部队的后腿,好钢没有用在刀刃上。前后方协调困难有流程的问题、有组织机构的设置问题、有思想意识的问题,也有相互信任的问题,还有非主业干部对主业不理解的问题,等等。在这一阶段,华为要找到一把提高作战部队效率的钥匙,找到一把后方平台高效服务前方的钥匙。应该说,如何提高作战部队效率的钥匙已经找到,如何打开大门仍然困难重重。

为了解决这一问题,任正非要求员工再次重温IBM顾问提供的项目管理授权文件,高层准确理解并严格执行IBM文件,各级干部承担自己的责任,履行授权,使华为的管理摆脱僵化的中央集权。这些授权文件随着公司的变革还会不断修改,以适应新的需求。

从规模为核心转向以利润为核心

在这一阶段,华为转向利润为中心,机关为利润中心提供服务。利润中心就是将项目利润作为基础决策主体。要实现这样的管理体制必须把现在体制倒转180度,体制变革试点从全球6个代表处开始。[①]在关注利润的同时,企业管理层自然将成本控制作为重要的考核指标。但任何事情都有一个平衡,现在已经看到过度削减成本会对质量产生不良影响,因此,在制定部门KPI的时候,除了看成本,还更应看质量成本。如果出了问题,质量成本的代价会更高。以前在市场高速发展时,过多强调了销售,只要抢到的合同多,就意味着有更多的利润。随着市场趋于饱和,能从市

---

① 出自任正非2009年3月7日与PMS高端项目经理的座谈纪要。

场中获利机会越来越小，为了生存，就更要重视精细化管理。为了确保以利润为中心战略的实现，此时华为在全球范围内建立了地区财务管理体系。培养200到300名CFO，将其派到世界各地。CFO的职责不是会计工作，而是既懂业务又懂财务，有能力推动计划、预算、核算的全面管理。

国际化战略：从困难市场开始打天下

当华为走出国门拓展国际市场时，放眼一望，所能看得到的"良田沃土"，早已被西方公司抢占一空，只有在那些偏远、动乱、自然环境恶劣的地区，才有华为的一线机会。有员工在高原缺氧地带开局，爬雪山、越丛林，徒步行走了8天，为服务客户无怨无悔；有员工在国外遭歹徒袭击，头上缝了30针，康复后又投入工作；有员工在飞机失事中幸存，惊魂未定之际不忘救助他人，赢得当地政府和人民的尊敬；也有员工在恐怖活动中受伤或患上疟疾，康复后继续坚守岗位；还有3名年轻的非洲籍优秀员工在出差途中飞机失事不幸罹难……①

2007年，任正非率领团队参加第八届莫斯科国际通信展。来自30多个国家的600多家参展商，都是看中了俄罗斯潜在的巨大的市场。除2006年参加了日内瓦小规模的一次展会外，华为参加这么大规模的国际展，还是第一次，光各种资料就准备了数万份。俄总统办公室信息处的专家们，不声不响悄悄参观了半个多小时，发觉中国不像他们想象的那么落后，才亮出名片要求见见团长。在任正非陪同俄罗斯参观的半个多小时中，他们频频表示对中国产品水平的赞赏。②

在与国际接轨的过程中，华为意识到国际接轨的最重要指标就是提高工作效率。与国际接轨的经验多数来自西方，因此，要强制中方员工能用英语。华为员工不能直接与西方的、海外的员工进行交流并不是语言问题，这里面还涉及管理方法、表述方式和文化差异等问题。华为希望通过从海外抽调大量有成功经验的员工补充到机关，用3年时间解决机关的国

---

① 出自任正非2006年7月21日发表在《华为人》上的文章"天道酬勤"。
② 出自任正非2007年1月17日内部文章"赴俄参展杂记"。

际沟通问题。①

打造全球统一平台，在一致性和个性化之间保持平衡

在华为实现国际接轨后，将有更多的本地员工加入地区部。为了应对管理上的挑战，华为的策略首先是建立全球性统一平台，强制性打通沟通管理渠道。其次就是允许各个平台具有一定的个性。市场前端的情况千变万化，不能把平台体系僵化了，既要建立规范的中央支持大平台，也要允许在作战前端系统能实行灵活机动的战略战术。

4.4 品牌期：打造服务消费者的高端品牌（2012—2016）

2012年前，华为主要服务运营商客户，发展的是2B业务。2011年，企业决定聚焦云管端，大量发展手机业务，把华为的低端手机升级为高端手机。之所以这么做，是因为运营商市场规模为1 000亿美元左右，华为已经占到了全球市场份额的30%；消费者手机市场有4 000亿美元规模，如果华为能够做到20%，企业可以增长500亿—800亿美元的营收。企业要寻找新的增长空间，必须不断发现新的成长型市场。

在手机行业，苹果和三星已经独霸一方，形成了行业中非常强有力的领导者，华为如何实现手机从低端向高端的转型升级，对华为是一项巨大的挑战。任正非挑选了在无线业务和欧洲市场战功卓著的余承东负责此项业务。余承东敢打敢拼，风格激进，在华为高层中是挨批评最多的人，也被认为是比较爱吹牛的人。华为选择他来担当这项看来不确定性很大、挑战很大的工作，其特质发挥了重要作用。在手机研发的过程中，余承东团队经历了很多挑战、失败和质疑，但任正非始终对其给予充分信任，给予其时间和空间，帮创新探索者挡了很多"箭"，在各种意见相互冲突质疑时，任正非提出，战略异见就是战略储备，容许不同看法的表达，同时，给予创新者最大的支持。

在产品转型中，华为明确了面向消费者的高端定位，坚持以手机产品品质为核心，不受互联网干扰。同时，采用壮士断腕策略，中断为欧洲运

---

① 出自任正非2009年3月7日与PMS高端项目经理的座谈纪要。

营商生产低端无品牌手机。这一举措遭到了企业内外部的强烈反对，但华为高层仍然坚持这一做法，华为原来的手机主要给运营商贴牌，产品质量差，没有品牌，消费者的认可度也很低，在渠道上也过度依赖运营商。

在华为发展高端手机产品时，另一个挑战是选择什么渠道进行销售。当时小米如日中天，因此，华为内部有一派声音呼吁发展线上业务对抗小米。但余承东坚持走高端路线，对标苹果与三星，同时，利用已有的线下渠道推广销售。两派争执不下，最后决定采用双线作战的策略：发展荣耀品牌手机在线上应对小米，发展高端华为品牌手机线下应对苹果和三星。

品质与技术优先战略

华为在做高端手机产品的过程中，坚持要成为世界第一的目标，不希望热闹一阵子，不追求短期利益，坚持做精品，走高端路线。尽管当时很多人对华为的精品路线采取质疑的态度，特别是华为一直服务于企业客户，能否在消费者客户层面取得成功，存在很多不确定因素，但是，华为的优势是其技术储备。在技术上，华为在 2004 年就成立了子公司海思研究无线通信芯片，其前身是创立于 1991 年的华为集成电路设计中心。海思的团队主要服务于系统设备业务、手机终端业务。其中，当时服务于手机终端的海思团队规模不大，现在已经发展到几千人。

产品开发思维转变

在服务于企业客户时，华为采取的是工程师主导的方式来把产品做到极致。但在做手机时，华为改变了思路，把客户体验放在首位，做到以设计师为主；华为提出，美是专业的，应该让专业设计师去决定，而不是让领导决定，在把产品做得更好的同时要把客户体验做到最好。

全球资源整合

华为手机的研发经历了 4—5 年时间，期间不断试错改善，海思芯片发热、待机时间等问题也逐步得到改善，2015 年发布麒麟 950 时，全球领先 16nmff+ 芯片制造工艺为产品的成功打下了坚实的基础。在芯片算法、外观设计、照相功能等消费者特别关注的功能上，华为通过俄罗斯的数学研究所、法国的首席设计师（设计宝马车的）、德国的莱卡，花重金整合全球顶级资源共同打造，通过高质量资源协同整合，打造了受到全球消费者欢迎的高端品牌（具体细节参见本书华为手机一章）。

建立面向消费者的知名品牌

美国科技市场咨询公司 IDC 的 2017 年 10 月的报告，2018 年，华为智能手机销量将超过苹果，成为全球第二名。同时，根据 Interbrand 发布的《2016 年全球最佳品牌报告》，华为名列第 72 位，较 2015 年上升了 16 位。2014 年华为成为首个进入榜单的中国内地品牌，如今已连续两年实现排名跃升。以消费者体验为中心，华为手机在全球进行了一系列品牌推广活动，包括赞助西班牙足球甲级联赛、意大利 AC 米兰足球队等，大大提升了华为手机的知名度。

4.5 数字化：全球领先的数字化企业（2017 年至今）

2017 年，华为明确提出了数字化转型的战略。在数字化转型的大概念下，数字化协同、数字化生产、数字化服务和数字化资产浮出水面。数字化的关键目标是：以数据为处理对象，以信息与通信技术（ICT）系统为生产工具，以数字化产品和数字化服务为目的，为客户创造价值。

华为数字化生产对标的对象，主要是 20 世纪末美国联合攻击战斗机研制项目。这个项目要求在原型机上同时开发三个不同用途的机种，以满足空军、海军、海军陆战队的不同需求。为了按时完成合同，以洛克希德·马丁公司为首、由 30 个国家的 50 个公司组成的联合团队，采用了数字化的设计、开发、管理方式，让 50 个公司可以协同设计、制造、测试、部署并跟踪整个项目的开发过程。最终，成效非常显著：设计时间减少 50%，制造时间缩短 67%，总装工装减少 90%，零部件数量减少 50%，设计制造维护成本分别减少 50%。

数字化转型的关键概念

在华为看来，对于传统企业来说，数据战略的制定是把数据变成核心竞争力的关键。要实现这个战略目标，主要有三个维度：一是资产数据化。在这个过程中有三种类型的数据至关重要——客户数据、运营数据和资产数据（具体指产品和服务数据）。其中，资产数据是行业独有数据，是数字化生产变革的关键。二是数据流动化。企业要将内部甚至价值链合作伙伴原本分散的数据集中起来，建设统一的数据底座，通过良好的数据治理实现数据的一致和共享，让数据在流动中产生价值。三是产品模型化。对于大部分企业来说，堆积的数据就像面包屑一样，很难直接变现；企业需要为核心产品构建数据模型，实现数字世界与物理世界的双向沟通和反馈闭环，最大化数据的价值。①

以华为在无线通信领域基于历史积累的基站研发数据和350万站点数据，可以从全流程上缩短网络业务的上线时间，降低成本并提升效益：在研发设计环节，设计人员可以戴着VR眼镜和感应手套进行各种场景的虚拟安装，快速迭代优化设计；在工程安装环节，安装前只需一次3D扫描就能完成对站点的勘测，解决了频繁上站勘测的问题；在安装验收环节，现场只需拍几张照片，后台就能通过图像识别完成验收，避免了人工上站验收的成本。

数字化转型的主要目标

华为数字化转型的关键目标是要为企业业务提供更好的服务。作为一个在全球拥有18万名员工、900多个分支机构、15个研发中心和36个联合创新中心，还有百万级的合作伙伴、6万多家供应商的企业，华为管理的是庞大、复杂的组织机构。随着全球业务复杂性的增加，不确定性的不断增长，华为原来中央集群管理所有流程的方式，无法满足未来发展对灵活性和高效率的要求。面对这一管理挑战和问题，华为认为必须对准公司的业务目标，驱动业务的变革，实现在"大平台下的精兵作战"，即一线在充分授权的情况下进行高效决策。在这种分布式管理模式下，整个公司的管理架构、运作流程及IT建设都会发生改变。通过数字化转型加大平台建设能力，真正实现"多打粮食、增加土壤肥力"。② 华为已经深刻地体验到了"要致富，先修路；欧美砖，修长城"的好处，因此，数字化转型是其长期信息系统建设中的新篇章。

---

① 徐文伟. 如何决胜数字化转型？[J]. 哈佛商业评论（中文版），2017.10.

② 本文出自2017年10月31日华为公司CIO、质量与流程IT管理部总裁陶景文发表在华为内部期刊《ICT新视界》上的文章"华为CIO亲述数字化变革与IT实践"。

数字化转型的三个层面

从宏观体系架构来说,华为认为数字化主要有三层:第一层是信息与通信技术(ICT)基础设施,构建数字经济的基础;第二层是网络安全,包括物理世界也包括网络世界的安全,是发展的保障;第三层是各行业实现数字化,在此基础上从城市级到国家级的信息整合与统筹管理,拥有信息集成能力的智慧大脑。①

为了打造数字化生产系统,华为的设想是在端层面,打造"会说话的机器"。数字化生产需要大量来自终端设备的信息,这就要求机器会说话,通过传感器源源不断地吐出数据,实现"行为即记录,记录即数据,数据进系统"。在网层面,打造联结万物的网络。数字化生产需要将企业的各种资产设备连接和管理起来,通过窄带物联网,实现低功耗、远距离的海量连接。在云层面,打造多层次的云平台。华为预计到 2025 年 85% 的企业应用将被部署在云上,应用的开发离不开平台软件层(PaaS),包括大数据分析、IoT 平台、人工智能平台等模块。最底一层是基础设施层(IaaS),它提供计算、存储、网络、安全等云服务。大中型企业出于数据安全的考虑一般采用混合云的方式,在混合云的公有云部分则尽可能选择安全可信的提供商,例如欧洲空中客车飞机制造公司之所以选择德国电信的公有云,很大一个原因就是德国电信能满足政府要求数据存储 80 年的规定。

在服务层面,数字时代大大降低了数据变机会的时间和成本,使原来高成本的服务变成了低成本服务,原本碎片化的服务变成了规模化的服务,原本无法提供的服务现在变得容易起来。大规模的数字化服务变得越来越有利可图,产业价值开始从传统产品和服务向数字化服务转移。

数字化转型的战略推进

在华为高层看来,未来并不是新企业淘汰老企业,而是发展战略转型升级。企业通过探索与试错,逐步实现数字化转型。华为内部也是在争执不休的情况下,决定在方向大致正确的前提下快速行动,建立基于数据的

---

① 出自2017年11月9日华为轮值CEO郭平在"2017华为亚太创新日"上的演讲"探索亚太数字化转型之路"。

快速反馈闭环，在不断调整中推动战略执行。

在数字化转型的历程中，华为决定先从自己开始进行探索。具体表现为建立自己的公有云业务，在此基础上与全球运营商合作，携手运营商和商业合作伙伴打造生态，实现行业云化，从而实现成为世界五朵云之一的愿景。与互联网企业相比，华为最大的优势是运营商的伙伴关系和线下服务行业企业的能力。在这个过程中，华为将其内部分享机制和分享文化向外部扩散，通过利益团结一切可以团结的人，与上下游产业链、客户、供应商分享利益。在整个云生态圈中，华为只取1%，其余都让利给合作伙伴。

数字化转型的关键应用

在数字化转型的未来5年中，华为自己要首先实现数字化转型，转型的重点用"ROADS"来表示。实现数字化转型，变革与IT要在夯实IPD/ISC/LTC/IFS的基础上围绕这个目标来展开。R代表实时零距离（Real time），点击即可得，业务发放对用户实时生效，从订单生成、付款，到系统配置完成、业务下发只需几秒钟时间，在用户兴趣还未消散时，就能享受到便捷的订购服务。对比以前业务发放需要几个小时，甚至几天、几星期，极大地提高了用户满意度。O代表按需定制（On-demand），让用户可以按照自己实际需要定制各项服务。现阶段用户在选取电信业务时，往往只有数目有限的套餐可选，未来应该让用户在带宽、容量、时间、质量等各维度上更加自由地进行选择。A代表全在线（All-online）。现今用户已经越来越习惯在线进行各种操作和订购各种服务，在线购物，在线缴费，在线办公……未来基于云技术，越来越多的业务可以在线完成，极大地方便了用户。电信服务也应该向全在线转变，一方面方便用户，提升效率；另一方面减少自身门店和人员的成本投入。D代表用户自助服务（DIY），提供用户做任何想做的机会，甚至提供用户参与各种业务的开发优化过程的机会，帮助加速业务创新，提升用户的参与感。S代表社交与交互（Social）。ROADS是企业在信息时代下以用户为中心的外在表现，其背后需要企业的商业模式、营销模式、研发模式、运营模式、服务模式等全方位改变，同时需要电信网络本身进行重构以支撑上述改变。

谁来主导数字化转型

华为是一个非常重视管理的企业，企业信息部门在数字化转型中将发挥重要作用。数字化转型应该由业务部门来主导，业务主管要清楚如何通过数字化转型来支撑业务发展，解决哪些业务问题；IT部门作为重要的使能部门，不能越俎代庖，应该与业务部门进行充分沟通，构建强大的IT平台以驱动、支撑变革快速落地。数字化转型以客户需求为核心。在华为看来，数字化转型需要面向各类客户，包括企业客户、消费者、合作伙伴、员工、供应商等五类用户，分别构建一个多生态、全连接的数字化平台，而不仅限于企业内部员工。数字化的架构体系要包括"业务对象的数字化、业务过程的数字化和业务规则的数字化"，因此是全方位的数字化转型。转型的路径是在实施数字化转型的过程中，华为先在自身业务平台上进行实践，以ROADS体验为牵引来提升效益、效率及客户满意度，在转型成功之后，将自身的经验和方法提供给其他企业，帮助其他企业实现数字化转型，并为业务提供无缝连接的高效服务。华为采取的"自己的狗粮先自己吃"的策略，先用数字化手段武装自己，再复制自己的成功经验，将为国内外企业的数字化转型，提供一套可期待的经验。

4.6 华为的变革方法论

华为在组织向流程化和信息化转型过程中，形成了一整套变革管理方法论——项目群管理运作流程（Program Management Operation Process，PMOP）。PMOP流程是变革业务决策和管理流程，将变革作为投资决策审慎管理，其目的是保证开发出成功的变革解决方案。变革管理主要聚焦纵向和横向维度：纵向是指分阶段的变革项目决策流程，横向是指变革收益管理、项目管理、变革管理等支撑流程。

纵向变革项目主要通过各阶段的决策评审点（Decision Check Point，DCP）和技术评审（Technical Review，TR）来管控和评价项目，实现投资方和变革优化项目组的互动，决定项目是否继续投资并进入下一阶段。"投资决策评审点"的目的是确保项目投资价值收益，具体包括立项决策、高阶方案决策、计划决策评审（Plan Decision Checkpoint，PDCP）、试点准备度评审（Program Readiness Review，PRR）、推行准备度评审和项目关闭评审。技术评审（Technology Review，TR）定义为技术方案评审点，包括可行性、概要设计、准入，通常由项目总体组或者子领域需求管理团队进行评审，目的是保证业务流程及IT方案的合理性、可行性及架构的遵从。

横向变革项目支撑流程需要项目管理、变革管理、变革价值管理等支撑流程配合。项目管理流程要求明确和细化，主要包括项目范围和项目变更管理，项目时间计划管理的方案和规则，项目人力资源管理方法和规则，项目顾问采购管理方法和规则，项目成本管理方法和规则，项目问题和风险管理方法和规则，项目沟通管理方法和规则，以及项目整体运营管理和流程遵从等。

变革管理流程包括利益关系人管理，变革影响度、准备度、接受度评估管理，变革组织设计与调整，变革沟通与宣传，以及培训等。

变革价值管理的职责为"管理变革价值，基于价值管理变革"。即确定变革的收益目标，在变革实施的各里程碑点和生命周期中定期测量、评估收益达成情况，并及时制订和落实改进行动计划以确保变革收益达成。设置变革项目收益达成率指标，可以牵引变革项目聚焦目标实现，有助于更好地实现变革收益。

2012年，为了在变革项目中持续推行价值管理，确保变革收益达成，华为变革管理委员会做出了三点要求：第一，公司变革是需要预算的，有投入应该有收益，要求部门必须对变革的收益进行签字承诺。在项目关闭和关闭之后审视收益的落地达成情况。第二，变革价值尽量沿着业务流程度量，利用已有的指标体系，对于战略性投入项目，既要考虑直接收益，也要考虑间接收益和无形价值。第三，建设需求管理IT平台，承载分析项目的投入产出，回溯收益不明显的原因，给出改进的思路。

例如，在从需求到现金（Lead to Cash，LTC）变革过程中，其推行过程涉及全球158个一线团队，流程和IT的推行复杂度非常高。在集成变革实践中，根据业务变革管理体系（Business Transformation Management System，BTMS）的要求，总结出了一套分别面向一线、区域、总部的变革推行方法，用以指导变革推行的工作，确保变革的推行满足基本的质量要求,达到预期的变革目标。面向一线团队的方法以"三阶十六步"为主,一线团队在"三阶十六步"的指导下,充分主导变革,以价值驱动变革。"三阶十六步"将BTMS的理论和基本要求进行适配和简化,并且每一个步骤都配上相应的指导手册、工具模板及样例,所有这些内容构成了一个面向一线业务团队变革推行的工具包,给予一线团队变革工作充分的指导。同时,"三阶十六步"也对一线变革规范给出了统一的标准和要求,部分步骤或活动要求必须严格执行。例如"准备度评估"活动,要求每个一线业务团队在启动LTC变革之前必须进行"四个就绪"自评——组织就绪、人员就绪、能力就绪、主管意愿就绪,如果自评得分低于80分,原则上不应启动变革。

华为在BTMS的基础上进一步优化并提出了BTMS 2.0版,新版本的优化主要有两点: 一是项目群管理流程的裁剪。二是增加架构管控要求及其支撑团队,强化架构基础管理,要求架构按版本的开发和发布机制,为全流程提供规则。将架构要素融合到规划、需求、实施中,使全流程在有架构规则的环境中有序运作。

4.7 华为转型变革的关键成功要素

企业转型变革的关键动力

华为转型变革关键动力有三个方面:一是领导层的危机意识和活下去的压力,二是企业愿景与战略的牵引,三是业务增长与企业发展的需要。

首先,基于对ICT技术创新特性和全球竞争态势的深刻理解,华为在认知模式上是一个没有荣誉感、安全感和成就感的企业,危机意识成为企业生存、发展和转型的内在心理特质。这种心理特质促使其不断预判未来技术、市场、政策和行业的变化,在未来的不确定中,把握市场的关键需要和行业发展的主要矛盾,稳准狠地切入转型变革的关键领域。华为的转型变革不是激情昂扬的跟风或新一轮高歌猛进,而是充分讨论、辩论后的理性分析与方法论引导下的有序推进。在大量不确定性面前,华为要求主要方向大致正确;在国人都在捕捉风口时,华为人却冷静观察,基于其对全球工业化、信息化发展的深刻理解行动,不冒进追风。

其次,华为的每次转型变革,都是在企业愿景与战略升级的牵引下推进的,从 1997 年确立成为世界一流企业的战略愿景,到 2008 年的国际化战略,到 2011 年的云管端战略,再到 2017 年的数字化转型,华为通过战略升级带动内部管理和服务体系的升级换代。转型升级的目标清晰,优先度明确,思想准备充分,方法论有效,风险可控。

最后,"活下来"是华为转型升级的核心意图。在华为这辆承载了 18 万人的战车上,员工持股计划深度捆绑了员工和企业的未来,为了未来能够活下来,企业必须齐心协力确保增长,从一个容量有限的产业应用跳向另一个更大的产业平台,企业有增长、有收益才能留住人才、吸纳人才,正是这种机巧的机制设计,大大降低了组织变革的阻力与障碍,从而获得一次又一次的转型成功。

战略引导的组织转型

从图 4.3 展现的发展历程看,华为的转型变革有着非常明确的战略定位,清晰的战略定位引导着组织内部的变革,并赋予变革以现实意义。战略引导的组织转型有助于整个企业凝聚共识,明确方向;同时,内部的管理与组织变革紧紧服务于战略目标的实现,两者相互支撑,相得益彰,变革所带来的痛苦被战略目标的实现所抵消,实现了组织价值的最大化。图 4.3 还展现出华为战略升级的路线图,如何从本土的农民企业一步步走向全球型企业,而内部的管理体系变革与升级是支持战略目标实现的最重要的基石。

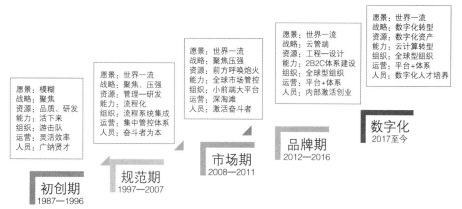

图 4.3 华为转型变革与演化

把握变革与稳定的平衡与节奏

图 4.3 从时间层面也展现出,华为的转型变革大约每 7—10 年一次。由于任正非深刻意识到,中国历史上失败的变革大都源于操之过急、展开面过大、过于僵化,因此华为三十年来都是在不断改良中前进的,仅有一两次跳跃式变革。华为坚持在变革中抓住主要矛盾和矛盾的主要方面,把握好方向,谋定而后动,急用先行,不求完美,深入细致地做工作,切忌"贪天功为己有"的盲动。华为管理变革方案的选择,只要实用,不要优中选优;要头脑清醒,方向正确,踏踏实实,专心致志,努力实践,与大洪流融到一起,如此必将在这个变革中,获得进步与收获。[①] 在变革的过程中,华为先从改革前方作战部队开始,加强作战能力,综合后方平台的服务与管理,减少前后方的协调量。冷静地思考整个后方大平台的适应性变革,审慎地一步一步前行。认为哪怕每年提高千分之一的效率都是可喜的。

在变革中建立新的利益平衡机制

在华为人看来,变革就是利益的重新分配。利益重新分配是大事,不是小事。只有通过强有力的管理机构进行利益重新分配,变革才能运行。在变革过程中,从利益分配的旧平衡逐步走向新的利益平衡,这是一个循环过程,促使企业核心竞争力提升与效益增长。随着 IT 体系的逐步建成,以前多层行政传递与管理的体系将更加扁平化。中间层的消失将导致大批干部成为富余人员,各大部门要将富余的干部及时输送至新的工作岗位,及时地疏导,才会避免过度裁员。[②]

在变革中追求均衡化发展

华为用木桶理论比喻公司的均衡化发展,短板是导致低效率的主要原因,短板通常在流程中显现。短板的形成与干部的背景有关,如果晋升到高层的干部多来自研发、营销部门,那么他们在处理问题、评估价值时,会有不自觉的习惯倾向,以使强的部门更强,弱的部门更弱,形成瓶颈。[③]因此,华为通过不断循环方式发现短板,依靠及时补短来获得均衡发展的

---

① 出自任正非2008年5月21日在优秀党员座谈会上的讲话"不要做一个完人"。
② 出自任正非2001年发表在《华为人》上的文章"华为的冬天"。
③ 同上。

机会和空间。

4.8 华为与思科的比较

对于企业来说，最难的是自我否定，转型与变革的过程就是根据市场和竞争环境的变化，不断地自我否定和自我蜕变的过程。在这个过程中，企业必须放弃过去的自我，永远不在过去的成功中停留。用坚定的目光动态追踪着未来，坚韧地探索着未来的新兴市场，毫不犹豫地摆脱过去的桎梏，勇敢地做出自我变革。

笔者在长期研究华为和思科的过程中，发现这两家企业拥有一个共同特征使得它们在电信设备行业仍然繁荣发展，那就是持续转型和变革的勇气与努力。在过去的三十年时间里，华为经历了四次大的战略转型：第一次是在1997年提出"打造世界一流企业"的愿景时，通过引入IBM的管理系统所实现的从中国式管理向国际式管理的转型，这场转型变革持续了二十多年，至今仍在继续。正是管理体系的转型，使华为从农民企业蜕变成了现代企业，实现了从有组织、无纪律的离散式管理转变为以流程、信息系统、供应链和价值网为核心的集成式、数字式和规范式管理。第二次是华为在实现集成化管理的基础上，于2008年提出的"让听得见炮火的人呼唤炮火"，实现了从以内部为核心向以市场和客户为核心的一线转型，这一转型使华为有效地应对全球市场的多元化与动态性需求，在组织内部管理的一致性和外部需求的多样性之间取得平衡。第三次是实现建设全球化企业的转型。第四次是在2010年提出"云管端"战略后，特别是在实现手机从低端向高端的突破后，实现了从2B到2C的转型。华为的这四次转型都是主动转型，通过战略聚焦加速转型。而思科在其发展历程中经历了九次大的转型，有些转型来自企业发展的要求，有些来自股东的压力。

对比华为和思科两个企业，他们在转型与变革中有共同特征，主要表现在：

- **通过转型赢得增长新动能**。华为和思科的转型目标与企业的成长息息相关。思科转型非常关注外部动力，通过动态跟踪技术变革的最新趋势，以并购、战略联盟、合作伙伴和国际化的途径与方法，获得快速进入新兴市场并在该市场中快速发展的机会。华为作为后进入者,它的市场转型采取了渐进式升级的策略与方法,从农村市场、国内市场到国际市场,逐步突破。另外,华为在转型中非常注重战略聚焦,在资源有限的情况下,管理自身的欲望。在1997年的《华为基本法》中,明确提出绝不进入信息服务业;在2012年提出聚焦"云管端",伴随着市场转型的战略重点,不断投资并提升其内在管理能力的建设。

- **把握转型变革的时间窗口**。华为和思科都是在企业高速成长、在企业健康状况相对良好的时候推动转型与变革的。这得益于两个企业的领导人对外部市场和技术的变化高度敏感,具有强烈的预判能力,对企业的惰性有强烈的危机意识,将客户需求作为转型变革的直接抓手。华为和思科所处的电信设备行业和互联网行业是技术更新速度非常快的行业,也是激进式技术创新频发的行业。在转型过程中,企业领导人需要:预见市场、技术、客户和产业发展的新趋势和新动力,及早进行战略布局和能力构建;把握转型时间窗口;明确在新的竞争格局中的能力缺口,花大力气进行能力构建。

- **通过变革打破组织惰性**。企业的转型变革是一个痛苦的过程,之所以痛苦,是因为它会打破组织已经稳定的深层结构,重构一个新的深层结构。在稳定的深层结构中,人们的思维、技能、行为和利益关系已经成熟,组织的流程、路径、激励机制和文化也趋向一致,在稳定的环境中,人们的惰性也形成并强化,对变革产生抵触,组织活力慢慢丧失。华为在第一次管理变革中,通过"不变革不能当干部",流程的导入要遵守"僵化、固化和优化"的原则,向反对和抵制变革的人发出了明确的信号。思科则通过分析"阻力动物园"的方式,用不同动物来隐喻变革中不同的阻力人群,并通过愿景、沟通、通过明星员工组建变革团队等方法,大力推进组织变革。这两个企业在推进变革中都有"四强能力":强势的领导、强烈的意愿、强有力的执行团队和强大的支持。

- **领导人是推进组织转型与变革的关键**。华为和思科的领导人和高层团队对行业的关键特征和内在规律具有清晰的理解和认识,如任正非认识到电信设备行业是基础行业,因此,要么成为行业领先者,要么被淘汰,没有第三条路可走，因此企业必须要有强烈的危机意识，否则不进则退。思科的领导人则深刻认识到互联网在不断地改变人们的学习、生活与工作，因此，他们在不断捕捉新技术的渗透方向和领域，通过组织变革，快速进入该领域。

● **把握变革的节奏**。在任正非看来，一个领导人最重要的素质是把握方向、节奏。他的领导水平就是合适的灰度，坚定不移的正确方向来自灰度、妥协与宽容。灰度表现在对战略方向的认知，对变革节奏的把握和对利益关系的处理。在对变革节奏的把握上，对组织来说，一个有效的程序应长期稳定运行，不因有一点问题就常去改动它，改动的成本会抵消改进的效益，各级领导一定要把好这个关，宁可保守一些，也不可太激进。管理既要走向规范化，又要创新，又要对创新进行管理，形成相互推动和制约机制，企业总是在稳定与不稳定、在平衡与不平衡的时候，交替进行这种变革，从而使公司保持活力。

华为与思科在转型与变革上也有明显区别。企业的外部转型与内在变革是高度关联的两个轮子，市场转型的强度越大，对内在变革的要求越高。但是，如何把握内部变革的优先度，是领导人管理变革的重要智慧。华为在1997年提出要成为世界一流企业的战略愿景时，把内部变革的节奏分为三个部分：三年内生产和管理与国际接轨，五年内在营销上与国际接轨，十年内在科研上实现国际接轨。在华为各项能力指标与国际领先企业都有较大差距的情况下，任正非特别认识到管理平台的重要性，他认为，管理是平台，管理平台能够使技术、人才和资金发挥最大潜能，没有管理，人才、技术、资金形成不了力量，没有服务，管理没有方向。但是，华为的资源有限，管理变革不可能面面俱到，因此，华为只能采取"把握方向，急用先行"的策略，有重点地突破。而思科在转型时对企业内部变革的动力有明确的分析框架，企业的战略转型必须通过内在运营体系的变革来保证和实现，提高内在运营效率包括四个方面：通过提高业务便利性改善员工和客户的体验；通过卓越运营加速企业的增长；通过提高企业供应链和价值链的效率为企业创造更高的利润；通过合理配置大规模制造和个性化定制的比例，平衡客户通用性需求和专用性需求，确保企业的市场规模和高收益率。

第五章

融合关键利益群体的企业文化与实践

文化在最广义的层面是指有教养的行为,是人类物质生活诉求之外,在精神层面所呈现的状态。从人类学角度看,文化是人的经验、信仰、价值观、态度、意义、层级、习俗、时间概念和空间关系的综合体,是人群所共同分享的价值、信仰和知识体系。文化可以通过社会学习来感知、积累和传承,以不假思索的行为方式展现和表达。文化的呈现有显性和隐性两个部分,显性的部分从人们能观察的物体、语言、沟通模式中呈现,隐性部分则深深嵌入人们的潜意识、思维模式和价值追求中。

企业文化在第一次创业阶段是由企业家个人风范与价值取向决定的。随着企业不断发展,企业家的个人风采在群众智慧的增长中会淡化,变得更加规范和丰富。企业文化成为一种导向文化,比如市场部所倡导的"胜则举杯相庆,败则拼死相救"就是一种企业文化的导向。在这里,最难的并不是"胜则举杯相庆",而是如何做到"败则拼死相救"。要做到这一点,需要有三个层面的一致性:一是目标的一致性,二是认知的一致性,三是情感的一致性。如果不顺应这种文化,在实际工作中就会寸步难行。不仅要深入认识企业文化,更要潜移默化地在工作中体现。华为文化在推广过程中不断修正,它既吸收与消化了别人优秀的文化,又能保持创业者自身的文化。企业文化建设就是建立一个思想统一的平台,权力再分配的基础就是公司的企业文化,如果前几年在未达成企业文化共识时就实施权力下放,华为公司早就分崩离析了。

在企业实践中,很多人认为:企业文化就是一把手文化,对民营企业来说尤其如此。一把手的理想追求、价值信条、人生态度和行为准则会映射在组织文化中，为组织的集体思维编程，给组织行为特征打下鲜明的印记。对很多企业领导者和管理者来说，在建立企业文化时常常遇到三个困难：

第一，如何明晰企业文化的核心内涵并精准简洁地进行传播，让企业文化深入人心。在实践中，很多企业试图通过利用外部资源帮助调研和梳理企业文化，但真正的企业文化源自企业最高领导层内在最真实的思想和追求，文化的显性化、概念化等外化过程实际上是企业家和企业自我探索、自我验证、自我发现和自我确认的过程。文化不仅表现在人的身、心、灵的融合，思想情怀与行为准则的一致性上，还表现在战略选择与排序、资源配置和人才选拔等具体活动中。因此，文化表达与企业家内心的追求如何深度契合，这种契合如何唤起员工的共鸣，是明晰文化内涵的难点所在。同时，在明晰企业文化核心内涵的过程中，另一方障碍是如何让文化理念容易理解、容易沟通和容易传播，使不同岗位员工在理解上不会出现太大的偏差。如果文字过于晦涩、冗余、平庸和复杂，文化概念很难被人接受，也就很难变成组织的行为准则。因此，文化理念的明确性、通俗性、独特性、可操作性是非常重要的。

第二，如何将企业文化变成员工的自觉行为。企业文化只有将信仰与制度、激励机制、人才提拔等关键利益关联起来，人们才会逐渐意识到企业的文化信条是真实可信的。更进一步，将企业文化中的核心主张与企业运营实践有效整合成为文化落地的重要途径，才有可能转化成组织的共同行为。企业文化体现了要如何处理客户关系、员工关系、与自我的关系和与其他相关利益者的关系；为了处理好这些关系，要如何设置人才选拔机制、财务激励和奖惩机制。同时，企业文化还展现了要以什么样的人为榜样。人们常说，榜样的力量是无穷的，企业树立什么榜样，就是在宣传什么文化。因此，文化内涵如何与企业体系化的运作机制保持一致，决定了文化仅仅是墙上的口号，还是真正融入员工血液中的行为准则。

第三，企业文化如何随着规模发展实现转型。处于追赶期的华为被称为有着狼性文化，虽然这种说法并没有得到华为的确认，但企业员工的血气方刚和强悍不懈是可以被感知到的。近年来，华为的业绩已经证明它在全球已经处于产业发展的最前沿，华为提出了宽容、妥协与灰度的文化。由此可以看出，企业处于不同的发展阶段，与相关利益者的关系越来越复杂，文化的包容度与边界也需要转变和拓展。在企业发展的不同阶段，领导人如何在文化的稳定性和动态性、简约性和复杂性之间进行管理和取舍，不仅影响组织的特征是否长期得以保留，还影响到组织体系的变革、调整和运行的方向与方法。

华为在其三十多年的发展历程中，如何确立其文化的核心内涵，如何让企业文化深入人心并转化成员工的自觉行为，如何在发展中、在国际化进程中不断扩展文化的包容度，是特别值得关注的问题。

5.1　企业文化的核心是服务

1997年，任正非提出："华为是一个功利集团，一切都是围绕商业利益的。因此，华为的文化叫企业文化，而不是其他文化或政治文化。华为文化的特征就是服务文化，因为只有服务才能换来商业利益。服务的含义很广，不仅仅指售后服务，从产品的研究、生产到产品生命终结前的优化升级，员工的思想意识、家庭生活……因此，要以服务来定队伍建设的宗旨。"①

对于文化如何转变成员工的自觉行动，是每个企业都非常关注的问题。华为要求员工在管理上加强自我学习与领会，每做一件大事，任正非一般于一两年前就做好了铺垫，有先知先觉的人会很快响应、及时跟进，这些人就是要重点培养的队伍。在华为看来，企业文化只是提出一种努力的方向和口号，而不是对具体问题的直接和细节的指导，如果按照后者去做就会产生很多混乱。

文化的关键力量是凝聚力

在华为发展早期，条件非常艰苦，各方面的资源也非常短缺，但任正非并不认为华为一无所有。他意识到，华为几千名可爱的员工，用文化黏

---

① 出自任正非1997年3月20日在春节慰问团及用服中心工作汇报会上的讲话"资源是会枯竭的，唯有文化才能生生不息"。

接起来的血肉之情,将是发展动力的无穷源泉。今天是利益共同体,明天就是命运共同体,当华为建成内耗小、活力大的群体时,抗御风雨的能力就增强了,可以在国际市场上与风暴搏击而不消亡,这就源于华为拥有不断自我优化的文化。①

5.2 核心文化之一:以客户为核心

华为文化的核心"一是以客户为中心,一是以奋斗者为本"。这些并不是华为独特的文化,很多企业都有类似的口号和目标,华为的这个概念也是从别人那儿学来的,但是,问题的关键是如何将它落实在实践中。在任正非看来:"只要认真体会,都能做得到的。"②

以客户为核心,而不是以技术为核心,是华为最重要的思想

在华为的发展中,到底是什么力量在牵引企业的发展方向,支持企业活下来呢?面对未来的不确定性,华为未来发展肯定是一个持续探索的过程,在这个过程中稍有偏差,就有可能付出巨大代价。在华为看来,能够照亮未来世界的,就是"以客户为核心",而不是"以技术为核心"。以技术为中心就是以自我为中心,在物资短缺时代是正确的。以技术为核心有两种表现:一是认为技术越尖端、越复杂越有价值。把自己的意志强加给客户,开发很多高精尖的技术和产品,把事情做得很复杂,显得难度很大,科研人员获得的评价就很高。仅简简单单地把东西做好,在研发中获得的评价却不高。而现实中客户需要的往往就是简单的东西,这个世界真正满足客户需求的产品和服务,大多数是最简单的功能。二是以自己能够提供的技术和方案为中心,而不是以客户真正的需求为核心。企业根据自己的资源和能力有限地满足客户的需求,而不是设身处地地想尽各种办法综合地为客户提出全面的解决方案。为了做到这一点,华为可以利用自己

---

① 出自任正非1997年3月20日在春节慰问团及用服中心工作汇报会上的讲话"资源是会枯竭的,唯有文化才能生生不息"。

② 出自任正非2011年1月17日在公司市场大会上的讲话"成功不是未来前进的可靠向导"。

做得好的东西，也可以用从外面买进来的东西。[①] 如何才能做到以客户为中心？首先根据客户需求提供解决方案，做好才能拿到合同。为了真正做到以客户为核心，华为提出了运营商解决方案、企业解决方案和消费者解决方案，真正做到以客户为中心的研发变革。

以客户满意度，而不是利润作为核心目标

华为矢志不渝地追求企业核心竞争力的不断提升，从未把利润最大化作为自己的目标。华为在实践中深刻地认识到，一个商业群体必须拥有两个要素才能活下去，一是客户，二是货源。

首先，必须坚持以客户为导向，持续不断地提高客户满意度。客户百分百满意，就没有了竞争对手，当然这是永远不可能的。企业唯一可以做到的，就是不断提高客户满意度。提升客户满意度是一个十分综合、复杂的工程，要针对不同的客户群需求，提供实现其业务需要的解决方案，并根据这种解决方案，开发出相应的优质产品，提供良好的售后服务。通过提供低成本、高增值的解决方案，才会使客户源源不断购买华为的产品。

在实践中，华为宁愿自己吃点亏，也要优先考虑满足客户要求。例如，与日本汽车企业强调零库存不同，华为考虑到有些客户还在使用旧设备，因此并未采取零库存的做法，而是保留一些别人认为已被淘汰并不会生产的设备作为战略储备，留给客户备用。

其次，企业必须通过解决货源问题实现低成本、高增值。解决货源问题的关键是企业具有强大的研发能力，能及时、有效地提供新产品。由于IT业的技术换代周期越来越短，技术进步慢的公司的市场占有率可能很快萎缩，因此就迫使所有的设备制造商必须达到世界领先。"IT业每49天就刷新一次，这对从事这个行业的人来说，太残酷了。华为追赶世界著名公司最缺少的资源是时间，因为它要在10年内走完他们几十年间走过的路程。"[②]

---

① 出自任正非2010年8月在PSST体系干部大会上的讲话"以客户为中心，加大平台投入，开放合作，实现共赢"。

② 出自任正非2000年7月20日的内部讲话"创新是华为发展的不竭动力"。

第五章　融合关键利益群体的企业文化与实践

全员以客户为核心

在华为，公司从上到下围绕客户转，并不是一两个高层领导围着客户转，而是所有员工围着客户转，转着转着就实现了流程化、制度化，实现了无为而治——通过流程化和制度化的管理手段和工具为客户高效服务。客户需求导向是理性的，没有歧义和变化，代表着市场的真理。在满足客户需求的过程中，还要注意区分真正的需求和机会主义需求。机会主义需求宛如一棵被石头压着的小草，只能斜着长。一旦石头被搬走，它肯定还会直着长。因此，要永远关注理性的客户需求导向不动摇，当然，不排除在不同时间内根据不同需求采用不同的策略。[①]

把服务客户的"墙"做厚

什么是把服务客户的"墙"做厚呢？就是市场体系要建立普遍的客户关系。普遍的客户关系是指华为不仅要与客户企业的CEO、CTO（首席技术官）建立密切的联系，还要与客户技术部门的员工及相关人员建立全方位的客户关系。这种方法有利于客户所有相关人员都熟悉华为的产品与服务，要做到这一点，既需要长远眼光，也需要耐心和专注。研发所的副总裁级人员要建立每周见几次客户的制度，每一个客户经理、产品经理每周要与客户保持不少于5次的沟通，同时还要注意有效地提高沟通质量。在海外，生产要上去，干部要下去，要多配车，一定要跑起来。员工不要自己开车，多雇一个司机，既熟悉当地语言，又作为半个保镖，加强了安全保障。任正非认为，普遍的客户关系是企业差异化的竞争优势，许多企业奉行"二八原则"，但他认为这20%的大客户之所以能决定合作是80%的小客户促成的。华为在国际化进程中曾经建立过两百多个地区经营部，有些经营部没有收益和订单合同，因此，企业内有人建议撤销它们以降低成本。在这个过程中，华为坚持与西方企业和小企业不同的策略：与西方企业的策略不同，华为是在没有合同的情况下也坚持做好普遍的客户关系，每层、每级都贴近客户，分担客户的忧愁，客户就给了华为一票，一票一

[①] 出自2003年5月26日任正非在PERB产品路标规划评审会议上的讲话"产品发展的路标是客户需求导向，企业管理的目标是流程化的组织建设"。

票加起来就有很多票,最后,即使最关键的一票没投也没有多大影响。当然,最关键的一票同样也要搞好关系,不过小公司通常只和客户的关键领导搞好关系,服务于客户的"墙"比较薄。因此,在华为内部,普遍的客户关系得到推广。

认真对待客户的意见

任正非要求市场部门的负责人区分客户类型并认识到客户批评的价值。客户的类型主要有两种:第一类客户是挑剔客户,他们能够指出产品和方案的缺点,给产品改进指明方向,而客户的批评就是企业改进的机会。如果企业自身就反感这类客户,不能进行自我批评,认为客户挑剔,就会丧失改进的机会。第二类客户是识货的客户,他们能够认识和判断产品的好与坏,也能够提出很好的建议。任正非曾说,只要心底无私,就能虚心接受用户的意见,把产品做好,从而获得进步的机会。对待客户的批评意见,员工们认识还不深刻,甚至有错误观点,认为没什么大不了或认为只是某类产品有问题,其他产品都"很好",借此不再重视学习和改善……这件事情反映了华为文化中做人的态度,做事先做人,把人做好了,产品才能做好。做人的原则之一就是认真满足客户需求,虚心听取客户建议并积极改善,这是华为生存的唯一理由。华为今天取得的所有进步都是客户教的。①

在华为看来,客户的批评和意见有助于帮助企业登上更高的台阶。正如《为学》所言:"天下事有难易乎?为之,则难者亦易矣;不为,则易者亦难矣。人之为学有难易乎?学之,则难者亦易矣;不学,则易者亦难矣。"因此,任正非建议所有员工对客户的批评意见进行深刻反省并持续改进,否则,找借口拖延,对客户需求不给予快速响应,将来做事情会越来越困难。

考核指标关注服务于客户

我们必须进行深刻的自我反省。佛教中有句话说得好,要"以指望

---

① 出自任正非2002年在研委会会议、市场三季度例会上的讲话"认识驾驭客观规律,发挥核心团队作用,不断提高人均效益,共同努力渡过困难"。

月",而不要"以指为月"。考核的目的是通过指标牵引方向,而不是只盯着考核的指标。2015年,任正非提出要调整格局,优质资源向优质客户倾斜。

5.3 核心文化之二:以奋斗者为本

成功的代价

华为靠2万元创业资金起家,在没有太多资源的情况下是如何追上西方公司的呢?如果用资源和能力指标衡量,华为早期无论从哪一方面看条件都不具备,在种种劣势下,任正非提出,只能多付出、多牺牲,付出和牺牲个人享受的时间,以奋斗者为本,才能有所作为。为此,华为很多高层领导和员工的健康都受到了影响。但是,很多华为人还是非常珍惜在华为工作的宝贵时光,尤其华为的大多数员工来自山区、乡村和城镇,他们在童年和少年时代都体会到生活的艰辛。在华为,他们体会到一种从未有过的幸福和神圣的责任感,通过自己的劳动不仅改变了人们的生活,增进了人们的沟通,也充实了自己、改善了家人的生活,在分享劳动果实的同时,增加了对未来的憧憬,加深了对劳动本身的体悟和认识。

什么是以奋斗者为本的真实含义?

华为的核心价值观是"以客户为中心,以奋斗者为本",对外要求聚焦客户,对内要求员工奋斗。"以奋斗者为本"不同于"以人为本":以人为本是从关怀员工的角度出发,建立一个轻松和谐的氛围。以人为中心,体现了组织的人文情怀。以奋斗者为本,要求员工首先要奋斗、要奉献,公司才会给予相应的待遇,是以公司为中心。它客观上将员工分级、分等,认可人在价值创造中的能力,更多地体现了组织的功利性,使组织成为一部高效率的机器。因此,华为建立了一个严格的体系,评估员工的奋斗程度。

华为的"以奋斗者为本"并不是一个理想主义的政治口号和充满情怀的浪漫概念,而是理性的、关注企业生存与发展的、激励员工努力付出和贡献的行为体系,并且能根据员工的付出真正实现多劳多得的原则。任正非提出:"不要把艰苦奋斗看得那么悲壮,艰苦奋斗本来就是我们民族的传统。有人的情怀很高尚，奋斗就是为了国家和民族，我们是理解的。危难时不顾家人去救助这个社会，我们认为是非常伟大的，但毕竟这世界伟大的人是数量很少的。先从爱家人、爱同事、爱工作做起。"① 华为之所以提出以奋斗者为本，是因为它看到在激烈的国际竞争中，不奋斗是没有出路的。不管形势如何变化，只要团结合作，紧张镇定，总会有活路的。

奋斗者与劳动者的区别

在2012年，华为要求员工签署一份做奋斗者的承诺书，将员工分为奋斗者和劳动者，以识别公司的同路人。对于奋斗者和劳动者，他们的机会和收入待遇都是截然不同的，贡献越多的员工，收入越多，而且往往超出预期，对员工形成强有力的正向牵引。奋斗者承诺可以为华为的发展做出额外的贡献，意味着与公司同呼吸共命运，他们承担了华为在发展过程中的风险和责任。这些人是华为的精英和中流砥柱，在2001年IT业泡沫破灭和2003年思科起诉华为等关键时刻都发挥了重要的作用。当时，受全球IT泡沫的影响，华为业务增长停滞，为了渡过难关，公司总监以上干部提出主动降薪10%以上。所以，在华为，需要奋斗者"额外"的付出。"额外"有两个层面的含义：在行动上，第一是员工在工作中要付出额外的努力，第二是员工的前途命运与华为的发展捆绑在一起，做好螺丝钉。在思想上，认可华为的文化，绝对服从组织的安排。就是一群这样的中坚力量，通过群体奋斗，造就了华为今天的成功。华为三十多年来，形成了这样"一个庞大的、勤劳勇敢的奋斗群体"，为了华为的事业前赴后继。"额外"不仅具有象征意义，更为重要的是，华为赋予了它丰富的现实意义，与权力、地位和待遇有关，并在运作上实现可操作。华为通过它的激励机制，可以让员工清楚地看到，员工通过奋斗和额外的付出，可以极大地改变自己的生活。

思想上奋斗更重要

在华为人看来，艰苦奋斗跟物质生活没关系，跟客观环境没关系，跟思想有关系。思想上的艰苦奋斗就是多动脑筋，身体上的艰苦奋斗就是多

---

① 出自任正非2009年1月在华为销服体系奋斗颁奖大会上的讲话"让一线直接呼唤炮火"。

动腿、多动嘴。脑子动得越多，工作方法和流程就可以经常得到修正，流程不断丰富、不断简化，然后再丰富、再简化，这种螺旋式上升的过程构成了先进实用的管理。每一次丰富、简化，都不是机械地增加和简化，而是产生了质的飞跃。① 以奋斗者为本的文化不是喊出来的，它要落实到若干考核细节中去，"只要每个环节的制度制定者，每天抬头看一眼奋斗，校正一下任何动作和决策是否能对客户有所贡献，三五年时间也许就会有初步的轮廓"。② 对基层员工来说，为客户创造的任何微小活动、为充实和提高自己而做的任何努力，均叫奋斗。对于奋斗的人，"必须得到合理的回报，并保持长期的健康""合理、适度、长久是人力资源政策长期的方针"。③ 奋斗者认真践行以客户为核心的文化价值观，他们能做到"笑脸对着客户，屁股对着领导"。

奋斗者中的蛀虫

孙亚芳曾讲，奋斗者中有三类蛀虫：一是偷窃公司的技术秘密和商务秘密，出卖给恶意竞争对手的人；二是利用工作之便进行贪污、受贿活动的人；三是营造不正之风，把大量的时间和精力用在怎么搞定领导上的人。④ 对于贪污受贿，华为有严格的审计制度，但是仍然有此类问题出现。对此，孙亚芳提出："我们承认制度上有漏洞，要去改善制度，加强审计和管理。如果直接主管明明已经觉察出有类似的问题，却不敢大胆站出来制止也要追责。"华为认为贪污腐败要从小事抓起，在20世纪90年代公司就规定，内部就餐费用不得报销。从小事上识别干部，小事不能过关的，决不会委以重任。若在贪小利上放任，在经济岗位上就有可能贪大利。

---

① 出自任正非1997年2月26日的内部讲话"坚定不移地推行ISO 9000"。
② 出自任正非2008年5月31日在无线产品线奋斗大会上的讲话"让青春的火花，点燃无愧无悔的人生"。
③ 出自任正非2008年7月15日在市场部年中大会上的讲话"逐步加深理解'以客户为中心，以奋斗者为本'的企业文化"。
④ 出自孙亚芳2011年5月9日在华为公司干部大会上的讲话。

5.4 核心文化之三：自我批判的价值

对中国传统文化的自我批判

任正非根据他对中国文化的深切理解，总结了自我批判的重要性。他指出，几千年前的曾子"吾日三省吾身"；孟子"天将降大任于斯人也，必先苦其心志，劳其筋骨，饿其体肤，空乏其身，行拂乱其所为，所以动心忍性，曾益其所不能"；毛主席在写文章时，要求"去粗取精，去伪存真，由表及里，由此及彼"……都是自我批判的典范。没有自我批判，他们就不会有如此大的成就。曾国藩最善于批评与自我批评，无论是在作战方案、内部治理方面，还是在与社会相处、做人方面，他的批评与自我批评都做得非常好。所以，他很少出大问题，同样的错误从来不会犯第二次，太平天国的将领们认为能够自我批评的曾国藩才是最可怕的敌人。

在激烈的国际竞争中，任正非意识到，如果没有对中国文化的深刻反省、自我批判，就无法克服中国人的不良习气，就无法把产品造到国际一流的高水平；没有自我批判精神，就无法适应如日本人、德国人一样的工匠精神和工作方法。如果没有与国际接轨的高质量，华为就不会生存到今天。华为作为一个年轻公司，尽管充满了活力和激情，但也充塞着幼稚和自傲，管理还不规范，只有不断地进行自我批判，才能使华为尽快成熟起来。

自我批判要超越"面子"文化

任正非特别提醒员工中国的"面子文化"给人带来的误区。他认为，如果为了面子把企业带向失败和死亡，最好还是丢掉面子。要活下去，就只有超越；要超越，首先必须超越自我；超越的必要条件，是及时去除错误，首先就要敢于自我批判。"古人云，'三人行必有我师'，这三人中，其中有一人是竞争对手，还有一人是敢于批评设备问题的客户，如果你还比较谦虚的话，另一人就是敢于直言的下属、真诚批评的同事、严格要求的领导。只要真正地做到礼贤下士，没有什么改正不了的错误。"①

---

① 出自任正非2000年9月22日在中研部将呆死料作为奖金、奖品发给研发骨干大会上的讲话"为什么要自我批判"。

自我批判是年轻企业成长的途径

1999年，有刚入职的员工问任正非在公司发展壮大过程中，最深的感受是什么。任正飞回答是一个青年人要长期具有自我批判精神。一个人只有坚持自我批判，才能不断进步。真正能使华为获得更快、更大发展的就是依靠每个员工开放自己，加强对自我的批判。同年，任正非在回答新入职年轻人就"与外国竞争对手相比，华为最大优势与劣势在哪里"的提问时回答："华为最大的优势和劣势都是年轻。因为年轻，充满生命活力；因为年轻，幼稚病多，缺乏职业化管理。为了要克服这种'幼稚病'，华为主要的方法是'每日三省吾身'，进行自我批判，目的就是克服'幼稚病'。幼稚病并不可怕，公司从高层到基层都有幼稚病，特别是面对新事物、新问题的时候。认识新事物、认识新问题总是反反正正，不可能一步就认识到本质。因此，华为特别注重向别人学习，看看身边的老员工是如何做的，学明白了再去创新，一点一滴、一步一步走向成熟。"①

自我批判的作风贯穿高层到基层

华为对不同级别的干部有不同的要求，凡是不能使用自我批判这个武器的干部不能提拔。自我批判从高级干部开始，高级干部每年都有民主生活会。民主生活会上提的问题是非常尖锐的，有人听了以后以为华为内部斗争非常激烈，谈的问题很尖锐，但是说完又握着手打仗去了。任正非指出，公司基层也要有民主生活会，相互提意见，相互提意见时一定要和风细雨。批评别人应该是请客吃饭，应该是绘画、绣花，要温良恭让。不要把内部的民主生活变成充满火药味的会议，高级干部尖锐一些，是他们素质高，越到基层越应温和。各级干部在组织自我批判的民主生活会议上，千万要把握尺度。②同时，华为将批判与自我批判的工作作风，从高层一直传递到最基层。在公司内部允许对上级和部下进行批评，否则人人都做"好人"，企业管理的进步就无从说起。不仅要团结与自己意见一致的人，也要团结那些与自己意见不一致的人，做不到这一点就谈不上接班人，就

---

① 出自任正非1999年11月11日答新员工问。
② 出自任正非2001年发表在《华为人》上的文章"华为的冬天"。

永远不会得到提拔。

自我批判的目标是持续优化

图 5.1 系统提炼了华为自我批判的文化给企业带来的实在价值。2001 年，任正非提出要推行以自我批判为中心的组织改造和优化活动，其好处是促使员工们虚心向客户和同行学习，培养直面问题的自信和乐观精神，通过自我批判不断提升境界，通过发现问题培养内敛务实的作风，实现组织管理体系的持续改进。另外，自我批判来不得弄虚作假，讲真话是一个企业文化健康的最重要标志。总而言之，自我批评的总目标是提升公司整体核心竞争力。倡导自我批判而不是相互批评，因为批评不好把握度，如果批评火药味很浓，就容易造成队伍之间的矛盾。而自己批判自己不会自己下猛力，对自己都会手下留情。即使用鸡毛掸子轻轻打一下，也比不打好，多打几年，你就会百炼成钢了。自我批判不光是个人进行自我批判，组织也要对自己进行自我批判。通过自我批判，各级骨干要努力塑造自己，逐步走向职业化，走向国际化。只有认真地自我批判，才能在实践中不断吸收先进，优化自己。①

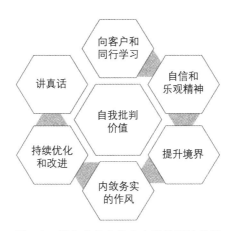

图 5.1 华为企业文化中自我批判的价值

---

① 出自任正非2001年发表在《华为人》上的文章"华为的冬天"。

通过自我批判改善管理

对华为管理系统的自我批判对促成管理水平的提升具有重要意义。华为是从小公司发展过来的，从没有管理，到粗糙的管理；从简单的管理，到 IPD（集成开发）、ISC（采购供应链）、财务的四统一、IT 的初步建设。公司还在不断国际化，如果不是不断地进行自我批判，没有了这些管理的实质性进步，公司如何实现为客户提供低成本、高增值的服务？华为通过《华为人》《管理优化报》及公司文件和大会上的自我批判，不断公开自己的不足，披露自己的错误，勇于自我批判，刨松了整个公司思想建设的土壤，为公司全体员工的自我批判打下了基础。一批先知先觉、先改正自己缺点与错误的员工在这个过程中快速成长起来。

通过自我批判提高自愈能力

在华为内部，有一份报纸叫《管理优化报》，就是发动大家去寻找管理者的漏洞与问题。一般被找到问题的部门就会比较头疼，要对别人的指责和批判进行说明和解释，但不能为自己辩解，还要回应说接下来如何改正。受到批评的人不能反过来批判指出问题的人，要坦诚接受并虚心改正。通过这种方式，华为不断自主地发现面对的问题和挑战，不掩盖和包庇问题，逐渐形成了自愈力和自我修复能力，通过群策群力的方式持续改进。

销售人员要站在客户角度批评华为

华为的营销部门从客户经理制到客户代表制，代表着自我批判强度的增加。客户经理的职责是单方向、推介式的；而客户代表首先要代表客户，代表客户监督华为的运作。客户代表的职责就是站在客户的立场上批评华为，不批评就失职，而乱批评说明没有在整改中吸取批评意见，考评也不好。只有多批评，实事求是，使批评的内容得以整改才会有进步。"这样，我们一定能从客户代表那儿听到批评意见。为什么实行这项制度呢？因为我们常常听不到客户批评了，客户认为员工太辛苦，工作中有一点点错，告诉公司怕影响他们的进步，有意见也不提了。久而久之，我们会认为太平无事，问题的累积则会毁坏整个客户关系。而客户代表又不同，他的职责就是批评公司，大到发货不及时、不齐套，小到春节期间装机没人管。只要时时、处处把客户利益放到最高准则，善于改正问题，客户满意度就会提高……没有自我批判，认识不到自己的不足，何来客户满意度的提高？"①

在外部批评中专注自我提升

在华为成长的过程中，所遭受的谣言和质疑不断，特别是在国际化进程中，对来自中国科技企业的怀疑、否定、蔑视甚至仇视也不少。在这个过程中，华为要承受巨大的压力。在看到外界报纸发表了不利于华为的言论后，任正非认为，随着时间的推移，世界也会发生翻天覆地的变化，华为何苦要去说明什么呢？华为公司没有必要做出回答，因为时间将会回答一切。不要分散狠抓内部管理的力量，同时，也要从别人的批评中寻找自己的问题，加强自我批判。②同时，他要求负责媒体公关的人要敢说话，要敢说错话，"说两句错话有什么关系吗？公司真有因为哪个人说错话垮了吗？说两句错话组织就垮掉了，说明这个组织真不值钱。华为公司到这个时候要允许批评，你们看我所有的讲话、所有的文章，都号召华为公司内部要出现敢于反对的声音、敢于反对我们的人。我们不可能事事都做得正确，至少我不会事事做得正确。因此要给大家解放一下思想，如果说哪个人因为说了两句错话被处分了，我负责平反"。③

把握批判与自我批判的"度"

1998年，任正非提出，各级干部都要有自我批判精神，要改变工作作风，关心部下，一定要倾听不同的意见。这些意见并非都是出于不良动机，有很多动机都是好的。干部要和持不同意见的人交朋友，分析这些人的问题，给他们以帮助：一是帮助他们改变思想方法；二是帮助他们疏散到不同的岗位上去，避开和主管领导的正面冲突。只要各位干部都真诚地做员工的朋友，员工能与你说知心话，就应该可以弥补主管在工作中的缺陷。④

---

① 出自任正非2000年9月22日在中研部将呆死料作为奖金、奖品发给研发骨干大会上的讲话"为什么要自我批判"。
② 出自任正非1999年3月5日的内部文章"创业创新必须以提升企业核心竞争力为中心"。
③ 出自任正非2010年11月25日的内部讲话"华为要改善和媒体的关系"。
④ 出自任正非1998年9月28日发表在《华为人》上的文章"不做昙花一现的英雄"。

任正非告诫员工自我批判还要适度，过度的自我批判以致破坏成熟、稳定的运作秩序，是不可取的。自我批判的不断性与阶段性要与周边的运作环境相适应。在管理进步中，要实事求是，不要形左实右。只有认真地自我批判，才能在实践中不断吸收先进经验和优化自己，才能真正地塑造自己的未来。

案例：华为蓝军的价值

所谓"蓝军"，原指在军事模拟对抗演习中专门扮演假想敌的部队，通过模仿对手的作战特征与红军（代表正面部队）进行有针对性的训练。华为的蓝军也与之类似。最早华为在公司层面的战略与市场营销部下设了一个特殊机构——蓝军参谋部，这个机构是华为整个集团的核心职能平台之一。在公司高层团队的组织下，华为通过辩论、模拟实践、战术推演等方式，对当前的战略思想进行反向分析和批判性辩论，在技术层面寻求差异化的颠覆性技术和产品。按照任正非的解释，"蓝军想尽办法来否定红军"。在华为，每个部门都要组成蓝军，坚决"打倒"自己部门，在打的过程中，红军也变强了。红军代表着现行的战略发展模式，蓝军代表主要竞争对手或创新型的战略发展模式。蓝军的主要任务是唱反调，虚拟各种对抗性声音，模拟各种可能发生的信号，甚至提出一些危言耸听的警告。通过这样的自我批判，为公司董事会提供决策建议，从而保证华为一直走在正确的道路上。模拟对手的策略，指出"红军"的漏洞或问题。

蓝军参谋部的主要职责

蓝军参谋部的主要职责包括：①从不同的视角观察公司的战略与技术发展，进行逆向思维，审视、论证红军战略/产品/解决方案的漏洞或问题；模拟对手的战略/产品/解决方案策略，指出红军战略/产品/解决方案的漏洞或问题。②建立红蓝军的对抗体制和运作平台，在公司高层团队的组织下，采用辩论、模拟实践、战术推演等方式，对当前的战略思想进行反向分析和批判性辩论，在技术层面寻求差异化的颠覆性技术和产品；③协助各BG（Business Group，业务集团）的蓝军部建设，负责蓝军体系的流程、平台建设和运作，组织进行经验与能力的共享。①

允许异见就是战略储备

在华为，蓝军是组织内蕴含的思维方式。任正非说："蓝军存在于方方面面，内部的任何方面都有蓝军，蓝军不是一个上层组织，下层就没有了。在思想里面也是红蓝对决的，我认为人的一生中从来都是红蓝对决的。我的一生中自己反对我的意愿，大过我自己想做的事情，就是我自己对自己的批判远远比我自己的决定还大。我认为，蓝军存在于任何领域、任何流程，任何时间、空间都有红蓝对决。如果有组织出现了反对力量，我比较乐意容忍。所以，要团结一切可以团结的人，共同打天下，包括不同意见的人。进来以后就组成反对联盟都没有关系，只要他们不是挑拨离间、走歪门邪道，要允许技术上的反对。百花齐放、百家争鸣，让人的聪明才智真正发挥出来。"

蓝军的核心价值是识别潜在危机

任正非认为，中国发展走到今天，取得大的成绩，是在骂声中成长起来的。华为能走到今天，也是高举批评的旗帜，天天批自己，说自己的不足，所以才变强。但华为的"成功"和优势在任正非看来却是充满危机感的，"我们不主动打破自己的优势，别人早晚也会来打破"。②"面对激烈的竞争，不要以为我们一定有招能防住它，公司的战略全都公开了，防是防不住的。"任正非说："防不胜防，一定要以攻为主。"进攻就要听到不同的声音，而这正是蓝军的价值所在。③

2007年，苹果推出了划时代的产品iPhone，虽然当年包括诺基亚在内的手机厂商都没有当回事，但是蓝军却敏锐地意识到形势正在发生变化，终端将会起到越来越重要的作用。为此，他们在当年做了大量的调研工作。2008年，华为开始跟贝恩等私募基金谈判，准备卖掉终端。此时，蓝军拿出了一页纸的报告，结论只有一条：未来的电信行业将是端、管、云

---

① 田涛，吴春波.下一个倒下的会不会是华为.北京：中信出版社，2012.
② 马晓芳.揭秘华为"红蓝军"：蓝军模拟对手策略，专挑红军漏洞.第一财经日报，2013.11.26.
③ 出自任正非2013年9月5日在内部无线业务汇报会议上的讲话"最好的防御就是进攻"。

三位一体，终端决定需求，放弃终端就是放弃华为的未来。由此阻止了终端的出售，为华为的转型留下了余地。

2014年，华为CFO孟晚舟宣布，华为主营业务利润率与2013年持平的水平（约为12%），这一结果缘于大量的管理变革。其中，蓝军策略也被引入财经领域。华为已在伦敦成立财务风险控制中心，"其相当于是财经事务上的蓝军组织"，这对控制财务风险有很大帮助。

蓝军是人才的摇篮

如果蓝军没能打倒华为，那这个人不能在红军中当司令，因为他不知道发展空间在什么地方，守成是不能前进的。华为的干部对华为提不出批评意见来，说明他的水平已经到顶了，不能再提拔使用。能批评华为的人，说明他视野宽，有思想，能提拔。在任正非看来，只要能正视自己，就有未来。不用担心批评会带来精神压力，要越批越高兴，要虚怀若谷、有自信心、有奋发图强的精神，就一定有超越美国的那一天。"我特别支持无线产品线成立蓝军组织，"任正非在一次向其汇报无线业务的会议上说，"要想升官，先到蓝军去，不把红军打败就不要升司令。红军的司令如果没有蓝军经历，也不要再提拔了。你都不知道如何打败华为，说明你已到天花板了。"

给蓝军创造宽松氛围

华为给蓝军以及蓝军所代表的反对声音更多宽容。按照华为规定，要从蓝军的优秀干部中选拔红军司令，在任正非看来，"我们在华为内部要创造一种保护机制，一定要让蓝军有地位。蓝军可能胡说八道，有一些疯子，敢想敢说敢干，博弈之后要给他们一些宽容，你怎么知道他们不能走出一条路来呢？"任正非在上述会议上引用法国马其诺防线失守的典故称，防不胜防，就一定要以攻为主。攻就要重视蓝军的作用，想尽办法来否定红军，就算否不掉，蓝军也是动了脑筋的。

研发团队中通过蓝军呼唤反对声音

在任正非看来，华为研发规划做不好主要是因为没有民主作风，不允许大家发言。为此，他提出在研发系统的总体中组成红军和蓝军。红军和蓝军两个队伍同时干，蓝军要想尽办法打倒红军，千方百计地钻他的空子,挑他的毛病。红军的司令官可以从蓝军队伍中产生。蓝军拼命攻红军,拼命找红军毛病,过一段时间把原来蓝军中的战士调到红军中做团长。蓝军的人有逆向思维,挑毛病特别厉害,就把他培养成为蓝军司令。蓝军的司令可以是长期固定的,蓝军的战士是流动的。每个产品线都应该增加一个标准队伍、一个总体队伍、一个蓝军队伍。不要怕有人反对,有人反对是好事,不是坏事,这会改变我们的惯性思维,打破我们的路径依赖。

"设立蓝军的目的就是推动研发,广开言路,特别是从高层着手。错误不算什么,谁能不犯错误?没有人是一贯正确的,有错误的人经过改正以后还是可以提起来的,不要把人看成完人。目标才是重要的,大家不要有那么多自尊心,不要太看重面子。在华为犯错最多的是我,我也是在错误中站起来的。我没有头脑发热过,没有决策失误过?天知道。不过大家是为维护领导人的威信,给点面子罢了,我自己心知肚明。在研发中要鼓励多种声音和民主作风,把大家的意见进行归纳总结,得出正确的东西,把正确的东西再进行讨论。这点,要向印度人学习,印度人做事虽然慢,反反复复讨论方案,但方案讨论好后再干活,避免了返工。而我们是先干,干得不对再改,加班加点地改,这样浪费就非常多。"①

蓝军的关键价值主要体现在三个方面:一是自我超越。在组织和团队做决策的时候会受到思维惯性、思维固化和思维盲点的影响,蓝军扮演的角色是突破这些思维障碍,实现自我超越。二是跨界思维。通过不同意见和不同看法的交叉火力,形成跨界思考的能力,在跨界思考中存在很多创意和创新的空间。三是自愈能力。红蓝军对垒,是一个多元视角达成共识的过程,一方面,它可以汲取最大范围的信息,将漏洞和风险在决策前尽可能识别出来;另一方面,在彼此的争执过程中,逐渐形成组织的共同记忆。当企业在执行过程中遇到困难和障碍时,这两方面的认知会帮助团队快速发现预案、协同作战和有效配合(见图5.2)。

---

① 出自任正非2002年在研委会会议、市场三季度例会上的讲话"认识驾驭客观规律,发挥核心团队作用,不断提高人均收益,共同努力渡过困难"。

图 5.2　蓝军的战略价值

5.5　核心文化之四：开放、妥协、灰度

2007年12月，任正非与美国前国务卿奥尔布赖特一行会谈。昔日在国际政坛以强硬、铁腕、鹰派风格著称的美国"外交部长"，以难得感性的语调对任正非说："见您之前，我拜读了您的《我的父亲母亲》《华为的冬天》等文章，印象很深，人类的感情是相通的。"奥氏也讲了自己父亲的几件轶事。就是在这次会面中，任正非针对客人的提问，阐述了华为成长和成功的思想逻辑。也是第一次，任正非将"开放、妥协、灰度"三个词并列在一起，认为这是华为公司从无到有、从小到大、从弱到强快速发展的秘密武器。任正非说："我们强调开放，更多一些向别人学习，才会有更新的目标，才会有真正的自我审视才会有时代的紧迫感。"[1]2009年1月15日，在全球市场工作会议上，任正非以"开放、妥协与灰度"为题发表讲话，开章明义地讲道："华为的核心价值观中，很重要的一条是开放与进取。""一个领导人重要的素质是（把握）方向、节奏。他的水平就是合适的灰度 。""把握正确的前进方向，掌握好前进的节奏，是个领导艺术，而不是技能和方法问题，其中的关键就是要学会妥协与宽容。"

在论述妥协与灰度的关系时，任正非说："合理地掌握合适的灰度，是使各种影响发展的因素，在一段时间内和谐，这种和谐的过程叫妥协，

---

[1] 出自任正非2010年1月14日在2009年全球市场工作会议上的讲话"开放、妥协与灰度"。

这种和谐的结果叫灰度。"并举例加以说明："我们华为的干部，大多比较年轻，血气方刚，干劲冲天，不大懂得必要的妥协，也会产生较大的阻力。纵观中国历史上的变法，虽然对中国社会进步产生了不灭的影响，但大多没有达到变革者的理想。我认为，面对他们所处的时代环境，他们的变革太激进，太僵化，冲破阻力的方法太苛刻。如果他们用较长时间来实践，而不是太急迫、太全面，收效也许会好一些。灰度思维意味着方向坚定不移，但实践路径并非一条直线，也许是不断左右摇摆的曲线，在某些时段中来说，还会画一个圈，但是我们离得远一些或粗一些看，它的方向仍是紧紧地指着前方。"①

与灰度密切相关的是开放和妥协。"开放确保企业努力地吸收别人的优点，否则就会逐渐被边缘化，是没有出路的。"②"开放、合作、实现共赢是团结越来越多的人一起做事，实现共赢，而不是共输。妥协意味着宽容与合作，任何强者都是在均衡中产生的。华为和别人合作，不能做'黑寡妇'。黑寡妇是一种拉丁美洲蜘蛛，这种蜘蛛在交配后，母蜘蛛会吃掉公蜘蛛，作为自己孵化幼蜘蛛的营养。以前华为和别的公司合作，一两年后，华为就把这些公司吃了或甩了。当华为已经足够强大了，内心要更开放一些，谦虚一些，看问题再深刻一些。更多地吸收外界不同的思维方式，不停地碰撞，不要狭隘。"③此言针对华为在快速发展过程中的一些野蛮生长现象、掠夺式成长性行为。笔者在调研中也听到不少华为供应商和合作伙伴的抱怨和愤慨，连任正非都曾说"看华为过去的黑寡妇形象，多么恶劣"，但随着公司的壮大，已经越来越关注企业社会责任和与合作伙伴的长期共生关系。

5.6　通过《华为基本法》凝聚共识

1995 年，华为还在深圳市南山区深意大厦六楼办公。中国人民大学

---

①　出自任正非2010年1月14日在2009年全球市场工作会议上的讲话"开放、妥协与灰度"。
②　出自任正非2008年在市场部年中大会的讲话"以客户为中心，以奋斗者为本"。
③　出自任正非2010年在PSST体系干部大会上的讲话"以客户为中心，加大平台投入，开放合作，实现共赢"。

彭剑锋、包政等5名教授被华为请去讲授企业二次创业与企业的战略转型、市场营销与人力资源管理等课程。任正非在听了彭剑锋讲授的"中国企业二次创业的问题及其解决思路"的课程之后，当即对他说："彭老师，你今天讲的中国民营企业的二次创业问题也是华为在发展中所面临的问题，是我们现在正在思考的问题。你们教授天天讲理论不行，讲理论会脱离实际，你必须把企业作为你们的试验田。你们可以为我们提供咨询服务，可以把华为作为试验田。如果你们这一辈子能长期跟一个企业，在你们的咨询帮助下，能够把一个小企业做成一个大企业，这将是一个巨大的学术与实践成就，我们之间可以实现双赢。"随后，任正非又指派当时华为的营销副总张建国，正式邀请彭教授到华为做顾问，提供管理咨询服务。①

1996年年初，彭剑锋、包政、吴春波三位教授来到华为，开始为华为的营销体系提供咨询，当时做的第一个项目就是营销人员的考核方案与办事处管理模式。咨询内容逐渐延伸到人力资源、生产作业管理、企业文化等领域，专家小组成员也吸收了黄卫伟、杨杜、孙健敏等学者，增加到近十人，并正式成立了华为专家顾问小组，由彭剑锋担任专家顾问组组长。几位教授与华为的缘分至此开始，整个咨询前后历时三年多，他们每年都有近三分之一的时间待在华为。《华为基本法》即当时企业文化咨询成果的集中体现。②

由此，华为开始了它的二次创业。然而，其二次创业却面临着诸多困境。

上下级沟通障碍

华为在创业过程中形成了很有特色的文化，视察过华为的上级领导，都称赞华为文化好。时间长了华为的干部员工也常把企业文化这个词挂在嘴上，但真的讨论起文化来，才发现不是那么回事。到底企业文化是什么？它有什么用？谁也说不清楚。宣传部组织了几场辩论会后发现，总裁

---

① 彭剑锋.《华为基本法》诞生记. www.docin.com/p-832186645.html
② 同上。

任正非赞同的观点往往与多数人不同。例如，他曾批评"有福同享，有难同当"是封建意识，但不少干部和员工很困惑，不知道任总在想什么，任总为什么要这样说。更为严重的是，随着华为的高速成长，公司规模越来越大，员工越来越多，公司高层与中层干部对企业的使命追求、核心价值观难以达成共识、难以沟通，这一问题越来越突出。任正非是一个思维敏捷、极具创新意识的人，经常会有一些突发性的、创新性的观点提出。但随着企业的扩张、人员规模的扩大，企业高层与中基层接触机会减少，任正非发现自己与中层领导的距离越来越远，自己无法及时了解下属的工作状况和想法，而员工也越来越难以领会他的意图。华为在高速成长过程中，管理层与员工之间对企业未来、发展前途、未来价值观的理解都出现了偏差，无法达成共识。但是，包括任正非在内他们都不知道问题出在哪里，该如何解决。

企业转型中的新老交替问题

1996年1月，每年一度的市场总主管整训活动，在市场部所有正职干部集体辞职的高潮中落下了帷幕。为了迎接1996和1997两年市场的大决战，市场部全体正职干部愿意接受公司的挑选，表现出高昂的士气和开阔的胸襟。市场部集体辞职壮举，提出了一些公司发展中的根本性问题：干部不适应企业发展要求了怎么办？有功的老员工落后了怎么办？怎么使优秀新员工脱颖而出？怎么使干部能上能下制度化？

激励机制中制度与人的适应性问题

为适应大发展的要求，华为在1995年成立了工资改革小组，开始重新设计公司的工资分配方案。设计小组碰到了难题：工资确定的依据是什么？依据绩效、职位，还是能力？要不要考虑资历？设计小组花了半年时间，辛辛苦苦搞出了一套职务工资体系，然而，当把具体的人往工资体系中套时，难题又出现了——有些员工不值他那份职务的钱。是让人适合职务，还是让制度适合人？过去，困扰华为管理者的问题是钱怎样挣，现在令管理者困扰的是钱怎么发、人怎么评价。

流程化与灵活性的问题

1995年年初，华为开始在全公司范围内大规模推行ISO 9001标准，以使公司业务流程规范化，全面提高公司的运作效率和顾客满意度。但重整后的业务流程体系中，各个部门和岗位的职责与权限如何定位？按流程操作是否导致组织的僵化？①

面对以上种种问题，专家小组从华为的历史记录入手开始了这次研究。让专家组成员特别惊讶的是，此时的华为已经积累了大量的资料，包括任正非的历次讲话记录，公司管理制度，总共29期的《华为人》，一本厚厚的《华为文摘》，以及企业文化讨论小组讨论记录，等等。在当时的中国企业界，很少有哪家企业有这么多的记录自身成长历程的文献资料。而且，令专家组更为惊讶的是，任正非简直是位政治家，他每篇讲话的主题，既针对华为发展中的一个个重大问题，又隐含着我国政治经济和企业管理方面的重大课题。同时，从这些文献资料及记载方式中也能看出，华为拥有众多思想丰富、见解独到的领导人才。这些历史记录成为《华为基本法》的思想基础。

《华为基本法》的诞生让华为上下在多个方面达成了共识，体现在以下方面。

创建公司共同理念和未来发展策略

专家组在一起讨论《华为基本法》的结构时，彭剑峰认为核心问题是企业二次创业中的基本矛盾与问题，以及处理内外矛盾关系的游戏规则和核心价值体系。包政提出，《华为基本法》要解决企业生存和发展的三个基本命题：一是企业的前途问题——华为要向何处去？华为要成为一个什么样的企业，即华为的使命、追求、愿景是什么？二是要解决华为的管理效率问题。围绕效率华为应该建立什么样的内部规则体系，才能避免因快速扩张导致的管理失控？三是员工的成就感问题。通过确立什么样的文化理念与人力资源政策，才能使员工对企业有文化认同感、有成就感？黄卫伟教授则指出，《华为基本法》要解决成长和发展过程中的三个方面的基本问题：一是华为为什么成功，以及华为过去成功的关键是什么？二是在新的竞争环境中，华为面临着什么样的挑战、危机？三是过去的成功要素

---

① 彭剑锋.《华为基本法》诞生记. www.docin.com/p-832186645.html

之中,哪些能够继续为企业提供助力,哪些已经成为企业成功的障碍?华为未来成功要靠什么?根据专家讨论结果,任正非提出,《华为基本法》要提出企业处理内外矛盾关系的基本法则,要确立企业明确的共同语言系统即核心价值观,以及指导华为未来成长与发展的基本经营政策与管理规则。

解决企业发展的"道"与"术"

起草专家小组仔细研究了 IBM、惠普、英特尔等世界著名公司的宗旨和行为准则,并从《孙子兵法》的结构中得到很大启发。《孙子兵法》是先从兵家的"道"讲起,进而提出战争的一些重大决定因素和重大关系,阐明其本质与原则,然后才转入对战略战术的阐述。而在此过程中,又处处体现战争的"道"及原则,通篇结构严密,浑然一体。企业管理也有其"道",即企业的使命与核心价值观。围绕企业管理的"道",我们尝试给出一个基本法的概念框架,包括以下几部分:①公司宗旨;②管理哲学;③基本经营政策;④基本组织政策;⑤基本人事政策;⑥基本控制政策;⑦工作道德和纪律等。

明确企业文化的精髓和基石

华为拟用三年时间建立世界一流的生产工厂,这个一流主要指的是管理一流、工艺及设备一流、建筑群体一流。"不领会基本法的深刻内涵、不会潜移默化地引导自己工作的干部,不允许进入高中层,我们决不允许管理层出现夹心饼干。同时,坚决反对机械地、照搬条文、形左实右的作风,这是不尽心尽责的表现。号召每一个员工带一份基本法回去度春节,在等待年夜饭的时候,认真读一读,一字一句去理解。想半个月的学习,会使您一生受益。"①

建立全员心理契约

任正非指出,《华为基本法》是华为公司在宏观上引导企业中长期发展,建立全体员工的心理契约。要提升每一位华为人的胸怀和境界,提升对大事业和目标上的追求。每个员工都要投入到《华为基本法》的起草与

---

① 出自任正非1997年1月23日在来自市场前线汇报会上的讲话"不要忘记英雄"。

研讨中来，群策群力，达成共识，为华为的成长做出共同的承诺，达成公约，以指导未来的行动，使每一个有智慧、有热情的员工，能朝着共同的宏伟目标努力奋斗，使基本法融入每一个华为人的行为与习惯。

建立组织内部的制约机制

华为通过《华为基本法》确立公司的层层管理体系、层层动力和制约体系，使得公司的发展有序有规则。"然而要实现有序、有规则，不是一两天就可以实现的，将是非常漫长、很艰难的。一旦实现了这种有序的动力与制约机制，就不会犯万国证券的错误，不管总裁有多高的个人威望，不对的事就会有牵制。"①

推动管理体系向标准化与国际化转型

华为不断强化业务流程重整的力度，用 ISO 9001 来规范每一件事的操作，为后继的开放式网络管理创造条件；用 MRP II 管理软件，将业务流程程式化，实现管理的网络化、数据化，进而强化公司的经营计划（预算）、经营统计分析与经营（经济）审计综合管理。②

5.7 华为与思科的比较

对于很多企业来说，企业文化就是"一把手"文化，一把手家庭传承的文化基因、企业发展中收获的经验教训、人生阅历中感受到的苦与乐，以及行业发展的特性与竞争，共同铸就了企业文化的核心内涵。随着多年的实践验证，企业文化的精髓越来越凝练、越来越聚焦、越来越清晰。任正非以他的人生阅历铸就了华为的危机意识和远见卓识，面对全球的产业和技术发展格局，不断进行战略布局和投资；在艰难险阻和各种诱惑面前，保持坚忍不拔的信念、稳健的定力和专注的精神；在激烈的全球竞争和艰难的追赶中，始终保持理性和冷静、直面自身问题，勇于改变，开放学习。

---

① 出自任正非1998年在第二期品管圈活动汇报暨颁奖大会上的讲话"在实践中培养和选拔干部"。

② 出自任正非1996年6月30日在市场庆功及科研成果表彰大会上的讲话"再论反骄破满，在思想上艰苦奋斗"。

随着企业的发展和成长，文化自身也面临着动态转型问题。企业文化离不开战略，离不开不同发展阶段的需要。企业规模不同，要解决的主要矛盾不同，文化特质也不一样。在华为，文化分为两层：第一层是相对稳定的内核，以"以客户为核心，以奋斗者为本，长期坚持艰苦奋斗"为代表，在任何情况下都不变，是企业的"根文化"。第二层是根据企业规模变化形成的情景文化。正如图5.3所展示的，华为历经两次比较重大的文化转型，分为三个阶段：第一阶段是初创企业的农民文化，企业凭借灵活性、激情和顽强精神打天下，企业需要草莽英雄，有组织，无纪律，作风强悍，强调个人英雄主义。第二阶段是在1997年吹响向世界一流企业进军的冲锋号之后，为了支持规模化发展，必须打造强有力的流程、管理信息系统和管理平台，开始系统引入西方管理体系和方法，强化集中管控能力以增强核心竞争力和规模化的能力，所以流程文化成为核心。第三阶段是随着华为国际化程度的加深，企业业务的跨度越来越大，与华为有交集的利益相关者也越来越多，灰度文化成为其处理复杂关系的重要原则和指导。处理动态复杂关系需要更加开阔的视角和胸怀，开放、妥协与包容成为在多元国际环境中适应生存的主要准则。

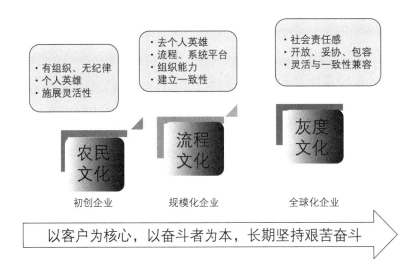

图5.3 华为的双层文化

第五章 融合关键利益群体的企业文化与实践

对华为来说，从草莽英雄向规范文化转型是一个痛苦的自我蜕变过程，意味着对过去思维和行为方式的否定和放弃、全新行为体系的导入。在这个过程中通常会遇到很大阻力，但为了企业生存和发展必须克服，全力向愿景和目标推进，并通过文化重塑实现员工理念和行为的改变。这对追赶型企业来说，是最困难的课题。

华为和思科在文化上最鲜明的共性就是高度重视以客户为核心，这不仅是在理念层面，更重要的是融入整个激励机制和员工行为中。对于华为来说，其文化的关键就是以客户为核心，以奋斗者为本。这两句话，将华为的主要利益相关者客户和员工紧密地绑在了一起：满足客户是企业得以生存的终极目标，而奋斗是确保实现这个目标的唯一途径和手段。华为的激励机制、人才选拔机制都紧紧围绕这一终极目标进行设计，谁以奋斗精神（特别是尽心的奋斗者）满足客户需要，谁在企业就会得到提拔，在物质上就会得到超常回报。将客户需求与奋斗者绑定在一起，既创造了一种以客户为核心的全方位凝聚的组织氛围与制度设计，又让员工可以全身心投入服务客户工作，心无旁骛，专心致志，大大节省了员工在办公室政治和人际关系上耗费的无用功。华为的企业文化有效地管理了员工的注意力和精气神，将其聚焦在组织的核心目标上。正是客户与员工利益的高度协同，才将错综复杂、晦涩隐性的文化取向简约化、公平化和制度化；将组织文化的精髓渗透到所有员工的认知和行为准则中；将企业文化与激励体系深度融合，非常好地转化为员工的自觉行动，做到知行合一。

在华为文化中，自我批判的制度与实践确保企业时刻理性看待自己、坦诚直面问题，这一重要方法论不断修正成绩带来的自我高估和自我满足，打破任何在思维层面所形成的惰性，将发现不足作为推动自身成长的关键动力。在笔者访谈的近百位华为员工中，"揭短"和直面问题似乎成了一个常态，成为群体化的思维模式，甚至对高层领导的态度也是如此。有些访谈对象甚至拿出对标数字揭示与领先企业的差距。在与华为人的交流中，既听不到自我炫耀、掩饰太平和歌功颂德，也没有虚假的谦虚、虚贬实扬，感受的主要是真诚和务实。对于这样一个勇于面对真相的企业，它所关注和解决的是未来如何做得更好，因为在他们心中，下一个倒下的可能就是华为。

思科的前董事长钱伯斯本人正是在经历了王安公司破产的惨痛经历之后，意识到技术企业不能仅仅以技术为本，而一定要以客户为本，追寻客户的需求拓展企业的发展空间。客户而不是技术的引领，一定会给企业以生存的机会和空间，因此，思科以客户需求为导向的行为准则和激励机制，也深深嵌入企业各层的思维和行为中，成为员工自觉遵循的一项铁律。思科在以客户而不是技术为核心的文化牵引下，在激烈竞争中进一步发展了组织内部的高适应文化。这种高适应文化重点聚焦在决策机制和沟通过程中，通过建立组织内部的共同语言，通过协同技术让各种意见（特别是来自基层和其他国家员工）有机会得到充分表达，提高达成共识的效率和效果，减少组织内部由于猜疑和道听途说所造成的延迟和误差。同时，各级领导人要向带领的员工交代自己的决策风格，做到言行一致、直言不讳，提高上下级达成共识的效率，提高组织的执行力和对外部环境的响应速度。

在华为和思科，以客户为核心的文化价值观却是融入员工血液中、落实在员工行为上的，通过认知层面、制度层面、激励层面和行为反馈层面的持续强化，变成了人们的自觉行动。

在思科和华为的文化体系中，思科文化强调以敬业者为本，华为强调以奋斗者为本。笔者认为，敬业者与奋斗者的概念是有差异的。

第一，与企业关系不同：敬业者展现的是与雇主的契约关系和雇佣关系，员工爱岗敬业，认真完成本职工作。奋斗者具有更多的主人翁意识，将个人理想、目标和利益与组织深度融合，自觉成为组织的一部分。

第二，对工作的努力和投入程度不同：敬业者认真完成企业对岗位的工作要求，在工作时间内恪尽职守、一丝不苟。奋斗者则为了达到或超过企业设定的目标和要求发挥最大的潜能，不怕吃苦受累，努力学习成长。在华为，奋斗者被分为"用心的奋斗者"和"用力的奋斗者"，其中用心的奋斗者是在思维层面不断寻求个人和岗位发展的人，在各种挑战和压力面前，不断主动想办法寻求突破。

第三，动力不同：敬业者的动力更多源自组织的岗位要求和激励机制；奋斗者则重视人的内在激励。华为要求企业高层有使命感，中层有责任感，基层有饥饿感，针对员工所处的不同阶段激发从物质到精神的深层需求，通过制度的合理化、公平化和人性化，将能最大限度释放奉献潜能和有积极进取精神的人群变成华为的核心骨干力量。

第六章

理性和有控制的研发创新体系

在通信领域，中国企业普遍起步较晚，当华为进入电信行业时，国际领先企业已经在这个产业里耕耘了很长时间，积累了非常丰富的技术和智力资本。如成立于1876年的爱立信在20个世纪90年代，麾下的移动电话系统占全球30%—40%的市场份额。成立于1984年的思科公司，在互联网和数据传送的路由器、交换机等网络设备市场占据主导地位。对于像华为这样的追赶型企业来说，在技术基础薄弱、技术资源有限、技术能力大大落后的情况下，如何确立其创新战略，配置研发资源，是非常值得关注和研究的课题。

首先，为了活下来，企业战略优先度应该如何排序。中国企业早期的发展历程中，绝大多数企业资源极其匮乏，企业对战略优先度的排序差异很大，很多企业不得不通过门槛相对低的活动（如贸易、生产、制造、代理市场、销售等）赚取第一桶金，技术创新有些遥不可及。对于华为来说，尽管从外部环境看国际竞争对手实力强大，从内部条件看企业各项资源匮乏，但华为仍然看到，在信息技术领域中，技术革命特别是颠覆性创新，大企业和小企业是有平等竞争机会的：小公司不清晰，大公司也不明白，所有人都处在探索与试错的过程中。因此，在华为发展早期，并未采取全方位追赶的策略，而是紧紧聚焦核心网络技术中软硬件关键，投注全部力量和资源形成核心技术，通过长期投入强化领先能力。[①]

其次，如何选择创新的路径。根据对韩国和日本企业的研究，追赶型

[①] 出自任正非的2000年7月20日内部讲话"创新是华为发展的不竭动力"。

企业的技术吸收主要采取两种路径：一是从原始设备制造商（OEM）[①]逐渐过渡到原始设计制造商（ODM）[②]和原始品牌制造商（OBM）[③]。OEM是指追赶型企业提供组装服务；ODM指追赶型企业有了自己的设计能力，从简单加工逐渐向复杂性任务和流程转变；OBM跨国公司则采取这种方式低成本扩大规模，并聚焦高附加值环节，双方达到双赢。二是逆向工程。发达国家企业创新流程通常是R&D，即先从基础研究做起，再做工程开发。但追赶型企业通常路径是D&R，即对已有技术进行直接利用、组合和集成。把开发放在首位，通过快速学习、模仿、反求工程、人才引进等多种途径，直接进入工程开发环节（D&E），并通过低成本优势，降低新技术应用成本，进入低端市场、提高效能。1998年，任正非给华为定的目标是："广泛吸收世界电子信息领域的最新研究成果，虚心向国内外优秀企业学习，在独立自主的基础上，开放合作地发展领先的核心技术，用卓越的产品自立于世界通信列强之林。"在这个过程中，华为选择创新路径的思路和方法是怎样的、如何克服资源短缺带来的障碍，值得研究。

再次，如何平衡激进式创新与渐进式创新的关系。随着企业不断成长，需要同时从事激进式创新和渐进式创新。激进式创新是指创新思路偏离原有轨道进行搜寻和试错，目的是寻找新的机会，尽管失败率较高，但有助于长期增长，支持企业进入新兴成长型市场，确保企业有更大的成长空间。渐进式创新是指沿着原有的学习和技术轨道进行优化和巩固，目的是提高已有业务的效率、降低运营成本，从而提高短期盈利。两类创新在一定条件下相互促进、相互补充和依存：渐进式创新的收益可以投入激进式创新，其知识和能力积累可以作为激进式创新的基础；成功的激进式创

---

① OEM指定点生产，俗称代工生产，按照跨国公司的精确规格要求生产产品。

② ODM指某制造商基于对国际市场的了解，设计出某产品后供买家选择。这类企业具有系统设计能力，通过设计提升自己的附加值，但避免推出自身品牌所需要付出的风险。这样可以使其他厂商减少自己研制的时间。承接设计制造业务的制造商被称为ODM厂商，其生产出来的产品就是ODM产品。

③ OBM指代工厂经营自有品牌，由于代工厂做OBM要有完善的营销网络作支撑，渠道建设的费用很大，花费的精力也远比做OEM和ODM高，而且常会与自己OEM、ODM客户有所冲突。通常为保证大客户利益，代工厂很少大张旗鼓地去做OBM。

新又可能扩大渐进式创新的规模效应，发现成长型市场的需求。但是，组织内部两类创新同时并存会带来一系列紧张关系，如相互争夺组织有限的资源，对组织的结构、文化、领导力等要素有着截然不同的要求，各自存在自我强化倾向等。在这个过程中，企业需要解决的关键问题是在不同发展阶段，如何配置激进式创新和渐进式创新的资源，如何在两者之间形成协同，在确保现有业务盈利的情况下发展新业务。

最后，如何提高创新的投资回报。创新活动是对未来潜在技术和新市场的试验和发现，其商业模式不清晰、投资回报难以预测。这个过程要求企业改变或摆脱组织现有路径与能力的束缚，过程中同样存在风险。双重风险使企业对激进式创新谨小慎微，不确定性越高，投入越谨慎。对于追赶型企业来说，资源匮乏始终是困扰企业的问题，企业无法全面布局潜在机会点，无法通过组合战略尝试新技术空间，更无法承担激进式创新失败带来的损失。为了活下来，企业需要研发和创新投入带来正向回报。如何有效地做到这一点，企业积累了哪些方法论，是我们非常感兴趣的问题。

6.1　研发的地位及其投入

在过去近 30 年时间里，即使在经费非常困难的情况下，华为也坚持占销售收入 10% 以上的研发投入。华为认为，技术领先带来了机会窗利润，再将积累的利润投入升级换代产品的研究开发中，周而复始，如此不断改进和创新。尽管华为实力大大增强，但仍坚持压强原则，集中力量只投入核心网络的研发，从而形成自己的核心技术，使华为一步一步前进，逐步达到今天的世界先进水平。

创立初期，华为一方面辛辛苦苦地一点一点争取到订单、占领农村市场，另一方面把收入慷慨投入研究开发。当时华为与世界电信巨头的规模相差 200 倍之多。就这样通过一点一滴锲而不舍的艰苦努力，用了十余年时间，终于在 2005 年销售收入首次突破 50 亿美元，但与通信巨头的差距仍有好几倍。2006 年，业界发生几次大兼并：爱立信兼并马可尼，阿尔卡特与朗讯合并，诺基亚与西门子合并，一下子使已经缩小的差距又陡然拉大了。刚指望获得一些喘息，直一直腰板，拍拍打打身上的泥土，没想到又要开始更加漫长的艰苦跋涉。①

华为在1998年就获得了全套设备的入网许可证，打拼了8年，在国内无线市场上仍没有多少份额，连成本都收不回来。2G的市场时机已经错过了，华为没有停下来，在3G上又展开了更大规模的研发和市场开拓，每年近10亿元的研发投入，已经坚持了七八年，因为收不回成本，华为不得不到海外寻找生机。

2000年，华为每年提取大于销售收入15%的资金用于研究开发，把最优秀的人才派往市场与服务前线，通过技术领先获得机会窗的利润，又将利润用于研发，希图更多的突破。②在现实中，华为研发也走过很多弯路，踏空过很多条船。华为认为，研发的关键是创造市场价值，不是为了创新而创新。世界上很多技术失败的企业就是偏离了市场价值驱动创新的原则，如北电和小网通等。

2005年，华为有超过25 000名员工从事研发工作，资金投入维持在每年70亿—80亿元甚至以上，经过18年的艰苦奋斗，华为没有一项原创性的产品发明，主要是在西方公司的成果上进行了一些功能、特性上的改进和集成能力的提升，更多地表现在工程设计、工程实现方面的技术进步。与国外竞争对手几十年甚至上百年的积累相比还存在很大差距。

2007年，任正非谈道："在实践中我们体会到，不冒风险才是企业最大的风险，不创新才是最大的风险。回想起来，若不冒险，跟在别人后面，长期处于二三流，将无法与跨国公司竞争，也无法获得活下去的权利。若因循守旧，也不会取得这么快的发展速度。"③因此，华为是在艰难学习中成长起来的，经历了众多艰难困苦之后，终于在SDH光传输、接入网、智能网、信令网、电信级Internet接入服务器、112测试头等领域开始处于世界领先地位，密集波分复用DWDM、C&C08iNET综合网络平台、路由器、移动通信等系统产品挤入世界先进行列。

---

① 出自任正非2006年7月21日发表在《华为人》上的文章"天道酬勤"。
② 出自任正非2000年7月20日的内部讲话"创新是华为发展的不竭动力"。
③ 同上。

2017年，华为研发投入900亿美元，占销售额的14.9%（参见图6.1）。在近17万华为人中，超过45%的员工从事创新、研究与开发。华为在170多个标准组织和开源组织中担任核心职位，已经累计获得专利36 000多件，在世界上名列前茅。

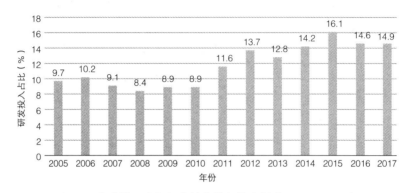

图6.1 华为的研发投入占销售收入的比例（2005—2016）

6.2 研发体系的建设

1999年，为了达到与国际接轨的目的，华为制定了符合公司大战略的三大研发体系。具体包括：（1）以长期发展目标为核心的战略研究体系，由中央研究部（简称"中研部"）担当；（2）以中短期目标为核心的中央产品系统规划与集成研究系统（简称"中央产品研究系统"）；（3）以近期商业化为主要目标的中间试验系统（简称"中试部"）。这三套体系的定位各有不同，相互侧重，同时又相互配合。

战略研究体系

中研部站在时代前沿，高瞻远瞩的同时不忘脚踏实地，主要在基础研究与公共资源的研究与管理上，人才战略培养上，博导、硕导的支助预研上，对有创意但尚不成熟的半成品研究成果的收购上，在先进产品技术的引进上，进行大胆而精密的系统工程研究。造就和培养了一大批优秀分子，目光长远、思想敏锐，没有失败压力和包袱，有着充足的资金"浪费"，不干绝对有把握成功的项目，敢于打破常规，敢于走别人没有走过的道路,他们是"科学疯子"和"技术怪人",把华为从技术创造引上思想创造。中研部大量使用在某一领域有专深知识的专家,大量启用年轻人,大胆、创造性、敏锐地在参数设计上寻找突破。

产品化研究

中央产品研究系统主要集中精力在确定的中近期目标上,既将技术产品在更广泛的市场应用中以集中压强的原则组织会战,加快加大分层结构建设、目标考核管理。又通过学术带头人形成强有力的冲击力,目标瞄准世界领先企业,在产品水平、研究手段、人员数量与质量上逐步与之靠拢。中研部永远是会战的战场,永远是富有创造力的年轻人的天下。[①]

市场化研究

中试部围绕中研部的目标和定位,与市场更加接轨。中试部容纳了大量的各类专家,他们有着极为丰富的知识、极广泛的经验,有一把什么产品都能试验的大筛子,帮助年轻不足的产品走向商品化,而且启用了大量有经验的年轻人。装备精良,安排大量员工培训,作风百折不挠。通过长年累月地开展设计试验、改进工艺、进行品质论证,降低产品成本,提高产品的可靠性、使用性能和工程指标;通过不断的器件和工艺的实验和积累,缩短产品进入商品化的周期,抢占市场先机。"解放开发,指导生产,支援市场"是中试部的最好描述。中试部担负起向中研部、市场部、生产质量管理系统输送骨干的使命,是华为的将校学院。

三大体系的定位

任正非非常重视研发工作的专业性和知识的积累,他认为专家的特征是在核心专业细分领域的知识深度,因此,在中研部,他将研发比喻为"窄频带高振幅"策略:窄频带是指研究领域非常专注,高振幅是指在非常窄的专业领域获得大大超越平均水平的艰深和前沿知识。华为通过这种比喻要求基础研究专业人才自甘寂寞,"板凳一坐十年冷",努力走到学科领域更前沿。任正非认为,相比分工更细致的国际大公司(如微软),

---

① 出自任正非1995年12月26日在年度总结大会上的讲话"失败不属于华为人"。

华为公司在研发的专业化方面还可以做到更细、更深。①但是在与产品和市场接轨的中试部,则采取"宽频带低振幅"的策略。也就是说,产品平台的建设、产品与市场结合的环节,产品框架体系要宽,对市场的适应力要广。

早期的华为为了活下来,非常重视产品系统化和质量优化,目的是获得商业化和市场化的成功,因此,应用性创造和集成式创新成为企业的研发重点。以市场的商业成功为导向,投资和管理改进紧紧围绕市场,摒弃脱离市场导向、唯技术的创新。不涉及商业价值的技术、盲目自傲的创新,对于没有资金来源的新公司来说无异于自杀。

案例:借助分布式基站成功突破欧洲市场

对于移动通信而言,通信基站是非常重要的网络节点,通过通信基站,运营商实现了对城乡的网络覆盖,从而让移动通信得以实现。然而,移动基站站址的租用、维护费用是运营商一笔巨大的投资。在2008年之前,全球各个运营商采用的都是宏基站。

对设备商来说,通信基站是主要的销售产品。华为从2001年开始拓展欧洲市场,直到2003年,华为的3G产品还没有在欧洲市场销售过。在荷兰拓展的时候,当地有一个移动运营商叫Telfort,在与华为接触后表示,虽然华为技术很好,但还是不能购买,因为Telfort评估其移动网络的TCO构成中设备成本只占14%,即使华为全部赠送设备,也只能降低14%的成本,而破坏与原来厂商爱立信的独家合同带来的罚金,会抵消掉引入华为的好处。除非华为公司还可以给他们带来更大的价值,否则欧洲运营商不可能因为设备价格低一些就选择华为。

怎么办呢?因为当时华为移动产品还没有突破欧洲市场,华为公司对于这次机会非常重视,研发领导亲自督战。在一次又一次的实地考察中发现,运营商最大的支出是站址租金,达43%(另外为15%的电费,14%的设备,10%的安装及18%其他)。站点基站分为室外站和室内站两种,其

---

① 出自任正非1999年3月5日的内部文章"创业创新必须以提升企业核心竞争力为中心"。

中室内站需要租机房，成本最高。即使成本次之的室外站，租用一个放室外基站的位置，每年都需要一笔巨大的开支，Telfort 当时有 3 000 多个基站，每年的租金开支都达到上千万欧元，所以，华为公司就把研发目标定在了降低租金这一点上。

宏基站和天线通过馈线连接，但是由于馈线衰耗太大，两者必须要靠得很近。而宏基站一般比较大，所以扩容要增加新的室外基站，这样成本就更高了。经过研究，华为提出一个新方案：研发分布式基站，就是把基站分为 RRU（射频部分）和 BBU（基带部分）两部分。RRU 靠近天线位置抱杆或挂墙安装；BBU 则安装到原来的老机柜中去，不需要增加新的室外机柜。也就是说不需要租用新的位置，不用支出新的租金即可实现扩容！这样 Telfort 90% 的站点都做如此改造，成本比常规方案节省 30%。正是基于客户需求的创新，华为创造性地提出了分布式基站的方案，帮助客户很好地解决了痛点，所以这个项目客户就直接宣布华为中标了。

其后，华为的移动产品凭借"分布式基站"这个独门武器，所向披靡，全面突破了欧洲市场。截止到 2016 年，分布式基站的发货数量已经占到了总出货量的 80% 以上。

6.3 早期研发创新原则

华为早期在资源匮乏的情况下，为了活下来，专注于有市场商业价值的创新，为了避免浪费有限的研发资源，也为了避免研发人员陷入脱离客户需求的陷阱，华为特别制定了**有控制创新六原则**：

一是避免过快创新陷阱：过快创新是单纯追求技术推出速度而脱离市场节奏的一类创新。不给创新成果一段相对稳定的应用过程，总在快速不断地推陈出新、更新换代，虽然满足了技术人员的创造欲望，但造成不经济。

二是避免过早创新陷阱：过早创新表现为"曲高和寡"，超越客户需求，"领先一步是先进，领先三步是先烈"。

三是避免过度创新陷阱：过快和过早创新主要是从技术和产品角度看

的，掉进这两个陷阱可能是因为竞争所致，但与企业过强的技术导向有密切关系。过度创新指的是另一种不当创新行为，即企业在组织或管理变革方面过于激烈的、疾风骤雨式的创新。

四是衔接有序原则：防止变革过程中出现决策和责任真空，在新组织完全建立前，旧的决策模式不完全消失，保障业务变革在有序中进行。

五是继承发扬原则：反对"一朝天子一朝臣"，反对新干部上台否认前任管理，反对随意破坏原有文化或管理合理内核、周边已形成的习惯。

六是评估论证原则：稳定发展时期不能提倡管理上的大胆探索。任何管理改进，都要以全局为目标来进行评估，任何变革都必须充分论证后批准。

在追赶期中，华为长期处于技术实用性研发阶段，为创新的范围设置了限制，仅局限在企业生存发展最关键的领域里，即技术能否在市场上和商业上取得成功，并将这些技术归于华为的核心竞争力。针对一些追求技术领先的行为和偏好，任正非提出："有些人很不理解，我做出的东西，明明是最新爆出冷门的东西，他做出来的大众化的东西，却要给他评一个创新奖。我认为你做出的东西没有商业价值，就由人类来给你发奖吧。"① 1999年，针对研发人员提出华为是否打算培养出理论水平很高的工程师，任正非说，华为公司主要是要培养一大批工程商人。一个公司培养一批高理论水平的人才，总是需要的，如果没有理论前瞻，就不可能有技术突破，就不会产生机会窗利润。但是，华为公司在此阶段要做到这一点是很困难的。华为公司现在不会去培养院士，华为公司只会把那些做出成就的人从工作发展中培养起来。②

压强与强攻原则。在华为创业初期，除了智慧、热情、干劲，几乎一无所有。从创建起华为只做了一件事，专注于通信核心网络技术的研究与开发，始终不为其他机会所诱惑。在资源捉襟见肘的情况下，敢于将鸡蛋放在一个篮子里，把活下去的希望全部集中到一点上。华为从创业一开始

---

① 出自任正非1999年3月5日的内部文章"创业创新必须以提升企业核心竞争力为中心"。
② 出自任正非1999年11月11日答新员工问。

就把它的使命锁定在通信核心网络技术的研究与开发上。把代理销售取得的点滴利润几乎全部集中到研究小型交换机上,利用压强原则,形成局部突破,逐渐取得技术领先和利润空间的扩大。任正非举例:"当年共产党攻城时,队伍是纵向布置的,攻城的部队集中撕开一个口子,然后,两个主力从口子进去向两边扩展。进而又进去四个师,向纵深和两侧扩大战果。"

为了推动研发的压强原则,华为非常重视员工的专注与工匠精神,任正非特别写文表扬在华为工作13年的孙永芳专注配置器开发,表扬他的人生历史就是一部华为历史。华为二十几年都只做一件事——坚持管道战略。"你的人生路就是华为的路,你的人生为什么那么成功,因为你只走了这一条路。人只要把仅有的一点优势发挥好了就行了,咬定青山不放松,一步一步就叫步步高。"

"小改进,大奖励"原则。1998年,华为要求员工在创新过程中遵循"小改进,大奖励;大建议,只鼓励"的原则,重视员工对眼前的、局部性的小问题进行渐进式的改变,而不是纠结大而空的问题,这样坚持"小改进",使身边的工作不断地优化、规范化、合理化。在小改进过程中,不断瞄准提高企业核心竞争力这个大方向。"小改进,大奖励"是华为长时间坚持的一个政策。[①] 在小改进的基础上,不断归纳,综合分析,研究其与公司总体目标流程是否符合,与周边流程是否和谐,简化再固化。流程是否先进是以结果和贡献率改善作为评价标准的。

研发中知识重用原则。华为早期在研发中,为了提高研发的效率,确保研发工作的延续性,特别设立了"知识产品货架"制度(参见图6.2)。知识产品货架强调对已有成果的重用机制,特别是在技术研究、产品开发、应用开发、产品定制、解决方案、服务营销六种类型的研发活动中,首先关注在既有知识产品货架中是否已有可用的资源,既有资源达到早期(20世纪90年代)90%以上,近期(近10年)70%以上后才可以进入

---

① 出自任正非1998年在第二期品管圈活动汇报暨颁奖大会上的讲话"在实践中培养和选拔干部"。

研发程序。考核研发人员也首先看其使用知识产品货架的情况，同时，企业的研发积累也体现在知识产品货架的成熟度上。这样，从知识产品货架的积累，逐渐升级到组件的系列化，通过共享文化组合成单机、整机，再通过共享子系统形成系统化的解决方案，最终形成快速定制能力，为客户提供保姆式服务，大大提升了华为服务客户的效率和能力，降低了成本。正如任正非所言："我们提出了在新产品开发中，要尽量引用公司已拥有的成熟技术，以及可向社会采购的技术。利用率低于70%、新开发量高于30%，不仅不叫创新，而是浪费，它只会提高开发成本，增加产品的不稳定性。华为虽然没有采用思科式的大规模收购来实现快速的产品线扩张，但在自主研发管理中强调的是'拿来主义'。"[1]

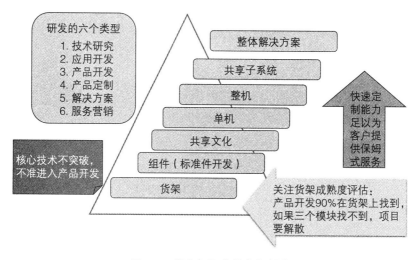

图6.2 华为知识产品货架制度

6.4 研发组织设计与管理

优先建立研发管理体系

从1995年开始，华为坚持向西方和印度学习软件管理办法，在与众多

---

[1] 出自任正非1999年3月5日的内部文章"创业创新必须以提升企业核心竞争力为中心"。

世界级软件公司开展的项目合作中展开实践、优化。紧紧抓住量化评估、缺陷管理、质量控制、项目过程及配置管理等 SEI-CMM 软件能力成熟度的标准要求，持续多年进行软件过程的改善实践。

根据市场变化调整研发体系

华为研发体系的战略队形和组织结构随着环境变化不断进行调整和变化，没有僵化、教条，研发的价值评价体系达到均衡。战争中，军队队形是可以变换的，华为深深意识到这一点。在早期发展中由于资源缺乏，华为的研发聚焦非常厉害，这样技术进步速度快，但对市场各种需求的适应力相应减弱；随着市场和客户需求的多元化，华为研发队伍要向扁平化组织转型。也就是说，研发队伍的队形可以随着环境、企业需求和技术特点的不同而变化调整。如在攻克新技术时，队形变尖以增大压强；当新技术引导作用减弱时，队形变扁平，多做客户有现实需求但技术上不一定很难实现的产品。[①] 总而言之，华为技术研发的压强原则和组织结构的调整方向是一致的，研发队伍的结构调整以商业为导向，而不是以技术为导向，在评价体系中同样一定要以商业为导向。

引入先进的研发流程与管理体系

华为庞大的研发队伍与研发计划，如果没有良好的组织管理与流程优化，必将无法达到预期目的，甚至导致研发资源的浪费、产品与市场的脱节，最终甚至拖累公司的发展。基于对以上危机的考虑，1997 年，华为公司引入了 IBM 管理咨询。经过长时间的调研、建模和研究，华为公司最终建立了一套集成产品研发流程（Integrated Product Development，IPD），产品从前期市场调研，计划预研，正式开发，产品验证，再到产品发布，一整套流程确保产品开发的目的性和时效性都能得到有力监控。同时，IPD 还兼顾了管理细分市场与绩效之间与产品研发流程的动态对应和匹配，以确保研发过程对市场需求保持一致。更重要的是，IPD 作为研发平台和技术开发，可以沉淀和积累研发过程中的大量信息和知识（如项目管理、需

---

① 出自任正非2002年在研委会会议、市场三季度例会上的讲话"认识驾驭客观规律，发挥核心团队作用，不断提高人均效益，共同努力渡过困难"。

求管理、变更管理、质量管理等），并对研发过程的绩效进行量化管理（参见图 6.3）。华为的产品创新，不是自由式的突发创新，从来都是基于客户需求的持续创新。华为坚信，基于对客户需求的深刻理解、满足客户需求的创新才是有意义的创新，才是有价值的创新。

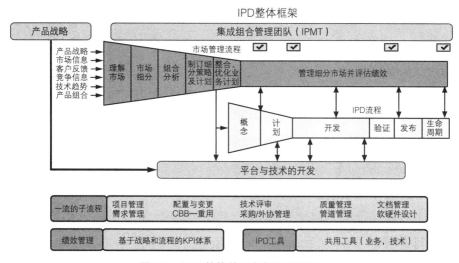

图 6.3　IPD 整体体系与框架流程图

打通流程形成跨部门团队

华为在持续进行结构调整和改革，整个体系按照 IPD 逐步进行配置和运作。在疏通流程的过程中，华为在组织上通过每个产品线提供小组名单，组成跨部门的小组，先把市场、用服、研发打通，然后再把生产、采购捆绑进来，共同整改流程，打通问题，简化程序。跨部门小组代表公司拥有决定权，统管所有的流程。

研发考核兼顾长短期双元目标

华为的研发体系还特别注意防止出现研发团队中短期效率内部竞争和冲突，以及研发团队内部过度分离等问题。华为并没有像竞争对手那样按项目进行考核，而是从双元流程和视角进行考核：一是考核潜力增长，二是考核当下对公司的贡献。潜力增长是对未来贡献，当下贡献就是收益，对整个大团队考核必须兼顾这两方面。同时，对于大的研发团队的考核机制也是长短期双轮驱动和交叉调整,在一段时间内,重点考核大团队的短期收益;过一段时间,再考核它的增长潜力。为此,华为曾通过设计虚拟利润目标的方法,促使团队在评估当下收益的同时关注中长期收益,根据外部形势的变化动态调整研发大团队的。

6.5 创新的内外部资源利用

充分共享内部创新资源

华为内部早期开发产品凭的是经验,出了问题再一个个去解决。任正非主张各个部门要充分开放,充分利用各种资源,任何部门和个人都不能将本部门或自己的技术创新、成功的经验甚至失败的教训"藏"起来。华为动员所有员工把自己的心得贡献出来,这节约了很多时间和资源。2000年,任正非在品管圈(Quality Control Circle,QCC)活动上讲道:"华为公司产品不稳定,一个项目经理上台以后,生怕别人分享他的成果,因此就说整个产品都是自己研发的。那我就给中央研究部的干部说一句话,像这样的人不能享受创业与创新奖,不能因为创新就给他提升晋级,而且他不能做项目经理。华为公司拥有的资源,你至少要利用到70%以上才算创新。每一个新项目下来就是拼积木,最后那一点点才是不一样的,大多数基础都是一样的。"① 针对一些人不愿意共享知识和资源所导致的重复劳动,华为在思想氛围和奖惩机制上进行调整。在思想氛围上,华为要展开什么是创新的大讨论。每个组都要发言,特别是做了小改进的,督促大家不能每个简单东西都自己开发,那样的话成本就太高了,这不是创新,而是消耗、浪费了公司的宝贵资源。在奖励机制上,提拔和选用利用了别人分享的知识,并愿意将知识分享给别人的人。华为研发人员深知,大企业降低成本的最有效途径就是资源共享,别人开发的东西其他人可以照搬,这里没有技术保密问题,也没有专利问题,装进去就行了,再适当做一些优化,这样才是真正的创新。满脑子都是大创新的人是想法幼稚的,通过讨论和典型案例的宣传,华为中研部拓展了资源共享的新形式,不仅充分

---

① 出自任正非2010年在第二期品管圈活动上的讲话。

共享公司的资源,还要共享公司外部的资源,包括从竞争对手那里学到的大量知识和技能(参见第十一章)。

新旧知识的关系是"鲜花插在牛粪上"

对于创新中的继承与发展问题,华为长期坚持新技术和新产品要与已有的市场和产品体系进行对接,不能离开公司的传统去盲目创新,而是基于原有的存在去开放、去创新。这就叫"鲜花插在牛粪上"战略。鲜花长好后,又成为新的牛粪,企业永远基于存在的基础上去创新。

善用外部资源做集成式创新

在华为创业早期,华为中研部在研发队伍里广泛宣传如下思想:反对盲目创新,经过理性选择、借鉴、仿造、拼装都叫作创新。技术进步与市场变化都很快,产品技术就像资本等资源一样,可以开发或组装。中研部可以通过公司内部的研发活动自己研发出来,也可以用各种不同的方式获取。比如,对于许多非核心技术,如果企业自行研发,成本会很高,这时可以借鉴微软、思科、戴尔、英特尔等新一代企业的经验,还可以依靠许可使用、购买外部技术创新。同时,组织一些跨部门小团队到美国去收购小公司,到各大地区部搞客户需求调研,量身定制,提高研发规划的准确性,也可以在美国本土招当地人员扩大芯片队伍。

创新中整合能力的重要性

在技术快速进步的今天,想通过垄断一项技术来实现商业成功这种可能性越来越小了,因为大家都可以很容易地获得这项技术。因此,对于企业来说,最重要的在于整合能力,而不是自己做技术有多强。商业成功靠整合能力,就是把技术、资源、渠道整合起来以后形成一种优势,这就是企业管理。微软如此,思科亦如此。思科最重要的能力在于,它将业界先进的技术整合进自己的产品里,推向市场。所以华为觉得,不管是通过许可方式获得的技术,还是通过自己开发获得的技术,或者是通过并购获得的技术,关键还得看产品是否有竞争力,是否得到客户的接受。

购买外部资源保障市场能力

对于华为所缺少的核心技术,华为只有通过购买和支付专利许可费的方式,实现产品进入国际市场,并在市场竞争中求得生存。这比绕开专利采取其他方法实现，成本要低得多，通过支付费用华为实现了与西方公司的和平相处。[①]在产品的工程技术方面，华为也经常遇到瓶颈，包括算法、散热技术、工艺技术、能源、节能等都时常成为竞争中获得优势的障碍。为了解决这些问题，克服发展障碍，华为也不全靠自主开发，因为等自主开发出来了，市场机会早没有了，或者对手已在市场上构筑了优势，没法在竞争的市场上获利。所以，华为采用直接购买技术的方式来缩短差距并构筑领先能力。比如，华为有一款全球领先而且市场份额占据第一的产品，其在功能、性能上超越竞争对手的一个关键技术就是通过购买某外国公司的技术获得的。这是一家超长光传送技术和产品解决方案研究上领先的厂家，该公司累计投入已经超过7 000万美金，其技术主要应用在长途光传送系统中，网络地位非常重要。华为经分析认为，其产品和技术具有很高的市场价值，最后决定购买该技术。经过技术转移和二次开发，以及必要的法律手续，华为在短短的9个月时间内完成了集成开发，成功推出了应用新关键技术的产品，实现了大容量、长距离（4 600公里）无电中继的光传输。2003年，华为推出该解决方案，随即就在相关市场上得到快速发展，从最初的名不见经传，到2005年全球长途传输市场第一，并保持着稳固的地位。

构建开放性的创新系统

任正非一直非常强调华为要打造开放性的创新系统，尽可能用国外竞争对手的高端芯片并好好理解它。只有在国外企业拒绝出售其产品时再用自己的东西，也要凑合能用上去。他认为："华为不能有狭隘的自豪感，自豪感会害死我们。我们的目的就是要赚钱，是要拿下上甘岭。拿不下上甘岭，拿下华尔街也行。"[②] 今天全球的创造发明不是以自力更生为基础的，而是一个开放体系，向全世界开放，世界各国通过互联网获得巨大的能力，华为也获得巨大的基础。技术系统不能做封闭系统。在供应链体系

---

① 出自任正非2006年12月在国家某在型项目论证会上的发言"实事求是的科研方向与二十年的艰苦努力"。

② 出自任正非2012年9月在"2012诺亚方舟实验室"专家座谈会上的讲话。

中，华为也强调不能只用自己的供应商，只用自己人等于建立了一个封闭系统，封闭系统必然要能量耗尽走向死亡。人力资源的封闭系统会导致人的能量耗尽，技术系统的封闭性会使系统衰竭。

开放性创新系统的重要性在于：如果自主创新，会陷入熵死里面。我们为什么要排外？我们能什么都做得比别人好吗？为什么一定要自主？自主就是封建的闭关自守，我们反对自主。在创新过程中，华为只做自身有优势的部分，别的部分应该更多地加强开放与合作，只有这样才可能构建真正的战略力量。"我们非常支持异军突起，但要在公司的主航道上才好。我们一定要避免建立封闭系统。我们一定要建立一个开放的体系，特别是硬件体系更要开放。我们不开放就是死亡。"①

封闭式创新有危险性。华为面临的是一个复杂多变的世界，不创新的公司必然灭亡，而采用狭隘的、封闭的模式，片面地强调全面"自主创新"，同样也是十分危险的。"封闭式创新"直接导致了创新活动的重复劳动，效率低下，而拒绝使用他人的创意和技术也就意味着放弃通过对别人成熟、先进的创意和技术的使用获得额外利润的机会。华为特别吸取了日本封闭式创新的惨痛教训。日本在2G移动通信时代，要发展一套自己的技术标准PDC，正是因为这一完全"自主创新的"技术，导致其2G时代的网络与全世界的网络都不能兼容，成为与世界不能兼容的"窄轨"。贝尔实验室的解体与后来朗讯被并购，也都证明了"封闭式创新"的后果就是被时代淘汰。经过多年的努力，华为的技术创新已从跟随国际技术为主，发展到与国际主流技术同步的开放式研发。"全球化是不可避免的，华为要勇敢地开放，不要封闭自己，要积极与西方竞争，在竞争中学会管理。如果我们把门关起来，靠保护自己生存，一旦开放一触即溃，因此，华为要努力用自己的产品支持全球化的实现。"②

与合作伙伴联合创新

华为与全球领先运营商成立了二十多个联合创新中心，把领先技术转

---

① 出自任正非2012年7月2日与2012诺亚方舟实验室座谈会纪要。
② 冠良.任正非谈管理.深圳：海天出版社，2009.

化为客户的竞争优势和商业成功。既竞争、又合作，竞争迫使所有人不停地创新，而合作使创新更加快速有效。华为不仅与国内竞争对手之间互相学习，而且与朗讯、摩托罗拉、IBM、TI 等十几家公司在未来芯片设计中结成了合作伙伴关系，为构建为客户服务的未来解决方案共同努力。

客户对华为的成长同样有帮助，是华为的良师诤友。在我国通信网络的大发展中，在与西方公司的谈判、招标、评标中，客户们也练就了符合国际惯例的职业化水平。用这种职业水准来衡量每一家竞标者，就使得华为标书的规格即使只差一点也不能入围，更不能中标；特别是解决方案，要在先进性、合理性、低成本、高增值、优良的服务上与西方公司进行综合比较才有可能入围。客户如此苛求，迫使华为从山沟沟里的游击队转变为国际化正规军。

6.6　研发创新的氛围

重用创新人才

华为对研发人员的使用表现在下面四个方面：

- 对于研发员工，领导要做到敬人。领导敬重人才，礼贤下士，会拍人才马屁，荣誉优先授予员工，总之领导要学会不拘一格降人才。

- 对于内外部优秀研发人员，要能够挖人。华为有整套"拿下"优秀人才的方法和手段，而且在内部设定了"人才推荐奖"。华为自身的吸引力也成为人才主动被挖的奥秘。

- 对于已有人员学会育人。比如，正向激励政策的人才机制，不解雇失败项目组成员，强调年轻人肯学是关键。华为还提供设立"寒窗学子奖学金"，鼓励家境贫寒的学生通过勤奋学习改变命运。

- 在留人上做到企业人才命运共同体，实现利益均沾，通过设立高薪吸引和留住人才，人才的薪酬应该高于区域行业最高水平，同时，能够鼓励团队之间的内部竞争，创造均等的机会，不让雷锋吃亏，同时还要创造好的领导氛围和文化留住人才。

研发的文化建设

首先，研发团队要明晰企业的愿景与使命：实现顾客的梦想，成为世界级领先企业。华为研发团队信奉"在开放合作的基础上独立自主和创造性地发展世界领先的核心技术和产品;以产业报国、振兴民族通信工业为己任"的愿景与使命。华为人深知所处的行业意味着技术上的落后代表着被淘汰的命运,在研发中鼓励"狼性文化",具体表现为学习、创新、获益和团结;学习和创新代表敏锐的嗅觉,获益代表进攻精神,而团结就代表群体奋斗精神。员工归属感和认同感促使华为人主动从事创新活动,并深入到思想层面。

关注客户需求的创新

任正非批评中央研究部不大愿意参加品管圈活动,在他看来,好的研发必须关注客户的基本需求、想法和客户满意度。如果研发人员未用科学的方法将客户需要进行系统梳理和归纳就做出了产品,对客户的基本需求不予理会,产品自然就做不稳定。研发人员盲目的自以为是的创新并不是真正的创新。

如何面对创新中的失败

在创新失败问题上,华为认为要投入更多的宽容。但宽容失败要有具体的评价机制,不是所有领域都允许大规模宽容失败。在高端研究领域,模糊区域更多,进入模糊区域后,不知道它未来会是什么样子、会做成什么。因此,在思想上要放得更开,可以到外面去喝咖啡,与人交谈进行思想碰撞,把感慨写出来,发到网上,引领一代新人思考。而有一些研发区域并不是模糊的,就不允许乱来,比如说工程的承包等都是可以清晰数量化的,做不好就说明管理能力低。① 渐进式创新成功的关键要素是管理平台的使用效率和协同功能。

基础研究要耐得住寂寞

对于基础研究,华为人认为,即使做成功了暂时没用,还是要继续做下去。如果个人感到研究前途渺茫,可以通过循环流动到其他部门,换新人再来上。有些研发的技术可能坚持做了几十年都用不上,但还是得做,一旦出现战略性漏洞,就不是几百亿而是几千亿美金的损失。企业积累了

---

① 出自任正非2012年发表在《商界评论》杂志上的文章"不开放就是死亡"。

这么多的财富,这些财富可能就是因为那一个点被别人卡住,最后都打了水漂。对于基础研究,公司要宽容"歪瓜裂枣"的奇思异想。以前都说"歪瓜劣枣","裂"写成"劣",但任正非认为,枣是裂的最甜,瓜是歪的最甜。做基础研究就要耐住寂寞,板凳要坐十年冷,不能急功近利,不去比论文数量,而是踏踏实实地做学问。

从技术突破逐步走向理论突破

"华为不仅以客户为中心,研究合适的产品与服务,还要面对未来技术倾向加大投入,对平台核心加强投入,占领战略制高地,不惜在芯片、平台软件等前沿技术领域冒较大风险,在最核心领域更要不惜代价,不怕牺牲。因此要理解、珍惜常人难以理解的奇才,从技术进步,逐步走向理论突破。"任正非如此说。①

重视应用研究,培养商业工程师

在任正非看来,华为是技术与产品的整合者,应用研究是促使企业活下来的重要途径。"以材料科学为例,华为倾向于材料应用上的研究,而不是材料的创造发明。比如,日本正在从整机收缩到部件,从部件收缩到材料,这正是华为的大好时机。日本拼命做材料科学研究的时候,华为就研究怎么用这些东西,使产品比美国做得好,这就是用了巧力。"② "大家都认为日本和德国的机器可靠,为什么不让日本人、德国人做我们的中间试验,把关我们产品的质量,好坏让日本员工、德国员工去定义。"③

6.7 基础与应用研究双轮驱动

有边界地从事颠覆性创新

2012年以后,随着华为的国际竞争力日渐增强,前面的竞争对手开始减少,华为加大在基础研究和战略性研究上的投入,并为此成立了"2012实验室"。2015年,任正非在华为务虚会上讲话时指出,华为的创新仍然

---

① 出自任正非2011年1月17日在公司市场大会上的讲话"成功不是未来前进的可靠向导"。
② 同上。
③ 出自任正非2012年7月2日与2012实验室座谈会纪要中华为首席材料专家Renzhe Zhao的发言。

聚焦主航道,以延续性创新(渐进式创新)为主,允许小部分力量有边界地从事颠覆性创新。互联网总是说颠覆性创新,我们要坚持为世界创造价值,为价值而创新。创新的原则仍然以关注未来 5 至 10 年的社会需求为主,多数人不要关注太远。大多数产品还是重视延续性创新,这条路坚决走。同时允许有一小部分新生力量从事颠覆性创新,探索性地"胡说八道",想怎么颠覆都可以,但是要有边界。这种颠覆性创新是开放的。延续性创新可以不断地从颠覆式创新中吸收能量,直到将来颠覆性创新长成大树苗,也可以反向吸收延续性创新的能量。

2012 实验室

华为的 2012 实验室是华为研究机构总称。2012 实验室的二级部门包括:中央硬件工程学院、海思、研发能力中心、中央软件院。据称,该实验室的名字来自于任正非在观看电影《2012》后的畅想,他认为未来信息爆炸会像数字洪水一样,华为要想在未来生存发展,就得构造自己的"诺亚方舟"。2012 实验室主要研究方向有新一代通信、云计算、音频视频分析、数据挖掘、机器学习等。主要面向未来 5—10 年的发展方向。华为官方数据显示,2015 年,华为研发投入为 596 亿元人民币,占 2015 年销售收入的 15.1%。近 10 年来,华为已经在研发方面投入了超过 2 400 亿元人民币。

诺亚方舟实验室

华为的诺亚方舟实验室主要围绕人工智能展开研究,设立于香港科学园,实验室主任由香港科技大学杨强教授出任,并聘用了全球各地科研人员从事基础研究工作。它由五大部门组成:

● 自然语言处理和信息检索部门,专注于如何以无缝的方式和自然语言让机器与人沟通,并从文本和社交数据中挖掘有价值信息。

● 大规模数据挖掘和机器学习部门,专注于开发高扩展性和有效性的数据挖掘和机器学习算法,也包括对大数据挖掘系统的开发。

● 社交媒体和移动智能部门,重点发展最先进的算法和利用社交媒体、社交网络、移动数据进行自我学习系统的研发,并从社交网络数据中获得深刻洞察。

● 人机交互系统部门,主要职责是帮助人们更好地理解如何开发顺畅的人机交互系统，从而使人机沟通变得更为自然和轻松，同时也负责开发大规模智能系统。

- 机器学习理论部门，主要通过建模和数学理论来研究人机学习和自适应能力。

科学家实验室

目前 2012 实验室旗下有很多以世界知名科学家或数学家命名的神秘实验室，如香农实验室、高斯实验室、谢尔德实验室、高斯实验室、欧拉实验室、图灵实验室等。香农实验室在基于大数据的高通量计算（High Throughput Computing，HTC）的研究上投入较早，已在大数据处理硬件和软件系统架构、操作系统、新型编程方式和商务应用基准程序等方面形成了深厚的技术积累。为公司 ICT 产业智能化发展趋势储备认知关键技术和算法，并为相关产品提供智能服务，在信息存储、分布式计算、软件定义等方向紧跟业界前沿研究。高斯实验室主要打造业界领先的数据库管理系统。谢尔德实验室以网络安全、终端安全、云虚拟化安全、密码算法为主要研究方向。欧拉实验室是自有操作系统研发中心。图灵实验室是嵌入式处理器内核架构研究部门。

海外研究所

2012 实验室在欧洲、印度、美国、俄罗斯、加拿大、日本设立了 8 个重要的海外研究所。欧洲研究所在全球的研究所中有着极其重要的地位，因为它是华为两大数学中心之一，拥有 5G 研究的重量级团队。任正非曾总结说，华为在欧洲的成功得益于算法。华为在欧洲有着两大架构式的颠覆性产品创新：分布式基站和 SingleRAN。SingleRAN 的设计原理是在一个机柜内实现 2G、3G、4G 三种无线通信制式的融合功能，理论上可为客户节约一半的建设成本。华为的竞争对手们曾试图模仿，但至今未有实质性突破，而这一技术突破依靠的就是通信制式融合背后极为复杂的数学运算。俄罗斯和法国研究所的核心研究方向就是数学，因为这两国的数学实力分别在全球排名第一和第二。早在 2012 年，雷锋网发布的"华为创新的未来：任正非答'2012 实验室'科学家 16 问"一文中，任正非曾说道，华为的优势在于数学逻辑，不在物理。

- 法国研究所。2016年,华为在法国设立数学研究所,旨在挖掘法国基础数学资源,致力于通信物理层、网络层、分布式并行计算、数据压缩存储等基础算法研究,长期聚焦5G等战略项目和短期产品,完成分布式算法全局架构设计等。华为还在巴黎建立了数学、美学、家庭终端和无线标准四个研发中心。成立当天,华为常务董事徐文伟说道:"华为已经走入'无人区',没有引路者,也没有跟随者,而且未来还有很多不确定性。"

- 俄罗斯研究所。华为俄罗斯研究所独立于欧洲研究所,该研究所曾在3G和2G算法层面有着巨大突破。俄罗斯研究所包括7个"能力中心",以此集结当地的基本算法领域人才。这7个能力中心分别是:非线性能力中心、算法工程化能力中心、最优化能力中心、信道编译码能力中心、信源编解码能力中心、大数据分析能力中心、并行编程能力中心。

- 加拿大研究所。成立于2008年年底的加拿大研究所,是5G核心竞争力研究中心,分布于渥太华、多伦多、蒙特利尔和滑铁卢4个城市,拥有400多名研究人员。

- 日本研究所。主要从事材料研究工作。

- 印度研究所。专注于软件交付。

2012实验室作为华为的研究基地,不仅代表着国内顶级的研究水平,同时在全球也有着巨大影响力,但任正非仍旧对此存在深深的担忧。2016年5月,任正非曾提到,华为实际上仍然是个工程商人,即使在创新这个层面,也仅是在工程领域的创新,而不是在技术理论领域的创新。华为应该在基础研究上下功夫。而在之后的全国科技创新大会上,任正非说:"华为现在的水平尚停留在工程数学、物理算法等工程科学的创新层面,尚未真正进入基础理论研究。随着逐步逼近香农定理、摩尔定律的极限,而对大流量、低时延的理论还未创造出来,华为已感到前途茫茫,找不到方向。华为已前进在迷航中。"①

中央研究院主要负责技术体系建设,目前的颠覆性技术少,以硬件

---

① 出自任正非2016年5月30日在全国科技创新大会上的演讲报告。

研发为主。研究院关注产业发展的核心方向，通过重兵投入（从几百人到上千人不等），做到公司级和部门级创新，调用全球的人才来做研发。根据创新项目的价值和意义，公司的重视程度有所不同，汇报的层面也不一样。比如，5G的投资为6亿美元，人员数量占整个研发团队的10%，经费非常充足，每年的预算常常花不完，相比中央研究院的成果考核周期相对长些（3—5年）。创新追求主航道，在欧美市场能够做出高端产品。在这个过程中，产品维度是为研发投入资金和资源；在组织维度是容许失败；在文化维度是给予足够多的自由度。在欧洲投资3家研究机构，规模不大，以千万级欧元为主，重点关注专利和有高端人才，发现有价值的市场。

6.8 华为与思科的比较

2016年，根据华为轮值CEO徐直军在全球分析师大会上的报告，华为2016年全球销售收入5 216亿元人民币，同比增长32%，净利润371亿元人民币，同比增长0.4%。华为研发投入占比达到销售额的15%左右，在销售占比上仅次于谷歌，达764亿元人民币。过去10年累计研发投入3 100亿元人民币，研发员工也达到了8万多人。据欧盟委员会2016年12月月底发布的"2016全球企业研发投入排行榜"，华为以83.58亿欧元（608亿元人民币）研发投入位居中国第一、世界第八。相对同年三星电子125亿欧元的研发投入、苹果74亿欧元的研发投入，徐直军称华为研发投入仍感不足，特别是"智能终端的研发投入跟苹果三星比少得可怜，无线领域跟爱立信比也少，路由器领域跟思科比更少得可怜"。因此，华为计划未来每年为研发投资100亿—200亿美元，以保持研发投资的强度和力度。

华为在创立之初就将研发列为企业的核心竞争力。任正非在创立企业之初，从三个层面意识到企业发展的关键规律：从全球发展来看，未来的世界是知识的世界，不是泡沫的世界；从中国的发展条件看，中国"地大物薄"，只有靠科教兴国，从人脑中挖资源才有可持续性；从产业发展路径看，要么成为领先者，要么被淘汰，没有第三条路可走。在这种认知的引导下，华为在制度设计和员工激励方面，平衡资本与知识之间的关系和优先度，确保知识产权和技术诀窍的价值和支配力超过资本——资本只有附属知识，才有可能保值增值。把知识资本的开发和利用放在更重要的战略地位上，让资本服务并追逐知识的获得和知识人才的吸引与培养，从而形成知识与资本相互支持、相互提升的良性循环。

华为在其发展历程中，在资金极其有限的情况下，无论多么困难，都将销售收入的10%以上投资于研发。先研发，后生活；先构建能力，再追逐盈利。在无人区里深耕探索，鼓励员工延迟满足感。这种长期聚集企业关键资源和核心利益的做法为其可持续发展打下了坚实的基础。通过利出一孔，饱和攻击，在产品、工程、技术和研究领域重点突破，累积发展实力，逐渐在全球行业中构建了核心竞争力。

在创新路径的选择上，华为选择了一条从模仿式创新、有控制的创新、渐进式创新到基础创新的路径（参见图6.4）。在第一阶段，为了活下来，华为主要采用的是模仿式创新，降低创新成本，快速学习、跟进领先企业的技术标准和产品特性，先从低端产品入手，从边缘市场起步，在跨国公司不在意的市场取得成功。在第二阶段，华为在积累一定资源的基础上聚焦主航道，推进理性的有控制的创新和渐进式创新。一方面追随客户需求，通过技术和产品的组合与集成，以低成本战略进入市场，通过优质服务获得客户信任。华为定位自己是工程商人，不做超前和过度开发，确保企业在市场上能够活下来。这种理性的有控制创新的原则，降低了创新的风险，提高了创新的市场回报，将创新和研发产品与市场需求紧密对接，通过持续改善和升级，渐进式地提升产品的技术含量。这是华为非常有特点的部分。在任正非的讲话中（截至2014年年底），有212次提到了要预防过度创新；因为过度创新意味着风险和破坏，企业需要把握创新与秩序的均衡，这恰恰是企业管理的难点。华为根据自身的资源和能力，理性地选择创新的路径和方法，特别是早期，将创新作为修补，小创意，大激励。将企业创新和研发紧紧地与客户需求、市场需要和资金管理连接在一起，避免了风险和失败，确保企业活下来并获得可持续发展的能力。

第六章 理性和有控制的研发创新体系

图 6.4 华为的研发创新体系设计

在第三阶段，华为面对全球市场差异化的客户需求，独立开发具有独特性的技术产品。随着华为从追赶者转化为领导者，华为加大了更前沿的基础科学和颠覆性技术的研发。通过 2012 实验室引入全球优秀人才、投入重金从事基础研究。针对华为所有产品，打造解决方案平台，所有的解决方案都集中在平台上。此时，华为开始加大对基础和颠覆性技术的研发，由中央研究院重点负责，主要进行颠覆性技术的研发，重点关注 3—7 年的前沿技术，全球招募人才。在文化中重视多元、奇异、独特性，招收非常偏科或在自然科学领域能够跨界的人才，给他们更多的自由度和宽松的激励机制，没有淘汰 5% 的指标，并与全球顶级研究机构深度合作。在这一阶段，正如华为总裁任正非说，未来二三十年，人类社会将演变成一个智能社会，其深度和广度还想象不到，华为需要进入基础理论研究，以此为突破口，用基础理论创新打破"无人区"的困惑。

在平衡激进式创新与渐进式创新的关系方面，华为早期的研发和创新高度聚焦在渐进式创新和研发领域，企业用自身的知识积累、客户的需求和市场回报约束研发选择，以避免不必要的研发风险和不确定性，确保研发投入的市场回报。这在当时的历史条件下，是确保企业活下来的非常理性的选择。随着华为实力的日渐丰厚和竞争地位的提升，华为开始非常审慎地逐渐增加激进式创新的比例，华为的长远眼光、投入范弗里特弹药量[①]的勇气和对能力构建的重视，使得它一旦关注和进入一个技术领域，

---

① 范弗里特弹药是指不计成本地投入庞大的弹药量对敌人进行密集轰炸。——编者注

都会使其竞争对手难以轻视。

华为在研发创新历程中,始终将研发、市场和管理紧密结合在一起,以确保创新的回报。华为通过技术与商业双轮驱动战略,不断地从服务于运营商的"管道"战略,进入到服务于手机终端消费者的"端"战略,再进入服务于企业客户的"云"战略,每个领域都力争成为全球前三名。这种市场需求驱动的研发战略,确保其服务的市场和客户有明确的对象,这对于其商业成功是非常重要的。

思科和华为都是非常重视研发的企业,除了技术和产品创新外,他们还都非常重视利用以IT、流程和价值链为核心的互补性资产将技术产品转化为市场收益,将卓越运营作为其核心竞争力之一。两个企业都非常重视渐进式创新的重要性,并在持续优化成熟产品中投入巨大。华为在企业发展的第一、二阶段,主要研发投入聚集在应用主导的渐进式创新;思科在激进式创新和渐进式创新上的投入比例为2∶8。

思科地处硅谷,那里有着十分良好的创业生态,初创企业中有很多就是思科前员工创立的,有些是针对思科产品线开发的,甚至有些企业创立的目的就是将来卖给思科。思科通过高利润率储备了大量现金,可以支持它不仅在硅谷,还在美国其他地方,如以色列、印度等地进行收购,因此,并购思科非主流技术和产品成为其创新的一个重要战略,也是它进入战略新兴市场的快速途径。思科研发组合策略是原有研发体系重点从事渐进式创新,新技术则通过外部资源快速获得,凭借自身的整合能力和互补性资产,快速地与已有技术产品整合并市场化。

华为缺乏硅谷那种独特的技术生态,也没有大量的中小型创业公司可以并购,因此,难以将并购作为其创新的关键战略,这也使得它的创新开放性不足。同时,无论在通信设备、手机还是云计算领域,华为始终对标国际领先企业,这种思路与方法使得它会不断沿袭奋力追赶者的路径发展并获得经济上的成功,但在可见的时间里尚难做出突破性和引领性的创新。

思科的另外一个特点是通过横向组合模式避免创新投入失误。相比之下,华为所处的创新生态与思科很不一样,很难找到丰富的创业企业和创新生态促成其将外部技术内部化，美国优秀的初创企业华为又买不到，在这种情况下，华为只能选择依靠自己的技术力量进行研发。同时，华为在追赶的过程中始终把创新的重点放在对现有体系和品质的渐进式改造上，只有在进入"无人区"后，才进一步加大对基础性、颠覆性技术的研发投入。

第七章

打造蜘蛛网型的组织结构

　　随着市场环境和发展阶段的变化，企业会呈现不同的组织形态。小型初创企业需要扁平灵活的组织结构，来快速解决相对简单的问题，对标准化和专业化的程度要求不高。随着组织规模扩大，业务流程复杂度增加，企业必须对人的责、权、利给予明确定义，层级制由此产生。层级制要求每一层员工都必须严格遵守企业规章制度，以确保组织的整体效率。严格的层级制管理导致组织形成超稳定结构，造成组织惰性和僵化，当外部环境和市场的波动性增加时，会有严重的不适应性。此时，组织需要通过全面质量管理、文化管理和矩阵式管理等变革方法，寻求突破原本严格限定的层级制，实现跨部门、跨流程的整体协同。

　　组织为了提高效率，强化专业化水平，逐步建立起按照研发、生产、市场等专业化分工的管理体系，职能部门成为重要的组织形态。超大型企业根据产品和市场细分发展出了事业部制度。事业部的优点在于采用独立核算，极大地提高了员工积极性；同时，事业部内部沟通协作顺畅，运作效率会大幅提升。其局限性是事业部内部相互竞争，形成大量信息和资源孤岛，导致企业重复建设。为了解决这个问题，实现大规模生产、降低产品成本，矩阵式组织又应运而生。矩阵式强化利润中心（生产部门）和成本中心（职能部门）的双重领导，优点是可以增强彼此协作，避免集团内出现大量"烟囱式"部门；但由于双重领导，员工常常困扰应该服从哪个领导，领导也为员工的忠诚度问题分心。随着通信技术的广泛应用，扁平化组织、网络化组织、超文本式组织、社区化组织和虚拟组织相继涌现，部门边界愈发模糊，组织扁平化程度越来越高，以客户和市场为导向的专业化协作和组合越来越便捷，组织体系不断创新。

为了支持企业战略目标的实现，除了组织体系的设计和调整外，如何对工作任务进行分配、协调和管控，对于组织的效率、灵活性、创新力和持续优化能力也具有重要意义。组织体系既需要与外部环境保持高响应性和高互动性，同时也需要组织内部高效的信息共享、跨部门配合和整体协调。组织体系的第一项能力是流程化能力。在工业化时代，为了提高组织的整体运行效率，它必须有标准化的运作流程、程序和路径，将实践证明行之有效的流程推广和复用，减少不必要的讨论、协商和沟通，提高运营效率。企业信息化建设进一步强化和优化了流程的价值和效率，使业务活动数字化、可视化和可测量。组织体系的第二项能力是群体决策能力。少数人参与的决策速度快、效率高，但管理者和员工参与度低，信息量和信息来源受限。一方面，可能导致决策失误或出现盲点；另一方面，员工缺乏对决策过程的参与，难以形成有效的共识和责任担当，决策的执行落地会出现很多问题。因此，如何在决策过程中平衡效率和参与度的关系，是企业管理者关注的重要问题。组织体系的第三项能力是内部稳定性与环境波动性之间的平衡能力。一个组织要确保效率，其整体架构和体系必须稳定，但稳定的组织容易形成组织僵化和组织惰性，逐渐丧失活力。华为从本土小公司快速成长为全球化大公司，它在组织结构和组织体系上有哪些独特的做法，是我们特别关注的问题。在此，我们特别感兴趣的问题是：

第一，华为是如何理解组织能力的。华为在从小到大、从灵活性优势扩展到整体性优势的过程中，它是如何设计组织体系的，在这个过程中关注的核心要素有哪些，如何解决灵活性与稳定性、个体性和整体性、个人能力和组织能力之间关系的。

第二，华为在从小到大、从弱到强的发展历程中，其组织变革方法论是什么。华为过去30年的转型变革非常成功，能力从追赶至领先，市场规模不断扩大，组织体系逐渐拓展，华为采取了什么样的方法论推动组织变革？在变革的过程中，管理层又发挥了什么作用？

第三，华为在组织体系构建中有许多著名的组织结构，如片联、铁三角、重装旅等，这些结构到底是什么？它们对增强组织能力、提升组织效率有哪些独到的作用？

7.1 组织体系设计原则与方法论

组织能力建设的四要素

组织架构、人才、流程和 IT 是华为组织模型的四大要素。组织架构确立了各个部门在整个组织中的位置，决定了组织职责，明确了组织战略；人才是组织最大的财富，建立什么样的团队对于组织能力的建设至关重要；流程保证了组织摆脱对个人的依赖，实现端到端的有效连通，从客户的需求端来，到准确及时地满足客户需求端去，是华为的生命线；IT 使流程固化，提高组织运作效率，降低管理内耗，并让知识管理成为可能，通过案例分享、经验传承得到最大化应用。华为的组织设计理念和逻辑，让组织焕发出勃勃生机，展现出无与伦比的组织能力。这种能力是"不依赖于人"的、可持续的，以至于任正非经常骄傲地说离了谁，华为都可以顺畅地运转，这也是华为有别于其他中国企业的显著特征。

组织体系设计方法论

除上述四要素外，组织设计还涉及战略目标、成本管理和激励机制等各方面。华为采取自上而下的设计方式，其组织体系贯彻着领导人的意志和战略意图，高层主管是组织创新和发展的主要推动力。具体而言，华为的组织体系设计由以下九个步骤组成（如图 7.1 所示）：

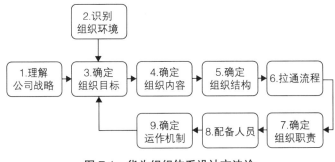

图 7.1　华为组织体系设计方法论

第一步，理解公司战略。华为在进行组织体系设计时，首先思考的是企业战略。战略是组织体系设计的出发点，战略通过组织得以执行，战略定位不同，组织设计的架构与格局也就不同。华为的组织体系是随着环境的变化和战略的调整而不断变革的。如为了适应消费者市场的井喷需求，切分互联网红利，做大、做强手机和终端市场，2011年华为进行业务架构调整，将终端部门独立出来，大大提高手机业务在集团中的战略地位。此后，终端业务迅速发展，2016年智能手机发货量达到1.39亿台，销售收入1 798亿元，同比增长44%。但在2011年之前，华为终端的战略定位就是为通信设备提供配套服务，在集团中处于边缘地位，2009年甚至一度考虑出售。

第二步，识别组织环境。任何一个组织，都要与环境形成动态适应的发展体系。华为在组织设计中，特别关注对客户需求的满足，以及对外围环境的感知。例如，华为的区域矩阵结构和"铁三角"组织，实质上都是跨部门团队，组织中的每一个成员都具有双重角色。既分工又协作，同时也相互约束，能够保证华为尽可能发现并抓住市场上一切可能的线索和机会，确保项目不轻易丢失；并且确保管理层和决策层能够获得准确的信息，无论是客户信息、市场信息还是项目信息。

华为的组织架构和人员配备也始终保持与商业生态环境的高度一致，一旦市场环境发生变化，华为的组织也随之改变。1999年，移动电信分家，华为随之将系统部划分为电信系统部和移动系统部，实行运营商集中采购战略。2017年，随着云计算技术的发展，华为将云业务提升为一级部门，成为继运营商业务、企业业务和终端业务之后的第四大业务单元，并且可以脱离华为现有IPD和管理体系，构建新的商业模式和管理流程，等等。

第三步，确定组织目标。根据管理学家穆尼对组织的定义，"组织是某一种人群联合为了达到某种共同的目标的形式"。任何组织都是实现目标的工具，没有目标组织就失去了意义。组织目标需要与公司战略保持一致性和协同性，从而实现战略的承接。华为在确定组织目标时，常常是上下双向互动的。一方面保证了目标的下达和层层承接；另一方面加深了员工对公司战略意图的理解。

第四步，确定组织内容。组织的内容原则上包括以下四个方面：明确组织区别于他人的独特价值，避免职能的重叠、错位和空档；明确组织的权力框架，为组织职责的详细设计提供基础；明确授权规则；明确组织的边界和活动范围。

第五步，确定组织结构。华为根据组织的战略、目标、工作内容和发展阶段，进行组织的分工和设计，将组织结构化、模块化，理顺各部分之间的关系。

华为的组织是一个弹性的组织，它的弹性不仅表现在对外部商业环境的感知上，也表现在公司的内部环境中。在组织的设计中，高层领导往往只关注职责框架和系统边界的设计，注重组织对公司战略的承接，具体的组织职责都由组织设计人员处理，充分调动了员工的主动性、想象力和执行力。在区域组织中，各地区部主管可以根据自身的市场情况和竞争态势，做大做强其中的某一部分，也可以削减另一部分，设计不同的组织，自主权完全在区域主管手中。在华为，有一种说法叫"田里的庄稼，谁收了就是谁的"，充分地说明其组织的张力。凭借弹性的组织设计，华为对外具有进攻性，对内具有自愈能力。组织中的人员可以根据自己的能力和掌握的信息决定所采取的行动，愈合组织设计中遗漏的空档，自我更新，自我成长。组织弹性赋予了华为员工更多的职责，也为员工发挥主观能动性创造了条件。随着华为业务的蓬勃发展，组织和人员都得到快速成长。

第六步，拉通流程。从组织战略和目标出发，"以客户为中心、以生存为底线"① 是华为组织的特色，而流程化组织建设就是华为的管理目标。人是组织的一个分子，是流程中的一个个节点，企业要摆脱对个人的依赖。同时，它让人看到了自己的贡献和价值，看到了自己和组织的关系，认识了个体和整体的关系；赋予了组织中每一个人"整体思维"，从而形成组织的整体行动力。通过拉通流程将每个组织和个人镶嵌在价值创造流程中，保证个体行为与整体战略和目标的一致性，使"群狼"奋斗成为可能。组织的流程性，让组织间既相互协作配合，又相互钳制和监督。

---

① 出自任正非2003年8月30日发表在《管理优化报》上的文章"在理性与平实中存活"。

第七步，确定组织职责。根据组织目标和流程规定的业务活动要求，明确组织的职责；然后根据组织职责细分确定岗位职责，制定岗位的工作评价标准。组织职责和岗位职责的设计遵循三个原则：一是流程顺畅原则，二是价值创造原则，三是效率提升原则。将组织职责及岗位职责嵌入流程的活动中。

第八步，配备人员。人员配备严格按照岗位职责展开，先有岗后配人，不因人设岗，不以岗建组织。主管的配备主要从能力和意愿两方面考察，其中，能力主要看已经表现出来的能力和未来潜力，原则上一个团队按照"1+1"（一正一副）配置。组织规模按照产出的效益基线配备，每年确保10%—20%的人员效益提升。

第九步，确定运作机制。华为在组织设计上建立了完善的运作机制。

- 对事、对人独立评价。1996年，华为开始试验实施行政管理与业务管理相分离，推动有序的分层管理组织与业务信息网络矩阵管理相互兼容。华为内部各管理层级都有两个组织，由ST（经营管理团队）和AT（行政管理团队）分别负责对事和对人的评价。ST负责经营决策，所有业务层面的讨论与决策均由ST操作，其成员是BG（Business Group，即业务集团）所在区域一级部门的一把手们，主要是针对业务活动、业务事项。AT成员是从ST中选拔出来的，AT的职权范围是对所有跟人的评价相关的工作来行使权利，包括干部选拔评议、绩效考核、调薪、股权发放等。这两个组织采用不同的决策机制，ST的决策机制是"从贤不从众"，采用首长负责制，决策关键是责任结果导向。AT的决策机制是"从众不从贤"，民主集中制。因为对人的评价相对复杂，不容易把握，需要由集体决策。同时，也可以避免任人唯亲、拉帮结派。华为现在还会对AT的会议进行全程录音，必要时可以进行事后检查，用以监管、监察是否有违规行为。

- 集权、分权张弛有度。华为组织的权力架构，既是集权的，也是分权的。"集"的是财务权和人事权，"分"的是业务的决策权，从而形成了"以业务为主体，财务为监督"的权力体系。这种组织设计，让华为的业务运作灵活多变，能够抓住市场上的一切机会，但是保守的财务管理，又能够使公司稳健地发展。一松一紧，收放自如。

- 横向、纵向高效协同。自上而下的垂直运营，可以通过目标牵引，实现战略的实施和落地，保证组织的纵向协同。通过跨职能团队运作，能够促使组织横向协同。例如，战略与发展委员会在公司层面分析客户需求和行业趋势，以决定华为如何去满足并引导客户的需求；中低层的各级 ST 团队是横向虚拟组织，由各部门的主管和专家组成，负责跨部门的业务协同，重点讨论和解决围绕产品、服务、流程和资源配备的问题。虚拟组织的运作打破了部门的条条框框，拓展了组织边界。通过垂直的指挥与横向的协作，可以调整组织职责，优化组织流程，使组织变得更加富有弹性，并在实践中得到不断优化和提升。

7.2　组织变革的业务领先模型

华为在组织变革与转型中参考采用了 IBM 公司的业务领先模型（Business Leadership Model，BLM，也译为业务领导力模型，参见图 7.2）。在咨询行业，BLM 和著名的波士顿矩阵、SWOT 分析及波特五力模型可以相提并论，是企业战略制定与执行连接的方法与平台。该模型由 IBM 公司和哈佛大学合作开发，是 IBM 在总结自身经营管理和服务客户多年经验的基础上，形成的一整套战略制定及执行的理论模型和方法论，成为 IBM 公司从高层到各个业务部门共同使用的统一战略规划方法。这套战略规划方法的目标是解决企业战略和执行"两张皮"的问题，这是很多企业面临的共同问题，一个企业要有好的战略设计，同时也要有强有力的执行，没有执行力，再好的战略也会落空，而 BLM 可以协助企业诊断从战略到执行的脱节点。

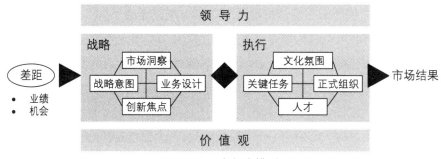

图 7.2　业务领先模型

BLM 所倡导的战略制定与执行过程，是"业务领导推动和主导的、结构化和纪律性的、基于事实基础的对话和协作过程"。**领导力是战略与执行的前提**。在华为，战略思维能力被认为是高层管理者的必备能力。高管领导力的培养是通过领导高层团队进行机会洞察、战略设计及项目执行来实现的。高管对业务结果负责，因此高管层必须亲自领导战略的设计与执行。通过对外部市场的持续洞察、识别新的机会、以创新为思考焦点开发业务设计并确保设计的切实可行。**价值观是战略与执行的基础**。华为的价值观是"成就客户、艰苦奋斗、自我批评、开放进取、至诚守信、团队合作"。作为战略和业务首要责任人的总经理，要确保华为价值观反映在公司的战略上，各级管理者要确保华为价值观贯彻在日常执行中，将价值观作为决策与行动的基本准则。

BLM 有八个黄金准则，按照从战略到执行的业务逻辑和八个相互依存且互相作用的关键要素依次推演。

第一，市场洞察决定战略思考深度。市场洞察要了解客户需求、竞争者动向、技术发展和市场经济状况，理解和解释市场上正在发生的事情，清晰地了解其对公司未来的影响，以及相应的机遇、挑战与风险。IBM 在 20 世纪 90 年代开展战略转型，正是围绕郭士纳对两个市场机会的深入洞察：一是服务业务在 IT 行业具有巨大前景，整合资源对 IBM 的重要意义；二是电子商务的新机遇使得 IBM 可能超越微软和英特尔，重新回到 IT 行业中心。

第二，战略意图决定战略思考高度。战略意图是战略思考的主观出发点，清晰的战略规划起始于战略意图的陈述和战略目标的表达，须遵循目标管理的 SMART 原则。[①] 战略意图即制定组织目标，包括战略目标和业务目标。在确定目标时，采用对标管理（Benchmarking）的方法，从业界最佳和同比改进两个维度出发，确保目标的挑战性和牵引性。

---

① 目标管理由管理学大师彼得·德鲁克提出，首次出现于他1954年出版的著作《管理实践》（*The Practice of Management*）。根据德鲁克的说法，管理人员一定要避免"活动陷阱"（Activity Trap），不能只顾低头拉车，而不抬头看路，最终忘了自己的主要目标。绩效指标必须是具体的（Specific）、可以衡量的（Measurable）、可以达到的（Attainable）、实实在在并可以证明和观察的（Relevant），以及必须具有明确的截止期限（Time-bound）。

第三,业务设计制定目标实现路径。通过这个环节将战略思考嵌入业务设计中,即要判断如何利用企业内部现有的资源,创造可持续的战略控制点。业务设计涉及六要素(见表7.1):客户选择、价值主张、价值获取、活动范围、战略控制和风险管理。好的业务设计要回答两个基本问题:新业务设计能否建立在现有能力的基础上?若不能,该如何构建和获取所需的新能力?

表7.1 业务设计关注的要素

客户选择	谁是你的客户? ● 选择客户的标准:价值驱动、竞争驱动兼顾实效性 ● 识别价值客户、潜在客户
价值主张	客户为什么选择我?怎样实现竞争优势(差异)? ● 客户需求 ● 如何赢利(利润模式)
价值获取	怎样获利?有其他赢利模式吗? ● 如何赚钱 ● 如何赢利(利润模式)
活动范围	经营活动中的角色和范围(时间、空间)是什么? ● 价值链的位置 ● 合作伙伴的关系
战略控制	怎样实现持续的利润增长? ● 客户需求转移趋势 ● 战略控制点
风险管理	有哪些潜在的风险?怎样管理? ● 不确定性 ● 潜在风险:市场、对手、技术 ● 全面视角:外部、内部

第四,创新焦点是组织构建竞争优势的关键。企业要结合市场特点和产品特性,制定出区别于竞争对手的业务策略组合,构建核心能力,它是组织制胜的法宝。将创新作为战略思考的焦点,是为了捕获更多的思路和经验。好的创新体系是企业与市场进行同步探索和实验,而不是独立于市场之外闭门造车。

第五,设定关键任务,统领执行细节。根据业务设计的要求,重新全面思考和调整影响执行的各个要素，通过战略解码，将战略转化为员工可理解、可执行的行为，使战略不是纸上谈兵，可以切实保证组织的长短期收益与持续稳定的发展。关键任务是联结战略与执行的轴心点，给出执行的关键任务事项和时间节点，并对企业的流程改造提出具体的要求，是执行的其他部分的基础。主要是从产品、销售、服务与交付、能力建设和平台支撑等五个方面思考：满足业务设计要求所必需的行动有什么？哪些任务是由我们来完成的？哪些任务可以由价值网络中的合作伙伴完成？

第六，文化氛围是战略执行的基础。不同的战略针对不同的市场，服务不同的客户，其决策模式和流程都有所差异，建立与战略相适应的组织文化非常重要，而且要识别出文化基因中是否有阻碍战略执行的因素。常见的管理风格包括强制式、身先士卒式、教练式和授权式，在知识密集型经济时代，大多数成功转型的企业，最终都逐渐形成了开放、授权、共享的氛围和文化。华为强调"每个领导者也要学会领导方法，去创造环境，让人家奋斗，一定要看到部署的成功就是你最大的成功"。[①] 例如，华为的企业业务是一个新兴业务，那么在企业中就需要鼓励创新和容忍失败的氛围，有别于传统运营商业务的文化氛围。

第七，人才是战略执行的关键。要使战略有效执行，员工必须有能力、动力和行动来实施关键任务。这个环节需要识别出战略执行中的人才差距和挑战，回答需要获取哪些关键人才以及如何获得。只有具备相应技能的人才才能实现战略的执行落地，人才要素包括技能描述、获得、培养、激励和保留人才的措施等。

第八，正式组织是战略执行的保障。为确保关键任务和流程的有效执行，需建立相应的组织结构、管理制度和考核标准，包括①组织形态：结构和效率、决策机制、协作机制、知识管理和分享；②组织规模：编制、层级、区域布局等是否能支持组织能力；③组织绩效：如何评价和激励组

---

① 出自任正非2003年8月30日发表在《管理优化报》上的文章"在理性与平实中存活"。

织与个人不断改进。这一任务要完成的目标是便于经理指导、控制和激励个人与集体去完成团队的重要任务。组织的战略执行力一直是困扰高层管理者的现实问题，各部门制定的业务战略规划往往被束之高阁，怎么落实则是缺失的。BLM 体现了战略与组织协同的连接过程，确立了组织的共同语言，明确组织的战略方向，实现了组织之间的协同。按照 BLM 的逻辑和思维方式，战略是清晰的、具体的，更是可以落实的。BLM 的导入大大提升了华为的战略规划水平，杜绝了战略规划完成后作壁上观的状况，得到华为上下的一致认同。目前，BLM 已经成为华为每一个高层主管的必备工具。华为每年使用 BLM 做两次战略规划，归纳为"一虚一实"。年初规划侧重务实，主要是围绕公司战略和组织目标以及落实情况述职，做出年度承诺，这是组织考核的开始。年中规划重在务虚，跳出眼前工作的条条框框，主要是看市场、看趋势、看变化、看竞争，无约束地讨论未来业务发展和华为的应对措施，提前一至两年时间布局。

7.3　华为的组织变革流程

2012 年，华为启动新一轮战略转型，从以运营商业务为主转向"云管端"多业务模式，提供互联网领域端到端的 ICT 业务解决方案。随着战略的转变，华为的组织结构也从矩阵式向以流程为核心变革（见表 7.2）。横向上，华为将业务关系由原来单一的运营商业务划分为运营商业务、企业业务和消费者业务三大 BG，承担主要经营中心和利润中心的职能。每一个 BG 独立经营、独立核算，保证各业务单元的可持续发展。纵向上，华为成立由片区联席会议牵头的地区部和代表处等市场单元组织，地区部是能力中心、资源中心和利润中心，代表处是经营单元和利润中心，是公司战略在代表处所辖区域落地的执行者。管理模式由公司统一管理转变为各地区部为中心、代表处为单元，要求每个代表处都能够实现盈利，保证市场和业务的可持续发展；每个地区部都建立各自的能力中心，适应区域性市场的发展需要，支持代表处的作战资源需求。

表 7.2 华为公司变革前后组织结构及其职能对比

	变革前	变革后
组织结构	矩阵管理，人事逻辑	流程管理，业务逻辑
市场单元	单一的运营商市场为主	电信运营商设备和服务 企业级设备和应用 消费者终端设备
业务单元	网络等CT相关产品	ICT全系列产品，服务器和存储等IT产品上升到战略高度
研发单元	运营商的主流通信产品	不同客户群的主流ICT产品 增设2012实验室专门预研机构
经营中心	公司—地区部二级经营单元	公司—地区部—代表处三级经营单元 代表处开始牵引公司资源投入
能力中心	公司统一规划统一建设	公司—地区部—代表处三级体系
利润中心	公司—地区部二级利润中心	公司—地区部—代表处三级利润中心

华为的战略调整是基于全球通信设备制造业陷于低增长的大环境做出的。全球通信设备制造行业连续几年总体规模保持基本不变，前六大通信设备供应商的发展规模几乎都陷于停滞甚至倒退。与此同时，IT产业的软硬件技术蓬勃发展，全面渗透和冲击传统通信设备产业，新的互联网厂商开始切入通信运营商的传统市场，通信（CT）和互联网技术（IT）的融合成为大势所趋。公司的战略调整是根据当前发展阶段做出的最优选择，协同各体系资源优势，保持长期增长势头。过去20年，华为是机会驱动型公司，使公司成长到今天的规模；未来20年，华为要成为效益和规模双轮驱动的公司，不盲目追求规模最大化，但一定是追求效益和稳定的增长，这是公司增长模式的转变。这也是继颁布《华为基本法》后的再一次重大战略性调整，从技术视角和产业视角寻求未来发展的主航道，通过聚焦战略抓住机遇，追求有效增长和长期回报，明确提出到2019年销售收入达到1 000亿美元的发展目标。华为组织变革流程如图7.3所示：

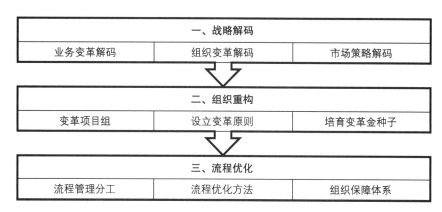

图 7.3　华为组织变革流程

第一步，战略解码

华为公司对地区部的战略落地诉求很明确，即保持未来的增长和可持续发展。在不偏离公司战略主航道和整体组织架构的前提下，地区部可以根据情况自行调整组织架构和业务策略。战略解码的具体内容包括业务变革解码、组织变革解码、市场策略解码三个方面（见表 7.3）。

表 7.3　变革前后的战略对比表

	变革前	变革后
业务变革解码	● 追求规模 ● 多头并进	● 利润和规模并重 ● 业务聚焦
组织变革解码	● 管理中心 ● 全矩阵管理 ● 集中管控	● 能力中心、资源中心、利润中心 ● 合并相同部门，组织扁平化 ● 授权延伸到代表处 ● 健全风险管控
市场策略解码	● 机会驱动，追求规模增长 ● 以组织为单元的绩效评价 ● 公司—地区部的二级授权	● 效益驱动，战略业务要增长，机会项目要收益 ● 突出关键岗位的绩效评价 ● 授权一线代表处作战单元

● 业务变革解码。地区部根据公司整体战略调整，需要对业务重点进行调整和聚焦。首先，各级业务单位对其涉及的业务领域进行梳理，判断哪些是主航道业务，哪些是相关业务，哪些是无关业务；其次，对所有业务进行系统分析，划分出清晰的市场分布，目前在哪些部分已经建立了

竞争优势，在哪些还较为薄弱甚至存在空白；最后，树立明确的拓展目标，把重点业务列为所有相关部门下一步的工作重点，从而真正地实现"力出一孔，利出一孔"。通过业务聚焦和资源匹配，做厚、做深战略市场，占领战略制高点。例如，在业务解码过程中，拉美北地区部明确了在原有运营商业务方面，从单纯地追求规模和利润增长，转变为在保持规模和利润增长的前提下，重视主航道业务战略目标的突破。在消费者业务方面，从单一的依靠运营商转售实现销售规模的增长，转变为运营商转售和公开市场分销并重。树立华为公司消费者产品的自有品牌，进一步扩大品牌影响力和销售规模。在企业业务方面，向业界标杆思科和IBM等学习业务模式，参考中国区企业网的发展经验，梳理出华为公司在拉美北地区市场的发展策略；快速布局，迅速提升销售规模，尽早实现盈利。

- 组织变革解码。首先，地区部转变定位和职能。其次，实行大部门制，通过合并相同组织来减少流程节点，聚焦主航道业务，简化管理；如拉美北地区部是整个地区部所辖组织的能力中心、资源中心和利润中心。实现组织扁平化，加大对一线授权，让一线能够牵引资源投入，通过缩减组织层级提升流程运行规范和效率；努力建设服务平台，支持主干流程的融通和高效。最后，在加大授权的同时健全风险管控体系。通过董事会、监事会和内控部门的建立、健全，实现流程风险的管控和持续优化。地区部根据各个国家的业务需要陆续设立子公司，在子公司的运营中健全各级董事会和监事会：董事会为子公司的发展战略和重大决定把脉，监事会对子公司的组织和流程运作实施监督和检查。通过增加专门的内控部门，从环境政策、评估预警、控制沟通、监督惩戒四个方面对子公司和地区部的运营进行监控和监督。

- 市场策略解码。在业务定位和战略目标确定后，对市场策略进行细化，指导后续的排兵布阵和资源投入，以便各级组织可以更好地执行战略落地。在落实作战战术时，地区部的各级组织要全面提升各级人员的综合作战能力，在价值市场和领域增加直接作战队伍；通过长期激励和短期激励相结合，提升作战积极性；通过完善的流程保障和训战结合的培训方式，提高作业质量；通过增大对一线作战平台的赋权，增加作战队伍的规范性和自由度。

第二步，组织重构

组织重构的宏观层面关注架构匹配，聚焦组织对客户价值的达成，从上而下地沿着流程架构审视组织架构设置，定性分析组织对流程职责承接的缺失、重叠、权责不清等问题，识别出相应的改进点。微观层面主要关注组织角色、流程角色和个人岗位匹配，自下而上地看流程角色职责是否通过组织的岗位设置有效落实，通过横向、纵向、斜向审视的定性分析，分析岗位对流程角色承接的缺失、重叠、权责不清晰等问题，找出改进点。如任正非所说："没有熊的兵，只有熊的官。关键是抓住主要矛盾和矛盾的主要方面，做合理的安排，妥善安排大家的工作，充分发挥集体的作用。"[①] 组织重构的具体内容包括：成立组织变革项目组、设立变革原则和培育变革金种子。

- 成立组织变革项目组。变革项目组是参加变革具体项目工作的团队，是真正解决企业变革"最后一公里"的机构。对于项目组来讲，它主要的任务是对项目目标的达成承担全部责任，包括流程、质量等。另外，对变革的业务目标也要承担责任，因为所有的变革说到底都是为业务服务的。变革的结果能不能达到预期业务结果，要依靠变革项目组来具体落实。变革项目组还要确保解决在项目进展过程中产生的风险和变化带来的问题，尽量减少变革对当前公司业务发展的影响。比如，为了更好地统一认识，拉美北地区部总裁牵头成立了组织变革项目组，包含所有二级部门主管，以及公司战略和组织变革的相关人员，实现区域和公司的有序对接。组织变革项目组又划分为总体组、执行组和支撑组，共同对拉美北地区部组织变革的目标负责。总体组负责把握整体变革方向和变革节奏，评审、决策变革方案及实施过程中的关键问题；执行组负责组织变革方案的设计、实施、跟踪、推动关键问题解决等；支撑组根据拉美北地区部对变革的诉求，提供HR专业支撑，并根据需要深入一线支持。

---

① 出自任正非2010年在PSST体系干部大会上的讲话"以客户为中心，加大平台投入，开放合作，实现共赢"。

- 设立变革原则。指针对原有架构的特点和未来重点业务领域的调整，变革项目组须经过激烈的讨论逐步达成共识，明确组织重构的目的、依据和重点。如在制定变革项目组运作机制时，各执行组和支撑组每双周召开例行会议，回顾、审视变革项目计划，研讨、优化相关方案，明确下一步工作重点，暴露并推动问题解决。总体组每月召开会议，例行进展通报、关键问题专题讨论、关键点评审决策，为组织变革保驾护航。总体思路统一后，各变革组开始紧锣密鼓地行动起来。

- 培育变革"金种子"。金种子一般都来源于各部门主管和骨干员工，通过参与地区部二级部门组织优化的实践和培训成为改革能手。作为变革的榜样，金种子会积极影响及推动周边人员参与变革。金种子必须能够将 50% 以上的时间和精力投入变革的推行工作中，负责变革在地区部的整体覆盖和落地，指导各下属部门的组织优化和人员安排，并参与代表处相应部门的优化过程中，保证组织优化在向下传递的过程中不走样。

第三步，流程优化

- 流程管理分工。按照华为的流程管理原则，一级流程负责人和二级流程负责人的职责是有严格分工的。公司级别的流程 Owner（拥有者）承担以下职责：

一是定义流程架构，包括流程架构的边界、接口（流程的输入、输出）、流程管控要求。

二是全球标准流程的规划、建设 / 发布、推行与运营。

三是吸纳各区域和代表处流程运营和适配过程中的优秀实践，不断优化全球标准流程，扩大全球标准流程有效应用的场景和范围。

四是审核不符合流程管控要求的本地化流程。

五是定期检视下级流程责任人对流程架构、管控要求和授权的遵循情况。对各级流程责任人在流程管理方面、流程执行组织的行政主管在流程遵从方面的严重问题，发起问责。

六是在全球标准流程缺失的情况下，补充建设本地适用的流程并发布、推行和运营。

- 流程优化方法。流程优化由地区部总裁牵头，地区部主要业务部门全部参与流程变革项目组，打通公司到地区部再到下层业务组织的全流程，完成"三个集成"（集成的流程视图，集成的 IT 系统，以及集成的数据管道管理）的建设，通过 IT 工具对工作流和集成系统进行固化，保证流程的夯实和后续工作的有序。

- 组织保障体系。首先，自上而下变革。一级变革涉及公司大部分组织，由公司最高决策层担任变革小组的组长，然后把所有相关部门一把手拉入项目组，作为各模块变革的负责人，由负责人指定具体操作负责人，进而形成一个联动体系。所有的变革推进必须经过变革小组所有职能模块的认可，并能在所有职能体系和市场体系有效落地。所以，任何变革都必须包含所有相关部门，并通过任命形成行之有效、执行有力的项目组。这种变革并不是断层式的革命，而是要在保证业务连续发展的情况下逐步优化，从地区部一级组织开始，逐步推行到代表处和最终作战单元。其次，所有项目组必须按照组织章程运作，每个模块负责人在变革中的作用通过组织章程加以明确，并在项目组运作的初期形成变革推进的具体操作办法和路标。也就是说，变革项目组所有运作是可追溯、可复制的，通过顶层变革过程形成有效的经验和文件，进而在下层组织中复制。

7.4 片联：区域特派员机构

"片联"是华为的片区联席会议的简称，它不是一个部门，而是一个组织。用华为的官方说法，它是代表公司协调和监督权力及干部管理的特派员机构，是全球区域战略制定的组织者和战略执行的监督者，也是区域平台建设与组织运营的管理者。

片联的主要职责包括区域干部管理，关键岗位选拔，任用与调配，以及关键岗位干部考核与监督等。它代表了公司集团中央权力，但没有直接业务决策权，而是通过个人影响力和流程的启动程序来监督管理干部、推动区域关键业务的改进，而不是推倒流程、直接决策。[①] 因此，片联是由华为资格老、威望高的一群人组成的，他们绝大多数人做过地区部门总裁。

---

① 出自华为公司EMT决议[2011]044号。

加快干部循环流动

片联的作用之一就是推动干部循环流动,加强干部"之"字形成长制度建设。人力资源部是总政策部,制定人力规则;片联是全公司的"总干部部",负责灵活考察和使用销售、产品、研发、财务、行政等各体系干部。华为过去的干部都是"直线"型成长,对于横向的业务什么都不明白。2009年,任正非提出要像美国培养航空母舰舰长那样加快干部的"之"字形发展,担负起全面发展、协调性强的事情。[①] 打破地方主义和部门利益的阻挠,破除板结,加强干部流动,形成一个有力的作战群,全面选拔优秀人才上战场。华为通过业绩导向的评价,让优秀的人才脱颖而出,并通过动态以强带弱式的轮岗,把好的经验和方法带到业务尚未发展的地区。

干部考察与选拔

片联担负的最重要的任务还有对干部的考察。华为有15万员工,但选拔干部的大量权力在常务董事会。常务董事会选拔人才往往就看谁材料写得好就提拔谁,容易造成大家集中精力"做胶片"的后果。任正非提出,在干部使用上长期因循守旧是不行的,要加强对优秀干部面对面地交流与考察。选拔人才要注重人的大节,就是要敢于奋斗、不怕吃苦,不要小富则安。选拔干部一方面要从长远看干部,不要总抓住其缺点,要给予改正的机会。缺点归缺点,成绩归成绩,不因你做出成绩就原谅缺点,但也不因你有缺点就不选拔。另一方面,干部要严格控制自己的欲望,要看长远利益,不要看蝇头小利。[②]

优化行政管理体系

华为每年支付的行政费用约为200亿元人民币。众所周知,人员的低素质会造成极大浪费。华为改善行政管理不是依靠精兵简政,而是通过片联与行政的协调,从作战部队干部中调一些能干的、可以驾驭很大金额的管理干部到行政管理岗位。如果现岗位人员干了很多年,又具备能力,也可以得到提拔。通过片联的协调带动作用,华为从以往只重视客户关系、

---

① 出自任正非2009年与核心工程队相关人员的座谈"干部不仅要尽力,而且要尽心"。
② 出自任正非2013年7月19日内部讲话"片联是公司的重要组织"。

研发，不重视行政，转为注重全面、均衡发展。

7.5　铁三角：面向客户的一线作战单元

"让听得见炮声的人来呼唤炮火。""以客户经理、解决方案专家、交付专家组成的工作小组，形成面向客户的'铁三角'作战单元。""一线的作战，要从客户经理的单兵作战转变为小团队作战。"这是任正非在讲话中对"铁三角"的阐述。

铁三角，是华为直接面向客户的最基本组织及一线的经营作战单元，是华为基于客户／项目组建的以客户经理（Account Responsibility，AR）、解决方案专家（Solution Responsibility，SR）和交付专家（Fulfill Responsibility，FR）为核心的管理团队（参见图 7.4）。之所以提出铁三角作战单元，是因为华为在非洲的实战中，发现一线的员工仅用三分之一的时间寻找目标和机会，将大量时间用在与后方的协调沟通上。后方要解决的问题让前方协调，非主业干部对主业不理解，机关拥有太多资源和权力，设置很多流程控制点。为了让一线员工与管理平台之间缩短流程、提高效率、减少协调、有效增长、自我循环，华为提出将指挥部放到听得到炮火的地方，授权前方做决策，后方保障，实现组织机制从推到拉，转变为推拉结合、以拉为主。

铁三角是华为与客户的统一接触界面，通过承担从线索管理到合同履行的端到端职责，提升客户全周期体验和客户满意度，实现项目的高效运营和盈利。一个高效的铁三角组织需要具有两个方面的能力：一是面向客户的能力，包括客户洞察力、线索发现和机会点挖掘能力、全面解决方案的应对能力、客户期望和客户满意度管理能力、项目交付和服务能力等；二是面向公司内部的能力，包括角色认知能力、经营管理能力、内部资源获得和整合能力、资源优化配置能力等。

铁三角的精髓是以客户为核心打破功能壁垒，形成以项目为中心的团队运作模式。公司业务开展的各领域、各环节都会存在铁三角，三角只是形象说法，不能简单理解为三角，四角、五角甚至更多角也是可能的。这些前线的铁三角形成内部的高效服务机制，牵引公司资源，"让听得见炮火声的人呼唤炮火"。公司后方配备的先进设备、优质资源，在前线一发现目标和机会时就能及时发挥作用，提供有效的支持，而不是拥有资源的人来指挥战争、拥兵自重。①

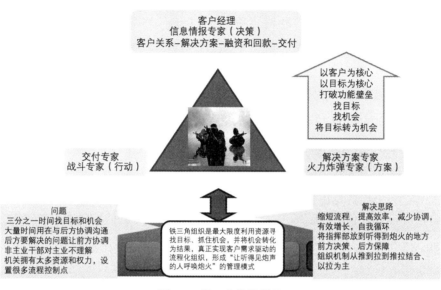

图7.4　铁三角作战单元

团队作战能力

一线的作战，要从客户经理的单兵作战转变为小团队作战，而且客户经理要加强营销四要素（客户关系、解决方案、融资和回款条件及交付）的综合能力，要提高做生意的能力；解决方案经理要一专多能，对自己不熟悉的专业领域要打通求助的渠道；交付经理要具备能与客户沟通清楚工程与服务的解决方案的能力，同时对后台的可承诺能力和交付流程的各个环节了如指掌。这种跨职能团队有利于打破组织内部的部门壁垒，保证团队内部沟通机制的畅通，实现对客户需求的快速响应。

责任分工明确

项目铁三角第一责任人由客户经理担任，解决方案经理和交付经理全

---

① 出自任正非2009年1月，在销服体系奋斗颁奖大会上的讲话"让一线直接呼唤炮火"。

力协同工作,三者任务目标一致、思想统一。客户经理是相关客户/项目铁三角运作、整体规划、客户平台建设、整体客户满意度、经营指标的达成、市场竞争的第一责任人;解决方案经理是整体产品品牌和解决方案的第一责任人,从解决方案角度来帮助客户实现商业成功,对客户群解决方案的业务目标负责;交付经理是整体交付与服务的第一责任人。

项目制授权

铁三角以项目为单位组建,具有灵活机动的特点,能与客户的组织对接。通过以客户经理、解决方案经理及交付经理为核心组建项目运作团队,能更加全面满足客户需求,做厚、做宽客户关系,实现与客户的双赢。华为结合铁三角组织形式的推行,相应引入项目制授权,来增强一线决策层级,实现决策前移,"让听得见炮声的人呼唤炮火",保证能快速响应客户需求,应对市场竞争。项目制授权就是在基本授权(合同盈利性、合同现金流、客户授信额度、合同条款等四方面)之外,在项目的立项决策、投标决策、签约决策、合同变更决策、合同关闭决策时依据项目等级进行相应授权,项目铁三角依据授权进行决策。超越授权情况下需要申请按程序审批。项目制授权提升了一线决策的灵活性,也使得决策者与考核指标承担者关系一致,有利于调动一线团队的积极性和创造性。

独立经营单元

铁三角在公司授予的权限和预算范围以内具有经营管理、奖金分配、资源调度、相关重大问题决策、成员绩效目标承诺和关键绩效指标制定等重要权力,以保证铁三角制度的有效落实及发挥效力。铁三角作为最小作战单元,具有相应的权限,被赋予相应的资源,是独立核算单位,有利于目标统一、步调一致,也利于调动团队的积极性和创造性。

专业化后台支持

铁三角模式的关键是市场前端要针对客户的需求,所有团队成员形成合力(而不是由于职能划分造成分力),通过公司长期打造、大力投资的平台,形成对铁三角的全力支持和服务,利出一孔地满足客户需要。自20世纪90年代开始,华为投巨资购买国际领先企业的管理系统和信息化解决方案,建设了技术研发平台、中间试验平台、产品制造平台、全球采购平台、市场营销平台、人力资源平台、财务融资平台、行政服务平台、知识管理平台、公共数据平台等十大平台，让铁三角得到最专业的支持。企业后端的平台化、标准化集成化能力，是保持市场前端服务个性化和高效化的重要基础，只有在后发平台的支持下，才能针对不同客户需求，提供不同的产品组合和服务。一线如果得不到后台的专业支持，你越给他权力，他离企业就越远。

案例："铁三角"是如何炼成的[①]

2006年8月，苏丹首都喀土穆的气温快到50度了，热得人缺氧眩晕。在一个像盒子一样的小房间里，十几个男人眼睛红红的。客户经理饶晓波把头深深地埋在手臂里，咬着牙问："为什么？我们为什么会输掉？"

6月份，苏丹电信获得毛里塔尼亚的电信运营牌照，准备在那里投资建设一张移动通信网络。华为是其中收到招标邀请的两家供应商之一。代表处立即行动起来，冒着酷暑，克服停水停电的影响，披星戴月干了两个月，结果却是另外一家公司独家中标，华为被彻底排斥在外！

"我们几乎没有反应过来，"饶晓波回忆说，"当客户宣布招标结果的那一刻，我们都懵了！这对我们是一个巨大的打击！哪怕客户给我们一点份额，都说明我们还在！但现在，我们彻底出局了！"大家不停问：我们为什么会输得这么彻底？我们的问题到底出在哪里？到底该怎样解决？

2004年，彭中阳被派到苏丹组建代表处。华为作为后来者，逆水行舟，队伍只花1年时间就取得了骄人成绩，2005年年底成功跻身公司亿元代表处行列。虽然一切似乎都向着好的方向发展，但此时一些问题也开始显现：随着业务增加，部门墙也越来越厚，几个部门管理各成一摊，内耗增大，面对客户深层次的需求开始慢慢变得被动、推诿和迟钝！

这一切隐含的问题在2006年某项目上全面显现。客户对华为各部门答复不一致、答复无法实现非常失望，说华为只会说不会做！曾经参与该项目的一位同事说，我们不但输了项目，还输了"人"。

[①] 出自《华为人》2009年第5期。

喀土穆的热浪仍然一波接一波，代表处的总结也是一波接一波。讨论中，大家提到的一些现象，引起了代表处特别的注意。

客户召集网络分析会，我们带了七八个人去，每个人都向客户解释各自领域的问题。客户的CTO大为不悦，当场抱怨："我们要的不是一张数通网，不是一张核心网，更不是一张TK网，我们要的是一张可运营的电信网！"有一件事让大家记忆深刻。竞争对手在TK站点中设计出太阳能和小油机发电的"光油站点"，而我们的方案还是用传统的大油机。

这明显是没有充分关注到客户运营成本的压力。客户线的人员本来在与客户的交流中获取了这点信息，却没有把信息有效传递给产品人员。产品人员受到传统报价模式的影响，总以为客户会给出一套答标，错失良机。

"诸如此类的小细节被忽视，表面上看是业务量迅速增长、人员新，以及后勤滞后造成人员疲于奔命所带来的影响，"彭中阳说，"但根本的原因，是我们的组织与客户的组织不匹配，我们还在按照传统模式在运作，客户线不懂交付，交付线不懂客户，产品线只关注报价，都只关注各自的一亩三分地。对于客户的需求，我们更多的是被动响应、以我为主，这样岂有不失败的道理？"

打破楚河汉界

真理越辩越明。代表处认识到，要在苏丹市场重新发展起来，就必须调整自己的组织以与客户组织匹配，做厚客户界面是关键。"首先在代表处强调业务一盘棋。"技服出身的彭中阳在也门代表处做主管时就产生了这样的想法，他说："我们的客户经理一去拜访客户，习惯会先问客户什么时候落单、什么时候签约，容易忽视倾听客户需求。但当我们加入交付、产品甚至融资、回款等视角，我们的关注点就会从'我要做什么'转移到'我能帮你做什么'，变被动为主动，更好地去帮助客户成功。"

2006年年底，代表处任命饶晓波、王锷、王海清三人组成客户系统部的核心管理团队。饶晓波负责客户关系，王锷负责交付，王海清负责产品与解决方案工作，面对客户的时候，实现接口归一化。

在苏丹这样一个条件艰苦的国家，大家从无到有，摸爬滚打，已经逐渐建立了团队文化和情感，再加上制度的牵引，客户经理、产品经理、交付经理等角色很快融合到了一起。他们一起见客户、一起交付、一起办公，甚至一起生活，面对客户的时候不再七嘴八舌、各执一词。不但如此，大家通过融合还逐渐了解对方领域的知识和技能。

经过半年的运作，彭中阳发现代表处的面貌发生了变化，他说："最典型的就是饶晓波、王锷、王海清三人组成的核心管理团队。在没有饶晓波的情况下，王锷和海清也能把客户关系做好，海清不在的时候晓波和王锷也能把产品工作做好。在和代表处的交流中，客户脸上也出现了久违的笑容，代表处在一些项目上又逐渐取得了优势。"

水到渠成的铁三角

2007年，彭中阳在工作汇报中回顾了三年来苏丹的业务拓展和管理摸索。代表处之前经历的客户投诉、内部壁垒、扩张阵痛都在脑际一一闪现，而最终将这些业务发展中的问题解决掉的也正是将客户、产品和交付紧密融合的三角组合模式。"三人同心，其利断金。"彭中阳感念着它的威力，"就叫'铁三角'吧"。

从此，铁三角开始在苏丹代表处流传开来，其运作机制也越来越明晰。在对客户的领导层面，饶晓波、王锷、王海清就是铁三角：客户线是饶晓波，大部分时间以他为主心骨，负责把握客户关系的火候，什么时候做什么动作，如何在关键时刻发现机会点；识别关键机会点后，王海清负责设计出满足客户价值的解决方案；快要交付了，就由王锷发挥关键作用。

彭中阳说："不仅仅是针对客户的领导层，针对客户的每一层组织我们都明确提出了铁三角的运作模式，最初的点对点被动响应客户，现在已经转变为面到面主动对接客户了。"

随着铁三角作战模式的实践和发展成熟，代表处迎来了收获。2007年，苏丹电信决定在塞内加尔建设一张移动通信网络。"现在该是真正检验我们铁三角成色的时候了！"饶晓波激动地回忆道。6月，代表处把客户邀请到深圳做最后的方案交流，现场宣讲完后，全体客户都站起来鼓掌，经久不息。王海清回忆说："客户的CEO、CTO，所有到场的CXO，所有的经理，全部站起鼓掌，点头微笑向我们致意！那一刻，我感觉我们的苦没白吃！铁三角的威力真正发挥出来了！我们重新站了起来！"

7.6 重装旅：助攻前线的资源池

对应铁三角的三个核心角色，2014年华为成立了三大战略预备队——解决方案重装旅、重大项目部、项目管理资源池，正好构成支撑"班长的战争"的铁三角专业队伍。其中，重装旅是解决方案的战略预备队，借用军队"重装旅"这个名词，是指集中全球优质力量，快速机动响应战场呼唤。

助攻一线代表处

战略预备队就是连接资源平台和作战平台的"特种部队"，既懂装备又懂作战。各代表处是常规军，平常作战常规军就够了。当代表处遇到战略机会点时，需要重装旅来填补合适的作战组合，这个组合由前方说了算，而不是后方塞进去。作战指挥权仍然在代表处，重装旅更多是在技术上助攻，根据代表处的需求提供作战资源。

训战结合循环赋能

重装旅隶属于片联干部管理部，循环赋能、循环作战、循环对干部评价，完成整个公司战略的全局性人才循环，让他们直接参加到作战和当地干部任免。重装旅是作战单位，是参战单位，不是培训单位。通过多种场景的训战结合，培养和输出优秀的解决方案主管和专家，总结和传承相关经验，提升公司整体解决方案销售能力。基本按半年为一个周期参加作战，"一头一尾"各两个为期半个月的案例学习和分享。"一头"在总部集训营进行，"训"的内容包括标准化技能训练、场景化实战演练，依循业务流程，针对一线作战的标准动作和场景、工具和模板，围绕解决方案主题选择关键模块，不断地模拟一线，进行课程精讲、案例分享、项目复盘、对抗演练等，身临其境地进行真枪实弹的反复强化训练，补齐能力短板，提升核心作战能力。然后到需要的场景去实战。"一尾"是在时隔半年后回来复盘一次，可能会跟新学员在一起，边复盘、边分享，以此循环。贯彻落实"仗要怎么打，兵就怎么练"。所有作战岗位不依据个人和资历来配置，而是根据项目攻克难易和未来战略进行配置。重装旅出来的人可能就是"东西南北一块砖，哪里需要哪里搬"，也不知道会搬到哪里去，谁最合适，谁就去，如此灵活调整作战组合增强华为战斗力。

丁耘说他的重装旅30%都是13—14级员工，50%没有海外经验，这些人坐着飞机到拉丁美洲，第一不知道怎么开炮，因为技术不行；第二嘴巴张不开，英文不好，结果就是高成本。我们要加紧让这些好苗子到前线去、到实战中去，把有实战经验的人抽回来，盘活人力资源队伍。他之所以能从新兵蛋子、炊事员、警卫员、担架工……选进重装旅，就是因为他是优秀苗子，苗子上战地一种，两三年就长成了小树。①

攻关战略机会点

重装旅也可以像参谋部一样，对公司68个战略高地进行规划。比如，俄罗斯代表处这么多年都攻不进莫斯科大环，那么要攻进这个战略高地的组织方案是什么？措施是什么？重装旅要动手做出战略沙盘，带着沙盘来参加培训，然后回去实践。一代代人都来研究、优化这个沙盘，踏着先辈的足迹前进。如果每个国家规划一两个机会点，那么公司就有两百多个机会点，地区部和重装旅就来规划，如何调配兵力，后方如何支援前方。这是一个系统工程，不是派几个猛将去甩手榴弹的问题。华为培养重装旅的目的，就是要攻下战略机会点。

―――――――― **案例：打造蜘蛛网型组织**② ――――――――

早在1996年，任正非就讲过："世界上我最佩服的勇士是蜘蛛，不管狂风暴雨，不畏任何艰难困苦，不管网破碎多少次，它仍孜孜不倦地用它纤细的丝织补。"由奇妙的蜘蛛网联想到华为的组织战略和组织架构，你不得不惊叹它们之间的惊人相似：处于战略前沿的作战部队类似螺旋形的

---

① 出自任正非2013年内部讲话"三个人拿四个人的钱干五个人的活是公司的期望"。
② 吴春波. 华为的战略是怎样生成的. www.360doc.com/content/15/031808/22413410_456082924.shtml.

"黏质蜘蛛丝",富于弹性、灵活性、机动性,更可怕的是富于"黏性"——一旦接近猎物,便死死地咬住不放,直到捕获到手为止;而放射型、牵引型的蜘蛛丝则类似于强大的后方支撑系统,包括战略司令部、参谋部、后勤部、人力资源部及其他部门。在华为新一轮的组织变革中,占公司近乎一半员工的研发部门也被纳入后方支撑系统。

支撑系统的职能无非是"放射功能"——人、资本、产品、技术及解决方案的提供与支持,以及来自"司令部"的战略指令:打哪里?打什么?要不要打?何时打?但"如何打""怎么打"则是战术问题,是前沿作战部队的军师团长们的权力。支撑系统的另一项职能是"牵引功能"——核心是制度保障、价值观传播、权责利制衡等。

7.7 华为与思科的比较

华为作为一个快速成长和发展的组织,之所以从一个追赶者成为领先者,主要有四个超越:一是其领导人对组织体系的思考与布局超前于企业发展现状,所以,它总是能够看到未来并实现自我超越;二是领导人对组织创新的认知超越了中国文化的边界,能够从全球领先企业的组织能力发展要素寻找答案;三是领导人在关键性的转型变革问题上有清晰的方法论指引;四是在总部集权和地方授权问题上,通过创新性地设立组织机构,让最了解人才的人发现和选拔人才,很好地避免了大企业的盲点和末梢神经的失控。通过系统梳理我们发现:

第一,华为构建了一个整合组织能力的综合模型,该模型由组织架构、人、流程和 IT 系统四要素共同构成,它的最大价值是在参考全球企业组织体系最佳实践的基础上,构建了一个可以脱离"个人能力"的组织体系,也就是说,"离了谁,华为都可以顺畅地运转",整个组织不会因为某个人的离开和变化改变其运营模式。因此,华为的组织体系建设与其管理体系和管理平台是紧密结合在一起的。在这四个要素中,组织架构与人、流程和 IT 相互嵌入整合,形成了一个稳定的、网络化的"蜘蛛网型"的组织,这个组织有足够的弹性支持其与环境保持互动和响应;也有足够的韧性确保其经受住外部的压力与挑战；更有足够的柔性进行内部的重构和修正。

第二，华为最有效地吸收了外部咨询公司所提出的方法论，并且善于总结和提炼，形成了一整套组织变革与发展的方法论。这些方法论使得华为在战略转型与组织变革的重要时刻，通过系统思考和战略解码、组织重构和流程优化等一系列组织分析工具和手段，实现了从种子选拔到全员参与和自上而下地推进的有序过程，增加了组织变革过程的目标性、有序化和可预测性，避免了由于转型变革给企业带来的巨大波动、混乱和不确定性。这种带有准军事化的系统推进方式大大提高了组织效率，降低了组织发展中的风险。业务领先模型帮助华为形成了一整套从环境解读到战略制定与执行最终再到人才的分析方法，尽管这套方法论并非为华为所独有，但它却是在华为真正落地，并被实践检验是行之有效的。

第三，华为在组织体系发展中，对于中国共产党的发展历史、军事思想和军队编制、军事案例做了深入的研究，汲取了很多有价值的养分。同时，它从自身实践需求出发，不断总结成功地区的发展经验，探索组织战略落地、战略执行的方法和路径。在这个过程中，华为关注的核心是"人"，片联是确保最了解情况的人有机会选拔人才；重装旅在于对人才的培养和使用有机结合，让人才的赋能与成长紧密相连；铁三角则强调真正实现以客户为核心的跨部门团队合作。当然，华为的组织探索和创新内容远远不止这些，它不断地向美军学习、向全球领先的互联网企业学习，向最有效率和最有竞争力的创新型组织学习，并根据自身需要，不断探索蜘蛛网型组织的发展形态、动力和价值创造过程，以确保组织的更新常在。

华为与思科都是非常重视组织能力和持续优化的企业。与华为重视整体组织效率和执行力的蜘蛛网型组织不同，思科重视发展高适应性组织。思科通过建立高适应性文化，着力提高决策体系和沟通过程的透明度和有效性。高适应性组织的五个特质分别是透明的决策过程、创建组织的共同语言、领导层真诚可信、建立明确的问责制及横向配置企业资源。其中，前四项是为了确保组织沟通和决策时避免不必要的猜忌、混淆、黑箱和责任不明,使组织内部达成共识的成本最低、效率最高,从而实现对外部市场和客户变化的快速适应和响应。最后一项是战略投资的方法,作为一个互联网企业,在技术创新频发的环境中,必须要增加技术投资和观察的广度,避免出现战略失误和战略盲点。

第八章

与国际接轨的管理转型与体系建设

中国最早的管理理论来自《孙子兵法》，它比较系统地展现了管理的核心要素。如果将孙子两千多年前的军事思想转化为现代企业管理理念，"道"可以被理解为代表企业的愿景与使命，"上下同欲者胜"，指高层如果能够建立企业所有员工所信奉的共同愿景，就可形成巨大的奋斗力量；"天"被解读为代表外部环境，从军事上的"天时"推演到市场竞争强度和繁荣与萧条状况；"地"可推断为在外部竞争环境下对企业自身能力优劣的判断和评价，以及在竞争谋略分析后的战略选择和定位；"将"代表着企业人才，按照孙子的看法，军队选将标准和排序是智、信、仁、勇、严，智慧和信用被看做最重要的品质；"法"代表组织管理，如组织结构、激励机制和后勤供应链体系。只有对这五个要素进行深入的了解，才有可能在战争中取胜。

但是，如果从全球视角看待组织管理，中国与西方国家在思维模式上有很大不同。中国式的传统思维重视在整体环境中看待个体的价值，关注整体布局和对大势的把握，强调事物之间内在和隐性的关联及因果关系，在分析事物时关注其相互对立又相互包容的转化关系，对隐性化、模糊性和不确定性包容度高。再加上中国农业文明时间很长，从精准度和量化水平看，农业文明对时间、流程、指标和方法的探索与总结比西方工业文明要粗放很多。

西方源自古希腊的思维重视自由与个性，关注静态与个体的线性思维，强调对事物的分析、规则发现和对本质的认知。随着工业革命的发展和日趋成熟，西方总结和提炼了一整套基于生产和供应链流程的管理学理论、管理体系、管理方法和管理工具。如亨利·法约尔（1841—1925）是西方管理学鼻祖，他认为管理由六个要素组成：预测、计划、组织、指挥、协调和控制。美国"科学管理之父"弗雷德里克·泰勒认为，管理就是确切地知道你要别人干什么，并让他用最好的方法去干。赫伯特·西蒙对管理的定义是"管理就是制定决策"。彼得·德鲁克认为，管理是用技巧、工具和方法，赋予组织以生命、能动、动态的器官；管理是一门科学，一种系统化的并到处适用的知识；同时管理也是一种文化。近年来，随着信息技术越来越深地融入工业管理过程，西方管理从重视其哲学、人文和行为特征开始转向科学、理性和量化特征，对企业运营过程的数字化、规范化、透明化程度衍生出很多管理方法和管理工具，如目标管理、业务流程重组、六西格玛、敏捷软件开发和信息技术与运营过程的融合等。德国工业 4.0 和美国的工业互联网概念与技术管理体系，都是对这些管理思想的拓展和深化。中西文化和思维模式的差异，在中国和西方管理体系相互融合的过程中导致了很多冲突和矛盾。华为在从一个本土企业成长为世界级企业的过程中，是如何处理东西方管理思想和管理体系之间关系的？对此，我们特别关注如下问题：

第一，管理能力在企业发展中地位到底怎样。对于追赶企业来说，在发展过程中百废待兴，资源上捉襟见肘，企业每个要素与环节都急需提升和改善。作为领导人来说，随着企业规模扩大，应该把注意力和资源投在哪里，是拓展市场、增强快速盈利能力，还是投放在内部管理体系的改善上。投入前者，企业能很快获得回报；投入后者，投入大、见效慢、回报延迟，同时，管理变革过程还有很多痛苦和风险。这是一个两难的抉择，华为是如何解决这一问题的呢？

第二，如何解决管理改善中西方方法的冲突。中国式思维和管理重视整体、用人、灵活、感性和模糊；而西方思维和管理重视分析、制度、规范、理性和量化。很多中国企业在导入西方管理工具和方法时感觉水土不服，冲突不断。但追赶型企业要成为"世界一流企业，应该有世界一流的管理"。在打造世界一流管理体系的过程中，是探索一条自己的管理道路，还是引入西方的管理体系和系统？如果是引入西方已有的管理系统，如何解决文化冲突、实施有效的变革管理，并把先进的管理系统有效地与企业的业务融合在一起？华为在这方面有什么经验？

第三，如何推进管理体系建设中的组织变革。在企业发展中，管理体系的稳定性与动态性是一对矛盾。稳定性有助于提高企业效率，但管理体系越稳定，组织惰性越强。因此，适时推进管理体系的变革，对于打破组织惰性是有帮助的。在组织变革中，员工的思维模式和能力要求、工作方式与方法、部门关系、流程结构和利益配置都会发生改变，如何推进组织变革才能持续改善管理体系？

8.1 管理体系对追赶型企业的战略价值

为什么中国历史上没出大企业

任正非在探索华为的发展之路时一直在思考，为什么中国五千年来就没有产生过像 IBM、朗讯、惠普、微软这样的大企业。他意识到，中国的管理体系和管理规则及适应这种管理人才的心理素质，都不足以支撑中国产生一个大企业。中国人自由，富于幻想，不安分，思维模糊不精准，喜欢浅尝辄止的创新，缺乏量化的训练和能力，不愿从事枯燥无味、日复一日的工作，不愿接受流程和规章的约束，难以真正职业化地对待流程与质量。在他看来，"中国人的劣根性之一就是永远不愿规范，盲目创新是他们的不灭的灵魂。中国人老是想想这个，再搞搞那个，好奇心是中国人的特征"。[①]

小公司强在创意灵活，大公司强在管理平台

华为经历了从小公司到国际化企业的转型过程，这个过程充满着自我挑战和否定。小公司的很多特点与大公司不同，小公司凭借创意和发现细分市场、快速成长，但常常处于温饱状态或者拼命为活下来而奋斗，灵活性强，充满激情，领导人的注意力和关注点在于重点抓产品开发和市场拓展，但对后方的管理体系没有给予足够的重视，或者没有精力来抓管理。随着企业规模扩大，管理体系日益复杂，难度与深度在加大，因此，管理

---

① 出自任正非1999年3月5日内部文章"创业创新必须以提升企业核心竞争力为中心"。

优化就成为迫在眉睫的事情。①

任正非清醒地认识到，华为要转型为世界一流企业，必须要改掉小公司的习气，摆脱早年行为习惯的影响、思维与操作上的不职业化，这些都是管理优化的阻力。相比业界的西方公司，华为一直处于较低水平，像个从青纱帐里出来的"土八路"，习惯于埋个地雷、端个炮楼的工作方法。运作与交付上的交叉、不衔接、重复低效、全流程不顺畅现象还较为严重。任正非清醒地意识到：小公司强在创意，而大公司强在平台。平台强就可以在发现市场机会后全力以赴，加大投资奋力追赶。因此，华为必须加大对管理体系的投资，建设一个强有力的平台，这才是确保企业可持续发展的核心竞争优势。为此，任正非提出：华为在平台建设上要有更多的前瞻性，要加大对平台的投入，为构筑长期胜利打下坚实的基础。对平台投入不足的原因是管理水平不高，华为的管理平台建设一定要超前竞争对手，争取做到世界上最优、最好、最灵活、最合算。②

任正非在参观印度某著名软件企业之后，更加坚定了推动管理规范化、流程化的决心。他发现，该印度公司仅IT研究人员就达5 000人，软件产值达5亿美元，每年利润增幅达68%。这些企业软件直接出口，标准十分严格，是许多国际著名公司的长期供应商。软件如果不规范是无法卖出去的。印度的软件工程被评为SEI4级，第二年达到5级。全世界只有两三家5级企业、十几家4级企业，华为高层访问的印度软件公司都是4级，这足以说明印度的软件企业管理水平很高。③对印度的访问使得华为更加明确了软件企业管理能力与管理水平的重要性，这为华为的管理转型提供了重要的动力。

为什么管理比技术更重要

任正非对管理重要性的看法源自对西方企业资源和能力的基本认知。西方国家最重要的是管理而不是技术，但在我国很多企业，人们认为最重

---

① 出自任正非1997年2月22日在秘书座谈会上的讲话。
② 出自任正非2010年在PSST体系干部上的讲话"以客户为中心，加大平台投入，开放合作，实现共赢"。
③ 出自任正非1999年9月26日内部文章"印度随笔"。

要的是技术。因此，在国内，重技术轻管理、重技术轻客户需求还是比较普遍的。在他看来，核心竞争力对一个企业来讲是多方面的，技术与产品仅是一个方面，管理与服务的进步远比技术进步重要。因为，没有管理，人才、技术和资金就形不成合力；没有服务，管理就没有方向。与领先的跨国公司相比，华为没有雄厚的基础，如果再没有良好的管理，那么在崩溃后会一无所有，再也不能复活。[①]

任正非指出，对高科技企业来说，管理创新比技术创新更重要。华为在发展中还存在很多要解决的问题，但与西方公司的最大差距在于管理。1996年，华为公司提出与国际接轨的管理目标，同时请来西方顾问在研发、生产、财务、人力资源等方面长期合作，在企业的职业化、制度化发展中取得进步，企业的核心竞争力得到提升，企业内部管理开始走向规范化运作。因此，在向世界一流企业转型的过程中，华为在激烈的竞争中，在各项条件都落后的情况下，如何才能"把鸡肋做成美餐"？任正非提出要有三个关键点组合在一起才有可能成功：

管理与服务是企业生死攸关的问题

在上述要素中，任正非认为管理是最关键的要素。对于很多高科技企业来说，管理层的关注重点通常是技术创新、产品研发和市场拓展，但是，企业发展到一定阶段，很难继续扩大规模，也很难有突破性的进展。到底是什么原因掣肘了企业的发展呢？1996年，华为提出了要成为世界一流企业的战略愿景，虽然此时企业的研发、技术、产品、市场与管理都与世界领先企业有着巨大的差距，但华为高层仍然放出豪言。在未来很美好、现实很残酷的情况下，华为要凭借哪个抓手实现它未来的宏伟目标呢？任正非提出："未来人才、资金、技术都不是华为生死攸关的问题，这些都是可以引进来的，而管理与服务是不可照搬引进的，只有依靠全体员工共同努力去确认先进的管理与服务理论，并与自身的实践紧密结合起来，形成我们自己的有效的服务与管理体系，并畅行于全公司、全

[①] 出自任正非2001年发表在《华为人》上的文章"华为的冬天"。

流程。"[1] 任正非在"华为的红旗到底能打多久"一文中清晰地阐明,华为一定会成为国际性大公司。这一点大家都已有思想准备、组织准备,而管理的方法与管理手段方面还缺乏准备。管理进步基于良好的管理方法与手段。有管理进步的愿望,而没有良好的管理方法与手段,必定效率低下,难免死亡。华为公司的人均效益和西方公司比较至少要是西方的三分之一,那么我们浪费的是什么呢?是资源和时间,这是因为管理无效造成的。我们正在引进西方的各种先进管理,通过消化来融会贯通。

管理缺陷致使企业丧失竞争力

在从小公司发展到大公司的过程中,华为发现管理缺陷从三个方面掣肘了企业的成长和发展:

一是浪费严重。IBM及许多西方公司来华为参观时笑话华为浪费:"没有时间一次性把事情做好,却有时间一次又一次做重复的事情。"因为研发了很多不被市场需要的好东西,卖不出去,这实际上就是在浪费资源。因此,必须要重视整个管理体系的建设。

二是掣肘企业的规模化发展。企业大规模发展不可能自动地带来低成本,低成本是由管理产生的,盲目的规模化是不正确的,规模化以后没有良好的管理,同样也无法实现低成本。[2]1996年,任正非提出华为首先要实现管理的正规化。在衡量管理水平高低时,成本是企业竞争力度的标志,也是管理中难度最大的一项工作,没有科学合理的成本控制方法,企业就时刻处在生死关头。为了达到这一目标,任正非对财务部门提出,不能实现成本控制的财务体系是不合格的。因此,企业首先要建立完整的成本核算、分析、控制管理系统,提供可信、可靠的信息决策依据。建立稳定的催款组织结构,要像建立市场销售队伍一样建立一支涵盖各级网络结构的催款队伍,要配合公司的整体目标,组织、落实货款回收的有效管理构架,提高公司大市场的营销功能,要把货款回收当成公司生死攸关的事来抓。

三是管理体系和管理平台的缺失直接影响市场能力。作为小公司,华

---

[1] 出自任正非1998年9月28日发表在《华为人》上的文章"不做昙花一现的英雄"。

[2] 同上。

为也可能会有世界级的发明、超时代的发明，但这个发明一旦被西方大公司察觉，他们会在很短时间内做出超越的产品，并通过自身的管理平台快速覆盖到全世界，这样，华为的产品就不可能卖出去。因此，华为决心构筑管理与服务体系，一旦出现新的机会点，抓住它就可能成长为巨人。现在是有机会也抓不住，最多在中国非主流市场上打一个小胜仗，大片的国际市场让给了西方公司。因此，新技术的出现往往不能给华为带来巨大利益，这个巨大利益要靠什么产生呢？那就是优良的管理和良好的服务。[①]因此，就像任正非所言："有影响力的优秀企业应该有能力做到大企业像小企业一样运作。"为了持续提升华为的管理质量，任正非提出从1997年11月18日开始，将《华为大简报》更名为《管理优化报》。[②]该报主要用来揭示管理中出现的问题，直面问题，用对事不对人的原则处理问题。华为通过开展批评与自我批评的活动，暴露问题的目的主要不是针对人，主要是对事，强调淡化"人的是非"，全力以赴解决"工作是非"。

8.2 管理体系建设的目标与重点

1994年，任正非从韩国航空公司和我国西北航空公司对两起危机事故的处理谈到了管理的重要性。韩国班机降落时已经发生事故，预计几分钟后就发生爆炸。在空姐的疏导下，两分钟内机上人员全体撤离飞机。最后一名空姐检查完毕跳出机舱时，飞机已陷入大火并引发了一连串的爆炸。而我国飞机在机场检修时，自动驾驶仪的偏航回路导线，被错接到倾斜控制系统上，而倾斜回路导线被错接在偏航控制回路上。如果飞行前再进行一次严格检查，如果飞行员在塔台指挥下处理果断一些，机上160人的生命将会得以挽救。在任正非看来，这一灾难是由于缺乏严格管理导致的，特别是对基层员工的管理与培训。为此，华为必须加大对员工培训的力度和管理的强度，使员工现场的工作水平向国际水平靠拢。[③]

---

① 出自任正非2001年发表在《华为人》上的文章"华为的冬天"。
② 出自任正非1996年11月15日内部讲话"实行低重心管理，层层级级都要在做实上下功夫"。
③ 出自任正非1994年12月25日任正非内部讲话"从二则空难事故看员工培训的重要性"。

管理改善关键要低重心做实

对基层的管理最反映一个企业的管理水平。华为的管理并不仅仅是搭了一个高大上的架子,而且还落实在每一个基层员工身上。华为的低重心做实包括与公司有关的各个方面。1996年,华为鼓励各个环节、部门都涌现出优秀能手,评选优秀厨工、清洁工、焊工、插件工、库工、备件管理员、房管员、打字员、话务员、司机、秘书、装机工程师、编辑、翻译、会计、审计、采购,以及营销能手、策划能手、商务管理能手、销售能手等。笔者所接触到的华为司机,对于接待宾客的时间管理、对话交流、行为礼仪、着装整洁等,都有非常具体的管理要求,可以很好地落实。对于基层员工的专业素质和能力要求通过"比武"的方式逐步做实。在任正非看来,"你不要以为大比武就没有用,眼前看不出成果,两三年以后华为公司绝对是最优秀的"。比武可以在基础工作层面提升员工对职业素质、职业能力和职业精神的警觉意识,通过同行业的比赛和竞争,发现他人的优点与自身的不足,让优秀的人才脱颖而出,产生强烈的荣誉感和责任感,从而对每一个员工都起到自我鞭策的作用。华为最初的比武不求全责备,先做起来,有机会比总比不比好,越比越有经验。华为通过这种方式,不断发现和选拔优胜者,在这种不断选优活动中,保有企业发展的生机。在任正非看来,"只要敢于向自己开刀,在思想上永远艰苦奋斗,我们就永不会失败"。①

建立流程导向的组织

这一阶段的华为,是从"农民游击队"散打逐渐向规范化、制度化和科学化的方向迈进,从不受约束的行为向受流程约束的行为转化,这一个过程是非常痛苦的。但是,在企业规模做大之后,通过流程的建设和流程的持续优化,使重复性管理制度化、不必要的沟通简约化、日常操作简单化、重复劳动自动化、不产生价值的流程持续压缩,企业的效率就提上来了。当组织体系和流程体系建设起来的时候,就不要这么多的高级别干

---

① 出自任正非1996年6月30日在市场庆功及科研成果表彰大会上的讲话"再论反骄破满,在思想上艰苦奋斗"。

部,"方丈"就少了。建立流程的目的就是要提高单位生产效率,减掉一批干部,一层一层减下来,干部成本就下降很快。

华为公司定义的"流程",包括流程架构和流程说明文件、操作指导书、模板、检查表（Checklist）、规范等各类流程文件。组织和流程与业务关系最为紧密,组织是执行业务的主体,流程是执行业务的规则和路径。如果说组织是细胞,流程就是血管和神经,让公司和业务能够顺畅流转。流程优化是改革的重要一环,对于能否达成改革目标至关重要,让优化后的组织更好地支撑业务。华为公司在发展过程中,根据职能的需要和实践经验引入了14个一级流程,形成了一整套流程管理体系。流程架构包括主干流程和末端流程,主干流程由全球流程Owner（负责人）管理,末端流程由区域Owner管理,在整体统一的基础上保持各业务单元的灵活。华为的流程管理体系分级见表8.1。

表8.1 华为流程管理体系分级表

管理对象	具体内容
流程架构 （一般是L1—L4）	流程架构的边界
	流程架构的接口（输入与输出）
	流程管控要求（业务规则、数据质量要求、KCP关键控制点等）
全球标准流程文件 （一般是描述L4—L6）	管理体系手册
	流程说明文件
	规范&标准
	操作指导（含流程视图）
	模板
	检查表
本地化流程文件 （一般是描述L4—L6）	管理体系手册
	流程说明文件
	规范&标准
	操作指导（含流程视图）
	模板
	检查表

在华为国际化过程中,公司的一级流程有10个需要在全球各地区部落地,包括 MTL(市场到线索)、LTC(线索到回款)、IPD(集成开发)、ITR(问题到解决)、SD(服务交付)、Supply(供应链)、HR(人力资源)、MBS(管理基础支撑)、BT& IT(变革与 IT)、MPR(管理伙伴)。这10个流程都是公司的一级流程,Owner 是公司一级部门的相应决策人,贯穿于整个公司的各个组织部门,涵盖了研发、生产、销售、交付和人力、财经等领域,也囊括了所在区域的所有组织部门。

通过模板化推进规范化

在华为,为了推进职业化、规范化、表格化、模板化,减少重复劳动和提高效率[1],规范化管理成为关键。规范化的要领是工作模板化,就是为所有标准工作制定标准的模板,按模板来操作。一个新员工,看懂模板,会按模板来做,就已经做到职业化,三个月就可以掌握要位。这个模板是前人摸索几十年才摸索出来的,后来者不必再去摸索。规范化管理本身已含监控,它的目的是有效、快速服务业务部门。规范化是一把筛子,在服务过程中也完成了监督。华为推行逆向审计,追溯责任,从中发现优秀的干部,铲除沉淀层。在企业规范化的过程中,奉行以业务为主导、会计为监督的推进方式和管理模式,逐步为区域、全国和全球统一的财务服务管理做准备。[2] 模板化的目的是使一项工作达到同样绩效更少地用工、更节省时间。模板建设与流程连接起来,通过信息系统变成管理现实,是华为管理改善的重点方向。通过规范化的格式与标准化的语言,每一位管理者的管理范围与内容更加扩大。信息越来越发达,管理的层次就越来越少,维持这些层级管理的管理者就会越来越少,成本自然就下降了。其间要保证流程和信息系统的稳定性,盲目创新只会破坏这种效率。

---

[1] 出自任正非2001年4月24日内部讲话"北国之春"。
[2] 出自任正非2001年发表在《华为人》上的文章"华为的冬天"。

8.3 管理体系建设中的均衡原则

从人治到制度建设

华为要逐步使公司从人治走向"法"治,从混沌走向秩序,从必然王国走向自由王国,实现企业经营管理各个系统与国际接轨。在这个过程中,不是仅仅依靠几个"英雄"的力量,而是靠整个管理团队持之以恒的优化,才能使企业步入良性发展轨道。任正非在和 HAY 公司顾问谈话时曾说,过两三年后,公司管理规范了,华为要引入一批"胸怀大志、一贫如洗"的人进入公司,来激活沉淀层,不能让有些人功成名就了就在这里过日子。①

建立对事/对人负责的制度

任正非认为,企业效率之所以不高,是因为对人负责制与对事负责制是两种根本不同的制度。对人负责制是一种收敛的系统;对事负责制是依据流程及授权,以及有效的监控,使最明白的人具有处理问题的权力,是一种扩张的管理体系。华为的高中级干部都自觉不自觉地习惯对人负责制,使流程化 IT 管理的推行遇到困难。流程型为主导的体系是对事情负责,按有效的流程办。事事请示,就是对人负责制。企业的效率源自简化烦琐的确认过程,减少管理中不必要、不重要的环节。很多复杂的文件、程序和不必要的报表、文件,是被人为制造出来的,来养活一些不必要养活的机关干部,而机关干部是不能产生增值行为的。因此,华为需要在监控有效的条件下精简机关。

区分例行与例外管理

例行管理是指按流程来处理问题,思考问题;当机会窗出现或例行方式受阻碍,需要创意来思考问题和处理问题时,就是例外管理。② 秘书有权对例行管理工作进行处理,经理主要对例外事件及判别不清的重要例行事件做出处理。例行越多,经理越少,成本越低,因此,高效的企业一定要减少编制。同等条件下,机关干部越少越好。要把一部分机关干部派到

---

① 出自任正非2000年3月20日发表在《华为人》上的文章"无为而治"。
② 出自任正非1996年11月15日内部讲话"实行低重心管理,层层级级都要在做实上下功夫"。

直接产生增值的岗位上去。机关的考评，应由直接服务部门进行打分，它要与机关的工资、奖金的组织得分挂钩。这也是客户导向，内部客户也是客户。①

管理体系与耗散结构

管理体系与耗散是一组悖论：管理体系是收的过程，通过它可以聚焦企业的资源和力量，通过集中管控达到势能的最大化。没有管理体系，企业就是一盘散沙。耗散是放的过程，在耗散潜在能量的过程中构建出新的势能，企业的活力、市场的拓展能力、员工的奋斗能力通过耗散得到充分释放，企业就得到了发展。收与放的能力构建与平衡机制，决定了企业是否既有大企业的整合优势和控制能力，又有小企业的灵活性和活力。只有两种兼备的企业，才能够在激烈的竞争中生存与发展。任正非将其比喻为吃了好牛肉后必须每天去跑步，否则会得糖尿病和肥胖病，这就是耗散结构。把对企业的热爱耗散掉，用奋斗来不断强化和巩固企业的优势。②

分权与集权的均衡

多年的发展使华为建立了较为合理的、以矩阵管理为基础、灵活有效的管理体系，分层分级的顺向管理体系，合理有效的有限授权体系。在华为内部，形成了三权分立的格局：日常运行权落在基层干部手里；使用权管理、制约、平衡大权握在大部门手里；重大决策权在充分听取反映后，握在高层手里。③在这一阶段，华为通过建立分层、分级、分型的工作体系，细化管理工作和分工；同时通过全公司电脑联网建立考勤系统；建立统一的评价体系和工资管理体系。整个管理工作的改善本着先粗后细、先易后难的原则逐步展开。

改进短板，促进整体均衡

华为2001年在推动管理改进的过程中，把解决问题的切入点放在改进短板，特别是与核心业务有关联的辅助环节上，这些环节在工作中通常被

---

① 出自任正非2001年发表在《华为人》上的文章"华为的冬天"。
② 出自任正非2011年1月17日在公司市场大会上的讲话"成功不是未来前进的可靠向导"。
③ 出自任正非1995年12月26日在年度总结大会上的讲话"失败不属于华为人"。

忽视。为什么要优先解决短板问题呢？如果公司从上到下都重视研发、营销，但不重视理货系统、中央收发系统、出纳系统、订单系统等，这些不被重视的系统短板会阻碍甚至延迟主流业务的顺利进行，前面干得再好，后面发不出货，还是等于没干。就如有人专心从事研发，但创新的价值必须转化为商品才能实现价值。通常情况下，企业高层对研发很重视，但对用户服务就不那么重视，但实际上，同等级别用户服务工程师比研发人员的综合处理能力还强。如果企业对售后服务体系不认同，那么这体系就永远不是由优秀的人组成。不是由优秀的人组成的团队就是高成本的团队。因为他飞过去修机器，去一趟修不好，又飞过去修不好，再飞过去还修不好，企业的成本将大大提升。如果一次就能修好，甚至根本不用过去，用远程指导就能修好，企业就会节省大量成本。因此，企业要强调均衡发展，而不能总是强调某一方面。[①] 在这种思想的指导下，华为高层要求各部门、各科室、各流程主要领导都要抓薄弱环节，同时，要求公司建立统一的价值评价体系，统一考评体系，让人员在内部充分流动和平衡，而不是厚此薄彼。

短期利益与长期利益的均衡

1997年，任正非明确提出从管理上要效益，从管理效益中改善待遇。通过不断推行严格、科学、有效的管理，逐步减少加班，使员工的身体健康得到保障。有健康的身体，才更有利于思想上的艰苦奋斗。华为不能因短期救急或短期受益，而做长期后悔的事。不能一边救今天的火，一边埋明天的雷。管理改革要继续坚持从实用目的出发，达到适用目的的原则。2001年以来，华为用了三年时间把管理的重点放在提高人均效益上。不抓人均效益的增长，管理就不会进步。在评价效益指标时，华为强调不仅关注当前财务指标的人均贡献率，还包括未来人均潜力的增长。在这个过程中，企业的目标不是要大，也不是要强，特别不是短时间的强，而是追求有持续活下去的能力与适应力。[②]

---

① 出自任正非2001年发表在《华为人》上的文章"华为的冬天"。
② 同上。

建立大质量体系架构

2015年,任正非提出,华为面对大流量时代的流量管理方式发生变化,网络稳定对品牌影响更大,因此,要建立起大质量体系架构。以前华为的质量体系关注运营操作"术"的层面,如产品、工程;未来质量体系要更多关注战略等"道"的层面,如文化、哲学等。因此,华为要在中国、德国、日本联合建立大质量体系的能力中心。①

8.4 管理变革的原则与目标

管理变革从小改进做起

曾有人问任正非我们到底到什么时候才能松口气,任正非说只有到棺材板钉上时才能松口气。②世界上唯一不变的就是变化,永恒贯彻的是管理改进。现在华为公司面临一个战略转折点,那就是管理与服务的全面优化建设。因为如果没有良好的管理与服务,就不可能有市场的扩张,就不可能有所前进,所以管理的优化和服务意识的建立是公司的战略转折点。"公司安排了三到五年时间来完成这个战略转移,如果能完成这个战略转移,我们效益水平即使不能提高到和西方公司一样高,但至少也能缩小与它们的差距,那么我们也属迅猛异常了。"③ "华为正经历建立各项流程管理,并逐步实现流程管理自动化。正在大规模学习外国先进的科技管理,并逐步应用到自己的实践中来。当三到五年后,新的IT建设起来,当经历了三到五年管理磨炼的员工熟悉国际规范的管理后,企业的核心竞争力一定会大大加强,人均创利,效益也会大大加强。"④

管理改进中的"七反对"原则

华为在持续的管理改进中提出了"七反对"的原则,具体内容包括:坚决反对完美主义,坚决反对繁琐哲学,坚决反对盲目的创新,坚决反对没有全局效益提升的局部优化,坚决反对没有全局观的干部主导变革,坚

---

① 华为终情. 凤凰财经. http://finance.ifeng.com/a/20150312/13548071_0.shtml.
② 程东升,刘丽丽. 任正非谈国际化经营[M]. 杭州:浙江人民出版社,2007.
③ 出自任正非1998年9月28日发表在《华为人》上的文章"不做昙花一现的英雄"。
④ 同上。

决反对没有业务实践经验的人参加变革，坚决反对没有充分论证的流程进行实用。这"七反对"原则实际为管理改进设定了边界，主旨思想是管理的改进一定要理性、务实与追求时效，避免因改进不当给企业带来的伤害，在这个过程中，华为高层认为管理的改进与转型要秉承改良的方法，而不是激进式变革。正如任正非所言："我们从来就不主张较大幅度的变革，而主张不断的改良，我们现在仍然要耐得住性子，谋定而后动。"对于一个正处于发展中的企业来说，管理变革也可能是一把双刃剑，在给企业带来变化的同时也可能会伤害到企业的稳定和秩序，很多发展中的企业在巨大的生存压力面前无法承担这一代价，因此，设定管理变革的原则是一种自我保护与约束，一切以管理变革结果的可控性、可预测性和可用性为目标。

组合吸收国外管理经验

1999 年，华为提出了要围绕核心竞争力的提升进行创新。怎样提升核心竞争力？用何种手段提升核心竞争力？企业能量是有限的，因此要把拳头收回来形成力量，才有可能更加强有力地打出去。这段时间华为推行从英国引入的任职资格，组织人员去英国参加培训和学习。英国的规范化管理十分清晰，但华为在学习英国体系的同时也反思：英国为何逐渐衰落？关键在于没有创新。因此，华为在引进英国任职资格体系的同时，选用美国 Hay 公司的薪酬价值评价体系。同时引入这两套体系，既包括了英国的规范化管理，又配合以美国的创新精神。在这套组合拳下，华为学习了英国流程化和规范化管理的同时，又避免了英国体系中的刻板与固化。[①]

脱下"草鞋"，穿上"美国鞋"

在管理变革的过程中，华为重点采用了先从国外引进的策略。考虑到华为公司从一个小公司发展过来，外部资源不像美国那样丰富，发展是凭着感觉走，缺乏理性、科学性和规律，因此要借助美国的经验和方法，借用外脑。美国鞋，中国人可能穿不进去，但是为了学习西方先进管理体系，必须要"削足适履"。现在我们需要脱下草鞋，换上一双美国的鞋，

---

① 出自任正非1999年3月5日内部文章"创业创新必须以提升企业核心竞争力为中心"。

但穿新鞋走老路照样不行。换鞋以后，我们要走的是世界上领先企业走过的路。这些企业已经活了很长时间，他们走过的路被证明是一条企业生存之路，先僵化和机械地引入 Hay 系统的唯一理由，换句话讲，是因为我们要活下去。

美国在人力资源管理上比较成功，这使美国的创新精神和创新机制发挥、作用得比较好。在引入西方管理体系的基础上建立公司的系统规范，当公司成熟稳定之后，就会打破 Hay 公司的体系进行创新。那时要引入一批"胸怀大志，一贫如洗"的优秀人才，他们不会安于现状，不会受旧规范的约束，从而促使我们的人力资源管理体系再次裂变，促进企业的再次增长。

僵化、优化、固化、创新的原则

僵化是从外部获取真经的重要环节。全面复制学习对象的具体做法是全面、系统、无遗漏模仿，即僵化和削足适履的过程是站在巨人的肩膀上学习。这种做法有时与组织中原有业务系统、管理系统和文化系统存在许多冲突，但是，如果不能坚定不移地僵化下去，而是采用变通的方式，往往会导致整个学习过程流产。任正非认识到，从学习者的角度去判断领先企业的精华与糟粕，就像以一个孩子的视角去判断成年人的对错，很可能出现断章取义、本末倒置的情况。

在向 Hay 公司学习人力资源管理时，任正非强调："我们现在向 Hay 公司买一双'美国鞋'，中国人可能穿不进去，在管理改进和学习西方先进管理方面，我们的方针是'削足适履'，对系统先僵化、后优化、再固化。""我们必须全面、充分、真实地理解 Hay 公司提供的西方公司的薪酬思想，而不是简单机械地引进片面、支离破碎的东西。在华为公司，很多方面不是在创新，而是在规范，这就是我们向西方学习的一个很痛苦的过程……因此，我们在向西方学习过程中，要防止东方人好幻想的习惯，否则不可能真正学习到管理的真谛。"

在向 IBM 公司学习 IPD 流程时，任正非表达了同样的观点："要学会明白 IBM 是怎样做的，学习人家先进经验，要多听取顾问的意见。首先，中高级干部要接受培训搞明白，在不懂之前不要误导顾问，否则就会作茧自缚。而我们现在只明白 IT 这个名词概念，还不明白 IT 的真正内涵，在理解 IT 内涵前，千万不要有改进别人的思想。"在 IPD 第一阶段最终报告汇报会上，任正非将公司引进 IT 管理系统的原则总结为"先僵化、再优化、再固化"。他说："我们切忌产生中国版本、华为版本的幻想。引进要先僵化、后优化，还要注意固化。在当前两三年之内以理解消化为主，两三年后，有适当的改进。"僵化固然可以避免企业走捷径或耍小聪明。但是，任正非同样指出，"僵化"是有阶段性的，不是妄自菲薄，也不是僵死不变。

优化是在真正理解的基础上优化，优化对象分为两部分：外部引进和自我优化。外部引进的原则除了注意不能耍小聪明还没学会就要改进之外，还要注意不在优化时全盘推翻。优化的重要原则之一是改良主义。自我优化则要防止故步自封和缺少自我批判精神。学习外部先进管理思想和工具的最终目的是解决企业自身的问题。因此，不能脱离公司的历史和发展阶段。IPD 实施从 1998 年开始，经过两年的僵化期，华为在 2001 年的十大管理要点中开始强调管理优化。这种优化不是全盘否定，而是在理解的基础上进行改良和适应。优化的目的是使管理变得更有效和更实用，而不是单纯强调中国式管理或华为式管理。

对管理思想的学习和优化需要从企业自身实践中寻找灵感，通过每一位普通员工的反思和总结才能形成其他企业难以复制的知识和智慧。华为公司提倡员工尽心尽力地优化工作流程，在每一个平凡的工作岗位上寻找优化课题，连续优化看似简单的工作。华为一位生产调度员在平凡单调、日复一日的岗位上持续改进，将 SDH 组织的库存周转率由 15 次 / 年提升至 26 次 / 年。在优化过程中，连续追问五个"为什么"，体现了员工的尽心；连续追问五个"还能吗"，则体现了员工的尽力。[①]

固化是例行化（制度化、程序化）、规范化（模板化、标准化）的过程。固化阶段是管理进步的重要一环。其目的是阶段性固化组织的学习成果，夯实管理平台。固化就是将上一步骤汇总的优化成果制度化、程序化、模

---

① 出自 2000 年 10 月 31 日《管理优化报》上刊登的文章"还能改进吗？还能改进吗？"。

板化和标准化，是管理进步和知识创新中的重要一环。在任正非看来，创新需要规范体系的约束，也需要阶段性巩固，否则就会成为杂乱无章、无序的创新。华为要像夯土一样，一层层夯上去，一步步固化创新和改进成果。表面上看来，公司的运作特点是优化与变革，但实质上是固化和规范。任正非曾在组织内部讲话中多次强调固化管理流程的作用，认为流程固化可以帮助组织快速培养人才。"我们的末端产品的大量硬件会标准化、通用化、简单化，这些成果我们可以固化，这样，我们的研发队伍，至少有几千个设计电路的熟练工程师就挤压出来了，他们可以投入芯片开发中去。"不仅如此，流程固化还能在组织中形成良好的工作氛围，使良好的工作习惯成为组织文化的一部分，让员工自然而然地提高工作效率。

创新是学习的最终目标。固化并非学习的终点，而是知识创造的起点。在深入而系统地掌握外部知识的基础上，融入对自身实践的反思与优化，进而使好的工作习惯和好的管理工具成为工作惯性，此时的组织才具备知识创造的基础条件，能够自如地组合知识，创造新颖的、实用的、有价值的知识了。正如任正非所说："当我们的人力资源管理系统规范了，公司成熟稳定之后，我们就会打破 Hay 公司的体系，进行创新。我们那时将引入一批'胸怀大志，一贫如洗'的优秀人才，他们不会安于现状，不会受旧规范的约束，从而促使我们的人力资源管理体系再次裂变，促进企业的再次增长。"

这四个步骤体现了任正非企业管理的辩证思想。管理既要走向规范化，又要创新，又要对创新进行管理，形成相互推动和制约机制。在企业初创时期，必须有严格的管理和控制体系，而当企业发展到一定阶段，必须保持适当的宽松，不骄不躁，保持 36 度的体温，激励创新。这才是企业的发展"宽严有度"的节奏。

———————— **案例：IPD 助力华为管理转型** ————————

背景

华为公司的 IPD，起始于总裁任正非 1997 年的美国 IBM 之行。

蓝色巨人 IBM 在 1991 年、1992 年遇到了严重的财政困难，公司销售收入停止增长，利润急剧下降。经过分析，IBM 发现他们在研发费用、研发损失费用和产品上市时间等几个方面远远落后于业界最佳。如 IBM 研发费用为销售收入的 12%，而业界最佳为 6%；研发损失费用为整个研发费用的 25%，业界最佳仅为 3.3%；在上市时间（指产品从概念产生到投放市场所需的时间）方面，36.5% 的项目上市时间是业界最佳的 1.25 倍，27% 的项目上市时间多于业界最佳的 2 倍。为了重新获得市场竞争优势，IBM 提出了将产品上市时间减少 50%，在不影响产品开发结果的情况下，将研发费用减少 50% 的目标。在这些目标的驱使下，IBM 应用了集成产品开发即 IPD 方法，在综合了许多业界最佳实践要素的框架指导下，从流程重整和产品重整两个方面来达到缩短产品上市时间、提高产品利润、有效地进行产品开发、为顾客和股东提供更大价值的目的。

经过 3 年的实施，IBM 的经营状况有了极大的改善：新产品上市时间显著缩短，高端产品上市时间由 70 个月下降到 20 个月，研发费用也从 12% 降到了 6%。特别重要的是，花在废止项目上的费用从 26% 降到了 6%。同时，销售收入不断上升，利润停止了急剧下滑开始回升，研发费用占总收入的比率也在降低。公司竞争力极大提高，也表明 IPD 对缩短产品开发设计周期、降低产品成本、提高产品质量具有重要的作用。

IPD 在 IBM 这个巨人身上的商业实验让任正非怦然心动。当时，华为公司经过了创业之初十年的发展，已经由开始的交换机代理商，成长为具备自主研发"万门数字交换机"能力的创新型企业。一方面，从内部看，公司发展到一定规模，企业已有的运作模式无法跟上扩张需求带来的一系列问题，让任正非感觉"五个手指按不住蚂蚱"，因此，一直在苦苦思索华为由"土八路"向"正规军"的转变。当时华为的产品开发状态可以用"打乱仗"来形容，一旦接到市场需求，一堆研发人员一拥而上，没有有序合理的分工，没有各个专业领域的整体协调，以至于经常出现产品开发到最后，才发现做出来的东西根本不是客户想要的，或者一而再、再而三地返工，耗费大量研发成本。另一方面，中国电信市场的竞争越来越激烈，市场已从高利润、高增长型市场转变为产品差异小、价格竞争激烈的通用品市场。为使华为能够继续保持快速、稳定的发展，内忧外困迫使华为公司对当时的产品开发模式、公司战略进行调整和变革。也正是在这个背景之下，任正非踏上了向 IBM 的取经之路。

1997 年，IBM 对华为当时的管理现状进行了全面诊断：①缺乏准确、前瞻的客户需求关注，反复做无用功，浪费资源，造成高成本；②没有跨部门的结构化流程，各部门都有自己的流程，但部门流程之间是靠人工衔接，运作过程割裂；③组织上存在本位主义、部门墙，各自为政，造成内耗；④专业技能不足，作业不规范，依赖英雄，而这些英雄的成功难以复制；⑤项目计划无效，项目实施混乱，无变更控制，版本泛滥。从最初改进 IT 策略和采购，到后来重整研发管理流程和供应链流程，再到系统集成、数据中心和网络研究等重点 IT 项目，IBM 引导华为改革内部流程，探索高效的流程化运作。①

一年后，华为"照葫芦画瓢"强硬地推行 IPD，"先僵化、后固化、再优化"，任正非这样说。就这样，IPD 让华为乘上了管理发展的高速列车，也在接下来的五年里，艰难而循序渐进地实现了"土狼"向"狮子"的演进。

IPD 的核心管理理念与架构

IPD 作为一种先进的产品开发理念和管理体系，其核心思想包括以下几方面：

一是把新产品开发作为一项投资决策，并通过预算来管理项目。对华为这样的高技术企业来说，新产品开发不但是投资决策，而且是最重要的投资决策。对于任何一家企业，资源总是有限的，新产品开发决策不当造成的不仅是资源浪费，更可怕的是市场机会和企业发展机会的转瞬即逝。而 IPD 强调要对产品开发进行有效的投资组合分析；对新产品开发进行分阶段投资，并在开发过程中设置检查点，加强阶段决策，通过阶段性评审来决定项目是继续、暂停、终止还是改变方向，从而达到减少投资失误和使失误损失降至最低的目的。

二是基于市场进行新产品开发。IPD 以市场驱动为导向，强调产品创新一定是基于市场需求和竞争分析的创新。因此，IPD 把正确定义产品概

---

① http://www.huawei.com/cn/industry-insights/digital-transformation/ecosystem?ic_source=fhc17

念与市场需求作为流程的第一步,着眼于一开始就把事情做正确,并且在产品生命周期内都从客户的要求出发制订有关计划。

三是跨部门、跨系统的协同。在传统的产品开发模式中,企业内部的市场、研发、财务和制造等部门都是按学科功能划分的,彼此相对独立,各部门之间存在明确的界面,如研发—市场界面、研发—制造界面、市场—制造界面等。在 IPD 模式下,开发团队从一开始就综合考虑产品生命周期中的成本、开发、可测试性和可维护性等各种因素,从而能在最大程度上避免上述弊病的产生。IPD 在项目初期即由不同功能部门共同参与,组成跨部门团队。在 IPD 中有两类跨部门团队,一个是集成产品管理团队,属于高层管理决策层,其工作流程是市场管理流程;另一个是产品开发团队,属于项目执行层,对集成组合管理团队(Integrated Portfolio Management Team,IPMT)负责,其工作采用结构化开发流程。IPD 通过跨部门团队有效的沟通、协调及决策,达到尽快将产品推向市场的目的。

四是大量采用异步开发模式,也称并行工程。采用异步开发模式,通过严密的计划、准确的接口设计,把原来的许多后续活动提前进行,这样可以缩短产品上市时间。并行工程不仅仅是产品设计活动的并行展开,也包括其他相关部门的活动。

五是重用性。即采用公用构建模块(又称共用基础模块)提高产品开发的效率。

六是重视结构化与非结构化之间的合理平衡。产品开发项目的相对不确定性,要求开发流程在非结构化与过于结构化之间找到平衡。IPD 流程是有限度的结构化。

七是客户的需求是整个流程的起点,通过管理工具和流程,经过市场分析有效需求,转入商业计划并形成产品路标。商业计划保证企业做正确的事,而集成开发保证组织正确地做事。最终 IPD 输出的产品上市,对客户需求形成负反馈,框架闭环。

实施困难与准备

根据 IBM 咨询的方法论,IPD 项目划分为关注、发明和推行三个阶段。在关注阶段,需要进行大量的"松土"工作,即在调研诊断公司现状和特点的基础上，进行反复的培训、研讨和沟通，使相关部门和人员真正理解IPD的思想和方法。发明阶段的主要任务是方案的设计和选取若干个试点PDT（即产品开发团队，Product Development Team）并教练式辅导试点PDT按IPD进行运作。推广阶段是逐步推进的，先在50%的项目中推广，然后扩大到80%的项目，最后推广到所有的项目。

IPD项目实施的难点首先是思想观念的改变，其次是组织和流程的切换。要将各部门参与产品开发的组织模式、角色和职责进行转变，同时需要改变人员的评价和激励机制，企业要在尽量不影响现有运作和商业状况的前提下逐步过渡到新的流程，这就像在高速飞行的飞机上换引擎，其难度可想而知。最后是让华为从一个充满野性的农民企业转向一个喝咖啡、讲规则的国际公司，对既有文化和管理体制的挑战是非常大的，实际上这是一个在自我否定的基础上再生的过程。很多人对华为的选择很不理解，也有很多人选择了离开。让一个习惯冲杀的企业理解美国公司的研发IPD流程，需要做大量的说服教育和协调工作，尽管华为安排了全员培训"洗脑"、中层干部不变革不能提拔等机制，但让所有人理解IPD、ISC（即集成供应链，Integrated Supply Chain）的价值还是很难，尤其在新旧体制转换的时候，需要很大的协调量。有些员工，尤其是不善于协调的专家型人物，因为接受不了这种协调量而离开了。

在推动管理变革的困难环境下，任正非指出，IBM顾问提供的IPD、ISC的价值在什么地方？回想华为公司到现在为止所犯过的错误，IPD给华为带来的最根本影响是营销方法的改变。华为以前做产品时只管自己埋头做，做完了向客户推销，说产品如何好。这种企业做什么客户就买什么的模式在需求旺盛时是可行的，但形势若发生变化，如果企业还是埋头做"好东西"，然后再推销给客户，那东西就卖不出去了。因此，要真正认识到客户需求导向是一个企业生存发展的正确道路。从本质上讲，IPD是研究方法、适应模式、战略决策的模式改变，我们坚持走这一条路是正确的。[①]

---

① 出自任正非2003年5月26日在PERB产品路标规划评审会议上的讲话"产品发展的路标是客户需求导向，企业管理的目标是流程化的组织建设"。

第八章 与国际接轨的管理转型与体系建设

在引入 IPD 的过程中，华为一方面给全体员工培训"洗脑"，吹响变革的冲锋号，同时明确提出"要虚心地向顾问学习，不许和顾问打擂台"；对有为难和抵制情绪的高层干部提出"要通过削足适履的方法穿进美国鞋"；对员工则提出"不变革不能当干部"，给参与变革的人涨薪。由于华为的核心骨干已经成为非常强悍的"地方英雄"，这场变革过程十分惨烈。经过这些活动的洗礼，公司实际上已经换掉了 90% 的干部。[①] 在推行 IPD 变革的过程中，主要障碍来自公司内部，来自高中级干部因信息流管理导致权力丧失的失落和行为的改变，同时也是权力的再分配过程。任正非始终鼓励参与变革的员工，公司的生死存亡必须来自管理体系的进步，这种进步快速、正确、端对端、点对点，去除了许多中间环节。因此，华为也准备了一大批高中级干部会因为管理变革丢掉帽子与权杖。对此任正非说，要慢下来，除非服竞争对手也不要上，大家都手工劳动，但这是做不到的，……不前进必定死路一条。

IPD 项目实施过程

一是获取知识阶段（见图……）知识转移过程源于两个起始步骤：需求的产生和对知识的甄别。

在提出需求上，华为的需求主要源于任正非……和战略愿景。任正非的危机感来自两个方面，一是在电信业的发展……业冬天终会来临的前瞻性思想；二是面对企业规模逐步扩大的现状……管理体系无法支撑，又不想将企业拆分的疑虑和担忧。另外，当时的华为有了国际化发展的战略规划，为了实现愿景，任正非意识到企业需要在多个方面与国际接轨，管理是其中尤其重要的一环。出于这样的考量，华为出现了向世界成功企业学习的动机和需求。

[①] 出自任正非 2001 年 4 月 24 日内部讲话"北国之春"。

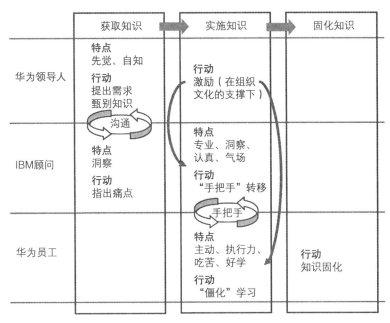

图 8.1 华为导入 IPD 过程中的知识转移

资料来源：方菲. 咨询公司—客户间知识转移机制研究：以华为公司为例. 北京大学硕士论文，2011.

在甄别知识上，华为选择了自己对 IBM 的顾问逐个面试。虽然 IBM 的每个员工都有其原本在公司的级别，但是华为人并不直接采纳这种分级制度，而是根据每个 IBM 顾问的面试结果，重新对其定级，并支付相应的工资，这个过程同样也是华为"知道自己要什么"的体现。从某种意义上来说，华为与 IBM 之间的知识转移过程更像是华为先根据需求制定了一个框架，再用 IBM 的知识来逐个填塞。在这一个阶段，华为在与 IBM 的关系中体现出了十足的"主动性"，华为的这种主动和清醒也赢得了 IBM 的尊重。IBM 顾问在帮助任正非梳理现状时，句句直中要害的洞察力也深得任正非之心，赢得了任正非对 IBM 的信任，坚定了华为在 IBM 的指导下变革流程的决心，为接下来的知识转移阶段打下了良好基础。

二是实施知识阶段。在项目的导入过程中，IBM 顾问与华为员工针对 IPD 项目相关的知识，集中地进行大量的沟通、研讨和培训的工作。和大多数的咨询项目一样，IPD项目的初期IBM顾问对华为各部门员工进行了大量的访谈和调研，对公司的现状进行了诊断，这也是知识从华为转移到IBM的过程。在诊断的基础上，IBM顾问根据专业的知识和经验，设计出适用于华为的集成产品开发流程，并通过小范围会议、全员大会、宣传册等各种形式，在华为内部进行了反复的培训和沟通。为了进行IPD知识的学习，华为专门从研发、市场、用户服务、生产、财务等部门抽调骨干，与IBM顾问一起成立了紧密的工作组。通过这样一次又一次横向和纵向的交流与培训，华为各部门的骨干都已熟悉了IPD的主要概念。

三是固化知识阶段。在这一阶段，华为对四条产品线实施了"试点"项目，在近两百名IBM顾问手把手的指导下，对IPD流程进行了完整的实践。例如，在开项目投资会议时，高级管理层的每一个成员身边都配备了一名IBM"教练"，代替高管们在每个决策点进行决策，而高管负责看和学，在言传身教中学习到IBM顾问的隐性知识。

由于华为原有的研发流程是基于自己的企业文化诞生的，因此在进行IPD的变革时，遇到了很多文化与知识冲突所带来的痛苦。华为的狼性文化强调的是迅猛，原有的研发机制像是一群精英组成团队"攻占山头"，大家彼此的职责没有边界，各自充分发挥主观能动性，最终一起享受新技术带来的成就感。但是IPD流程则更加刚性，具有特定的流程和职责边界，在进行研发时，需要市场、采购、生产、质量等各个部门的人共同参与，虽然脚步慢了下来，但这为的是"一次把事情做好"，而不是"有时间把事情做了一次又一次"。这个过程对于华为人来说是痛苦的。一是本来得心应手的工作方式需要被完全改变，甚至还要被加上各种条条框框；二是部分员工原有的权力和利益可能会受损，各部门之间也需要进行磨合。这样的痛苦使得一小部分华为人在最初面对IPD知识时，或是不经心、不放在心上，或是提出种种质疑，来回扯皮，不愿全盘接受，为知识转移带来了阻碍。

面对这样的情况，任正非提出了"不IPD就下岗"的铁腕口号，用强制性的语气令这些基层管理者进行自我情绪调整，无条件接受IPD的思想。也确实有华为的管理人员，因不积极参与IPD项目而被降职。实际上,任正非针对 IPD 项目提出的"僵化,优化,固化"的概念也反映了他对于华为员工在知识转移中角色的态度。"僵化,优化,固化"及"削足适履"等口号是指华为要全面地、无条件地根据先进的 IPD 理念改造自己原有的流程,不要在吸收其思想精髓之前就企图改造或选择性接受。于是,华为就是这样利用领导人和组织文化的强势,有效地克服了知识转移的阻碍。

四是知识固化阶段。在这一阶段,华为可以自如运用 IBM 转移过来的知识,知识最终固化在组织的日常活动中,知识转移整个过程宣告结束。在 IPD 咨询项目中,当华为人在 IBM 帮助下成功实施了"试点"项目之后,接下来就是华为人自己独立地将 IPD 流程推广至整个公司的全部项目中。经过之前在 IBM "教练式"的指导下亲自实践,华为已经领悟了知识的精髓,可以自如地运用。目前 IPD 流程早已固化在华为的日常工作中,并且使华为顺利度过 IT 冬天,成为实现全球化战略、达到世界领先位置的关键。①

项目实施过程中的"四快三慢"

华为 IPD 管理流程变革期间,不少中高层管理干部出走,其中有的高管甚至带走了华为某些部门的整个骨干团队,但是任总还是坚定不移地进行改革,沟通后仍然不理解的采取坚定的清扫态度。当时,华为甚至开展鼓励内部出走创业的计划,可以代理华为的企业网(数据通信)设备,不理解、不接受改革可以,可以自己出去干,公司给你赊销设备,你卖完了再把钱还给公司。这样公司和个人都双赢。试想当年,如果因为各种阻碍,任总保持沉默,或者搞不定反对的声音,那么反对的声音就会逐步增大,一些"中间势力"必将摇摆不定,变革可能就会半途而废。因此,当出现变革绊脚石的时候,一定要表明变革的立场,坚定员工的变革信念,至少要将反对的声音控制在一定的范围之内不再扩大。华为整体转型成功关键在于"四快三慢"方法。具体内容包括:

一是确认流程责任人要快。变革意味着企业外部利益和内部利益的调整,这种调整可能会因为变革的内容而影响不一。尤其是企业内部利益调整是对现有利益和权力的直接调整,有可能招致内部既得利益者的强力反

---

① 方菲.咨询公司—客户间知识转移机制研究:以华为公司为例.北京大学硕士论文,2011.

对。在这种情况下，仅靠企业家个人或者一小部分人的非正式努力就很难取得成功。因此，变革企业需要协调一致，有效地配置资源以达到变革的预期目的。这就需要成立专门的组织来确保变革的强力推动，确保利益调整能够顺利进行，例如成立一个专门指导和推进变革的委员会，集中精力研究和执行变革，而不是在筋疲力尽的工作之余打着哈欠讨论如何变革。

二是统一思想要快。通常来讲，处于企业内部较高层级的管理人员和领导者能够更早、更准确地感受到外部组织的变化，更早认识到变革的必要性，而处于较低层级的员工由于所处位置的原因而对外部环境变化反应较为迟钝。这种情形往往导致在企业家聘请外部专业咨询机构进行管理变革的时候，中下层员工意识不到变革的意义和重要性。在这种情况下，变革的时机选择十分重要。如果在员工甚至是管理层还没有足够的紧迫感、危机感的时候进行变革，可能无法得到管理层和员工的有力支持甚至是受到反对，变革成功的可能性就会大大降低。即便是领导者强行进行管理变革，也会出现一人推动、其他人观望甚至反对的局面。因此，当洞察到企业潜在的危机并有必要进行变革时，应通过深入的沟通使整个组织形成共识，在管理层的多数人当中形成共识。

三是确定时间表后执行要快。变革永远不会一帆风顺，因为变革总会遇到阻力，不管是内部利益冲突、组织惯性还是对于不确定性和风险的回避。首先，变革是利益的调整和再分配，自然会引发利益冲突，既得利益阶层会为了保护既得利益而千方百计地阻挠变革。其次，组织是有惯性的，就好比火车头要停下来时整个车身的惯性会迫使火车继续前进。惯性是变革的反向作用力，是不可避免的，组织惯性同样如此。最后，由于变革本身具有不确定性，企业对于不确定性的回避会阻碍变革。因为变革会带来不确定性，会给人带来一定时期内的不安全感。

四是同步课程开发与培训要快。一个新产品成功问世后，什么最重要？华为认为最重要的是两个指导书，即产品说明书和销售指导书。产品说明书是对产品的定义、内涵原理进行一个具体的、严格的定义和描述；而销售指导书则是对销售的关键信息，该产品对客户的价值、销售价格及销售策略等进行定义。那么，两个指导书的落地靠什么？靠培训！在实施

IPD过程中，岗位变更、角色定义变更、流程变革、组织变革，打消了顾虑，大家便是要执行，更好的执行需要的就是培训。配套的培训包括的远不仅仅是流程的介绍、流程的意义和好处，而是要细化，要细化到组织的各个环节，由各个环节自发和培训部门一起进行课程的针对性开发，并在实践过程中不断摸索、优化，最后形成针对新人的培训课程。在华为IPD改革的过程中，文档和培训材料目前并未统计，但就笔者见过的正式发布版本的培训材料、光盘及PPT都有数百份之多，它们不仅用于分门别类进行的培训，也根据受众不同，深浅也不一。

五是确立流程改革方向和力度要慢。一旦确认要进行流程改革，那么方向十分重要。要改革，必然是因为企业目前的体系有问题，或者不改会在不久的未来阻碍公司更长远的发展，或是无法足够地帮助公司抓住机会窗、实现战略目标。所以，向哪个方向拐很重要，打什么方向的灯也很重要，这个方向需要科学地比较和权衡。力度也很重要，一定是要结合公司内部的情况，把握好节奏，这往往需要当权者的智慧和艺术来把握这个度。不同的企业在不同时期结合不同的诉求，一定会选择不同的力度。例如华为破釜沉舟，亦如华为老师IBM在郭士纳刚上台时依靠彻头彻尾的大力度改革实现"大象跳舞"。而一些中小企业，在快速发展期，改革并不是彻底的对文化的扶正和调整，那么力度自然不同。大家都看到华为的大力改革，却没有看到在2008年、2009年华为又陆续做了许多润物细无声的改革。例如，面对领导干部对目前岗位认识不够深刻、市场导向的时间分配问题等，华为采用了高层领导带队、研究课程进行培训的改革方式，让大家的认识和水平在短期内有了大幅度提升。期间，华为配合进行将指挥部建到一线的改革，让总部实现由行政主管部门向机关参谋服务的改革，这个过程是相对和风细雨的。

六是选择合作伙伴要慢。合作伙伴，一般都是咨询公司，每年业界都要进行国际咨询公司排名。麦肯锡、埃森哲、罗兰·贝格、波士顿管理咨询公司、贝恩资本、通用咨询、AC尼尔森等著名咨询公司常排在前列。在此，我们通过对顶级的几家咨询公司的比较来阐释企业如何选择合适的合作伙伴。首先，国际大公司更容易让高层和员工信服，这是中国式咨询的特点,所以大企业在选择变革的时候更多地将国际咨询公司放在首选位置。然后,他们普遍的一个问题就是"水土不服"。如何克服水土不服?各个公司于是出现了各种策略和针对性的变化,因此选择合作伙伴一定要仔细研究和考核。例如,麦肯锡在业内的形象是"一个虔诚的咨询教士",信奉着永远都不要干扰内部事务、主要以提供专业咨询为主、不过多深入,此时它会很中立,因此有时候决策层会觉得它不给结论和方向;它也会比较聚焦一些可以量化的改进,例如各项财务指标等。而波士顿则偏知识管理,以知识和案例传承为主,与企业合作时需要企业内部团队多发挥主观能动性,它只充当外脑。而贝恩则不同,它一般会更深入地了解企业和参与企业事务,会对战略、管理体系这些很难量化的东西进行策略的提交,因此倘若对症,企业会觉得很顺手,倘若团队不适合该企业,则会无所用甚至添乱。

七是流程改革时间表安排要慢。流程改革前对于各个节点一定要有时间表并辅以相对应的监控。例如,流程改革必然带来组织的相应变化,组织变化会带来角色的重新定义,这些的监控时间点和内容确认一定会保障整个流程的按点完成,反之则流程的设计方向没有保障,设计结果没有保障,落地会更没有保障。

实施效果评价

1998 年,华为员工 8 000 人,研发人员达到 4 000 人,在任正非"削足适履"的口号声中穿上了他向 IBM 定制的这双"美国鞋",原先独立而分散的研发部门成为市场主导下的一个环节。在 IBM 设计的 5 年课程中,华为逐步地适应了这双美国鞋:"学习+结合华为实际"设计相应流程,从小规模试行到大面积推行逐步取得成功,直至 2003 年,IPD 从 1.0 版本升级到了 3.0 版本。最初变革的不适与痛苦也渐渐融入了企业文化的血液之中。IPD 的变革实施给华为公司带来影响是明显的。

经过将近两年的艰苦努力,华为终于走了出来,有了良好的协调方法,协调难度减小,有效度增强,IPD 的后发作用日趋明显。经过长时间的变革,华为人不仅接受了变革,而且改变了指导思想和世界观。在这个过程中,华为将总部机关从中央集权的管理中心,逐步转换为支持、服务中心,以及担负起监控的职能。我们不仅要将指挥所建到听得见炮响的地方去，而且要使资源能及时、准确、有效地配置到项目，让项目通过IT拥有指挥决策权，以及资源合理、有效的调度配置权。三年后决不允许拥有资源管理的人，通过IT遥控战争。三年内机关里支持与服务的主管要交由有成功实践经验的干部担任。

在组织的行为模式层面，原来的技术驱动变成了市场驱动。比方说，产品从一出来的时候就要注意可维护性，随时配备技术支持人员。产品开发第一天所有的人都参与进来，以保证产品功能、质量和长期的可维护性，让市场成为技术的指针。

在组织的架构层面，改变孕育了一个全新部门。1999年，配合市场驱动的转变，大批技术专家、总工程师被调离原来的技术部门，与此同时从海外引进的市场专家及原来市场部"有技术感觉"的人组成了一个强势而权威的部门——营销工程部，直属于市场部。这种组织层面的导向解开了上万研发人员的"技术情结"，让来自市场的引导成为每个项目的强势主导。

任何先进的管理方法和流程体系，都是工具和方法，IPD在企业实施的终极目标是帮助企业实现利益和价值的最大化。一般通过短期指标和长期指标来衡量IPD咨询的效果。

从短期效果看，主要是通过定性的指标进行描述，表现以下方面：

（1）研发理念转变。通过培训、共同创作体系设计，以及方案的实施，结合IPD的核心思想，改变了公司的研发理念。比如：市场导向的产品开发，在公司跨部门合作，按流程从事业务活动，技术开发与产品开发异步进行，项目管理等。

（2）建立/优化产品开发流程及其相关模板。在整合/优化现有流程的基础上，构建以IPD理念为基础的产品研发流程体系。

（3）理顺研发体系组织结构和研发团队组织结构，完善职能部门职责。

（4）用项目管理方法管理开发过程，培养项目经理管理能力和技能。

（5）完善质量管理体系，从流程审计、技术评审、产品测试建立流程和制度。

（6）通过咨询项目共同设计工作，为公司提供一套研发管理体系的过程资产。

从长期效果看，是在咨询项目实施1—2年后，通过定量的指标进行描述咨询项目效果：

（1）提高产品质量。在结构化的流程中，系统识别和设置技术评审点、测试活动等，并通过过程管理，提高产品批次合格率，提高客户的满意度。

（2）缩短产品开发周期。通过规范的产品开发流程，减少开发中的返工和等待，从而比竞争对手更快抓住市场机遇。

（3）降低产品开发费用。开发周期缩短的同时带来产品开发费用的节省；同时，通过评审、测试等，减少返工，以降低研发成本。

（4）新员工成长周期有效缩短，更好地进行知识管理和经验教训积累。产品开发过程中产生的管理文档、过程文档、开发文档、经验教训总结等是知识管理、新员工培训的重要内容，可以有效地缩短新员工成长周期。

8.5 华为的信息化能力建设

华为信息系统的演化大体分为六个阶段，如图8.2所示。

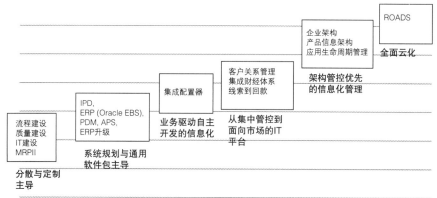

图 8.2 华为的信息系统演化

资料来源：苏伟.企业信息化过程中流程和IT集成变革案例研究.北京大学光华管理学院MBA硕士论文，2017.

分散与定制主导的信息化建设阶段（1993—1998）

1993年之前，华为主要聚焦国内市场，以"农村包围城市"的方法拓展业务。此时，华为并没有明确的信息化战略，各IT系统处于无序建设阶段。1993—1996年，基于Oracle的MRPII系统的引进，标志着华为开始借助外部力量进行企业的信息化建设。在这一阶段，华为推行的IT实施项目只有少数的业务代表参与，没有做到"业务先行，IT再落地"。IT系统强势推行，业务被动等待功能推送，这种"要我用"的强势推动导致了软件包与业务不匹配的问题，无法真正契合业务的需求。

华为ERP系统1997年上线，是Oracle EBS在中国的首个应用。由于历史原因，为了支撑公司成长阶段业务的特殊需求，华为要求ERP厂商进行了许多客户化定制开发。这些客户化定制开发在不同程度上破坏了软件包的固有逻辑，不仅难以满足业务持续发展的需要，也给系统升级和维护带来了很大的问题和风险。随着业务规模和业务区域的不断扩大，ERP平台对业务的支撑能力越来越受到挑战，很多问题渐渐暴露出来。

系统规划与通用软件包主导阶段（1998—2002）

1998年华为开始进军国际市场，基于业务战略发展的诉求，公司开始制定明确的信息化战略规划。与IBM启动流程和IT战略合作，启动了IPD、ISC等大型流程变革项目。

基于第一阶段出现的问题，华为IT部门联合供应链、采购、财经等部门成立了ERP"去客户化"联合清理小组，清理历史遗留的ERP客户化功能点，回归ERP标准功能。联合清理小组定期审视软件包标准功能，和现有的客户化清单做匹配，对于不用的客户化内容做清理，对于正在使用的客户化内容做分析，和业务部门一起审视通过软件包标准功能来支撑业务需求。2000年，华为明确提出了"穿美国鞋""削足适履""先僵化，后固化，再优化"的信息化口号，确定了"软件包驱动"为公司业务变革和IT建设的基本战略。

业务驱动自主开发的信息化阶段（2003—2006）

从2003年开始，华为在业务上真正启动了全球化战略，完成了IPD、ISC流程的推行，并且成功升级ERP系统，实施了管理供应链的进阶生产规划及排程系统（APS），开始了将信息化系统扩展到全球的所有业务，为更多的业务提供平台。此时，华为业务需要在 CRM 和 ERP 之间有平台支撑，以衔接和处理报价、订单、配置和发货等信息数据。这个平台在产品交付流程中的重要性并不比 CRM、ERP 低，被称为集成配置器（Configurator）。华为自 2001 年开始进行配置器软件包选型，最终确定不使用商业软件包，采取自主研发。公司之所以做出这样的选择，主要是因为业界没有成熟的软件包可以使用。

集成配置器是根据输入的配置需求，采用系统内的产品配置规则和算法，自动生成产品配置、报价书及主要生产发货数据的平台，是支撑华为销售配置、订单管理、发货管理的核心 IT 系统。华为的集成配置器最终以自主研发的方式上线，包括三个主要模块：第一个是配置算法维护模块，由研发工程师对销售物料清单（Bill of Material，BOM）维护配置算法；第二个是销售报价模块，提供给市场使用，有了研发维护的配置算法，报价人员只需要输入简单的报价参数，例如用户数、链路数、软件配置等，即可生成报价书；第三个是配置传递模块，它可以将市场一线传回的销售物料清单，自动匹配到 ERP 订单系统中，并根据维护的配置算法，生成一套设备的完整发货清单。

集成配置器逐步成为支撑华为产品报价、交付的主力 IT 平台，有了集成配置器的支撑，市场、研发、供应链、服务等各个环节使用的公共数据都集中在一起管理和发布，研发在此维护配置算法，市场用它来报价，供应链用它来处理订单，工程服务、培训、维保、商务费用等也均在此设置。

经过两年上线推行，从集成配置器的上线效果看，综合报价效率提升 30% 以上，缩短合同处理周期 25% 至 30%，合同履行准确率提高 35% 至 40%，由于集成配置器数据准确、刷新及时，合同更改率从 32% 下降到 10.7%。更重要的是，这是华为针对其核心业务流程自主研发 IT 系统的里程碑事件，它给华为信息化建设的方法论带来了优化的空间和自信，从而逐步在公司内形成了软件包驱动与核心竞争力业务自主研发结合的信息化策略。在之后的流程优化和 IT 建设中，华为又识别出了高可靠性、安全性设备的研发等核心竞争力业务流程，并参照集成配置器的实践，进行了成功的流程优化和IT建设。

从集中管控到面向市场的IT平台阶段（2006—2011）

2005年，华为员工发展到3万人，3G通信技术展开大规模研发和全球市场推广，海外销售额达到34亿美元。作为一个追赶者，华为必须在销售、订单、发货等环节的灵活性和高效性上取得竞争中的优势地位，于是在这些环节原有软件包的架构上，自主构建了灵活的流程和IT系统，并快速迭代创新，支撑了公司全球业务的大规模发展。2006年，华为海外销售达到72亿美元，第一次超过国内市场。面对日益庞大的组织和复杂的业务，华为提出建立支撑超越竞争对手的严格、有序、简单的管理体系。为此，公司开始重塑信息化管理能力，立足已经建立起来的管理平台，打通流程断点，简化管理，优化资源配置模式，在构建支撑未来信息化作战的业务变革管理体系（Business Transform Management System，BTMS）方法论的支持下，华为成功地在集成财经体系（Integrated Financial System，IFS）和线索到回款（Lead to Cash，LTC）等大型管理变革项目中应用，获得了巨大的成功。

推行架构管控优先的信息化管理模式（2011—2016）

2011年，华为拥有14.6万名员工，遍及全球140多个国家和地区，其中外籍员工占20.19%。华为当时已经发展到拥有运营商网络、企业业务和消费者业务三大集团，全球有100多个代表处，因而IT建设的标准化管理问题显得尤为重要。2011年，华为在流程和IT建设上的投资占销售收入的1%以上（2016年达到2.5%），流程与IT的人均服务比为1∶100，流程和IT的集成变革在支撑华为全球化方面发挥着重要作用。如此庞大的组织必然存在业务复杂、规则繁多的问题，仅仅通过变革方法论和项目管理、流程管理还是力不从心，华为发现，只有抓住流程和IT系统的核心架构管理才能保证变革的有效落地。华为在流程和IT变革的这个阶段中，逐步探索和总结出企业架构管控的方法，即企业架构（Enterprise Architecture，EA）方法论，执行企业流程和IT先规划架构和标准、再建设和优化原则。

全面云化与数字化转型战略（2016 年至今）

未来的社会将逐步走入智能社会，智能社会就是万物感知、万物互联、万物智能，云及云服务、大数据及人工智能是企业信息化发展的核心。华为于 2016 年提出了 IT 系统全面云化、服务化的战略，通过 ROADS，即实时（Real-time）、按需（On-demand）、全在线（All-online）、服务自助（DIY）和社交化（Social）的体验驱动华为信息化建设，实现云化、服务化的大平台支撑业务高效运作。

8.6 华为的风险管理

内控风险体系建设

华为公司涉及的业务范围非常广泛，支撑的业务部门非常多，虽然有组织和流程的匹配和运营，但系统性风险依然存在。如何能保证公司的长治久安，使业务有效运转，以及消除规模性腐败？华为公司希望通过内控体系的建立来对业务流程进行必要的审视和监督。通过主动性测试、主动性审视、半年度内控评估等工具的应用，引导各级流程责任人/业务管理者进行自我评估，提升流程管理与业务控制水平，识别业务风险和改进，有效防范业务内控风险，促成业务目标达成。

华为对所有流程都要求按照职责分离的原则落实，在建设流程的同时，考虑相应内控流程体系的建设，提升流程内控管理水平。内控流程体系与业务流程体系并列，由董事会和监事会负责对一级流程进行监督；二级流程由常驻地区部或者事业部的董事和监事负责监督。相应责任人要端到端地负责内控流程体系的建设、推行和优化。

在责任方面，与业务流程一样，内控体系也需要确定流程负责人及其职责，并由公司签发任命，明确内控关键角色职责及运作管理要求。相应责任人要定期召开内控工作例会，讨论、解决内控日常相关问题，跟踪关键问题，推动改进措施落实。

风险控制体系三层架构

华为通过诚信环境建设、业务流程监控、独立的审计威慑这三维内控流程，打造华为公司从点到线、面及场的内控三层防线有效监控体系。

内控建设工作思路是：点，针对业务痛点展开专项改进；线，落实各级管理者及项目层面的内控责任；面，审视审计、稽查发现的高风险点，优化流程/IT和业务规则；场，营造良好的内控氛围，加强行为管控、意识提升，遏制腐败。

第一层防线：业务运营管理者承担风险和管控的天然直接职责。作为三层防线中的第一层，业务管理者对风险及风险管理承担着直接的职责。他们负责内控及风险管理动作在业务日常运作中的有效实施，承担着识别、评估、控制和处理风险，对内部政策和流程的执行进行监督，保证各项措施对企业或组织经营目标进行有效支撑的职责。

第二层防线：风险管理和其他组织，专注第一层防线无法解决的跨流程、跨业务的风险及内控难点。具体职能包括：企业风险管理职能和成立公司各类跨部门、跨业务、跨流程的重要风险管理委员会，往往由各相关业务的高级主管构成的圆桌会议，定期解决第一层防线过滤来的重要问题。目标有两个：一是监督第一层防线的管控责任结果，审视其管控设计是否合理、执行是否有效、运作是否正常；二是补充解决第一层防线限于部门墙、组织地位、影响力等原因不能解决的问题。

第三层防线：内部审计站好管控体系最后一班岗，独立威慑、合理评估。一个专业高效的内部审计职能是企业有效治理的必然要求，内部审计基于独立性和客观性，给公司提供综合的独立鉴证意见。一是通过持续对第一层、第二层管控责任结果的审计，保持他们的警惕性和管控责任结果落实；二是一支高效的审计队伍本身就是对前端业务的一种威慑，保证整个组织在风险管理和管控上始终"不松弦""不掉劲"。

企业或组织中存在三层各自分离且又有清晰定位的防线组织时，风险管理将实现最优的效果。三层架构体系有几个特点：一是责任中心在前，二是持续保持层次，三是效率优先、保持活力。从这样三个维度审视华为公司的内控和风险管理框架，会发现还存在很大的整合、协同、增效的空间。例如，管控责任重心存在偏后的迹象，管控和业务执行还没形成真正的协同效应；各种管控活动开展频繁，但一些跨业务、跨流程的老大难问题一直没有平台解决；整个组织中检查和建设的比重是否最优也需要谨慎审视。

内控工具的运用

内控担负着公司运营安全监督的重大职责，必须要有明确的运行标准，内控工具可以提供标准化的模板，让内控更加规范合理。半年度内控评估（SACA）是一种内控自评机制，在各级组织的协助下由业务管理层/流程 Owner 负责实施，目的是各级管理者通过这种方式主动自我暴露所辖领域的内控问题。如果某领域的 SACA 结论是"不满意"，通常会给予 12 个月的改进期，期间不会安排对该领域的审计，直到其 SACA 的评分结果为"尚可"或"满意"。

管理平台及网状信息桥的建设

直线行政指挥系统将充分利用多级业务管理平台，由秘书管理系统手拉手结成的网状业务信息桥，有效地对经营目标与利益分配进行管理。行政系统管理是纲、业务管理是目，纲举目张。这种管理体系上的创新，将在根本上克服过去管理过程因信息不畅、失真而产生的瓶颈与失效。并且使责任到位、分工明确，有利于各机构与各员工做出客观公正的评价，形成强有力的制约机制，从而获得管理上的进一步开放，大大提高工作成效。[①]

任正非用网、网绳和网眼来比喻企业业务、业务主管和一线管理者之间的关系，非常形象和到位。他认为，业务管理是"目"，把目（业务管理）分成很多小网眼（权力中心），这一个个小权力中心拼起来就是一张大渔网，少了一个网眼鱼就会钻出去。不重视每一个小网眼（权力中心）的建设，就会造成鱼死网破的失误。抓鱼不靠绳子，而要靠网眼，网眼就是业务部门，在执行这项业务时，它是最高权力机构，并不因地位低而无权，只有它能把鱼给套住。华为公司的网是由不同类型的网眼组成的，当出现一条一个网眼挂不住的大鱼时，就要充分调动各项资源，让许多的网眼组成网团，从而将大鱼紧紧地包围、捕捞起来。各级主管就是网绳，网绳的

---

① 出自任正非1996年6月30日在市场庆功及科研成果表彰大会上的讲话"再论反骄破满，在思想上艰苦奋斗"。

作用就是考核、检查、监督、计划，使网能最大限度地张开，如果网不张开就无法抓到鱼，这就是直线领导系统，它解决了人对人的领导，这就是纲举目张。目标管理意味着谁对目标最了解，谁就能尽快成为解决问题的责任中心，由他来调动和利用一切资源，来解决资源建设的问题。项目经理在执行大项目跟踪过程中，要学会充分调动公司的各方资源。调动资源的人一定要明白资源是如何被利用的，围绕着目标的完成来调动资源。如果他不学会调动资源，就只能抓几条小鱼而让大鱼溜走。调动资源要用最简单、快捷的方式，按照ISO 9000流程去调动已规划好的资源，这时也相当于给项目经理实施了最高授权。在抓鱼过程中充分调动资源的方式就是矩阵管理。①

8.7　华为与思科的比较

华为与思科都是非常重视管理运营的企业，思科的供应链管理水平和质量在全美排名第五。大企业通常会寻找一两个战略来寻求成功，而思科最重要的战略之一就是卓越运营，包括它的流程、供应链和价值链。思科的管理运营体系支持它扩大规模，快速覆盖全球市场。在思科看来，大科技企业与小科技企业的最大不同是：大企业的管理运营体系帮助它不断地将新技术和新产品快速推向全球市场，小企业虽然有新技术和新产品，但是，它的运营体系不足以支持它走向世界。因此，思科通过并购不断获取新技术和新产品，通过其高效的端到端价值链体系，在市场上保持领先优势。

华为高层深入洞察西方企业成功的关键秘密，战略性地将管理体系的建设放在优先地位。1996年，华为首次提出了成为世界一流企业的战略愿景，在设计达到这个战略目标的路线图中，提出了三步走的战略：三年内生产和管理与国际接轨，五年内在营销上与国际接轨，十年内在科研上实现国际接轨。它将管理水平的提升放在最优先的位置上，意识到管理平台的重要性，认识到管理能力代表着系统整合能力，没有管理，人才、技

---

① 出自任正非1997年2月26日内部讲话"坚定不移地推行ISO 9000"。

术、资金就形成不了合力。正是在这种认知基础上，华为在过去30年时间里投入巨资，从IBM、埃森哲等国际咨询公司购买管理和信息系统解决方案，将其植入华为管理体系建设中。很多企业在发展中遇到瓶颈，主要原因是把主要精力和资源投入市场拓展，对管理体系的提升重视不够，在管理基础不扎实的情况下盲目扩张，导致成本大幅上升，运营质量出现严重问题，对市场的响应能力严重滞后。

华为在管理变革中也遇到了很多东西方文化冲突的问题。西方管理体系的规范化给中国企业的灵活性和变通性带来了很大掣肘，华为基于百年来中国没有出现世界级企业的反思和自我批判，在引入西方管理体系中跨越了中国式思维和管理风格的障碍，直面自我否定、自我变革和自我修正的痛苦，通过"僵化、固化、优化和创新"的原则，通过穿美国鞋、跑全球路的方法，实现了从本土企业向国际一流企业转型的战略目标。华为对管理变革目标的坚持和执着，对管理体系建设的巨大投入，对管理平台的持续优化，为其长远目标的实现和核心竞争力的建设，打下了坚实基础。

华为管理变革中的均衡思维，使其在确保稳定发展的基础上，间断地变革其管理体系。在推进管理体系变革的过程中，涉及很多深层结构的改变，包括思维模式、行为模式、工作模式和利益格局。华为在管理变革过程中首先采用的是压强原则，即把握方向，急用先行；把管理流程作为系统集成力量，在管理变革中舍得打炮弹，用现代化方法做现代化的东西，抢占制高点。第二个原则是不变革不能做干部。面对深层模式的改变，华为一方面通过全员培训给组织变革营造氛围，另一方面通过激励机制，将勇于参与变革的人提拔到领导岗位，给可能阻碍组织变革的人发出明确信号，彰显组织的战略意图。第三个原则是"削足适履"，针对不适应新的管理方法和管理流程的人，通过自我调整与变化适应新的工作环境的变化。

思科与华为的不同点是，思科很多管理信息系统是自主开发的，华为为了实现快速追赶的目的，采用了重点引入全球成熟管理系统的方式搭建自己的管理体系和平台。

第九章

动态赋能的组织学习体系

组织学习是指组织成员借助知识,修正或重塑组织行为的方法与过程。高度信息化的企业本身就是一个学习机构,它需要吸取环境变化的最新知识,将新知识传播给每一个员工并帮助员工赋能,因此,学习的效率就意味着工作和组织效率。阿吉利斯(C. Argyris)和熊恩(D. Schon)在 1978 年合著的《组织学习:行动视角理论》(Organization Learning: A Theory of Action Perspectire)中提出,组织学习的意义是"为了促进长期效能和生存发展,在应对环境变化的实践过程中,对原有信念、态度行为、结构进行调整"。

从学习过程上看,组织学习包括知识获取、知识传播、知识解读和组织记忆四个环节。知识获取环节关注组织知识的来源:既来自内部各个员工或团队的实践经历(直接学习),也来自组织之外的经验教训。知识传播环节强调知识传播的方向和效率:既包括从高层管理者到基层员工自上而下的传播,又包括基层到高层管理者自下而上的传播,还包括跨部门、跨组织的水平传播。知识解读关注领导人的战略意图在组织内成为共识的知识转化过程。组织记忆是组织全体成员在分享和经历大量事件后的共同体验,它影响知识复用和制度化过程,是组织知识的基础,影响组织对新知识类型、传播方向及价值的判断。

对于追赶型企业来说,高效的组织学习尤其重要。用任正非的话说,"我们一成立就在自己家门口碰上了国际竞争。通信产品都垄断在世界著名公司手里,因此,一出生就受到了著名公司的挤压,自身不硬就会粉身碎骨。没有自立的思想，一味依赖他人是没有出路的。"[①] 在任正非看来，只有全体员工，尤其是管理人员，积极主动地通过学习提高认识事物和解决问题的能力，才能带领企业在激烈的竞争中生存下来，快速缩小与世界领先企业的差距，并保持企业的竞争优势。在我们收集的80余篇任正非内部讲话中，"学习"这个词出现了220次。对于华为的组织学习，我们特别关注的问题是：

第一，华为如何激发员工自觉的学习意愿？企业员工的学习意愿与领导人的学习精神有关，与个人职业生涯发展未来有关，与竞争压力有关，与成长需求有关。组织学习只有与人的发展的内在需求和动力结合起来，成为其生命和工作中不可缺少的一部分，才能真正转化为学习的动力；而学习与职业发展的交互与融合，才能成为促进人内心成长、思维重构和技能开发的真正动力。华为是如何激发员工的学习意愿的？如何在企业发展的不同阶段设立不同的学习对象、学习重点和学习方法？其学习体系是如何演化的？

第二，华为组织学习中知识流程和知识体系的建设。如华为大学如何设立其学习体系、学习机制和学习方法？如何促进组织记忆的形成？在很多企业中，都有企业大学和负责培训的部门，关于如何设计高效的学习方法和学习体系让企业的管理者做到动态赋能，快速汲取工作中需要的知识，提升能力，华为有哪些经验和做法？

第三，华为如何做到学得深、学得快的？华为在追赶的过程中，其研发、管理和市场能力与领先国家都有很大差距，唯有提升学习的密度和效率，才有可能实现追赶的目标。在这个过程中，华为通过汲取大量外部新知识来内化和强化自身的能力，华为在学得深和学得快上有哪些具体的原则和方法值得我们借鉴呢？

9.1 组织学习构建关键能力

组织学习最重要的目标是持续地进行自我更新。在任正非眼中，"学习"意味着主动进行自我更新。自我更新的途径之一是从国际竞争对手和战略

[①] 出自1995年12月26日在年度总结大会上的讲话"失败不属于华为人"。

伙伴处引进一流的管理思想及管理工具。例如，华为曾聘请IBM公司担任其实施IPD的咨询顾问，聘请Hay公司作为其实施任职资格体系的顾问，在财务系统实施时又借鉴了爱立信的端到端回款流程等。自我更新的另一个重要途径是在实践中不断摸索、反思和总结。例如，华为将野蛮生长时期的企业文化凝练成《华为基本法》，在国际化的开拓中形成了"铁三角"作战单元，推出《华为人》《管理优化报》等多本公司内部刊物。在华为发展早期，自我更新意识较强的员工才能被提拔为管理干部，构成企业的核心，带领企业不断向国际领先的竞争对手和战略伙伴学习，同时总结和反思自身经验，最终实现后发者的快速赶超。

依据自我更新的程度不同，我们将华为的学习分为战略性学习和业务性学习。业务性学习沿着组织原有的学习轨道，不断优化和巩固既定规则，不断提炼与具体任务相关的实践知识，通过遵循、重复、延伸、强化已有的规则和经验，帮助组织提高效率，降低成本。

战略性学习要求企业在环境变化的情况下跳出原有的学习轨道，重新思考组织战略和定位。打破常规，质疑组织的基本假设，是企业创新和实现突破性成长的关键步骤。然而，由于组织的惰性、行为刚性、短期目标导向及领导人风险规避等因素的存在，战略性学习在大多数企业中往往停留在口号和认识层面。相比之下，华为却常常发起自我挑战。1996年，华为市场部上千人的大辞职打破了野蛮生长阶段论资排辈的晋升阶梯，开通了华为公司内部岗位流动制度化，使职务重整成为可能，也为后来任职资格体系的迅速推广打下了基础。1998年前后，华为重新评估企业的研发流程和效率，坚定地引入IPD系统，使得企业拥有了一流的研发管理水平，终于可以与顶尖企业一较高下。2001年，当华为国际化战场不断传来捷报，国内业务如火如荼时，任正非提出了"华为的冬天"，带领企业思考繁荣背后的管理危机，寻找管理效率的改善空间，进而引发了一系列管理流程变革。2007年，华为7 000多名员工集体辞职，废除工号制度，再次颠覆多年形成的职场等级制度。2008年，当华为的管理平台依次构建、管理体系逐渐成熟时，华为再一次挑战自上向下的规范管理，提出从一线向平台逆向梳理组织流程，开启了从"以技术为中心"向"以客户为中心"

的转变。2017年，华为将大批资历深厚的研发人员派往海外市场等一系列举措，都是华为自我更新的一部分。

这些大刀阔斧的改革和战略性学习并非随心所欲、多多益善，企业的变革在为企业带来生机的同时也隐藏着巨大的失败风险。因此，很多企业在稳定与变革之间难以抉择，什么时候、以什么方式进行战略性学习成为企业面对变革的最真实心态。任正非很早便注意到战略性学习与业务性学习之间的辩证关系。1995年，任正非在"上海电话信息技术和业务管理研讨会致谢辞"中提到："若我们只顾眼前的利益，忽略长远投资，将会在产品的继承性和扩充性上伤害用户。当前，今天的谷贱伤农与明天的先进目标困扰着我们。要了今天就会误了明天，要顾及明天，今天就难生存。"在推进战略性学习的过程中，他一方面鼓励员工们大胆地进行自我批判和反思，另一方面又谨慎地维护着变革后的成果。他在组织内部讲话中一再强调避免盲目创新，提出了"领先半步是先进，领先三步成先烈"[1]"要站在巨人的肩膀上前进，不要过分狭隘的自主创新"[2]"无边界的技术创新有可能会误导公司战略"[3]"我们应该演变，有所准备，而不要妄谈颠覆性，我们是为价值创新而创新"[4]等观点。这些鼓励变革和遏制创新的言论看似矛盾，但却孕育了华为获取、传播、解读知识和沉淀组织记忆的独特方法和原则，提高了企业在不确定市场和竞争环境中的适应能力。

9.2 组织学习的方法与演进

知识获取是组织感知学习信号、启动学习过程的第一步。在知识获取环节，华为的学习原则体现为广泛来源、自主学习和向失败的经历学习。这三个学习原则侧重在认知层面提高全体员工的主动学习意识，重在树立一种持续优化、不断进取的学习信念，激发员工学习的内在驱动力，同时

---

[1] 出自任正非讲话"华为公司的核心价值观"（2007年修改版）。
[2] 出自EMT纪要[2006]031号。
[3] 出自任正非2014年4月23日与上研专家座谈会上的讲话"一杯咖啡吸收宇宙的能量"。
[4] 出自任正非2013年12月28日在2013运营商网络BG战略务虚会上的讲话及主要讨论发言。

鼓励员工探索合适的学习方法。

大力推动自主学习

在华为，自主学习是任正非对管理干部和杰出员工的要求，也是他对包括新员工在内的普通员工的期待。任正非对管理干部说，自主学习才能扩大知识和能力范围，迎接新时代的挑战。"要多读些书，多看些书，提升自己的本领，扩大自己的知能范围——知识范围和能力范围，然后使自己能够迎接新时代的发展。未来总裁可能就在在座的人中产生。"①

他对华为十大杰出员工说，只有自主学习才能造就杰出人才。"知识点滴在积累，方法在一点一滴去实践，成绩在一点一滴去创造。只要动脑筋，善于用纸笔去总结，几年后您再来看自己，就有些奇怪进步为什么这么大。华为是一个大学校，它在改造人，培养造就人。"②

他对市场人员说，自主学习能够从实践中摸索规律，更快地提升自己。"每个市场人员，都要利用点滴时间自我培训，每天、每时与每一个人打交道，您都是受着不同方位的培训，您不自觉罢了。我们提倡自觉地学习，特别是在实践中学习。您自觉地归纳与总结，就会更快地提升自己。"③

他对新员工说，自主学习才能为企业贡献力量。"一个高科技产业，员工没有文化是不行的，因此员工可以在业余时间有计划地读些书，善于总结，不断改进，积累知识，实践方法，不断提升自身的文化水平，为企业的发展贡献自己的力量。"④任正非在1999年的"答新员工问"中讲道："技术培训主要靠自己努力，而不是天天听别人讲课。其实每个岗位天天都在接受培训，培训无处不在、无时不有。如果等待别人培养你成为诺贝尔，那么是谁培养了毛泽东、邓小平？成功者都主要靠自己努力学习，成为有效的学习者，而不是被动的被灌输者，要不断刻苦学习提高自己的水平。"

---

① 出自1996年4月6日在十在杰出员工表彰大会上的发言"反骄破满，在思想上艰苦奋斗"。
② 同上。
③ 出自1997年1月任正非在来自市场前线汇报会上的讲话"不要忘记英雄"。
④ 出自任正非1994年12月25日"致新员工书"。

领导人成为学习的表率

任正非个人的知识来源非常广泛,他常常从旅行、走访、讲座、新闻中捕捉微弱的学习信号,形成对企业环境、市场、变革和未来发展的启发、认识和判断,并将自己的学习心得写成报告分享给所有员工,对员工们的全球视野的形成、知识传播和组织记忆的形成具有重要作用。他本人这种"三人行,必有我师"的学习心态在组织层面的知识获取上也留下了很深的印记,成为华为在公司层面的重要知识获取原则。1998年,任正非从阿联酋的考察经历里体会到企业文化的重要性,并提出:"我们认为资源是会枯竭的,唯有文化才会生生不息。我们公司一无所有,只有靠知识、技术,靠管理,在人的头脑中挖掘出财富。这一点是我在阿联酋考察时所得。阿联酋作为一个沙漠里的小国,他们和以色列一样非常伟大,他们把石油所得资金转化为一种民族文化,让全民族的人都到英国、美国等世界各国接受良好教育,通过这种不断的循环,用一百年的时间,成为一个非常发达的国家。"[①]

从企业内外失败的案例中学习

华为领导人的忧患意识和危机意识,使得组织高度重视也十分擅长从失败的经历中总结经验。与一般企业的危机处理方式不同,华为对危机的处理并不局限于圆满解决危机事件,而是更关注危机事件背后的原因,进而从组织结构、流程、服务方式上避免组织未来遭遇类似的危机问题。1995年年底,一路高歌猛进的华为市场部遭遇了巨大失败,在国内西部五省的所有通信设备招标中无果而归。华为认识到"个人英雄主义"和"组织山头"的危害,毅然发动了1 000多人的集体大辞职,最终在企业中引入了淘汰机制,在一定程度上保证了组织活力。1998年,为了做出质量过硬的交换机产品,华为的研发部分和中试部门通过反复听取客户投诉、抱怨的录音,讨论产品和服务改进方案。2000年,华为中研部将呆死料作为奖品和奖金发给了研发部骨干,牢记研发浪费和失误的教训。2007年,华

---

① 出自任正非1998年在联通总部与处以上干部座谈会上的发言"华为的红旗到底能打多久"。

为在海外的市场团队在苏丹电信的移动通信网络竞标项目中失败，使得华为反思与"以客户为中心"相匹配的组织架构。2017 年，华为 P10 手机的闪存性能遭到客户投诉和质疑，华为迅速推出了"消费者聆听特别行动小组"，再次发起对工作流程和服务态度的改进。

从实践中学习

从实践中学习对员工和企业而言非常重要，华为的很多管理经验都是通过摸着石头过河、在实践中积累和优化的。任正非对新员工说："实践再实践，尤其对青年学生十分重要。唯有实践后善于用理论去归纳总结，才会有飞跃的提高。"事实上，作为一个起步晚、资源少的民营企业，在很多时候，华为不得不依靠自己。在几十年摸爬滚打中，动态赋能是华为获取实践知识的一种典型做法。

动态赋能的重要性

动态赋能指根据竞争对手的策略和实践的需要，及时补充新的知识，快速学习和迭代认知与技能，调整自身决策和行为的做法。面对每一场与竞争对手的"战斗"，"华为都会通过座谈的方式进行一次跨部门协作。沟通部门包括战略管理部门（分析客户需求）、市场部（分析对手及其优势）、解决方案、商务部、IT 支持部以及其他相关部门。我们针对具体情况进行总结，类似联想的复盘。"被访者给我们分享了两则小故事，一则是华为在面试中学习被试者的专业知识用于面试人才选拔，另一则是华为在报价中学习竞标者的报价来寻找交易机会。

案例：华为面试方法论及学习方法

面试也是华为快速获取知识的重要方法。华为在面试任何一个人时，会面试同类水平，但分属不同企业的人。在做第一个面试时，华为人会用 10% 的时间提出问题，认真倾听对方的介绍，快速吸收和获取信息，获得对新课题的基本认知和了解，只是偶尔插插嘴；在面试第二个人时，会在获取知识的基础上，用 30% 的时间提出更专业的问题；但在面试第三个人时，则在掌握基本概况的基础上追问更深入的问题。华为还非常重视与高水平的人进行交流，通过面试提问的方法论，提高获取知识的速度和效

率，获取更多的信息量。每次华为在招聘人才的时候，公司都会对面试技巧进行培训，总结很多他人的经验和套路，以提升综合面试能力。在面试过程中，华为的面试人员实际上只问三到五个问题来判断对方的反应、思路、能力和稳定性等。同时，在面试的过程中有意识地对竞争性企业和竞争性产品的优劣进行比较，以快速获得有价值的信息支持判断。华为把面试当成了一个学习的机会，在第二轮的时候就可以与对方进行平等交流，因为对优劣有了更清晰的了解和积累。在积累之后，有人会将面试过程进行总结，人力资源部会将这些知识转化为培训课程和资料，培训的内容很有意思，包括如何面试人、如何做出判断等。

案例：研究竞争对手巧获订单

华为与爱立信曾共同投标，争取客户。爱立信给客户的报价方式是产品的价格设置得较低，但设备维护费用逐年增加。爱立信首年维护费用是1亿元，次年的维护费用是3亿元，第五年的时候是10亿元。最初，华为直接照搬这个报价方案，但客户对高昂的维护费用颇为不满。一个客户质疑华为说："你们维护费用为什么1年就1亿元，是不是设备质量不行？3年以后设备还能用吗？"针对客户的反馈，华为重新分析了爱立信的报价，认为其产品报价已经接近成本甚至低于成本，其收入主要来源是设备维修费用。于是，华为调整了报价方案，将产品价格略微提高，同时维护费用大大降低，甚至承诺在第三年免费为客户维修设备。采用新的报价方式后，华为在保证盈利水平的前提下赢得了客户的信任。华为在与爱立信交战过程中学习到了这一点，并且对战略立即进行了调整，最后取得了"战斗"的胜利。

向国际领先企业和客户学习

华为的学习对象众多，学习内容非常宽泛。这一点在公司起步阶段尤其明显。从发达国家和内部优秀员工身上，任正非认为华为员工应该学习他们一丝不苟的工作态度和敬业精神。在"致新员工书""反骄破满，在思想上艰苦奋斗""向美国人民学习什么?""在实能够践中培养和选拔干部"等多篇内部讲话里,任正非多次提到要向日本人、德国人学习脚踏实地、真正负责的实干精神,学习美国人民的创新精神。

从国外著名公司身上,任正非认为华为员工应该虚心学习其领先的技术和积累的经验。IBM、Hay、埃森哲、爱立信等知名西方企业都曾经是华为的老师。在企业发展初期,华为曾虚心向国外领先的竞争对手学习包括研发方向、报价策略在内的多种运营经验。华为一位副总曾分享华为向爱立信学习的例子:华为在研发上花费巨资跟随爱立信"卖产品—卖网络—卖解决方案—卖交钥匙工程"的研发导向,用于弥补自身研发能力欠缺、市场运营经验欠缺的短板。

从国内同行业竞争者身上,任正非提出要学习其行业和市场经验。华为的管理者在访谈中多次谈到,中兴和联想都是很受华为尊重的企业。中兴的内部管理、激励机制和跟随策略有独到之处。联想的 PC 机做到成本透明化,能够在世界上占有一席之地,有很多独到的地方。联想不是一个纯粹以核心技术取胜的企业,它以生产和销售为主,但也形成了它独特的核心竞争力。

客户也是华为最重要的知识来源之一,因为从客户反馈中不仅能够得到当前产品的优化建议,还能够洞察企业未来发展。任正非曾说,华为生存下来的理由是为了客户,客户是华为之魂。他要求研发部门所有副总裁级的员工要建立每周几次见客户的制度,要记得住市场人员、客户的名字和电话,要将"以客户为中心"的价值观融入流程和制度中。2009 年前后,华为的发展战略从以技术为中心向以客户为中心转移,任正非认为充分考虑用户的需求和用户导向性是十分重要的。华为在进行产品开发和解决方案制订的时候要围绕客户需求持续创新。在管理和流程上要坚决反对盲目创新,要在原有的基础上不断改良和优化。因此,向用户学习也成为华为公司强调的重点。此外,任正非还善于从走访经历、新闻报道中捕捉微弱的学习信号,逐渐形成组织的管理观念和未来规划。表 9.1 总结了 1988 年到 1997 年任正非讲话中涉及的学习对象和学习内容。

表 9.1　华为针对外部知识来源的主要学习方法

学习对象	学习内容	任正非讲话和访谈内容举例
发达国家和内部优秀员工	工作态度和敬业精神	"丢掉速成的幻想,学习日本人的踏踏实实、德国人一丝不苟的敬业精神"(致新员工书,1994)
		"向德国人民学习一丝不苟的实干精神"(反骄破满,在思想上艰苦奋斗,1996)
		"(与公司建立生死与共的命运观念)这一点一定要向日本人学习,一定要向德国人学习,学习他们那种一丝不苟、踏踏实实的实干精神"(在实践中培养和选拔干部,1999)
		"我对奋战在各条战线、为此成绩而努力的人们,表示真诚的祝贺。他们都是在思想上艰苦奋斗的榜样。我们要向他们学习,踏踏实实、矢志不渝、集中精力钻研一项成果的精神"(反骄破满,在思想上艰苦奋斗,1996)
		"英雄就在我们的身边,天天和我们相处,他身上就有一点值得您学习"(不要忘记英雄——在来自市场前线汇报会上的讲话,1997)
国外著名公司	国际领先的管理经验	"与国际著名公司相比,华为还缺少可比性……华为的队伍年轻,敢想敢干,在局部上突破一些技术的前沿,取得了进入国际市场的资格,但面对国际复杂网、多网合一的现状,华为年轻的队伍还需要不断地向国际著名的公司学习,找出差距所在,积累国际经验,还需要百倍的努力"(再论反骄破满,在思想上艰苦奋斗——在市场庆功及科研成果表彰大会上的讲话,1996)
		"现在公司在产品发展方向和管理目标上要瞄准业界最佳,我们制定的产品和管理规划都要向它们靠拢,而且要跟随它们并超越它们。如在智能网业务和一些新业务、新功能问题上,我们的交换机已领先于西门子了,但在产品的稳定性、可靠性上我们和西门子还有差距。我们只有瞄准业界最佳才有生存的余地……当务之急是要向国外著名企业认真学习"(华为的红旗到底能打多久,1998)
		"华为成立十年来,紧紧追赶一切优秀的竞争伙伴,逐步形成了自己的产品系列……一切正派经营的厂家都是我们学习的榜样……华为与世界著名公司在管理上还有巨大的差距,我们一定要向朗讯、爱立信、诺基亚、西门子、阿尔卡特等世界著名公司学习,不断缩小与它们的距离"(在自我批判中进步——任总在GSM鉴定会后答谢词,1998)
国内竞争对手	行业和市场经验	"我们的竞争伙伴04机、大唐、中兴新都有十分明显的进步。04机市场的覆盖面比我们大,中央对他们也比较支持;大唐有着十所十来年国家级科研打下的底子,在科研的深度上、广度上都得天独厚,有着部的帮助,他们对电信的系统认识比我们深刻;中兴新公司与我们同处深圳,朝夕相处,文化比较相近。中兴在'做实'这个方面要值得我们基层员工好好学习。华为在'做势'方面比较擅长,但在做实方面没有像中兴那样一环扣一环,工作成效没有他们高"(再论反骄破满,在思想上艰苦奋斗——在市场庆功及科研成果表彰大会上的讲话,1996)
		"我们在向竞争对手学习的过程中,一定要想办法发现对方的优势和软肋,明确我到底要学什么,怎么学"(员工访谈笔记,2015)

续表

学习对象	学习内容	任正非讲话和访谈内容举例
客户投诉和批评	产品和服务的改进方向	"研发副总裁的人员名单要上报到客户群管理部,客户群管理部要把对他们的考核交到研发干部部。他们每周也要见几次客人,次数由你们定。坚持与客户进行交流,听一听客户的心声,我们就能了解客户好多想法。我们今天之所以有进步,就是客户教我们的"(任正非在华为研委会会议、市场三季度例会上的讲话, 2014)
国外新闻时事	工作态度	"任正非常常能从国外的各种旅行和时事中看到值得他和华为公司学习的事情"(员工访谈笔记, 2015)

9.3 组织学习与知识传播

知识传播是个人学习成果向组织层面知识资产转化的关键步骤。在将外部知识转化为组织内部知识的过程中,华为以"僵化、优化、固化、创新"为原则;在组织内部传播知识的过程中,华为重视跨部门、非正式的知识传播途径;在组织内部知识自上而下传播过程中,华为更加依赖正式的、规范的传播途径。华为在知识获取环节中重视失败经历,其知识传播也重视负面情绪的疏导。华为并不害怕暴露问题,甚至认为暴露问题才能使企业发生蜕变,创造真正属于企业的知识。

促进跨部门学习

为了更好地进行知识优化和创造,华为开通了一系列跨部门和打破层级的知识传播通道,包括跨部门沟通协作团队、心声社区、民主生活会、述职大会等。这些途径更多地侧重以非正式方式疏导个人、团队和组织层面的负面能量,避免组织形成惰性和路径依赖,期待从尖锐的冲突中发现组织病症,从而激发组织的活力。

跨部门沟通协作团队在华为中有多种形式,在管理变革、合同谈判、开拓市场、招募人才中均发挥了重要作用。在 IPD 系统的优化过程中,为了在企业中实施 IPD 理念,打通全流程,任正非建议采用跨部门小组,先把市场、用服、研发打通,然后再把生产、采购捆进来,共同整改流程打通问题,简化程序。跨部门小组代表公司,有决定权,统管所有的流程。而且,这个小组主要是理顺产品线全流程,并不是多了一个层级。

在与竞争对手争夺市场订单时,华为也会跨部门协作,战略管理部门分析客户需求，市场部分析对手及其优势并提出解决方案，商务部和IT支持部及其他相关部门提供技术支持。针对客户需求，市场部还形成了铁三角模式，由客户经理、产品经理和交付经理构成围绕客户需求的三角团队。其中，客户经理负责倾听客户需求、维持客户关系，产品经理负责产品与解决方案相关工作，而交付经理则从融资回款角度负责交付相关工作。三人一起办公，一起见客户，共享客户、产品、交付知识，形成既各有所长又融会贯通的灵活团队。

华为内部有大量座谈会形式的分享、总结和复盘，有些是以跨部门的方式展开，如战略管理部门分析客户需求，市场部门分析竞争对手，解决方案部门提出方案预案，商务部提出商务方案，IT部门提出如何支撑，相关部门提出配套体系。座谈会开下来，整个公司不同产品线、不同部门的联合要求体系就梳理清晰了。针对大家的座谈协商情况，资历非常老的有影响力的项目赞助人会对整个项目进行协同推进。

心声社区是华为的线上论坛，鼓励员工分享自己的真实经历与想法，甚至对一些优秀作品提供稿费奖励。员工可以在论坛上实名或匿名发帖，抨击不合理的流程制度，发泄不满情绪，暴露组织弊病。或许很多组织都会选择不对外开放企业论坛以维护组织声誉，但任正非坚持让心声社区保持开放。很多人将华为的心声社区称为"透明的玻璃社区"，因为非华为员工尽管无法参与论坛讨论，但可以浏览心声社区中的大部分内容，了解到一个不完美的、真实的华为。心声社区从2008年6月29日正式上线，已有98%以上的在职中国员工访问。事实上，很多组织问题，就是在心声社区里暴露出来，为管理层敲响了警钟。

访谈中一位高管说："当时公司开放心声社区，我内心也很有压力，反对的人也很多，我们还是坚持心声社区开放。我不明白为什么家丑不可外扬，员工只要坚持实事求是，事情是亲力亲为，有不对的地方，为什么不可以外扬？我们最近在离职员工管理上，已删除了维护公司的声誉这一条，维护是维护不住的，只有改好才行。要允许员工讲话，其实绝大多数员工偏离实事求是只是一点点，不会是黑白颠倒。心声社区开放以后，我们内部实际上是好多了。"

民主生活会是任正非从毛泽东领导共产党的方法中借鉴的沟通方法，至今已坚持了 25 年。其主要目的是及时解决团队工作问题，避免因为队员隔阂、误解而影响团队凝聚力。据老员工回忆，创业初期的民主生活会上，大家不论职位高低，都能够做到自然而真诚地进行批评与自我批评，既可以敞开心扉地审视和反省自己，又可以勇敢而坦诚地指出别人的错误，甚至积极地给出问题解决办法和建议。大家各抒己见，暴露问题后，在工作中知耻后勇并改正缺点。如果有些问题很尖锐，实在不好让某人在众人面前难堪，甚至可以先"请"某人去外面"休息"一下，然后在大家面前指出其缺点，会后再由主管私下告诉这个人，促其改正。参加会议的人也可以指出当前团队存在的任何问题，几乎不存在主管报复、个人记恨的问题。一些成员在民主生活会上就自己生活和工作中的困难和问题寻求团队成员帮助，反而更促进了队友情谊。

华为的高级干部每三个月或半年都要参加民主生活会，针对关联交易、偏离以客户为中心的价值观、干部廉政宣誓等组织弊病展开的自律宣言和整风大会也属于民主生活会的不同形式。一位副总告诉我们，"在民主生活会上，自我批判要'严'，批判别人要'温良恭俭让'。大家在开会时似乎达成了一种默契：开庆功会，总说别人做得好，自己做得差；开批判会，先说我错在哪里，再说别人错在哪里。"

述职大会与战略制定过程

华为的述职大会是其组织学习的一种重要形式，这里融入了战略决策、战略调整、战略落地、自我批评、组织共识的达成、组织记忆、跨部门协作与自愈能力等多种元素。在高层设定下一年的战略目标时，这些目标会被分配给全球各个区域和各大业务板块的负责人。在由高层组成的述职大会上，各战略单元第一负责人首先要对过去一年的发展做自我批评，同时对未来达成目标的可行性提出自己的看法。如果目标太高，或实现目标的资源不够，在述职大会期间可以向上级陈述，上级会酌情调整。在核心级干部的述职大会上，这种讨论对主要干部理解各战略单元的自我评价和战略意图极其重要，这一上下级讨价还价和信息交换的过程，一方面有助于战略共识的达成，另一方面也是对战略是否能够真正落地、实现中的困难是什么等关键问题下情上传的过程。在高层述职大会之后，同类型的大会将在中层级别展开，任务被进一步分解，上级和下级的信息震荡进一步深入，可行性的问题在这个过程中进一步明晰化。之后，项目负责人在下一级别的大会上将直接布置任务，战略目标分解到每个团队和人身上，在认知层面的战略落地过程基本完成（参见图9.1）。述职大会的关键是华为中高层管理者向决策层传播知识的正式通道，主要目的是优化管理流程、实现以结果为导向的管理。很多公司将述职报告视做普通的工作报告，但华为的述职报告与中高层管理者绩效承诺制度、末位淘汰制度和自动降薪机制结合，成为激发组织活力的又一有力工具。华为的述职大会带着浓郁的批评与自我批判的色彩。不少员工反映，述职会议让人并不好受。更残酷的是，华为强制在管理干部中推行5%的末位淘汰。任正非说华为的干部不是终身制。连同高级干部在内，在任期届满，干部要通过自己的述职报告，以及下一阶段的任职申请，接受组织与群众评议，以及重新讨论薪酬。

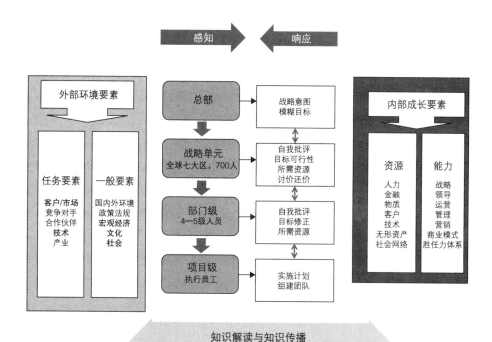

图9.1 华为的述职大会与组织学习

直面企业问题的学习改进

华为在《华为人》《管理优化报》及公司各种文件和大会上，不断地公开自己的不足，披露自己的错误，勇于进行自我批判，揭示企业在管理和运营中的种种不足和问题。一批先知先觉、先改正自己缺点与错误的员工快速地成长起来。这种方式也鼓励员工在自我批判中学习提升。华为内部的报刊、文件和大会成为组织学习的制度化渠道和知识库。通过这种组织学习的方法和模式把个人知识变为群体和组织的知识，把隐性知识变为显性知识，有利于华为整个企业组织学习的开展。为了适应互联网的发展，《华为人》《管理优化报》编辑部还推出了"华为内刊"App。

"华为公司有一个《管理优化报》，是专门批评自己的，也就是揭露丑陋的华为人。这就使得员工能够发现自身的不足和失败的原因，从而能够更好地改进，也为今后的工作提供支持。例如，天津管局来华为公司访问时，提了一些意见。华为中研部、中试部的全体员工就组织听录音，认真反思，撰写心得，《管理优化报》把它编成了一本书，叫《炼狱》。这就是从错误中积累经验，让以后的研发人员也要明白，怎么从对研究成果负责任转变为对产品负责任。"①

随着信息技术的飞速发展，华为传播知识的手段也在以往的纸质版办刊的基础上增加了各种类型的线上和移动渠道。由汇思团队开发的i-Learning平台在公司内部整体知识的分享和更新上发挥了重要作用。i-Learning平台围绕市场体系的几类主要人群，形成学习专区，并在专区的基础上发布专题学习资源简报、嵌入任职标准，并形成有声学习资料。

以i-Learning在市场销售体系的应用为例。i-Learning平台设计和建设的学习专区包括干部学习专区"区域Marketing管理者学习专区"，专家学习专区"海外高端专家发展项目学习专区"，专业任职资格"战略与Marketing任职资格学习专区"，以及和业务相关的"2010年客户战略痛点分析有声资料专区"。通过专区的形式，依托i-Learning平台把公司和市场

---

① 出自任正非1998年在联通总部与处以上干部座谈会上的发言"华为的红旗到底能打多久"。

销售体系好的方法和经验，向重点人群进行传递，提升营销一线的作战能力，从而提高华为公司的整体营销能力。

在完成学习资源建设的基础上，i-learning 还支持多种手段进行学习资源的传播工作。一是整合发布战略与 Marketing 学习资源简报，向组织广播市场营销体系和公司级好的学习资源。二是通过员工任职标准嵌入学习资源，让员工通过任职要求提升能力，学习相应知识点。在了解员工任职标准优化的基础上，进行学习资源的梳理并分门列类，让员工能够清晰地认识到能力上的不足，帮助员工学习标杆，提升能力。

9.4 学习的开放性与多样性

华为的知识传播过程决定了知识解读的多样性和丰富性。这为知识创造提供了丰富的素材，同时也为组织协作带来了阻力。那么如何在保持知识多样性的前提下，提高知识的利用效率，在团队和组织层面达成共识呢？任正非在 2009 年的市场工作会议上首次提出"开放、妥协和灰度"的思想。

开放原则

组织在知识匮乏时，开放地学习外部知识才能迅速补齐短板、紧跟时代变化。随着知识逐渐积累，更要以"空杯心态"保持谦虚和开放。任正非在 2010 年的"开放、妥协与灰度——任正非在 2009 年全球市场工作会议上的讲话"中强调了开放学习、吸收能力和紧跟时代的重要性："其实由于华为取得了一定的成功，我们现在越来越自信、自豪和自满，其实也在越来越自闭。我们强调开放，更多一些向别人学习，我们才会有更新的目标，才会有真正的自我审视，才会有时代的紧迫感。"

在满足客户需求时，开放心态能够避免视野狭隘，真正实践以客户为中心的价值观。2008 年，任正非在"什么叫幸福？人生攒满了回忆，就是幸福？一文中说道："为更好地满足客户需求，建设百年教堂，平台必须坚持开放与创新。一个不开放的文化，就不会努力地吸取别人的优点，是没有出路的。一个不开放的组织，会成为一潭死水，也是没有出路的。我们在产品开发上，要开放地吸收别人的好东西，要充分重用公司内部和外部的先进成果。"

冗余学习

冗余学习又称多团队学习，它深受华为早期赛马文化或称内部竞争文化的影响。华为内部团队之间、项目之间的比拼，被形象地比喻为赛马。即以团队和项目组为单位"赛马"，争当先进。任正非曾强调，在地区部专业业务骨干、代表处的专家队伍的选拔上，可以通过赛马来产生。多团队学习方法或冗余学习，就是从不同方向上展开学习。冗余会带来多种不同的解决方案，增强对问题多方位的思考和探索。这种"冗余+比赛"的多团队学习，有助于华为以压强形式在某个领域实现突破。"对竞争对手的学习可能有 5—6 个团队同时在做，这在内部形成了一种学习冗余，但也通过内部机制最大限度地激发团队潜力，筛选出最好的方案。"①

9.5 组织记忆的形成与积累

组织记忆是组织沉淀知识、固化经验、形成文化的过程。从始至终，任正非都非常重视对经验和教训的总结，希望全体员工能够从华为过去 30 年取得的成功和受到的挫折中，总结华为在组织学习方面的价值观、思想方法和管理原则，以识别那些未来能够支撑华为长期成功的关键要素，以及那些未来可能导致华为走向失败的潜在风险。通过知识沉淀，华为期待未来的接班人学习、理解、传承公司管理思想，以指导和帮助华为继续活下去，实现长治久安。同时，通过企业内广泛的开放研讨，使这些指导华为成功的管理哲学获得组织内外广泛的理解与共识，深入人心，促进企业整体的学习。

组织记忆的积累与价值

在《华为基本法》、各种内部报刊、心声社区上留有大量组织学习的痕迹，那些组织学习痕迹是如何沉淀为组织知识，并用于指导组织未来发展的呢？总的来看，华为从创立之初就在开始摸索和总结包括新员工在内的普通员工培训方法，在华为加入领先企业阵营之后，它越来越多地关

---

① 出自作者团队与华为员工访谈记录。

注职业化队伍和管理干部的培养。

早在1994年,任正非就从空难事故中读到了员工培训的重要性。1998年《华为基本法》推出时,员工培训制度已逐渐成形。随后,华为持续对员工培训进行大量投入。《华为基本法》明确指出:"华为坚持人力资本的增值大于财务资本的增值。"创业之初,华为就为员工培训配备了豪华资源,针对每年招聘的大约3 000名员工,专门有个新员工培训大队,还分了若干中队,不少高级干部包括副总裁担任小队长。新员工关起门来学半个月的企业文化,先从思想上建立统一的认识。2005年,华为成立了华为大学,定位为中国企业的黄埔军校,以学习型组织为目标推出了更丰富、更专业的员工培训。

1997年,任正非在讲话中骄傲地提到,华为通过引进先进的管理系统和流程,已经走上了专业化、规范化的职能分工,"低重心"的员工培训举措为企业带来了大量技术和业务能手。"我们的制造系统在1996年全面推行了管理建设,开展了QC及5S活动,坚决推进ISO 9000与MRPII,逐步迈向准时制生产方式。实施质量统计过程控制,推行了质量改进的PDCA循环。坚持完善了生产作业人员计量考评制。实行了干部、工人的低重心培养,在做实上狠下功夫,通过大比武,涌现了一大批技术、业务能手,一大批'小米加步枪'时代的生产干部,走上了现代管理岗位。他们是我们事业的基础。"[①]

为了使刚走出校门的新员工更快地融入公司,华为对新进员工,特别是应届毕业生,实施系统的培训,如开发流程培训、编程基础培训、业务知识培训、营销知识培训、转正答辩考核等。经过六个月的系统培训,大部分的新进员工都能掌握各自岗位所需的专业知识,更重要的是养成一种学习习惯,为以后的不断学习和提高打基础。

导师制度

除了业务技能,华为还关注新进员工培训的思想层面。华为建立了一

---

① 出自任正非1997年4月10日在"机产干部下基层,走与生产实践相结合道路"欢送会上的讲话"自强不息,荣辱与共,促进管理的进步"。

套有效的导师制度，帮助新员工尽快适应华为。部门领导为每一名新员工指派一位资深员工作为导师，不仅在工作上为其答疑解惑，而且在生活方面也进行帮助和指导，比如对公司周围居住环境的介绍，以及帮助他们克服刚接手工作时可能遇到的困难等。在新员工成为正式员工之前的三个月里，导师要对新员工的绩效负责，新员工的绩效也会影响导师本人的工作绩效。除了针对新员工开展的导师制度外，在每个部门都配有一支资深的专家团队，为员工提供顾问支持。团队成员大多为来自名牌大学的教授，以及一些研发中心退休的老专家。他们将在员工在工作或生活中遇到问题时，利用自己丰富的工作和生活经验，向员工提出富有成效的建议，以及接受进一步的咨询。

"我们建立了一种思想导师的培养制度，这是从中研部党支部设立以党员为主的思想导师制度，对新员工进行指导开始的。公司正在立法，以后没有担任过思想导师的员工，不得提拔为行政干部，不能继续担负导师的（任务），不能再晋升。要把培养接班人的好制度固化下来。"①

9.6　华为大学的建设与发展

> 华为大学一定要办得不像大学，因为我们的学员都接受过正规教育。你们的特色就是训战结合，给学员赋予专业作战能力。整个公司第一是要奋斗，第二是要学会掌握去奋斗的办法，光有干劲没有能力是不行的。
>
> ——任正非

1996年，华为自主开发的C&C08交换机市场地位迅速提升，华为的年度合同销售额达到26亿元，这标志着华为结束了以代理销售为主要盈利模式的创业期，正式进入调整发展阶段。然而，随着生产规模和员工队伍迅速膨胀，华为的管理层人数不断增加，人数多了，工作效率却没有相应的提高——华为工程师的研发效率仅相当于思科的五分之一。

华为发现，职业化水平不高是华为与许多国际领先企业存在差距的主

---

① 出自任正非1998年在联通总部与处以上干部座谈会上的发言"华为的红旗到底能打多久"。

要原因之一。因此，为提升职业化水平，华为企业内部培训于1997年开始启动，并且最初建立时以培训新员工与客户管理为导向，当时的培训体制管理能力较弱，专业性不强，缺乏对培训行业的整体认识。直到2000年，各业务部门设立了干部中心，管理能力逐渐提高，培训体系执行逐步专业化。但是，各部门的独自管理政策使得企业上下管理的难度加剧，资源共享不稳定，驱使企业培训体系深化改革。因此，到了2003年年初，华为成立了华为培训中心，课程、师资统一规划建设，总体规划了企业培训目标，培训管理的能力达到国内顶尖行列。2005年，正式注册成立华为大学，配合集团的发展战略，提供对内、对外的培训，加上与国际知名管理学校联合办学，华为大学成为一流的企业大学。华为建立了完善的任职资格管理体系后，员工从某一级升到上一级，需要提高的能力一目了然，培训便具有针对性。这样，任职资格标准牵引，培训体系支持配合，强调开发功能，真正解决了员工职业发展问题。从而，华为顺理成章地将六个培训中心统统归属于任职资格管理部之下，后来统一归口到华为大学。

这座世界闻名的华为大学坐落在中国深圳，总占地面积27.5万平方米，分为教学区和生活住宿区，教学区占地面积15.5万平方米。建筑面积超过9万平方米，绿化覆盖率超过85%；拥有近9 000平方米的机房、100多间教室、500多个办公座位，能同时容纳2 000多名客户和员工进行培训。华为大学目前拥有300多名专职和千余名兼职培训管理和专业人士，遍布于中国深圳总部和中国及世界各大洲的分部/代表处。

作为华为公司战略发展中重要的一个独立运作单元，任正非对其定位非常明确。他认为，华为大学必须成为能培养带兵打仗的将军的摇篮。华为大学旨在以融贯东西的管理智慧和华为的企业实践经验，培养职业化经理人，发展国际化领导力，成为企业发展的助推器。

华为大学的基本任务与组织架构

华为培训注重培养新型技术人才和国际化管理人才，主要以客户和企业内部员工为培训对象，所以华为大学制定了培训的四项基本任务：

（1）成为公司的干部培养基地和公司全球化战略实施的助推器。

（2）致力于建设统一的企业文化、价值观和行为标准，形成核心向心力，保持华为公司的整体形象和竞争优势。

（3）提升员工素质与业务技能，促进员工职业化发展，吸引人才，发展人才，支持公司业务发展和人力资本增值。

（4）配合公司可持续发展战略，引入先进管理理念，促进企业变革和内部管理进步。

基于此四项基本任务，华为大学的体系设置与人力资源战略体系的配合度相当好。华为大学的岗位人选设置遵循了这一原则，华为大学校长／常务副校长是公司人力资源委员会成员，参与公司人力资源战略规划制定；华为大学领导人兼人力资源部副部长，人力资源领导同时为华为大学副校长；华为大学内训管理部主管参与人力资源部例会，接受华为大学和人力资源部的双重考核；华为大学提出对业务体系部门负责人的年度培训绩效考核指标；业务部门对华为大学服务满意度纳入大学领导年度绩效考核指标；华为大学各个重要岗位的设置都紧紧与华为人力发展战略捆绑起来，大部分岗位均接受双重考核，确保华为大学培养实践性人才的重心不会偏倚，且对其输出的成果进行了严格的要求和把控。其组织架构如图9.2所示。

华为大学运作模式及培训体系

华为大学的服务对象分为集团内部和外部客户，华为大学更像是一个培训服务提供商，由内外部客户提出培训需求后，进行针对性的课程匹配，输出培训计划并落地实施。同时，华为大学建有非常健全的课程库，资源来自两个方面：一是华为每年都会有预算对外部资源进行引进，对市场上经过验证并行之有效的课程进行采购，通过内训转化的方式，将课程纳入课程库并进行二次开发和传授。二是华为集团公司内部向华为大学不断输送业务与管理实践案例，通过对关键事件进行经验萃取，对关键人物进行深度访谈，同时还邀请权威管理层或者突出表现者进行经验分享，利用专业培训工具将其实践经验转化为培训课程。在华为大学这种运作模式（见图9.3）下，其培训课程经过不断打磨，其实用性更强。

第九章 动态赋能的组织学习体系

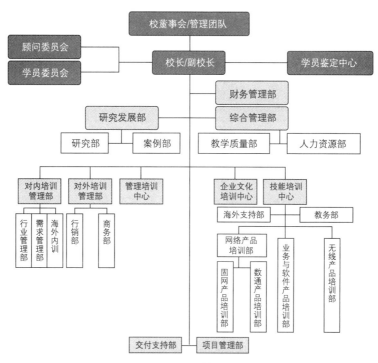

图 9.2 华为大学组织架构

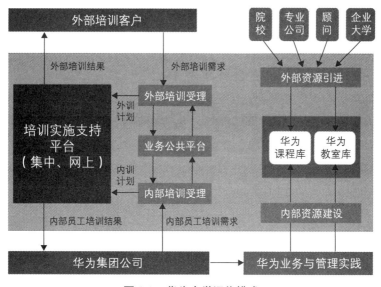

图 9.3 华为大学运作模式

华为大学的培训方向和内容须满足企业对培训对象能力素质提升的要求，内训受理要根据内部员工的实际需求制订培训计划，让培训最大限度地与业务结合。经多年理论研究和管理实践，现在，华为大学研发出了所在领域的专业能力模型，并以能力模型为导向建立了一系列的课程和培训项目。在这个基础上，华为也将向外部客户提供培训课程，实现多样化的培训模式（见图9.4）。

图9.4　华为大学多样化培训模式

华为大学为华为员工及客户提供众多培训课程，包括新员工文化与上岗培训、老员工在职培训和针对客户的培训等。其中，对新员工的培训，针对不同的工作岗位和工作性质，培训时间从一个月到六个月不等，内容涵盖了企业文化、产品知识、营销技巧及产品开发标准等多个方面。对老员工的在职培训包括管理和技术两方面，针对不同的职业资格、级别及员工类别分别设计不同培训计划。此外，华为大学还设有能力与资格鉴定体系，对员工的技术和能力进行鉴定。

华为大学在员工培训体系中有一套独特的信息系统（见图9.5），这套系统将每位员工的培训划分成一个单独模块，让员工在系统里面就能完成培训需求制定、学习解决方案、在线学习、培训系统管理和培训评估等一系列的任务，在国内企业大学中可以说是一种创新的应用型培训系统。

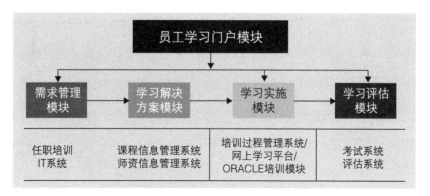

图 9.5 华为大学培训 IT 系统

华为公司的内部职业发展通道与华为大学的培训体系紧紧联系在一起，每个员工进入华为，都需要参与针对自己职业生涯每个阶段匹配的培训课程或者项目，参与培训并通过培训评估，也是作为每个层级晋升的基本要求，如图 9.6 所示。

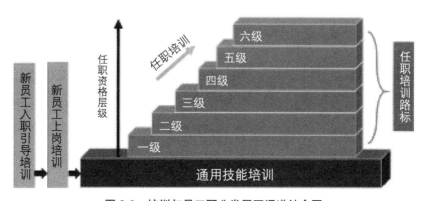

图 9.6 培训与员工职业发展双通道结合图

员工所在的业务部门负责业务/技术专业技能培训，更多是采用在岗培训的模式，由业务部门对其专业技能进行考核和评价，制定标准化的部门内专业提升培训。而华为大学，则负责管理及通用技能培训、干部领导力培训等培训项目，帮助解决员工在晋升为管理者之后，使用有效形式管理职能，帮助组织更为高效地创造业务价值（见图 9.7）。

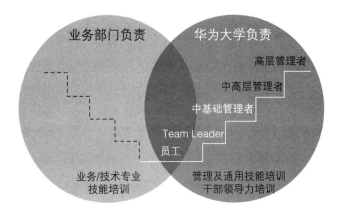

图 9.7　针对员工职业发展双通道培训分工图

华为大学培训方式强调训战结合，按任正非的话说，就是训练和作战是一回事。所有训练的表格要和实际操作的表格是一模一样的，代码、标识符也是一模一样的。而任正非也要求华为大学在设计培训课程的时候，要将赋能简单化，直接以实际任务为课程场景，让员工参与的同时领悟到背后的原理。

训战结合的赋能和考试全以沙盘为中心。比如，在德国建立教导队来培训做账实相符、LTC、"五个一"工程的综合管理的员工。而正在准备做组织变革的代表处几个人来学习，将代表处的现实沙盘带来，做作业、考试都以沙盘为中心。强调一切从实际出发，并在培训中得出解决方案，再反馈到工作场景当中去。

在现实工作中，华为并不主张多考试，因为这样会浪费实战的时间。但是在华为大学培训时，则强调要多考试，一周至少考三次，这样是为了不断强化培训的内容，并能够使参训人员认清楚自己所遇到的问题。培训结束之前，还要求每个学员能够把自己所在领域的沙盘讲清楚，毕业后将沙盘带回去，边实践边修改，最后输出结果。

华为大学师资建设体系

华为大学的讲师主要是企业内部的员工，来自三个渠道：公司内部各级管理者，企业内部的专业与技术骨干，以及一部分对培训感兴趣的员工（见图 9.8）。前两类渠道是华为师资的主要来源，他们的相似点是具有丰富的知识和超前的实践指导经验，既能讲授课程又能够提供咨询，特别是在软件成熟度认证、业绩改进、六西格玛培训咨询和质量管理方面。他们的经验源于在华为公司多年从事管理工作和担当专业技术骨干的经历；他们的优势在于既懂得技术又懂得管理，自己同时就是实践者。有些咨询专家更是具有多方面的才能，在教学、实践和学术方面均有建树；他们都曾经是学术带头人、项目领导者，很多人目前还在不同领域担任高职。

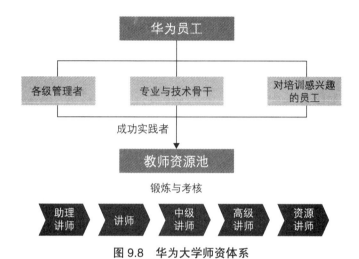

图 9.8　华为大学师资体系

华为大学学员选拔机制

在学员选拔上，华为大学坚持选拔制和自愿付费制，激发员工的主动学习意愿，培养员工自主发展、自我负责的意识。

选拔制与培养制不同，培养是被动接受学习，而选拔则要求学员具有主动学习意愿。只有达到公司筛选标准的优秀学员提出申请，才有可能进入华为大学学习。在华为，优秀的学习资源和成长机会也是稀缺的，坚持选拔制并不是吝惜资源，而是希望激发员工学习的内在驱动力，将资源分配给真正有希望的 20% 的人身上。"我们与西方公司有一点不同，就是我们不愿对落后分子仁慈，你对落后分子仁慈就是对先进分子的打击。"[①]

---

① 出自任正非2013年11月6日在华为大学教育学院工作汇报会上的讲话。

自愿付费制是在选拔制的基础上对学习热情和欲望的再一次激发,也要求华为大学提供真正有价值的教育服务。用任正非的话说,华为大学要用物质激励、非物质激励等各种方法,盘活教育方式和受教育方式,要把职业教育和热情奔放结合起来,成为新的教育模式。

9.7 组织学习的发展演变

华为自 1988 年成立至今,经历了"以技术为中心""以管理为中心"和"以客户服务为中心"三个发展阶段。1988 年至 1997 年,华为的战略重点是"以技术为中心",其组织学习以战略性学习为主,侧重树立组织学习的意识,营造组织学习的氛围和鼓励组织成员进行自主学习。1998 年至 2007 年,华为"以管理为中心",在原有战略性学习实践中,增加了业务性学习的相关实践,尤其是通过引入集成产品开发系统、任职资格体系、财务管理系统等一系列西方先进的管理体系,提高了其业务能力,形成了一套规范、专业和透明的业务性学习方法,推进了业务性学习的制度化。2008 年至今,华为围绕"以客户服务为中心"的组织战略,关注在组织中如何兼顾战略性学习和业务性学习,平衡两类学习之间的矛盾和冲突。华为的组织学习方法演进如图 9.9 所示。

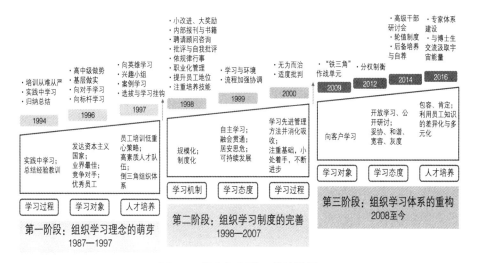

图 9.9 华为组织学习的演进图

第一阶段：组织学习理念的萌芽

1988 年至 1997 年，是华为创业的企业起步阶段。华为的战略重点放在技术研发与市场开拓上。从领导人对组织学习的认识和华为的学习行为来看，华为在起步阶段的学习对象多元、内容宽泛。学习形式以自主学习为主。通过这一阶段的学习，华为积累了零散的、不成体系的运营和实践知识，完成了原始资本的积累，在激烈的市场竞争中存活了下来；同时，在向客户、发达国家、国外著名公司、国内竞争对手学习的过程中，华为不断发现自己与领先企业的差异，产生了强烈的变革渴望。正是这个阶段，华为主要依赖战略性学习方法，质疑已有的管理流程，树立了一种持续优化、不断进取的学习信念。这个过程中，领导人的认知和远见，以及在知识分享中的榜样作用不可忽视。

这一阶段的组织学习方法很多，大多体现了企业力求存活的上进精神，如对标学习、总结经验教训、鼓励员工自主学习、在实践中摸索和磨炼等。任正非强调，企业人才队伍太年轻，敢想敢干但缺少国际经验，"看看世界，比比自己，还需要百倍的努力"。因此，企业学习的驱动力很强。

但是，组织在充满奋斗精神的同时，缺少系统性和方法性，有些学习方法还停留在理念阶段，难以取得实际效果。比如，任正非一方面强调员工培训的层级分明、从难从严，强调将学习绩效与提拔挂钩；另一方面也提出允许兴趣相投的人自发自愿组成学习研究小组，可见，不同学习方法之间存在理念冲突，但组织却并没有讨论实践中如何结合这两种理念。任正非自己也认为，这一阶段企业是"摸着石头过河"。此外，组织层级和结构鲜明，对员工能力提升有一定束缚。层级性一方面体现在对高中级管理人员和基层员工的学习方法和目标有不同的提法。例如"高中级做势，基层做实"等，这是强调基层员工要踏实奋斗，在基础工作中学习基本技能，不断动脑，改进工作，并注重普通岗位的培训；而高中级就要更注重公关、营销和管理。另一方面，层级性还体现在员工参与培训、读报等学习活动都是在较为严格的等级控制中进行的。华为组织学习理念萌芽的方法与进程见表 9.2。

表 9.2 华为组织学习理念萌芽的方法与进程

方法	讲话出处
按层级组织、从难从严的员工培训	"从二则空难事故看员工培训的重要性",1994
在实践中学习,用理论归纳总结	"致新员工书",1994
高中级做势,基层做实	"反骄破满,在思想上艰苦奋斗——在十大杰出员工表彰大会上的发言",1996
向竞争对手学习,向国际著名公司学习	"再论反骄破满,在思想上艰苦奋斗——在市场庆功及科研成果表彰大会上的讲话",1996
向英雄(企业优秀员工)学习 基于兴趣组建学习小组,不强调硬性的组织学习	"不要忘记英雄——在来自市场前线汇报会上的讲话",1997
案例学习 学习绩效与人才选拔制度挂钩	"谈学习",1997

第二阶段:组织学习制度的完善

从 1998 年到 2008 年,是华为展开国际化拓展、构建内部管理体系、业务快速发展的十年。前十年的奋斗与观察使任正非清晰地认识到,产品质量上的差距和市场经验积累上的差距,归根到底是管理水平上的差距。因此,第二阶段,华为组织学习的重心是"以管理为中心"。这一阶段,任正非仍然主张以发达国家、国外著名公司、国内竞争对手为学习对象,但是,学习内容逐渐聚焦领先企业的管理系统和管理工具。在这一阶段,华为以 IBM 集成产品开发系统为突破口和试点,借助国际领先咨询公司的管理经验,先后改造了研发领域、人力资源、财务领域的管理。由于外部环境的变化、企业战略的显著调整和领导者特质的转变,组织学习方法有了制度化、体系化上的改善,对员工思想的限制也开始减少。

与起步阶段相比,华为在这一阶段的学习行为体现为三个特征。第一,华为逐渐形成内部知识开发利用与外部知识引进吸收相结合的学习方法与体系,学习的方式更加流程化和显性化。例如,任正非鼓励员工在《管理优化报》和《华为人》等内部期刊上发表文章,在"心声社区"中表达观点,在民主生活会上进行以自我批判为主的述职报告等。第二,组织文化也开始注重规律、稳健的策略而非单纯的激情与奋斗。"小改进,大奖励"就是一种强调稳健制度化的学习策略。通过鼓励员工通过学习提出小的改进建议,强调组织需要稳定、持续的进步。内部报刊和书籍的阅读也形成了制度化方法，成为一种知识库构建和知识存量利用机制，结合从实践到制度的前向学习流和从制度到实践的反馈学习流促进知识的生产与应用。第三，与起步阶段侧重战略性学习的组织学习不同，在这一阶段，华为既进行战略性学习又进行业务性学习。组织学习在认知层面体现为不断地自我批判，用成熟领先的管理思想武装自己；在实践层面体现为不断提高流程的规范性、透明性和可控性，强调"持续优化"。对于战略性学习，任正非有了更多辩证的思考，鼓励深度的思考而批判好高骛远的改革；对于业务性学习，华为则营造了更多有利于知识显性化的组织机制和环境。

这一阶段，华为遇到的主要挑战是，引入的管理流程与已有的实践经历如何融合与互补。新的管理和流程制度在"僵化、优化、固化和创新"的原则下对员工思想的管控仍然较严格。"新员工关起门来学半个月的企业文化，从思想上建立统一认识"，思想逐级逐层传播的机制也较为明显；批评与自我批评的方法实施有时较为严格，甚至造成了一些员工的思想问题甚至极端行为。华为组织学习制度改善的方法与进程见表 9.3。

表 9.3 华为组织学习制度改善的方法与进程

方法	出处
小改进，大奖励 学习内部报刊、阅读书籍 在员工培训中逐层传播思想 聘请管理咨询顾问改善学习型组织	"在实践中培养和选拔干部——任总在第二期品管圈活动汇报暨颁奖大会上的讲话"，1998
批评和自我批评 领导听取员工批评，自上而下的学习 引进方法后消化吸收，融会贯通	"不做昙花一现的英雄"，1998
可持续发展，职业化管理	"要从必然王国，走向自由王国"，1998
低重心、职业化员工培养	"小改进、大奖励——任总在公司品管圈（QCC）活动成果汇报暨颁奖大会上的讲话"，1998
导师制	"华为的红旗到底能打多久"，1998
学习和进步要与环境、流程加强协调	"能工巧匠是我们企业的宝贵财富"，1999
确立对事负责的流程责任制，高层实行委员会制，通过监察控制，将例外管理转变为例行管理	"一个职业管理者的责任和使命"，2000
适度批判	"为什么要自我批判——在中研部将呆死料作为奖金、奖品发给研发骨干大会上的讲话"，2000

第三阶段:组织学习体系的重构

2008年至2017年,华为再次启动组织学习变革,其主要目标是构建面向未来的开放学习体系。过去20年来,华为公司在管理上实行高度的中央集权以防止权力分散,但也造成了组织臃肿、效率低下、客户怨言增加等多种问题。包括任正非在内的高层管理人员认识到,未来华为的成功取决于组织的能力与活力,以及公司改善商业生态环境的能力。这样的战略定位指导着华为领导人与组织对学习的认知发生进一步演化。在这个阶段中,华为的发展战略正处于从以技术为中心向以客户为中心的转移过程中,企业从中央集权向分权制衡、包容民主、协调与可持续发展的方向不断演进,更加注重全局效益、均衡能力与可持续性。通过全球流程集成,把后方变成系统的支持力量。沿着流程授权、行权、监管,来实现权力的下放,以摆脱中央集权的效率低下、机构臃肿,实现客户需求驱动的流程化组织建设目标。

在"开放、妥协和灰度"思想的指导下,企业的学习行为体现为以下三个方面:第一,华为启动了学习型组织结构的调整,从严格的、集中的层级体制发展为更为灵活、弹性的扁平化、倒三角形结构。第二,采用分权制衡设计,既保留部门分工与独立性,又增强了部门之间相互联系和制约的关系。"铁三角"、CEO轮值制度、跨部门团队均是这一机制设计的体现。第三,公司更加重视员工智慧,通过利益分享将员工多样化的智慧资本进行系统化整合与集成。华为推出自荐制度、破格提拔、华为大学等举措,肯定并激发了知识型员工的积极性,提升了组织结构的多元化、差异性和动态性,使组织能够更快地响应环境变化。华为组织学习体系重构的方法与进程见表9.4。

表9.4 华为学习体系重构的方法与进程

方法	讲话出处
"铁三角"作战单元	"让一线直接呼唤炮火——2009年1月 华为任正非在销服体系奋斗颁奖大会上的讲话",2009
学习组织的分权制衡	"开放、妥协与灰度——任正非在2009年全球市场工作会议上的讲话",2010

续表

方法	讲话出处
利益分享 高级干部研讨会 轮值CEO制度	"千古兴亡多少事，一江春水向东流"，2011
简化学习型组织的行政流程，实干为重 后备队伍的培养与自荐	"成功不是未来前进的可靠向导"，2011
专家体系建设	"不要盲目扩张，不要自以为已经强大——任总在市场工作大会上的讲话"，2012
述职大会	"一个职业管理者的责任和使命"，2000
多元化的培训（技能、管理方法、管理思想、基层培训、绩效考核培训、高层培训）	"任正非在华为大学和党委领导座谈会上的讲话"，2006

9.8 华为与思科的比较

华为和思科都是快速学习的典范。笔者在思科学习期间，多次听到其最高领导人谈到企业快速学习的重要性，其高层管理者也多次谈到向年轻人学习的重要性。用未来的眼光看未来的价值，为了了解年轻人的想法，思科甚至多次邀请20岁左右的年轻人参加董事会，分享年轻人的想法和追求。

与思科相比，华为的学习意愿与学习劲头更加强烈和迫切，学习的勤奋与努力程度更甚。作为一个追赶型企业，对标比超世界一流企业是在短时期内缩小与领先企业的唯一途径和方法。2015年，笔者曾经接待一批来自爱立信的高层管理者，重点讲述了华为人的学习能力，这一点是发达国家企业理解华为的发展与成长中所忽视的因素，西方媒体常常将华为的成功归因于外部因素，而忽视了华为在急行军中快速获取知识和吸收知识的能力。

华为人的学习动力首先来自强烈的危机意识和生存意识，来自对自身短板的清醒认识和理性分析，来自实现短期和长期目标的巨大压力，也来自通过员工持股计划所凝聚的发展动力和丝毫不敢懈怠的组织氛围。在这个充满机会、挑战和压力的环境中，思想的任何懈怠和惰性都是毁灭性和致命的。当身边的人都在快速赋能、分享学习心得和实践案例时，一个无法与他人分享心得的人是非常孤独的。在访谈中，有些华为人在谈起企业时往往滔滔不绝，连续讲述 8 个小时企业故事后依然意犹未尽，笔者深刻地感受到一个好企业能够给予员工的能量和知识是如此惊人。

华为人之所以学得快，是因为与其他企业的组织学习体系相比，华为在组织学习上的突出能力是持续打破路径依赖、克服组织惰性、重构企业流程的战略式学习，以及具有在激进式创新与渐进式创新中保持平衡的能力。在知识获取的过程中，华为的学习原则体现为广泛来源、自主学习和向失败的经历学习，这使得个人视野和能力得以提升。特别通过向全球领先企业和国际知名咨询公司的学习，对标全球最先进的知识体系，使其能够快速掌握国际领先企业的运营方法，缩小与领先企业的距离。华为之所以能做到这一点，除了与其产业的竞争压力有关，更重要的是力图成为全球一流企业的战略愿景和理想激情，以及将个人未来与组织未来的深度捆绑，每个人都意识到唯有通过快速学习和成长，才能追赶上组织和战友们成长的步伐。这种氛围激发了每个人学习的内心需求，而学习也成为促使其成功的唯一途径。

华为学得深，首先体现在领导人的战略认知有效地在高层领导团队和整个组织体系中进行传播和贯彻。政令直接传达到企业的末梢神经，大大提升了企业的执行力。在这个过程中，企业最高决策层将思维过程和目标诉求用文件的方式显性化（如领导人的大量讲话稿、《华为基本法》的制定）并在组织内部公开传播，有助于减少员工的推测与理解上的歧义，提高了对公司目标的认同和共识。其次，企业所采用的述职大会的形式将公司的战略层层讨论、分解，实际上形成了对信息的强化，加深了所有员工对问题的理解。最后，通过华为的信息平台、心声社区、非正式的学习小组等各种分享机制，形成了信息的冗余，有助于员工从多维度理解公司的战略意图和想法。

华为之所以学得广，源于任正非总结、反思通信行业大量失败的案例，深知一个战略投资失误就可能被竞争对手超越，思想错了，方向就会错，因此，华为需要广泛地汲取全世界的知识营养，从中国历史上的变革案例到全球各种文化和各企业的经验教训，时刻提醒自己避免走弯路，避免犯错误。也就是说，华为的学习来源是非常广泛的，中国历史的案例、国际历史案例、行业失败案例、国际访问的观察和启发、基层员工发现的问题等，都在不断地警示华为可能遇到的风险与机遇。一个企业，只有在空杯心态、谦虚谨慎的状态下，才能真正进入学习状态，发现无处不在的启示和警醒；一个善于自我批评、自我否定的文化，才能保持真正的谦卑，尽力汲取和吸收全人类的精神财富为我所用，从而避免大企业成功后悄然滋生的傲慢阻挡了思想的火花、前进的动力和快速行进的步伐。

第十章

激发潜能的人力资源开发体系

如何提高员工对企业的认同感、忠诚度和工作投入度，避免组织成员惰性已经成为领导人带团队时最具挑战性的课题。一方面，企业要有吸引力，吸引胸怀抱负的人才特别是优秀的年轻人加盟，推动企业发展；另一方面，企业要有凝聚力，使员工在完成组织愿景、使命和工作的过程中，愿意奋力投入情感和智力资源。实现前者，需要企业声望足以引起年轻人的敬仰，企业价值取向能够引发年轻人的共鸣，企业精神足以激发年轻人的激情；实现后者，需要满足年轻人的多元需求，能提供年轻人实现自我的平台。这些都对企业的战略格局、组织文化、业务发展和激励机制的设计提出了越来越高的要求。随着更多的"90后"步入社会，企业该如何调整进行人力资源的充分开发与激励是令很多领导人头疼的问题。在本章内容中，我们重点关注华为在下述三个方面的实践：

第一，华为如何持续地培养人才和后备干部？华为的员工骁勇善战，对事业充满激情、探索勇气和奋斗精神。这样的人才是如何培养出来的？华为的价值观和文化与人才培养如何契合？在留住关键骨干和优秀人才上又有哪些创新性举措？

第二，华为选拔和考核干部的标准和方法是什么？选拔人才的过程是企业文化真正落地的过程，只有不让雷锋吃亏的机制，才能让更多的雷锋脱颖而出。华为在选人和用人方面受到哪些组织的启发？有哪些独特的眼光和标准？在人才选拔上有什么样的机制？看重哪些关键素质和精神品格？如何使这个过程做到公正、透明和规范，让员工心服口服，可以心无旁骛地专注于业务发展和企业的核心目标？

第三，如何充分激发员工的潜能和奋斗精神？华为作为一个追赶者，在高手林立、竞争异常激烈的市场环境中，通过顽强拼搏克服了种种困难和障碍才得以成长壮大。在这个过程中，企业究竟是如何打造出一支血气方刚的队伍，一支能吃苦、敢挑战、充满力量和智慧的团队的呢？在精神层面和物质层面华为又实施了什么样的激励？打造出何种组织氛围让渴望成功、具有潜在奋斗精神的员工成长为公司的中坚力量的？特别是关于大量"80后""90后"职场新人的管理和激励，目前是困扰很多企业的问题。

10.1 组织人才体系

在华为日趋国际化的背景下，任正非引用以色列的事例说明引入外部人才的重要性。他提出，二战以后最大的财富转移就是三百万犹太人从波兰和苏联移民到以色列。他希望未来能有数以十万计的优秀人才加入华为队伍，开放管理岗位，引入外籍专家与华为的优秀青年组成混合团队共同奋斗，建设组织的"混凝土"。在组织"混凝土"中，包括下述人才。

高端专家

他们像老师一样担负责任，通过指导、教育、培训、考评和监管，帮助新一代成长。同时，高端专家要专精并举，在专业领域牵引组织能力的提升，承担对应专业领域的决策责任。

高层管理者

对高层干部强调决断力，因为战略方向的错误足以影响公司存亡。领导者不需要太懂技术，但要懂方向，要看清商业目标、有战略思维能力。[1] 高级干部要用内心之火与精神之光点燃全体员工的信心[2]，越是在困难的时候，高级干部就越是要在黑暗中发出微光，发挥主观能动性，鼓舞起队伍必胜的信心，引导队伍走向胜利。[3] 一把手有三点责任："布阵""点兵""陪客户吃饭"。布阵，就是组织建设，以及组织行为建设；点兵，就是干部

---

[1] 出自任正非2007年在上海研究所的讲话。
[2] 出自任正非2002年内部文章"我们必须用内心之火、精神之光点燃部属必胜的信念"。
[3] 出自任正非2002年在研委会会议、市场三季度例会上的讲话"认识驾驭客观规律，发挥核心团队作用，不断提高人均效益，共同努力渡过困难"。

选拔、使用、考核的路线和干部新陈代谢的和谐解决；陪客户吃饭，就是要紧紧抓住内部和外部客户的需求。任正非曾评价道："华为领导班子多数人已销蚀了健康，但意志经过千锤百炼更加坚强，管理也开始成熟了。这是一个不谋私利的班子；是一个以身作则、奋力工作的班子；是一个经济上说得明白、政治上清清楚楚的班子；是一个勇于批评与自我批评、有自我约束机制的班子；是一个目光远大、不畏艰难的班子；是一个坚持各尽所能、按劳分配的社会主义原则，关怀职工利益的班子。因此，有资格领导公司，也能领导公司走向成功。"① 这些历经考验的管理者们努力学习，自我更新意识强，他们构成了华为管理的基础平台，是华为走向成功的有力带头人。

中层干部

对中层干部强调理解力，因为他们连接着战略和落地执行。干部以会做事为中心，首要责任就是带领下属团队去攻山头，但既要关注具体业务，也不能忽略团队管理和下属的培养与成长。② 既要用兵狠，更要爱兵切，不仅要管理下属，更要关心他们的能力成长，协调工作困难，关爱他们的生活，让大家一起走到公司的共同事业上来。③ 中层还要发展综合业务能力，灵活应对复杂业务场景。

基层专业人才

对基层强调执行力，因为如果基层执行出了问题，所有战略就是空中楼阁。华为鼓励基层员工"干一行，爱一行，专一行"，努力提高专业技能，成为领域专家。同时，严格控制基层员工的转岗，转岗一定要得到严格的审查与批准。任正非告诫新员工，华为永远不会提拔一个没有基层工作经验的人来做管理者。作为新员工，必须不怕做小角色，才有可能做大角色，实践是提高的基础。④

职员类与作业类员工

---

① 出自任正非1995年12月26日在年度总结大会上的讲话"失败不属于华为人"。
② EMT决议[2006]016号。
③ 出自任正非2008年在市场部年中在会上的讲话"以客户为中心，以奋斗者为本"。
④ 出自任正非2015年内部文章"致新员工书（修订版）"。

机关操作员工叫职员类员工,生产操作员工叫作业类员工。这些岗位只要把本职工作干好,不需要高淘汰率和循环流动,也不需要年龄限制,但工资有限制。例如,华为为了降低企业总体成本,建立秘书服务队伍。秘书承担大量事务性的重复劳动,分担管理者的压力,保证他们在主攻方向上的精力和时间投入。如果让研究开发人员、高级管理人员自己拖地板、装订文件,无疑会减慢他们的工作速度,降低工作效率。秘书工作主要体现在善解人意上。每一个部门、每一个科室甚至每一个课题,在推进过程中需要注意的事项,或哪些方面能够减少研发人员等的工作量,都由秘书承担。如果觉得担子太重,可以再加一个秘书,还觉得重就再加一个秘书,如此往复。通过秘书的服务功能解放生产力。[①]

华为公司从不歧视女员工,女性员工占公司总人数的25%左右,在安排安全退休金及其他方面都充分体现了男女平等。很多公司不愿意聘用女员工,是因为女员工效率低,做事达不到目标,而且有的女员工爱传小话,破坏团结。华为录用女员工是为了给管理群增加一种润滑剂。任正非提出,女员工特别要注意,能够提升自己的不是经理和男员工,而是自己,只有自己才能去创造历史、前途和机遇。秘书想提高待遇,就得多学习,提高自我是必不可少的。例如,秘书也不必一直做秘书,因为她了解的综合面广,有相当大的适应能力,她站起来说话甚至比专业人员还要厉害。所以,华为动员一批优秀秘书到前线去,到办事处去,增加对市场的了解,经受市场考验,加强市场意识,这样有利于将来的发展。

10.2 轮值 CEO 制度的价值

轮值 CEO 制度的产生

2002 年,华为出现了历史上的第一次负增长。当时互联网泡沫破灭不久,全球电信市场一片凋零。华为主流产品的国内市场份额均已超过30%,急于突破的 2G 无线通信市场则被强大的国际巨头爱立信、诺基亚等牢牢把持,华为遭遇增长的天花板。此时华为采用的是高度集权的管理

---

① 出自任正非1997年2月22日在秘书座谈会的讲话。

模式，战略与经营的重大决策基本上都是任正非一个人说了算。但随着华为国际化的规模扩张和全球市场地位的提升，战略能见度变得越来越低，依靠领导者个人能力判断和预测难上加难。为了规避风险，2004年，华为创建了EMT（Executive Management Team）这一集体决策机制，并开始由八位管理层轮流担任EMT主席，每人轮值半年。经过两个循环后，2011年年底，华为开始了在董事会领导下的轮值CEO制度，由三位轮值CEO轮流担任公司最高行政首长，每位任期6个月。任正非表示，轮值CEO更多的是着眼于公司的战略和制度建设，将日常经营决策的权力进一步下放给各BG、区域，以推动扩张的合理进行。每个轮值CEO在轮值期间奋力地拉车，牵引公司前进。他走偏了，下一轮的轮值CEO会及时纠正航向，使大船船头能早一些拨正，避免问题累积过重得不到解决。在任正非看来，授权一群聪明人做轮值的CEO，让他们在一定的边界内，有权力面对多变世界做出决策，这就是轮值CEO制度。

轮值CEO郭平1988年加入华为，历任产品开发部项目经理、供应链总经理、总裁办主任、首席法务官、流程与IT管理部总裁、企业发展部总裁、华为终端公司董事长兼总裁、公司副董事长、轮值CEO及财经委员会主任等。

胡厚崑1990年加入华为，历任公司中国市场部总裁、拉美地区部总裁、全球销售部总裁、销售与服务总裁、战略与Marketing总裁、全球网络安全与用户隐私保护委员会主席、美国华为董事长、公司副董事长、轮值CEO及人力资源委员会主任等。

徐直军1993年加入华为，历任公司无线产品线总裁、战略与Marketing总裁、产品与解决方案总裁、产品投资评审委员会主任、公司副董事长、轮值CEO及战略与发展委员会主任等。

轮值 CEO 的职责

在轮值过程中，各位CEO关注的核心问题主要有四个方面：第一是驾驭价值评价体系。价值评价体系直接影响组织的战略注意力、资源配置和激励机制设计，同时还会影响对研发的投资和知识产权的认同，即直接影响整个企业的发展方向。第二是驾驭商业生态环境。对商业生态环境的培育和建设关系到企业长远发展的安全性和可持续性，是一个整体布局问题。华为要求中高层将注意力聚焦在项目管理和业务上，而轮值CEO必须重点关注商业生态的建设与优化。第三是技术发展。信息与通信行业是技术密集型行业，激进式技术创新频发，同时，基于原有技术的渐进式创新也不能放弃。在这种情况下，企业最高层需要对新技术的涌现进行预判和评价，才能避免由于战略盲点导致的技术误判，错失发展机遇。第四是简化管理。随着华为规模日趋扩大，员工人数越来越多，组织臃肿所带来的大企业病在所难免，因此，如何确保组织体系和运行机制的"简化"是最高领导层推进管理创新的出发点。①

培养高层领导者

轮值CEO制度建立了领导团队的动态平衡机制，它由一个小团队组成，由于和而不同，能操纵企业不断快速适应环境的变化。他们的决策是集体做出，也避免了个人偏执带来的公司僵化。同时，也可以规避意外风险带来的公司运作的不确定性。

同时，在绝大多数企业，企业发展的重担往往压在一个人身上，这个人必须要日理万机，目光犀利，方向清晰，不能犯任何错误，同时还能团结好班子里的相关人员。这样将权力集中在一个人身上的做法风险很大，往往成也萧何，败也萧何。传统的CEO为了不辜负股东的期望，日理万机地为季度、年度经营结果负责，既没有时间学习充电，也没有时间研究未来，大量时间陷在事务之中，没有时间自我修复和反省，除非是"超人"，否则难以将企业带向成功。而通过轮值CEO制度，能够促进管理团队人员能力提升，降低部门间沟通成本，提高跨部门团队协调能力，培养潜在的高层领导者。

保障政策一致性

民主决策方式可以弥补一人决策能力不足的缺陷，轮值CEO制度的团队参与模式，也让后一任CEO可以充分了解前任的执行情况和公司运营状况，减少由于领导层转换所带来的系统性变化和损耗，保障经营管理

---

① 出自任正非2013年7月19日内部讲话"片联是公司的重要组织"。

的连续性。同时，领导人在轮值期结束后并不退出核心层，避免了一朝天子一朝臣的状况，使优秀员工能在不同的轮值 CEO 下持续在岗工作。由于干部是轮值期间共同决策选拔的，因而优秀员工使用不当的情况不会发生，他们不会被随意更换，公司可以持续稳定发展。同时，受制于资本力量的管制、董事会的约束，又不至于盲目发展。

10.3 训战结合培养人才

很多公司的经验教训证明，"空降部队"也是好的，但如何把握空降人员的比例，如何用好空降人才是非常关键的。在任正非看来，空降部队的规模不能太大，同时，如何消化和融合空降部队，取决于公司现有的能力和水平。在 20 世纪 90 年代末，华为正处于发展成长期，自身的能力还在建设，因此，消化空降部队的能力很弱。当时从哈佛大学来的几个博士，他们带来的做法华为适应不了，没有学到东西，同时，这些优秀的人才也没有发挥作用。如果硬安到负责岗位上，整个指挥系统就可能变得一塌糊涂。在这个特定时期，华为明确了一条方针：从自己队伍里培养骨干，靠公司的干部制度和政策，靠自己的努力来培养跨世纪的干部。①

"培养将军的摇篮"

华为大学担负的重要历史使命，就是成为培养将军的摇篮。这里的将军是指企业的各级管理骨干。华为大学选拔出来一批优秀的干部进行素质培养，不讲原理，直接讲作战，使这些"土八路"能驾驶坦克、导弹、巡洋舰……所有的教学案例都来自华为和社会上的真实案例，所有讲师都必须是有实践经验的人。训练的表格和实际操作的表格是一模一样的，代码、标识符等也都一模一样。②为保证华为大学的方向，华为成立了指导委员会，由任正非担任指导员，三个轮值 CEO 做委员，半年开一次会。然后成立校级行政组织。片联代表需求，华为大学是供给，根据片联的人

---

① 出自任正非1998年在第二期品管圈活动汇报暨颁奖大会上的讲话"在实践中培养和选拔干部"。
② 出自任正非2006年在华为大学和党委领导座谈会上的讲话。

才需求对华为大学进行引导管理。任正非强调，华为大学一定要办得不像大学，因为学员都接受过正规教育了，特色就得是训战结合，给学员赋予专业作战能力。

建立后备干部资源池

华为为了源源不断地发现和使用人才，同时为了适应公司职能体系、服务支持体系机构整合和业务流程变革需要，设立了战略预备队。战略预备队实际上就是满足公司未来发展需要而培养合格人员的后备干部资源池。在图10.1所呈现的华为大学高管训练管理纲要中，设计的培训主题包括人力资源管理、财经管理和业务管理三个部分，培训的方法包括理论自学、小组研讨、案例演讲、大问题讨论、专题交流、大辩论、高层领导引导交流和论文答辩八种形式。交流中的参与者来自不同专业岗位和不同区域，多元的背景增加了信息的丰富性，培训方式的设计尽可能激发每个人共享实践经验，由于培训课题与实践相关，大家的参与度、积极性很高。

华为大学高管训练管理纲要

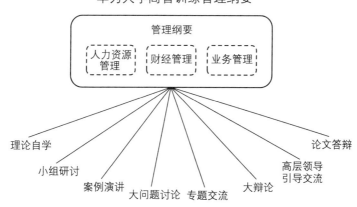

图10.1　华为大学高管训练管理纲要

战略预备队采用训战结合方式为员工赋能，在业务转折过程中"转人磨芯"，即磨砺人、转换人、筛选人，给每个人公平的机会进步。经过训战仍跟不上公司发展的人将被淘汰，跟得上的人将得到提拔。通过一轮轮的筛选，选拔出其中最好的人才。少将、中校、二等兵在选拔时都作为优秀人员过滤出来，这几个人空投到一线作战，二等兵和上将一起作战，二等兵可能成为上将的助手，打完仗后能力就提升了，这就是传帮带，这就是下连当兵，重新认识实践。通过战略预备队加强血液循环流动，给喷涌的新鲜血液一个提升的机会，加速选拔有一线成功实践经验的人、有综合能力的人，让员工通过实战从"螺丝钉"成长为"发动机"。"战略预备队只能一边学、一边教、一边干，让小老师逐渐成为'大教授'，让二等兵在战火中升为将军。"①

战略预备队就像一只不停摆动的筛子，人们在这里要么进步要么被淘汰，没有第三种选择。这是一个宽进严出的系统，可以通过各级管理团队推荐，也可以自荐，但必须通过对关键条件的审核才能进来，进来了就将接受更多、更艰巨的任务与挑战，同时也受到比对其他人更为严格的考察与约束，这个过程就是培养。这是一个开放的系统，这一轮被淘汰的人，改进后还有可能再进来，但进来了就随时有可能被再次淘汰，因此这是一个熔炉而不是保险柜，只有那些始终能够通过最严格考验的人，才能真正走上各级管理岗位。

战略预备队人员有几个来源：第一，选拔每年排在前25%的优秀人员进战略预备队；第二，出现风险的国家的裁员，可以全部转到战略预备队里；第三，结构性改革中，要关闭一些产品开发组织，这些人也是人才，就进入战略预备队重新找机会和找方向。②华为明确规定三类人不能进入战略预备队，即末位淘汰人员、试用期内员工和钟点工。任正非认为："我们在吸引社会高端人才的同时，更要关注干部、专家的内生成长，不要这个看不顺眼，那个看不顺眼，对做出贡献的员工，放手让他们发挥作用，试试看。我们要能接受有缺陷的完美，没有缺陷，是假的。"

华为对战略预备队实行动态管理。一旦有岗位需求产生，预备队人员可参与竞聘考核，考核合格后，从预备队中抽出，转入上岗培训；而原来

---

① 出自任正非2016年10月28日在"出征·磨砺·赢未来"研发将士出征大会上的讲话"春江水暖鸭先知，不破楼兰誓不还"。

② 出自任正非2016年8月15日在公司内部做的关于战略预备队建设汇报的讲话。

在岗位上未通过竞聘考核、符合战略预备队管理对象的人员也可转入预备队。同时,也建立了相应的淘汰机制,对三类人员予以淘汰,即培训期间累计两次考试不合格者,培训期间(最长半年)未能竞聘上岗者及重新上岗后试用转正考核不合格者。

10.4　管理者的精神品格

华为干部选拔标准的第一位就是品德。在任正非看来:"我们要防止片面地认识任人唯贤,不是说有很高的业务素质就是贤人,有很高的思想品德的人才是真正的贤人。"[1]正是管理层具备的精神品格支持着华为在艰难困苦的环境中奋力前行,在取得卓越成绩时保持清醒的认识,在错综复杂的环境中坚守主航道,在快速变革的产业环境中保持开放和成长。综合起来,华为对干部精神品格的要求有三个方面:精神层,包含使命感、敬业精神、献身精神;认知层,包含宽广的胸怀、全球化视野和结构化思维能力;行为层,包含实事求是、自律精神、自我批判精神及均衡发展的管理能力。

使命感

什么叫使命感?有钱也干,没钱也干,我就是爱干这个活,这就是使命感。[2]华为的领导者是一群对事业充满使命感的人,这种使命感使其保持持久的工作热情和高度负责任的工作态度。具有使命感的干部就会积极创造组织的造血功能,为了实现一个目标,想尽办法去做,企业才有旺盛的生命力。[3]具有使命感才能自我激励和激励他人:在逆境中,这种使命感支持领导者永不放弃地带领团队循着胜利的微光前行;在顺境中,这种使命感可以支持领导者带领团队不断挑战自我、追求卓越,而不会"小富即安"地放弃更大的成功机会。

敬业精神

对工作是否认真,改进之后还能再改进吗?这就是工作的敬业精神。只有高度的投入,高度的敬业,才会看破"红尘",找到改进的机会,才

---

[1]　出自华为1997年总裁办公会议纪要。
[2]　出自任正非在2010年内部文章"对'三个胜利原则'的简单解释"。
[3]　出自任正非在1999年工作管理工作要点讨论会上的讲话"大树底下并不好乘凉"。

能实现自身的发展。在任正非的讲话中，有近 30 次提到敬业精神的重要性。他访问很多的国家和工厂时，多次为这些国家员工的敬业精神所感动。不仅仅是个人的敬业精神，更是领导层整体的敬业精神，没有干劲的人不能进入高层，没有敬业精神的高级干部要调整职位。在华为，要成为高级干部就要尽心。全心全意与努力是两个概念，尽心做事与尽力做事也是两个概念。思想上艰苦奋斗就是尽心。尽力不是好干部，是中低水平的干部，尽心才是好干部。① 华为公司今天的成功不是一个人奋斗的故事，而是拥有一个无私的领导层和一大群不服输的团队。在奋斗这个问题上不容妥协，不奋斗的人、明哲保身的人，该淘汰就坚决淘汰，否则无法保证公司的长治久安。②

献身精神

献身精神也是考核干部的一个很重要因素。华为认为："价值评价体系不可能做到绝对公平，一个干部如果过于斤斤计较，这个干部绝对做不好，没有献身精神的人不能成为干部。"③ "干部要有坚定的意志，要有自我牺牲精神，自我牺牲精神包括适当的妥协、必要的妥协。"④ 做华为的干部就不能满足于个人成就欲，任何未经社会责任改造的人，都不能成为高中级干部。奉献精神还体现在能经受得住委屈。华为要求各级部门要尽量公平、公正，更要求干部要能上能下，工资要能升能降，要正确对待自己，也要能受得委屈。如果不能做到，企业必定死亡。华为主要要求管理层和领导层有敬业与献身精神，对普通员工不作献身精神要求，他们付出劳动取得合理报酬。将有献身精神的员工培养成干部，越是高级别的干部，要求越严格。⑤

宽广的胸怀

几乎没有人会承认自己不具有宽广的胸怀，但知易行难，人的本我都

---

① 出自任正非1996年内部讲话"按照筛子的思想建设中试部"。
② 出自任正非2009年内部电邮"CFO要走向流程化和职业化"。
③ 出自任正非2005年内部文章"关于人力资源管理变革的指导意见"。
④ 出自任正非2010年在PSST体系干部上的讲话"以客户为中心，加大平台投入，开放合作，实现共赢"。
⑤ 出自任正非2001年发表在《华为人》上的文章"华为的冬天"。

含有自私、狭隘的成分，宽广的胸怀必须经过后天的修炼得来。具有宽广胸怀的前提是以事业成功为重，在这个前提下，做到求大同、存小异，包容地处理来自他人的不同意见甚至冲突。包容性与原则性并不矛盾，宽广的胸怀应该以原则性为保证，否则就会混淆是非，走向新的狭隘。对于自己反对的人或反对自己的人，要清楚地知道对方的优点是什么，有哪些值得肯定与学习的地方；对于自己青睐的人，更要清楚地知道对方有哪些缺点需要改进，具有宽广的胸怀才能团结人和用人所长。华为还要求管理层培养能超越自己的接班人，这在常人看来是很难做到的。各级干部必须努力培养超越自己的接班人，这是华为事业源源不断的发展动力。没有前人为后人铺路，就没有人才辈出，更不会有事业的兴旺发达。任何人都必须开放自己，融入华为的文化生活中去。为了企业的生存与发展，要有能上能下的心胸。只有能屈能伸的人，才会有大出息。

全球化视野

华为的管理者要具备对价值评价的高瞻远瞩和驾驭商业生态环境的能力，以及全球市场格局的视野。[1] 华为业务发展的快速全球化决定了企业很多既有的思维模式和管理技能都需要得到更新与提高，干部要以更为开放、积极的心态去面对未知的世界。未来公司需要的管理干部是对市场有深刻体验和宽文化背景的人。宽文化背景就是大杂烩，什么都懂一点[2]，不能仅依靠中国文化去领导世界，而是要利用世界的能力和资源来领导世界[3]，要向西方公司学习、关注全球格局。[4] 视野开阔的团队领导者能看清整体与局部的关系，而视野狭窄的干部则有可能忽视战略机会与战略制高点，甚至带领团队用正确的方法做错误的事情，局部的胜利却造成全局的被动，最终导致战争失败。

领导人的正气、才气和霸气

任正非对华为领导人的正气、才气和霸气都有要求（参见图10.2）。正

---

[1] 出自任正非2013年3月30日在持股员工代表大会上的发言摘要。
[2] 出自任正非2001年5月欢送研发及管理干部走向市场前线的讲话纪要。
[3] 出自任正非2012年在欧洲商业环境研讨会上的讲话。
[4] 出自任正非2013年在EMT办公例会上的讲话

气是指公德重在廉，重在大局观，重在阳谋而非权术。才气是指直觉、远见、谋略、亲和力。才气起于禀赋，成于学习，通过向书本、向他人、向同行学习皆可获得。霸气显示自信心、决断力、意志力，以及能带给团队安全感的特别魅力。一味妥协则无骨，事事霸气则气短。高级将领在组织中的核心作用是要在看不清的茫茫黑暗中，用自己发出微光，带着队伍勇往直前。同时，华为要求高层有使命感，对人生的要求超过名利才能有长远的目标；中层有危机感，在激烈的竞争中不能懈怠，稍有懈怠则丧失机会；基层要有饥饿感，对成功的饥饿、对成长的饥饿、对财富的饥饿，是促使年轻员工奋发有为的关键动力。对于不同岗位的工作，高层领导要像高飞的鹰，具有远见卓识，能统揽全局；战略执行者要像镇山的虎，行动果断，团队意识强；市场销售人员要像捕食的狼，嗅觉敏锐，顽强执着；风险管理者要像看门的狗，忠于职守，严防死守。

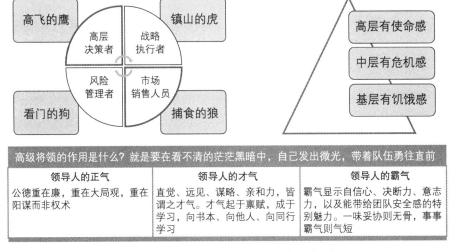

图 10.2　华为对不同层级领导人的特质要求

结构化思维能力

具有结构化思维能力的干部，才能清楚地看到问题的本质并抓住工作重点。干部不光要盯住"短木板"解决眼前问题，更要有建立机制、防范问题的能力,这样才能避免"头痛医头、脚痛医脚",提高管理效率。结构化思维源自善于学习与分享。善于学习是提升管理能力的重要手段,善于学习的管理者才能培养学习型组织,而只有学习型组织才能从容地面对高度不确定的商业环境。学习的途径有很多,书本可以启发我们思考问题、解决问题的方法,但就像"复盘"是棋手最好的学习与提高手段一样,每一次的成功和失败(包括自己的也包括竞争对手的)都是最佳学习案例,因此必须学会在实战中进行总结与举一反三。人是有记忆的,但组织没有记忆。在当前新干部提拔快、培训系统跟不上组织扩张需要的情况下,如何采取有效措施保证个体经验在组织内的传播与共享,是每个团队领导者需要认真解决的问题。总结案例的工作非常重要,但光有案例是不够的,还需要建立一个系统以保证案例中所蕴藏的经验与教训在组织内进行有效的复制,这将直接影响人力资源的使用效率和整个组织的工作质量。① 华为人的自觉学习能力给笔者了留下了非常深刻的印象,特别是优秀管理者的自我驱动式学习与自发的研讨,除了读大量书以外,还在同事之间进行开放式讨论,讨论涉及主题非常广泛,思维极其活跃。②

实事求是

在任正非讲话中,曾一百多次提到干部要坚持实事求是的工作作风,敢于讲真话,不捂盖子,报喜更报忧,公平对待下属,敢于批评公司及上级的不是。华为特别重视有不同异见的干部,认为那些敢于提意见的人,动机是好的,他们置个人利益于度外,关心爱护公司,敢于承担责任,而不希望领导干部是一批乖孩子。③ 干部只要在管理岗位上,就一定要拉开面子,站在公司的原则上,按公司的利益、把价值评价体系贯彻到底。④

自律精神

华为要求干部一定要吃苦在前、享乐在后,冲锋在前、退却在后。

---

① 出自任正非1997年内部文章"我们需要什么样的干部"。
② 出自任正非2013年12月30日在华为2013年度干部工作会议上的讲话"用乌龟精神,追上龙飞船"。
③ 出自任正非1997年在华为公司委员会管理法评审会的讲话。
④ 出自任正非1998年在总裁办公会议上的讲话。

一定要以身作则，严格要求自己。① 任何一个干部都要清清白白做人、认认真真做事，做员工学习的榜样。不仅要严格要求自己，也要严格要求部属。只有一个群体具有高水平，才能表明干部的高水平。华为持之以恒地在高中级干部中贯彻坚持原则，反对贪污，反对浪费，反对盗窃，反对假公济私，反对任人唯亲。

自我批判精神

华为提拔干部的一条重要原则就是，要使用敢于讲真话、敢于自我批评、听得进别人批评的干部。将军是从自我批判中成长起来的。将军如果不知道自己错在哪里，就永远不会成将军。他知道过去什么错了、哪次错了什么、是怎么错的，这就是宝贵财富。② 只有具备自我批判精神的人才具备优秀的品德与宽广的胸怀，才能容天，容地，容人。③ 通过自我批判，使干部思想洗刷，心胸开阔，将来能够经得起别人批评。④ 任正非曾说，如果没有坚持自我批判，华为绝不会有今天。没有自我批判，就不会认真听取客户的需求，就不会密切关注并学习同行的优点，就会陷入以自我为中心，必将被快速多变、竞争激烈的市场环境所淘汰；没有自我批判，华为面对一次次的生存危机，就不能深刻反省、自我激励，用生命的微光点燃团队的士气，照亮前进的方向；没有自我批判，就会故步自封，不能虚心吸收外来的先进东西，就不能打破游击队、"土八路"的局限和习性，把自己提升到全球化大公司的管理境界；没有自我批判，就不能保持内敛务实的文化作风，会因为取得的一些成绩而忘乎所以，掉入前进道路上的泥坑陷阱中；没有自我批判，就不能提出组织、流程中的无效成分，建立起一个优质的管理体系，降低运作成本；没有自我批判，各级干部不讲真话，听不进批判意见，不学习不进步，就无法保证正确的决策和切实的执行。只有长期坚持自我批判的人，才有广阔的胸怀；只有长期坚持自我

---

① 出自任正非2006年内部文章"改变对干部的考核机制，以适应行业转型的困难发展时期"。
② 出自任正非2007年内部讲话"将军如果不知道自己错在哪里，就永远不会成为将军"。
③ 出自任正非2006年内部文章"上甘岭是不会自然产生将军的，但将军都曾经是英雄"。
④ 出自任正非2006年在自我批判指导委员会座谈会上的讲话。

批判的公司，才有光明的未来。自我批判让华为走到了今天，还能向前走多远，取决于华为还能坚持自我批判多久。①

均衡发展的管理能力

华为公司的大发展为干部队伍水平不断提高创造了非常好的机会，但也使相当多的干部在这个过程中习惯了善于"救火"却不善于"防火"的工作方式，工作靠勇气、靠灵感但缺乏系统的方法。当前，华为的干部大多来自优秀的业务骨干，重业务、轻管理的现象普遍存在，综合管理能力急待提高，越来越复杂的商业环境要求各级干部除熟悉业务外，还须具备系统的财务、人力资源、运营管理、组织运作等管理知识与技能以及较高的职业素养，从而不断提高组织的管理质量与管理效率。

10.5 什么样的人会得到提拔

华为的干部体系是确保企业保持活力的火车头，选拔标准的透明化、选拔机制的公正性，让所有员工把注意力放在工作上，而不是放在搞关系上，有助于真正有能力的人脱颖而出，并且愿意留在华为持续奋斗。

从有成功经验的人中选拔干部

华为的干部管理采取选拔制和淘汰制，而不是培养制。与很多企业采取"选—育—用—留"的流程不同，华为的人才选拔机制和流程按照"选—用—育—留"进行，一字之差反映了企业对人才来源的不同理解，前者认为人才来源于孵化培养，后者认为人才源自实践。华为坚持从成功的实践中选拔干部，坚持"猛将必发于卒伍，宰相必取于州郡"的理念。②一切没有基层成功经验的，一律不得提拔和任命。③为什么要选拔有成功经验的人呢？华为认为，不管大项目成功还是小项目成功，其负责人总有一个适用的方法论，已经不仅仅是拥有知识，而是将知识转换成为能力了。这些人再被培养后，又善于总结与自我批判，那么他们就会再进步一点，贡

---

① 出自任正非2008年内部文章"从泥坑里爬出来的人就是圣人"。
② 出自任正非2010年新年献词"春风送暖入屠苏"。
③ 出自任正非2006年内部文章打造一支品德过硬、敢于承担责任、敢于和善于坚持原则的职业化财经队伍。

献就会再大一分。[1]如果没有成功经验，就无法把握成功的突破口在哪，循环做功课对企业来说成本很高。而有基层成功实践经验的人，能够很快抓住主要作战方向、主要矛盾，以及如何解决才能成功，如何使得工作效率最高、成本最低。[2]

华为对于选拔出来的人才，培养是不遗余力的。针对任何岗位上的主管和专家，都会有个人发展计划，从岗位角色面临的挑战、关键经验评估、关键能力评估、职业发展兴趣和学习发展计划五个方面进行分析辅导，以使其快速成长。这个选择主管的机制，为华为的发展提供了源源不断的干部和人才，让华为散发出无穷的组织活力，任何时候任何场合，都会出现为公司献身和奋斗的人，这也是华为长盛不衰的秘诀之一。让员工在干中学、在学中进步，鼓励从实战中选拔人才。任正非说"劳动的准备过程是由员工自己完成的"，华为只选拔符合岗位要求的人，要达到岗位的技能，必须自己学习，并支付由此产生的成本。华为只选拔和培养接受过实战洗礼并在实战中成长起来的人。

优秀人才破格提拔

华为对优秀干部敢于破格提拔，敢于提拔年轻干部，只有这样才能留住人心，留住优秀人才。因为要挑选优点突出、能带兵的人担任各级一把手，而优点突出的人往往缺点也很突出。有突出缺点的人，不一定不能成为好干部，用人不能求全责备。[3]当然，道德品质上是一票否决，原则不能退让。破格升级适用于五类人才：第一，在岗位上长期绩效结果表现突出，是同层级员工的标杆类人员；第二，勇于奔赴和扎根海外艰苦地区或挑战性岗位，并且做出突出贡献者；第三，在重大项目、竞争项目、公司变革项目中勇挑重担，绩效结果突出的骨干员工；第四，在新的业务领域，敢冒风险、勇于挑战、取得突出成绩的干部；第五，临危受命，不畏艰难，最终彻底或很大程度上扭转了不利的经营或管理局面的干部与骨干员工。[4]

---

[1] 出自任正非2005年内部文章"关于人力资源管理变革的指导意见"。
[2] 出自任正非2012年在EMT办公例会上的讲话。
[3] 出自EMT纪要[2007]025号。
[4] 出自EMT决议[2012]034号。

做实与做势,务实与务虚

华为认为干部建设问题的核心是做实的问题。土夯实了一层,再撒一层,这就是实现大发展的基础和关键。[①] 各级领导干部不但要学会做人,更要学会做事,踏踏实实地做事,认认真真地做事。那种只说不做,或只会做表面文章,只会进行原则管理、宏观管理,不深入实际的人,不能得到提拔和重用。要让做实的、认真负责的干部上来。任正非在公司创立初期就讲过"荷花效应":荷花的根仅仅扎在泥土中吸取养分,才让荷叶、荷花在空中飘。飘是造势,结藕是做实,没有众人的扎扎实实,势是造不起来的。[②] 他认为,高级领导做势,中基层则要做实。一个企业是否成功,关键在于低重心管理,层层级级都要在做实上下功夫。对于所有员工来说,要紧紧抓住"做实",否则大好形"势"就浪费了。做实表现在三个层面:首先,管理工作要做实。没有优良的管理难以保持超过竞争对手的速度,内在管理体系做实才能支持企业外延的发展。因此,管理做实是企业发展的根本点。其次,支撑系统也要不断做实,给前方有力的支持。[③] 最后,融资拓展的基础工作也要全面做实。

务实和务虚两套领导班子,只有少数高层才是务虚的班子,基层都是务实的,不能务虚。务虚的人干四件事:一是明确目标,二是制定措施,三是评议和挑选干部,四是监督控制。而务实的人首先要贯彻执行目标,调动利用资源,考核评定干部,将人力资源变成物质财富。务虚是开放的务虚,大家都可畅所欲言,然后进行归纳,贯彻的是委员会民主决策制度。务实贯彻部门首长办公会议的权威管理制度。[④]

人才选拔的关键指标与方法

人才选拔围绕品德、价值观和绩效三个关键指标展开。首先,审查干部的标准第一位是品德。[⑤] 特别是对于中高层干部的选拔,华为认为个

---

① 出自任正非1998年内部文章"以做实为中心,迎接大发展"。
② 出自任正非1996年在公司办公会议上的讲话。
③ 出自任正非1997年1月23日在来自市场前线汇报会上的讲话"不要忘记英雄"。
④ 出自任正非1998年在联通总部与处以上干部座谈会上的发言"华为的红旗到底能打多久"。
⑤ 出自任正非在2004年三季度国内营销工作会议上的讲话。

人品德高于一切，忠于公司、忠于集体利益是选拔的重要基础，而不是唯才是举。这里说的品德不仅仅指思想道德、生活作风，而是一个广泛的概念，包括责任心、使命感、敬业精神、愿意到艰苦地区工作、在磨炼中成长，以及管理好团队的能力。① 同时，华为在选拔干部时，注重对员工价值观的考核，包括认同华为的愿景、使命和战略，认同华为价值观，愿意持续艰苦奋斗、持续奉献；有激情、有干劲等。绩效则是分水岭，是必要条件。只有那些在实际工作中已经取得了突出绩效，且绩效考核横向排名前25%的员工，才能进入干部选拔流程。② 如果绩效差，是没有资格列为考察对象的。只有绩效突出，同时符合华为对干部在品德、价值观认同等方面的要求，才能得到提拔和晋升。

可以看到，华为的晋升通道是非常明确的，整个体系以绩效（或贡献）为准绳，这样的制度安排为年轻人的晋升提供了快速的成长通道。一旦进入选拔对象或管理岗位，后续管理措施会迅速跟上，如通过轮岗培养干部多元能力的"之"字形道路、"180天转身计划""个人发展计划"和"干部继任计划"，可以帮助年轻人快速成长，这些制度设计都是可操作的，并具有鲜明特色。华为发现和挖掘"千里马"的能力，构筑了它的竞争优势，让一代又一代的年轻人，愿意背负着理想，为华为冲锋陷阵。

基于战略的 PBC 绩效管理系统

PBC（Personal Business Commitment），即个人业务承诺计划，是IBM创立的基于战略的绩效管理系统，员工围绕战略设定各自的"个人业务承诺"从而保障战略的执行落地。PBC协议书包括三大部分：第一部分，业务目标（权重80%），分为关键指标KPI和关键任务。KPI是常规性指标，包括营收、开拓、品质、安全等指标，体现为结果性指标的分解。关键任务是动态性指标，是对KPI的补充和完善。第二部分，管理目标（权重20%）。签订PBC协议的如果是一个团队，团队负责人就必须设置团队的管理目标。此时，需要从三个方面进行设置前的思考：业务目标对组织建

---

① 出自任正非2004年与阿联酋代表处座谈纪要。
② 出自任正非EMT纪要[2005]053号。

设、员工管理的要求；优秀经理应该具备的七个管理行为（目标承接、团队合作、绩效管理、鼓励创新、发展下属、承认贡献、氛围营造）；亟待建设的岗位胜任力体系。在此基础上，负责人要明确部门管理的重点和难点，以进一步设定员工管理目标。第三部分，个人发展目标（参考指标）。应在管理者的协助下设置，指标总数2—4个。这个目标仅作为参考目标，但所有员工均要求设置。PBC与其他绩效管理工具相比，有以下五个不同点：第一，PBC基于企业战略的分解与关键任务，通过过程管理与辅导，保障战略的达成；第二，PBC整合了KPI、目标成果、立项管理、胜任力评估与职业发展，评估内容更加全面；第三，PBC增加了管理者在绩效评价的纠偏职能，有利于做强管理者、保证评估的公平与客观性；第四，PBC强化了岗位绩效与组织绩效相结合，建立了利益共同体，有利于形成团队意识；第五，PBC弱化了KPI分数作为唯一的评价标准，增加了关键任务、胜任力等其他要素对评估的影响。

评价干部的"四力模型"

华为对干部的选拔和培养按照"决断力、执行力、理解力和人际连接力"的四力模型进行。决断力，指善于抓住主要矛盾和矛盾的主要方面，敢于决策和承担责任。执行力，指实现目标的结果导向，在资源和时间约束下出色地完成工作任务。理解力，指理解业务、理解文化、理解环境。人际连接力，是开放性、乐于与客户打成一片、妥协与灰度。在模型中，对不同层级的干部，四力的要求是不同的，不同业务领域的要求也是不完全一致的。一般来说，高层干部要有决断力，中层要有执行力。具体实施中，是用PBC方法通过绩效结果和关键事件考核的，所以华为的干部产生于实践、产生于基层，是干出来的以及考核出来的。

在干部考核中，华为明确指定了考察项目、要素、标准、方法，干部后备队的选拔组织工作由公司人力资源部和华为大学联合组织。各业务体系管理团队对本体系干部后备队选拔工作集体负责，各业务体系管理团队主任是干部后备队选拔组织工作的第一责任人，对选拔组织工作和结果负责。公司人力资源部和华为大学对业务体系选拔工作要提供培训支持。公司各级管理者要本着对公司负责的态度，积极参与公司干部后备队的选拔推荐工作。干部考核方法还需要有一整套档案资料管理体系和信息系统做决策支持系统，做到有据可查，保证客观公正。如对于道德指标，可查阅的资料包括：党委诚信档案，是否有不良记录；关键事件库，是否有负面关键事件，如重大决策、典型行为、无人监督时干部表现、排他性行为等，或一级部门级的通报批评。推荐部门干部部/处还可以根据情况需要，采用周边调查的形式来了解和评价推荐对象的品德。在考察绩效相关指标时，可以查阅季度及年终绩效评议结果、任职资格记录、SAP记录或公司任命文件，参考工作地意向调查结果以获得真实的信息。对于参考指标中组织氛围建设与跨部门工作经验，可以查阅员工所带领团队组织氛围调查结果及跨部门锻炼档案记录等。

能上能下，末位淘汰

华为提倡能上能下，在实践活动的大浪淘沙中，要把确有作为的人才放到岗位上来，无论资历深浅，同时也坚定不移地淘汰不称职者。[①] 华为从西点军校学来末位淘汰制，目的是用来挤压队伍，激活组织，鼓励先进，鞭策后进，形成一种有利于优秀人才成长的机制。华为的末位淘汰制度主要针对行政管理者，而不是员工。[②] 末位清理不是只停留在基层主管层面，对于不合格的中高层干部同样要动真格，高级干部也要能上能下。每个层级不合格干部的末位淘汰率要达到10%，对于未完成年度任务的部门或团队，干部的末位淘汰比例还可适当进一步提高。[③] 被淘汰者易岗降薪，也不是就没有前途了，以后表现好，能力提升了，仍可以升上来。"烧不死的鸟就是凤凰"，这是华为人对待委屈和挫折的态度和挑选干部的准则。华为将易岗降薪本身也视为对干部的考察，降职降薪后仍然保持良好的心态并认真工作的干部员工，今后仍可考虑提拔使用。

[①] 出自任正非1997年在清产核资动员会上的讲话。
[②] 出自EMT决议[2009]016号。
[③] 出自EMT决议[2007]022号。

10.6 持续激活的全面激励机制

价值分配以奋斗者为本

华为的价值分配理念强调以奋斗者为本，向优秀的奋斗者、有成功实践者、有贡献者倾斜。坚信差距是动力的来源，没有温差就没有风，没有水位差就没有流水，要给火车头加满油，始终保持奋斗热情。[①] 华为将员工分为三类：第一类是普通劳动者，定义为12级及以下为普通劳动者。对这些员工依照法律相关的报酬条款，保护他们的利益，并根据公司经营情况，给他们稍微好一点的报酬。第二类是一般奋斗者，华为允许一部分人不是积极的奋斗者，这些员工在小岗位上踏踏实实做小职员，只要输出的贡献大于支付给他们的成本，就可以在公司立足，报酬甚至比市场水平稍微高一点。第三类是有成效的奋斗者，这些人是事业的中坚。华为坚持将公司的剩余价值与有成效的奋斗者分享，引导队伍奋力冲锋和奋斗。任正非认为："真正聪明的是13万员工，以及客户的宽容与牵引，我只不过用利益分享的方式，将他们的才智黏合起来。"[②]

全面激励机制

华为通过全面的激励机制将员工个人目标与公司目标整合起来，形成合力。公司考虑的是企业的长远利益，如何不断提升企业的长期竞争力；员工主要考虑的是短期利益，因为不知道将来还会不会在华为工作。解决这个矛盾就需要在长远利益和眼前利益之间找到一个平衡点。华为通过长期激励与短期激励、物质激励与非物质激励相补充的全面激励机制，持续激活员工潜力，坚持艰苦奋斗。华为的物质激励主要包括短期奖金激励、长期股权激励和福利体系。其中，岗位决定工资，业绩决定奖金，贡献特别是未来潜在的贡献决定股权收益。不同级别员工的收入构成比例是完全不一样的：16级以下的员工，工资构成了收入的主要部分；中高层管理者，则主要是股权收入，股权收入可能达到70%以上。非物质激励包括发展机会、组织权力等。

---

① 出自任正非2011年内部电邮"从'哲学'到实践"。
② 出自任正非2011年12月在华为内部论坛上发表的文章"一江春水向东流"。

华为职位与薪酬管理的具体过程,可以用16字来概括:以岗定级,以级定薪,人岗匹配,易岗易薪。对于每一个级别、每一个岗位工资的确定,既要考虑对外的竞争性,也要考虑内部的可支付能力和公平性,正如图10.3所体现的系统做法,我们将具体解读。

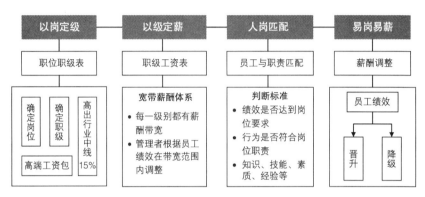

图10.3 华为薪酬管理体系

以岗定级,建立职位和职级的关系

以岗定级,是通过职位职级表来确定的:每一个职位会确定一个对应的职级,这个职级就是这个岗位对企业贡献的价值评估,包括了对组织绩效的评估、对岗位价值的评估和对任职者个人的评估。

这里,华为做了两件事情:第一,对于每一类岗位确定岗位序列,例如研发岗位序列、市场岗位序列等,其中,研发岗位序列又包含了助理工程师、工程师、高级工程师等渐进的职位。第二,对职位序列进行评估,评估的重点在于职位的应负责任是什么,控制的资源是什么,产出是什么,以及这个岗位面对的客户和环境的复杂性程度是怎样,并参考承担这个岗位的人需要什么样的知识、技能和经验等,这里面最主要是通过职位承担的岗位职责和产出来进行衡量,衡量的结果用一个职级的数字来进行描述。华为用的是Hay的职级序列。做完了这两步,就建立了一个职位和职级的对应关系。

以级定薪,界定工资范围

以级定薪实际上就是一个职级工资表。华为的薪酬使用的是宽带薪酬体系：对于每一级别，从最低到最高都有长长的带宽，每一个部门的管理者，可以对自己的员工，根据绩效在这个带宽里面进行工资调整。在同一级别里面，可以依据员工的绩效表现，在每年的公司例行薪酬审视中，或者当员工做得特别优秀时提出调薪申请。由于不同级别之间的薪酬区间存在重叠，员工即使不升级，只要持续贡献，绩效足够好，工资也可以有提升空间，甚至超过上一级别的工资下限，这样有利于引导员工在一个岗位上做实、做深、做久，增强岗位稳定性。所以以级定薪，就是对于每一个级别在公司能拿多少工资进行了一个界定。每一个主管可以根据以岗定级来确定员工的职级，然后对应在级别上，确定员工的工资范围。

每个企业都可以设置自己的职位薪酬管理模式，相对于职位薪点管理或者窄带薪酬管理模式，这种宽带薪酬的方式，对于管理者的管理能力、对员工的把握、对调薪的把握，要求比较高。

人岗匹配，人与岗位责任的匹配评估

所谓人岗匹配，指的就是员工与岗位所要求的责任之间的匹配，以确定员工的个人职级及符合度。人岗匹配最核心的是看他的绩效是不是达到岗位的要求、行为是不是符合岗位职责的要求，另外，还包括一些基本条件，比如知识、技能、素质、经验等。

如果出现岗位调动，一般来说，人岗匹配是按照新的岗位要求来做认证。认证往往都在新岗位工作三个月或半年以后才进行，而不是调动之后立即进行。等到人岗匹配完成后，根据新岗位要求的适应情况确定员工的个人职级及符合度，再决定相应的薪酬调整。

易岗易薪，关注职级和绩效

如何在人岗匹配之后确定薪酬的调整方案，就是易岗易薪要解决的问题了。易岗易薪是针对两种岗位变化情况：一种是晋升，另外一种是降级。晋升的情况，如果员工的工资已经达到或超过了新职级工资区间的最低值，他的工资可以不变，也可以提升，主要看他的绩效表现；如果尚未达到新职级工资区间的下限，一般至少可以调整到新职级工资区间的下限，也可以进入到区间里，具体数额同样取决于员工的绩效表现。降级的情况，也是根据员工的绩效情况，在新职级对应的工资区间内确定调整后的工资，如果降级前工资高于降级后职级工资的上限，需要马上降到对应的职级工资上限或者以下。

短期奖金激励

华为员工的工资主要由岗位和职责决定，补贴基于工作环境决定，工作环境越恶劣，补贴越高。在执行过程中，按照"以岗定级，以级定薪，人岗匹配，易岗易薪"的原则操作。岗位的工资水平与同业的中线水平对标，定在高出中线15%的水平，以保持对外部和同业的竞争力。除了以岗位确定工资外，为了吸纳业界最优秀的人才，华为也可以以谈判方式，与高端人员确定工资包。奖金由员工的业绩决定，实际上是由员工级别和考核成绩共同确定。同一岗位的员工，考核成绩不同，奖金差异非常大，如果以B为基准1，考核结果A为B的2倍以上，B+为B的1.2—1.5倍，C为B的0.5，D则没有。对于主要靠奖金和工资作为收入来源的基层员工，绩效不同的话其收入可以是天壤之别。华为正是通过奖金拉大内部差距，牵引中基层员工的工作积极性。

长期股权激励

华为实行员工持股制度，用转化为资本这种形式，使劳动、知识及企业家的管理和风险的累积贡献得到体现和报偿；利用股权的安排，形成公司的中坚力量，保持对公司的有效控制，使华为可以持续成长。华为通过股权激励制度普惠认同其模范员工，增加了员工的主人翁意识，结成公司与员工的利益与命运共同体。①

员工持股计划

任正非说："谁拥有华为？我不知道怎么说，我反正只有百分之一点几的股份。"从法律上说，华为公司的股东有两个：一个是华为公司工会，代表员工持股98.99%；另一个是任正非，持股1.01%。这些持有股份的员工不同于公司法上的股东，因为从2001年起，他们持有公司的股份就改为虚拟受限股。简单来说，员工并不是公司直接的股东，但享有分红权和股份增值权。大规模员工持股是华为成功的一种公司治理模式，除了员工激励，这也

---

① 出自华为公司基本法。

是华为的内部融资行为。图 10.4 显示了华为员工持股计划的结构与分布。

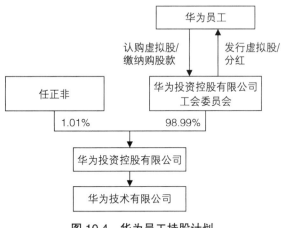

图 10.4　华为员工持股计划

华为公司成立于 1987 年，当时注册资本 2 万元，任正非只有 3000 多元，不得不拉一些人集资以满足营业审批的要求，后来这些人以法律诉讼的方式，获得了高额补偿。任正非在"一江春水向东流"一文中道出了华为员工持股制度的产生过程："我创建公司时设计了员工持股制度，通过利益分享，团结起员工。那时我还不懂期权制度，更不知道西方在这方面很发达……仅凭自己过去的人生挫折，感悟到要与员工分担责任，分享利益。"

华为公司内部股权计划始于 1990 年。创业期的华为一方面由于市场拓展和规模扩大需要大量资金，另一方面为了打压竞争者需要大量科研投入，加上当时民营企业的性质，出现了融资困难。华为第一次提出"内部融资、员工持股"的概念。内部融资不需要支付利息，存在较低的财务困境风险，不需要向外部股东支付较高的回报率，同时可以激发员工努力工作。当时参股的价格为每股 10 元，以税后利润的 15% 作为股权分红。那时，华为员工的薪酬由工资、奖金和股票分红组成，这三部分数量几乎相当。其中，员工持股的基本做法是：凡是工作一年以上的员工均可以购买公司的股份；购买数量的多少取决于员工的级别（13—23 级）、绩效、可持续贡献等，一般是公司在年底通知员工可以购买的股份数；员工以工资、年底奖金出资购买股份，资金不够的公司协助贷款（个人助业贷款）；购买价格为 1 元 / 股，与公司净资产不挂钩，员工购买股份后的主要收益来自公司分红，分红情况与公司效益挂钩。员工离职时，公司按照员工原来的购买价格即 1 元 / 股回购；除 1995 年和 1996 年公司曾给员工持股证明外，其他年份就不再给员工持股证明，但员工可以在公司查询并记录自己持股量的多少；工会（下面有持股委员会）代表员工管理持有的股份，是公司真正的股东，员工自身并没有公司法上股东完整的权利。

华为采取这种方式融资，一方面减少了公司的现金流风险，另一方面增强了员工的归属感，稳住了创业团队。也就是在这个阶段，华为完成了"农村包围城市"的战略任务。此时并非是国际意义上的员工持股，主要在于两点：首先，内部持股员工只有分红权，没有公司法上股东所享有的其他权利；其次，员工所持股份在退出公司时价格是按照购股之初的原始价格回购，员工也不享有股东对股票的溢价权。

2001 年年底，受网络经济泡沫的影响，IT 业的融资出现空前困难，华为迎来发展历史上的第一个冬天。此时，华为开始实行"虚拟受限股"（下称"虚拟股权"）的期权改革：股权激励由真实股权转为虚拟股权，形成了基于人力资本的利润分享模式。

在总裁任正非的强力推行下，华为公司实行员工持股改革：新员工不再派发长期不变的一元一股的股票，而老员工的股票也逐渐转化为期股，即所谓的虚拟受限股。虚拟受限股是华为投资控股有限公司工会授予员工的一种特殊股票。每年，华为根据员工的工作水平和对公司的贡献，决定其获得的股份数。员工按照公司当年净资产价格购买虚拟股份。拥有虚拟股份的员工，可以获得一定比例的分红，以及虚拟股份对应的公司净资产增值部分，但没有所有权、表决权，也不能转让和出售。在员工离开企业时，股票只能由华为控股工会回购。

虚拟股票的发行维护了华为公司管理层对企业的控制能力，不至于导致一系列的管理问题。从固定股票分红向虚拟股权的改革是华为激励机制从"普惠"原则向"重点激励"的转变。

2008 年，受全球经济危机的冲击和经济形势的恶化，华为又推出新一轮的股权激励措施——"饱和配股"，即不同工作级别匹配不同的持股量。比如，级别为13级的员工，持股上限为2万股，14级为5万股。大部分在华为总部的老员工，由于持股已达到其级别持股量的上限，并没有参与这次配股。这是对华为内部员工持股结构的一次大规模改造。其后，华为在饱和配股制度的基础上进一步优化，推出奖励配股制度，使得公司经营成果的分配机制更加合理与均衡，即无论是否达到饱和配股的饱和线的员工，都可以享受奖励配股，奖励配股不计入饱和配股的累计值。

华为认为，虚拟股份比原来的持股方式更为合理。公司规定：根据内部的评价体系，员工的虚拟股份每年可兑现1/4，价格是最新的每股净资产价格。但是，对中高层的兑现额度则作了另外规定，只能每年兑现1/10，除非离职。并且在离开后，还要经历公司严格的6个月审核，确认不出现创业公司的产品与华为构成同业竞争、没有从华为内部挖过墙角等条件中的任何一条后，方可全额兑现。每个持股员工都有权选举和被选举为股东代表，这些持股员工选出51人作为代表。这51名代表中轮流选出13人作为董事会成员，5人担任监事会成员。

华为通过不断调整股票的分配方式来维系整个组织的活力。这种机制和制度，吸引、团结、黏合住了大批人才，包括国际化员工。用任正非的话说，正是这种制度，形成并沉淀了公司"利益分享，以奋斗者为中心的文化"。

华为的股权分配依据可持续性贡献、突出才能、品德和所承担的风险，主要从三个方面评估：一是当前已经表现出来的能力、业绩及在关键事件上的处理能力；二是员工意愿及其奉献精神；三是未来可能对公司的贡献。股权分配向核心层和中坚层倾斜，同时要求股权结构保持动态合理性。所以，通常同一岗位，每人配备的股票不一样，有些员工绩效好，奖金很高，但股票可能不多，因为他表现出来的对公司未来的贡献潜力小。并不是"聪明的人"或能干的人就可以获得较多的股票，还要看你的聪明才智是否已为或将为公司增加价值，以及考察你是否认可公司的文化。公司的股票要求员工严格保密，员工之间不允许交流，这在很大程度上避免了因分配不公导致员工间的攀比和矛盾。

特别需要说明的是，华为的虚拟受限股，不是赠予的，而是需要员工自己出钱购买的。因此，员工在公司工作，而且花了钱购买公司股票，最好的出路就是一心一意让公司的股票增值。对于新员工而言，在他效力的前五年，主要收入都会陆陆续续地投入公司的股票中，这样一来，就不断强化了员工与公司的关系，使之越绑越紧。并且，华为对于进步的员工，配置的股票总是大于年终收入，不断的资本投入，股票雪球越滚越大，员工主人翁的存在感愈发强烈，最终实现了公司和员工利益的一致。截止到2016年，华为15万名员工中，近9万名持有虚拟受限股，总持股比例达到98.99%，任正非本人的持股比例仅为1.01%。从2000年到2010年，华为的虚拟受限股增值达到15倍，近年收益率也都高达20%以上。表10.1总结了虚拟股份与其他股份之间的区别。

表10.1 华为虚拟受限股与其他传统公司股票的区别

	传统公司股票	华为虚拟受限股
法律	受法律保护	不是真正法律意义上股票
股票价格	股票市场价格	每股净资产值
分红权	有	有
表决权	有	无
转让与交易	自由转让、交易	不能转让和交易，只能公司回购
透明度	公开、透明	严格保密
激励作用	少数人受益，对创始人和高管很强，一般员工弱	相对普惠制，对员工和中高层主管强
激励要素	当前贡献	未来潜力
激励时间	2—3年	每年评估，可持续
效果	少数人奋斗	庞大的奋斗群体

福利体系

为了保障员工在全球的工作和生活无后顾之忧，华为自2005年起推行员工保险保障和福利制度变革，发布了员工保障、医疗保障、医疗救助保障、人身保障等系列文件。目前，已建立了强制性社会保险、医疗保险及商业保险的多重保险机制。依据此制度，员工除依法享受国家和地方的强制性社会保险外,还享受公司提供的各种商业保险保障,包括商业人身意外伤害险、商业寿险、商业重大疾病险、商业旅行险等。针对很多国家社会医疗保障水准还有待提升的现实,公司不仅为外派海外工作的员工,还为员工家属购买了商业旅行险等商业医疗保险,同SOS紧急救援等全球性医疗服务组织建立了密切的工作关系,确保派往海外的员工和家属在危急时刻获得及时、快速的医疗救助。[1]

针对海外员工,特别解决了伙食保障、医疗和生命保障及住宿条件改善等问题,进而解决了赴海外工作员工的家属随队生活的安排及帮助等问题。在海外员工伙食保障方面,首先要建好食堂,同时优先抓好艰苦地区和工程项目的野战食堂建设问题。野战食堂的形式包括并且不限于驻地食堂、流动食堂、认证订餐服务等形式。各片区、代表处和工程项目组可根据公司原则,因地制宜地解决本地野战食堂建设问题。原则上,五六人以上的就可以建立野战食堂,两三人左右的要确保员工能吃到可口的饭菜。随队生活的家属可以在驻地食堂用餐,也可以给予适当的伙食补助。[2]

在工作环境方面,华为专门派基建部门组成赴美国硅谷的考察团,华为的工业园区和办公场地都按照美国硅谷高科技公司的标准建设。无论是华为龙岗总部,还是南京研究所等外地的研究开发机构,都拥有静雅、漂亮、别具一格的环境,这也是华为吸引和留住优秀人才的方式之一。

非物质激励

华为的非物质激励也是报酬的重要方面,它不仅是物质激励的补充,更重要的是它满足了员工多层次的需要。华为对员工的高待遇不仅仅指钱,还包括机会、地位、职务的分配和责任的承担。华为将发展机会和组织权力视为可分配的价值资源,并将其置于价值分配的优先位置。公司一方面通过不断开创新事业,为员工提供成长和发展机会;另一方面通过公平竞争机制,对公司的机会资源进行合理分配,并为人才的成长创造良好

---

[1] 出自任正非2007年内部文章"关于近期公司人力资源变革的情况通告"。
[2] 出自任正非2007年发表在《华为人》上的文章"完善和提高对艰苦地区员工的保障措施"。

的环境和条件。在华为，工作不只是一份工作、一个谋生的职业，华为更像是一所学校和一支军队，有很多学习的机会，可以接触到全球最优秀的人并向他们讨教，或者与他们圆桌对话，或者与他们同台竞技。只要你有梦想、有追求，努力奋斗学习，不出几年的时间，这个平台就可以把你塑造得比之前更闪亮，让你在同辈中更优秀。任正非经常说，华为要用七八年的时间培养出一个总裁来。在华为，只要你肯干，就一定可以做出成绩来，一旦有了一点成绩，就会有意想不到的机会，提升之快往往出乎大多数人的意料。如今区域的总裁基本上都是"70后"的天下，也有不少"80后"。在这里，不需要任何关系，不需要溜须拍马，唯一的通行证就是业绩，使得年轻人，特别是有理想的年轻人，都愿意为之奋斗。

10.7　华为与思科的比较

笔者接触过的华为员工中，最明显的特征是质朴、勤奋、自律、不怕吃苦、努力好学，骨子里就有奋斗的基因和渴望。这些特质是他们的共性，因此能看出企业的氛围和文化给年轻人的成长打下的烙印。他们大多来自普通城镇或农村家庭，没有受太多父辈的荫庇，自己通过求学改变命运。在华为这个不论背景甚至不以学历论英雄的企业，业绩是最重要的指标，绩效成为区分人与人的关键分水岭。在此基础上，再考核人的能力、价值观认同和品德，如果认同华为愿意持续艰苦奋斗、持续奉献，有激情、有干劲的价值观，同时，在思想道德、工作作风、生活作风上过硬，就会成为企业的后备人才。

华为之所以能够充分激发员工的潜能和奋斗精神，有三个原因：首先，在认知层面，华为领导人在国际竞争中强烈的危机意识、前瞻性和理想主义情怀，驱动着华为人在思想上不能有任何的懈怠和松弛，只有持续保持警醒和敏锐，才能跟上企业发展的步伐。特别是在华为做大之后，领导人的注意力始终聚焦在持续激活组织、避免思维惰性等大企业病上，这使得大多数华为人始终战战兢兢、如履薄冰，无法安逸享受，必须持续学习、探索和发展。因此，人员的潜能处于持续开发的状态中。其次，在战略层面，华为控制人的欲望和贪婪，关注长远发展，注重动态赋能，企业和员工都处在跑动中成长变化，稍有懈怠就可能落伍。最后，在制度层面，华为设计了"获取分享制"，通过员工持股计划，将个人的目标和利益与企业的目标和利益紧紧地捆绑在一起，员工为企业奋斗的同时也在为自己奋斗、为自我实现、为改善家人生活条件奋斗。这种奋斗，既来自外部激励，又有内在激励，而后者成为激发员工工作激情、持续奋斗的关键动力。胡厚崑在总结获取分享制的优势时指出：这种机制是包容性的而不是压榨性的，不仅包容客户、员工的利益，也包容资本利益，包容各种要素（如知识产权）的利益。这种包容多方利益群体的机制，是确保企业长期永久发展的重要制度。

华为在选拔干部时通过赛马原则让实践中的优秀人才脱颖而出。既规避了上级考察下级时局限性的主观判断和任人唯亲的弊端，也规避了人们为了获取上升空间而不得不在人际关系中溜须拍马、走灰色路线的不良风气。通过优先从成功团队中，优先从主攻战场、一线和艰苦地区，优先从恶仗和苦仗中、从影响公司长远发展的关键事件中考察和选拔干部等机制，利用实践检验、发现和提拔人才，让实践成为检验人才的关键标准。这种机制让员工把注意力聚焦在工作和业务发展上，而不是人际关系上。同时，对于那些勇于去最艰苦地方工作的人、对公司贡献最大的人、业绩最佳的人给予最大回报。这种相对公平、公正的组织制度有利于简化组织中的人际关系，降低了不必要的人员注意力损耗，降低了人员成长和发展的不确定性，使付出代价的员工得到应得的补偿，鼓励员工从事艰苦的工作，真正奋斗的人有机会品尝奋斗的果实。

华为与思科都是充满激情和使命感的企业，对成功和创新都有着强烈的渴望，在思科，有激情的人被认为比有能力的人更有价值、更加稀缺。高管的使命感是精神品格的重要组成部分，也是企业持续发展、获得成功的重要来源。华为的领导人不断寻求突破，力争成为世界一流企业；思科的领导人把互联网改变人们的工作、生活和学习作为长远使命和愿景，并从使命达成和客户满意度的提升中获取正反馈的精神补给。同时，两个企业都非常重视高管的国际视野，受提拔的高管都需要有海外工作经验（特别是欠发达地区），正是这种对领军队伍的高标准、严要求，才确保这两家企业在异常激烈的市场竞争中存活下来。与华为一样，思科对高层领导的业绩评估非常规范，同时设有专门的人才评估流程和完善的业绩评估卡，评估维度包括领导力、未来发展、个性特点及职业发展途径等。

两个企业的员工也都拥有奋斗精神，吃苦耐劳。笔者于2010—2014年在思科学习培训时，负责培训的团队通常为了评估教学质量讨论到深夜，授课高管对讲课评分非常关注，很重视听众的提问和反馈。以客户为导向是这两个企业的共同特质，不论是前台接待，还是后台的研发工程师，每个员工都清楚地知道客户满意度对收入的影响。在思科，前台人员与进门客人打招呼的方式，工程师对产品质量的责任心和把关方式，都与其工资和奖金强相关。虽然表达的方式不同，但以客户为核心、以奋斗者为本，都是这两家企业真正践行的文化和制度。

与华为的三位CEO轮值制度不同的是，思科是由十人组成的高层团队协同领导的，每个人掌管的业务方向不同。为了更好地达成共识和协作，十位高管之间需要充分共享信息，即使在无法达成共识的情况下，也需要彼此坦诚交流，直截了当地讨论问题和挑战，进行充分的对话和全面了解。如果在一些问题上固执己见，需要各自对结果负责。此外，思科是上市公司，与华为的内部员工持股制度有所不同。在激励机制设计上，基层员工底薪比例最大，股权相对小；但对高层管理者而言，底薪只占很少部分，约为15%，股权则是最重要的部分，股权的多少根据其领导行为和未来市场行情决定，存在着很多不确定因素。目的就是让高层接受挑战，力争创造佳绩。

第十一章

整合组织智慧的知识管理

在企业管理领域，知识管理是一个新兴学科，在国际上产生于20世纪90年代。1999年，瑞典保险集团Skandia设立了第一个首席知识官（CKO）。CKO的核心职责是管理组织的知识资产并使其价值最大化（知识资产又称智力资本、无形资产或轻资产）。1995年，牛津大学出版社出版了日本一桥大学野中郁次郎教授《创造知识的公司》一书，野中教授在对很多企业做了大量案例研究之后，提出了著名的知识创造模型，开创了知识管理与知识创造研究的先河。2001年，美国《财富》杂志编辑托马斯·斯图亚特发表了名为"脑力"的文章，文章经过调研后发现：高科技企业资产的最大流失是企业骨干或员工离职所造成的脑力流失，知识资产成为企业最重要的资产。

知识资产是以非物质形态存在的非货币型资产，它既是过去事件的积累，又是未来经济收益的来源。根据国际财务报告准则（IFRS）第38项的规定，知识资产主要用来评估组织财富，超出其物质和金融资本的价值来自于知识资产。对于高科技企业来说，知识资产对其市值影响很大。从2017年全球市值最高的企业来看，绝大多数是以智力资产为核心资产的公司。① 智力资本包括人力资本、社会资本、市场资本、结构资本和知识产权资本。人力资本是指员工技能、技术诀窍和专长价值，人力资本的组合

---

① 2017年，根据彭博社对全球所有上市公司资产的排名，最值钱的公司包括苹果、谷歌母公司Alphabet、微软、亚马逊、伯克希尔·哈撒韦公司、脸书、埃克森美孚、强生、摩根大通和腾讯。

助力企业解决复杂问题，发展专有知识产权，但是知识随着人才的流动而流动，企业可以开发利用人力资本，却无法拥有人力资本。因此，如何凝聚人才、使用人才和开发人才的潜能成为人力资本管理的关键。社会资本包括客户关系、供应商关系和政府关系等与各相关利益者的关系。社会资本不仅有助于企业构筑商业生态，而且同时为企业的发展提供安全保障。市场资本是企业长期服务于客户所积累的资产，如声望、印象、口碑、品牌和渠道等。结构资本是人力资本之外属于企业的智力资产，如管理信息系统、流程、数据库、价值链、管理平台、企业文化、规章制度等。结构资本助力人力资本发挥最大价值，好比是"铁打的营盘流水的兵"中的"营盘"。知识产权资本与企业的创新、更新能力密切相关，其成果包括专利、技术秘密、标准、商标商誉和特许经营体系等。

对于高科技企业来说，知识资本的积累、开发和利用与其知识管理能力密切相关，而知识管理取决于企业领导人是否将知识作为其最重要的战略资源，以及如何在战略和战术层面有效地管理知识。与财务、设备、物料、厂房等固定资产不同，知识作为一种隐性资产，既存在于个人的头脑中，也存在于组织流程、体系、方法、学习、创新和文化活动中。个人知识影响人的思维、选择、判断、决策、解决问题和行动；组织知识影响整体的创造力、效率和产生附加值的能力。作为战略资源，对知识的管理涉及对组织和个人层面的知识和信息进行系统性、有目的的搜集、分析、整合、分享、创造和应用，以促进知识在个人、团队、组织内和组织外的交流。由于很多知识是以难以捕捉、难以表达、难以度量的形式存在，因此知识管理的难度很大，需要综合战略领导力、文化、人力资源、信息技术、激励机制等多学科力量才能达成。那么，我们对华为知识管理实践主要关注哪些问题呢？

第一，我们关注华为如何处理知识资产与金融资产的关系。大量企业家已经意识到"财聚人散，人聚财散；人聚知识聚，知识聚财富聚"的道理，但在实践中到底如何做是个问题。华为作为一个民营企业，在发展早期既没有背景，也不拥有稀缺资源，更没有可依赖的关系和背景。企业高层很早就意识到，面对这种条件，企业需要通过战略愿景、激励机制和文化建设，鼓励员工励精图治、开放心胸、自力更生、艰苦奋斗、努力学习，通过创造和积累知识资本，快速缩短与竞争对手的差距，同时让金融资本追随并服务企业知识资本。在这方面，华为是怎么想和怎么做的？

第二，如何有效吸收外部知识。在华为的发展历程中，竞争对手来自全球各发达国家，他们有几十年甚至上百年的知识积累，有数百年发展形成的稳定的工业基础和产业环境，有雄厚的商业底蕴、人力资本及社会资本储备，有世界一流的研发体系、雄厚的资金和全球著名品牌，有坚实的市场地位和客户基础，有高效的管理体系和运营经验。面对这样的竞争格局和技术及市场壁垒，华为该如何快速获取和吸收知识，如何将知识价值最大化，如何最大限度地将外部知识和经验为我所用？

第三，如何提高内部知识的重用和共享。企业的知识管理涉及很多方面：搜集和吸收外部知识和最佳实践，在更大范围内共享和利用业务所需知识；从与客户、供应商和合作伙伴打交道中积累相关细节经验，为后续工作奠定基础；提炼工作方法论，快速识别、分享和实施最佳实践，使同行和年轻员工少走弯路、少犯错误，提高工作效率；积累已有知识，增加共享和重用率，提高研发效率，降低成本；建立知识管理平台，支持跨部门、跨区域的业务协同和知识共享；确保公司数据、信息和知识的准确性、诚实性和可靠性，增强时效性和安全保密性，等等。这些都是高科技企业特别关注的问题。

11.1　对知识资产价值的战略认知

在华为发展早期，任正非就深刻地认识到：我们这个时代是知识经济时代，它使人类创造财富的方式方法发生了根本改变，这种改变就是财富的创造过程并不仅仅是资本的力量，更重要的是人才和被人所拥有的知识的力量越来越大。随着信息网络的变化，创新的空间也发生了很多变化，人的创造力得到前所未有的解放。因此，人的因素应该放在领导人战略思考的第一位。

任正非的这种认知并不仅仅局限在华为内部。从全球视野看，他意识到，人类所占有的物质资源是有限的，总有一天石油、煤炭、森林、铁矿等自然资源会被开采光,而唯有知识会越来越多。中国是"地大物薄",人均占有资源在世界上最少,唯有"科教兴国"才是出路。提高全民族的素质、深化社会和组织管理体系,促使人才的成长和知识价值的产生,才能创造民族财富。如果中国把人当作资源来开发,人口劣势就会转化为人才优势,对中国的和平崛起会起到巨大作用。

在开发知识资本方面,华为把以色列作为学习的榜样。犹太民族苦难深重,2 000多年前被驱散到世界100多个国家。但就是这样一个只有1 000多万人口的民族,诞生了近25%的诺贝尔获奖者,产生了很多伟大的思想家和学者,工程师和科学家密度最高,创业创新企业比例最大……以色列自然资源极度匮乏,政治经济环境恶劣,凭借着尊重知识创造,注重教育,鼓励挑战、质疑和探索的精神,通过对人力资源的系统管理,在严重缺水的荒漠上创造出了一个个奇迹。

任正非深刻意识到,华为唯一可以开发的资源就是"人聪明的大脑"所创造的知识,而人的大脑在实践中所产生的知识和知识资本是支持华为可持续发展的唯一战略资源。为了快速获取、积累和利用这些知识资本,企业必须要设计一整套激励机制,让愿意为企业奉献"智慧大脑"的奋斗者获得回报,这就是员工持股计划的根本逻辑。

因此,在华为发展历程中,长期坚持对研发的高额投入,坚持在专利、标准和关键技术领域的"压强"式攻关;孜孜不倦地坚持从国际咨询公司导入世界上最领先的管理体系和管理系统;在领先竞争对手周围建立"能力中心",鼓励员工凭着"垫子文化"奋力工作拼命积累资源;在发现战略实现过程中的重大"知识缺口"时,不惜调换功臣;在全力奋斗阶段,为积累更多的生产流动资金,许多博士、硕士甚至高层领导还居无定所;等等。[①] 华为正是通过自身努力来缩小与领先企业的知识差距。[②]

---

① 出自任正非1997年3月20日在春节慰问团及用服中心工作汇报会上的讲话"资源是会枯竭的,唯有文化生生不息"。

② 同上。

11.2 将尊重知识制度化

1997年,《华为基本法》明确地将知识价值、对知识分子的认同和激励机制制度化,明晰了人才与资本之间的逻辑关系。它首先指出:"华为以知识为本的理念强调知识、知识劳动及员工的特殊地位和作用。我们认为,劳动、知识、企业家和资本创造了公司的全部财富。"公司以《华为基本法》为最高经营制度,不但把知识以及知识的载体——员工作为华为公司的最大财富,而且把知识作为公司价值创造要素中的一个独立要素,公开承认了知识与资本一样是企业价值的创造源泉,而且把人力资本排在优于资本的重要位置之上,这种理念和做法在当时的中国可谓非常领先。"认真负责和管理有效的员工是华为最大的财富。尊重知识、尊重个性、集体奋斗和不迁就有功的员工(第二条),是我们事业可持续成长的内在要求。"

人力资本增值优于财务资本增值

华为强调人力资本不断增值的目标优先于财务资本增值的目标。其次,华为公司以知识为本的理念在实际的利益分配中得以确确实实的体现。华为是由任正非在1988年以2万元人民币创立的,任正飞本人的持股比例不断被稀释到1.01%,其余的98.99%均由员工持有。不仅如此,给创造价值的知识劳动以合理的回报这一主张,也被明确写在《华为基本法》中:"华为主张在顾客、员工与合作者之间结成利益共同体。努力探索按生产要素分配的内部动力机制。我们决不让雷锋吃亏,奉献者定当得到合理的回报(第五条)。"华为公司以知识为基础的经营理念承认知识劳动的剩余价值,意识到高科技企业的最终利润不应全部归最初的出资者所有,而是认为知识和资本一样,在公司的价值创造中做出了贡献,相应地应给予知识劳动者以合理的回报。再次,华为公司创造性地为知识资本化提供了路径。在华为,"用心"的奋斗者受到更多青睐,用心意味着凭借脑力和创造力而不是蛮力进行工作,用心的奋斗者有三个特征:一看绩效结果,持续优秀。二看创新价值,不墨守成规(具体包括能持不同意见,且勇于表达不同意见;能发现问题,经常提出改进建议;争论问题时站在以客户利益为先的立场；活干而不是死干，高效执行）。三看独特的价值，强调给客户带来价值。用心的奋斗者共同组成"英雄群体"和火车头，成为引领企业增长的核心力量，同时"不让雷锋吃亏"的机制吸引更年轻、更优秀的员工不断加入这个群体。

根据知本配置股权

华为通过将知识转化为资本这种形式，使劳动、知识及企业家的贡献得到体现和报偿，风险降到最低。关键员工的共同持股计划把推动企业增值的最重要的动力集体绑定，把可能导致的知识风险和知识流失降到最低。形成中坚力量，保持对公司的有效控制，使公司可持续成长。华为不断探索知识资本化与适应技术和社会变化的有活力的产权制度，一方面，普惠认同华为的模范员工，结成公司与员工的利益与命运共同体；另一方面，将使最有责任心与才能的人进入公司的中坚层。"[1] 华为的持股制度，公司股份不是按资本来分配，而是以"知本"为基础进行分配，按知分配股权，使知识人才应得的回报部分转为股权，进而转化为资本，而每年华为公司给员工的股票分红则是这一知识转化为资本最直接的体现。

2007年，有人质疑华为的员工持股计划，任正非反驳道："我们不是搞房地产的，我们是搞科技的，科学技术不是存在我一个人的脑袋里，是在所有人的脑袋里。"华为公司近8万的员工持有虚拟的受限股，他们将集体地决定公司的命运。在这种情况下，怎么可能是由一个人决定企业的发展？"以前我拥有很大股份的时候都不这么做，现在我只有不到1.5%的股份了，我还有能力这么做吗？我还有愿望这么做吗？"[2]

11.3 缩小知识差距的关键路径

知识积累需要战略耐心

任正非认识到，要缩小与发达国家知识上的差距，急是急不来的。要清醒地认识到基础专利的成长过程是十分漫长而艰难的，要耐得住寂寞，

---

[1] 出自《华为基本法》。
[2] 出自任正非2010年11月8日在上研院的座谈。

甘于平淡，急躁反而误事。即使是应用型基础专利的成长过程也至少需要7—8年。而基础性基本专利形成的时间则更加漫长。从世界上根本没有这个东西，到发现并研究其理论及规律，再到人们逐渐地理解并认识其价值，需要漫长的时间。

知识产权是国际市场入门券

在今天的市场竞争中，由于技术标准的开放与透明，未来很难再有一家公司或一个国家持有绝对优势的基础专利。这种关键专利的分散化，为交叉许可专利奠定了基础，相互授权使用对方的专利将更加普遍化。互联网使创造发明更加泛化，知识产权是国际市场的入场券，没有它高科技产品就难以进入国际市场。在任正非看来，中国创造不了价值是因为缺少土壤，这个土壤就是产权保护制度。华为每年将销售收入的15%以上投入研发，在近17万华为人中，超过45%的员工从事创新、研究与开发。华为在170多个标准组织和开源组织中担任核心职位，2016年华为财报显示，华为累计申请了62 519项专利（57 613件国内专利和39 613件国外专利），其中90%以上是发明专利，专利申请总量位居全球第一。①

像保护眼睛一样保护知识产权

作为一个直接和国外著名厂商竞争的高科技公司，没有世界领先技术就没有生存的余地。在奋力发展各种尖端科技之时，应加强对知识产权的保护工作，每位员工都应像保护自己眼睛一样保护公司的知识产权。商业机密是公司及上万名员工二十年的心血积累，软件都是每年几百上千人开发出来的东西。不向竞争对手提供商业秘密是员工的基本底线和高压线，持股员工用股票做承诺，不损害公司的商业利益。对于盗窃公司的技术秘密、商业秘密和投标信息的员工，要通过法律手段进行制裁，他的股票首先要赔偿公司的损失，同时也用相应的形式做出处分。没有对知识产权的严格保护，不通过保护使原创发明人享受应得的利益，就不会有人前仆后

---

① 根据2016年世界知识产权组织（WIPO）发布的全球知识产权活动报告，华为以3 692件PCT申请位居全球第二，超越高通、三菱等以技术积累见长的国际企业。在华为2017全球分析师大会上，华为副董事长、轮值CEO徐直军表示，华为累计研发投入达到3 100亿元人民币，未来每年将保持200亿元人民币的投入。

继、奋不顾身地去探索奋斗，就不会有原创发明，而没有足够的原创发明，中国就永远进不了"高地俱乐部"，就将永远受制于人。真正受伤害的是中国有发展潜力的企业，而不是西方企业。①

尊重知识探索者的价值

华为在选择人才时也有独特的视角。1996年，任正非要求北大数学系毕业的华为员工回北大设立奖学金，将数学系找不到工作的毕业生都招进华为。2016年，笔者在访问华为询问招聘专业人才的特征时，负责人说是严重偏科，或在自然科学领域可以大幅度跨界的人才。华为对"歪瓜裂枣"异常珍爱，"真理有时往往掌握在少数人手里，这些先知、先觉的少数人常常是非常痛苦的，他们像宗教般虔诚地对待其发现，但认同的人却非常少。也许他们的理论发表后，就石沉大海，也许20—30年后才有人慧眼识珠，甚至过了上百年之后人们才想起来。他们的研究这时才对科学与技术产生作用，才成为无价之宝。他们至死也没有看到自己为之奉献一生的东西产生社会价值。我们总不能在看到价值后才去尊重他们！如果没有一种世人公认的激励措施，就不会有人前仆后继去探索创造发明。"②对于有探索精神的企业家、科学家和技术专才"鬼才"，任正非呼吁在文化上应该增加宽容度，他感叹道："人家又没危害你，你干吗这么关注人家！"③

重视外部知识获取

华为在进入国际市场竞争时，领先企业已经积累了大量的知识和经验，对于华为这样的追赶型企业来说，如果从头做起，"从零到一百"，完成整个知识体系的全循环，那么与发达国家公司相比就一点优势都没有了。作为一个追赶者，只有认真学习领先企业已经走过的路，避免前人已经犯过的错误，购买和利用他们已经取得的成功经验，站在巨人的肩膀上继续前行，才能实现赶超的目标。因此，华为在寻求管理解决方案时，通

---

① 出自任正非2006年12月在国家某大型项目论证会上的发言"实事求是的科研方向与二十年的艰苦努力"。
② 出自孙亚芳2006年在全国科学大会的发言"中国有可能形成优于世界的最富有的资源是全民基础教育"。
③ 出处任正非2012年7月2日与2012实验室座谈会纪要。

常是先放眼全球看看有哪些成功的解决方案，高效导入并快速吸收，为此支付重金也毫不吝啬，在任正非看来，实际上华为已经占了很大便宜。

重视内部知识重用和共享

作为一个追赶型企业，早期的资源是有限的，因此，在创新过程中，是无法肆意挥霍资源进行探索性研究的。华为意识到，在追赶的过程中，未来会有许多人在未知领域去探索，也可能会出现很大的成就和人才。但从公司活下来的目标和使命看，华为早期把重点放在做产品上，完全创造性的东西还没有可能和存在的必要。[①] 因此，在继承与新创的选择上，华为非常重视对已有知识的传承与利用，并将其作为企业的制度和员工提拔的考核标准来进行固化。华为的研发体系形成了自己的知识货架，在开发产品时，先查询知识货架上有哪些已经有的东西可以重用。华为规定，新产品开发中要尽量引用公司已拥有的成熟技术，以及可向社会采购的技术，利用率低于70%、新开发量高于30%，不是创新，而是浪费，它不仅会提高新产品开发成本，还会增加产品的不稳定性。[②] 因此，在新产品开发中，华为拥有知识已经积累到70%时，在大量重用已有知识的基础上才算创新。对于研发人员提级，也首先要看每个人利用他人知识成果的情况。每一个新项目下来就应当是拼积木，只有最后那一点点才是不一样的，大多数基础都是一样的。由于一些人不共享资源地创新，导致很多产品进行了大量重复劳动，根本就不能按期投产，而且投产以后也不稳定，因此，知识共享的作用非常重要。在华为展开的对创新的大讨论中，每个人都要发言做了哪些小改进。[③] 一个大公司，最体现降低成本的措施就是资源共享。人家已经开发的一个东西照搬过来装进去就行了，因为没有技术保密问题，也没有专利问题，装进去再适当做一些优化，这样才是真正的创新。那种满脑子大创新的人实在是幼稚可笑的，是没有希望的。在任正非看来，知识重用就像是鲜花与牛粪的关系，鲜花是新知识，牛粪是旧

---

① 出自任正非1999年3月5日发的内部文章"创业创新必须以提升企业核心竞争力为中心"。
② 同上。
③ 出自任正非1998年在第二期品管圈活动汇报暨颁奖大会上的讲话"在实践中培养和选拔干部"。

知识,鲜花插在牛粪上相互结合形成产品,鲜花变成了牛粪,组织有了更多的知识积累,在此基础上再去采摘新的鲜花,如此往复,形成新旧知识的集成与循环。

案例:华为的知识集市

华为各条产品线定期通过知识集市的方式分享优秀实践经验。知识集市的运行效率高、效果好,笔者曾参与三次知识集市活动,该活动主要由三个部分组成(见图 11.1)。

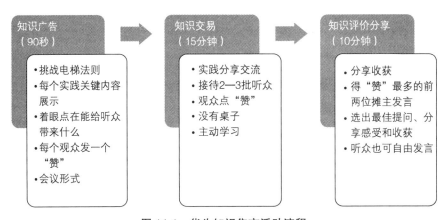

图 11.1 华为知识集市活动流程

一是知识发布。知识发布者要用 90 秒的时间推荐自己在业务中知识管理的关键课题。90 秒时间转瞬即过,因此,语言必须高度精练,给人留下深刻印象。有些演讲者用 PPT 辅助介绍。这种挑战电梯法则的知识发布,对演讲者来说是一个很好的考验和锻炼机会。通过 90 秒的高强度信息发布,避免了以前大量时间被无效开场白、寒暄和引导词占用的状态,提高了知识交流的效率。

二是知识交换。在大约 6 位发布者简短介绍之后,知识集市开始真正进入集市阶段,每个听众都获得一个"赞"字。此时每个演讲嘉宾打开易拉宝,详细地向听众介绍项目或业务知识管理的细节和过程,易拉宝用彩色的图片、流程图等提供了知识管理的详细信息。参与者可以自由选择感兴趣的摊位倾听，并提出特别感兴趣的问题。当问题从不同视角提出后，所有旁听的人也会获得更多的知识。如果听众对演讲者详细的介绍很感兴趣，可以把"赞"贴在他/她的易拉宝上。在这30分钟的时间里，演讲者会接待2—3批听众，彼此之间没有桌子隔开，听众通过提问展现了主动学习的状态。在这个过程中，摊主也会发现听众中提出的最有价值的评价和问题。

三是知识反馈。经过30分钟的知识分享和主动学习，知识集市的组织者会邀请得赞最多的两位摊主发言，分享他们的心得体会，同时，选出最佳提问者并请他们分享感受和收获，最后，最佳摊主和最佳提问会获得赠书以资鼓励。在短短的两小时时间里，会有十个议题的分享，分享人密集发表信息，听众密集提问，分享人高效回答各方面的问题，在很短时间大家都可以获得很多信息量，因此说，知识集市的知识密度和流量很大。

11.4 华为知识管理实践演化

在早期，华为存在很多知识孤岛。这时正是追赶的快速成长期，这个时期的特点是知识短缺与知识积累并重，知识安全和知识显性化是管理重心。在企业发展早期，与跨国公司的知识储备相比，自有知识的储备相对有限，华为的高层认知到知识的战略价值，制定了一系列非常严格的知识管理措施，防止知识流失和泄露。再加上华为曾经吃过知识流失的亏，因此，防止公司已有知识流失成为关注的重点，信息安全压倒一切。有些知识管理的措施甚至比军方还严格，如员工使用的电脑上没有连接外置设备的接口，信息保护意识非常强。与此同时，华为投入巨大的资源从领先国家的咨询机构购入管理解决方案，它必须要在非常短的时间内高效地理解、吸收和利用分享这些知识。要达到这一目的，必须要把隐性知识显性化，知识才能够快速分享和扩散。同时，华为为了在激烈的竞争中快速积累自己的经验，减低失误的风险，也必须有效地积累和形成自己的知识体系。为了达到上述目标，华为采取了各种措施来建立各种知识库，但此时，华为的知识管理尚缺乏在公司高层的统一规划和组织，公司也没有专职的知识管理人员统筹规划这件事情，因此，知识库都是分立的，在公司层面存在着大量信息孤岛。

2005年以前，华为的知识管理重点是将知识和信息安全放在第一位，其信息安全的管理严格程度不弱于军队组织。各类知识只能在部门范围内，甚至部门内特定角色之间共享。自行搭建的文件服务器是知识承载的主要形式，且设置了复杂的权限群组，使知识共享与传播困难重重，与之形成鲜明对比的是员工对于知识共享的渴望。

2005年后，知识管理的重点开始转向对营销工作的支持，特别是以分享市场营销资料为主的3MS（Marketing Material Management System，即营销资料集成系统），这一公司级知识平台成为当时访问量最大的平台。2010年，知识管理的工作重点转向研发领域，具有鲜明Web 2.0特征的知识共享社区（简称hi3ms社区）正式上线，开启了在研发领域开展知识管理的尝试。与此同时，为了在更大范围内分析企业的知识，并让基层的一线员工和新员工快速获得这些知识，以在线培训学习、考试为目的的公司级i-Learning平台也正式上线。随着知识共享理念逐步为研发员工所接受，软件公司聘请安永公司启动知识管理咨询项目，形成了包括人员、流程、内容、文化、度量、技术在内的知识管理方案。当软件公司总裁向公司高层汇报落地安永知识管理咨询方案时，公司领导认为要在公司层面启动知识管理变革项目，在全公司推行知识管理。2010年11月，经公司业务变革管理委员会批准，启动成立了公司知识管理变革项目群。

2008—2010年是知识连接和共享期。在这一时期，华为在国内已经积累了比较雄厚的知识资产，形成了自身的竞争力，同时，国际化进程加速，华为开始更加意识到知识管理的重要性，因此，开始将以前孤岛式的知识进行整合和连接，以加速知识产出和共享的效率。在这一阶段，华为的知识管理重心集中在研发和营销团队。在研发团队，不仅有了专职的知识管理专职团队，而且开始搜集和整理在研发项目中的经验教训，通过有效的知识分享，提高研发团队的工作效率，降低研发失误的比率。为了促进研发团队内部的经验交流，提高员工解决问题的能力，华为的知识管理团队在公司平台上建立了各种社区，促进员工之间的交流、问答、博客和专题，以加速知识的流动和分享范围。在市场营销团队，为了让世界各国的华为代表处能够有效地拓展市场，华为建立了 3MS 知识共享平台，将与各国、各地区、各业务的相关营销知识和经验进行整合和分享，避免重复劳动，减少因查找信息而浪费的时间。同时，随着华为的快速扩张，需要找到一种更为有效的学习方式，为此，华为大学通过 i-Learning 的方式，使对新员工的培训更加高效。

2011 年 10 月，华为特别邀请了原美国陆军的知识管理总监（CKO）、英国石油的高级知识管理顾问介绍他们所在机构的知识管理的情况，并在某产品开发部试点以项目为核心的知识管理和知识收获。2012 年年底，试点项目实践在高层汇报并获得认可。公司高层领导批示"2013 年要在研发领域扩大试点，并在交付和解决方案销售寻找合适项目试点并逐步扩大"，在对知识管理绩效考核指标的设定上，公司高层明确指出"不单独衡量知识管理的价值，而是用业务结果来衡量知识管理价值"。把知识管理作为使能体系和方法，重点在于对业务的支撑作用。

2011—2013 年是知识平台强化期。在前一期基础上，华为的知识管理体系获得了进一步发展，在公司层级出现了知识管理负责人。与此同时，公司级的知识管理部还承担着整个企业能力中心建设的职责，负责公司知识管理政策、流程、规则的指定，知识管理方法论的研究和赋能，公司知识管理平台的整体建设和运营；由公司质量与运营体系承担业务伙伴的职责，负责知识管理方法的推广落地，帮助、辅导业务部门的知识管理活动开展。在这一阶段，华为的知识共享平台 3MS 得到进一步的充实和发展，增加了公司级搜索、知识体系的多维分类和及时通信的功能，让世界各国的华为人都能有效地使用这一平台。另外，在研发团队，基于项目的知识管理和知识收购的方法日渐成熟，并被广泛地应用在各个项目开发团队，前期的项目开发经验教训可以有效地利用到后续项目中，知识分享成为一个广为接受的共识。

2012 年 4 月，为了更有效地支撑公司知识管理项目群运作，华为在公司层面成立了专职知识管理团队。在公司知识管理团队的推动下，解决了信息安全问题，于 2012 年年底，打破研发和非研发的隔离，将研发知识社区和非研发知识社区合并为公司级的 Hi 社区，实现了"同一华为，同一社区"。

2013年,伴随着运营商BG首次将知识管理纳入BG级最高层的重点工作,知识管理也从研发领域开始向营销、交付领域推进,并继续在研发领域扩大试点范围。在体系层面,2013年1月,公司知识管理流程架构及相关指导文件正式发布,标志着知识管理从草根正式成为华为公司管理体系的一部分,并发文明确由质量运营组织承担知识管理Owner的职责,负责在各个领域的推行。

华为知识管理的愿景是主动分享、快速获取知识,做得一次更比一次好;使命是参照业界最佳实践,规划和部署高效的知识管理体系,提供面向业务团队典型场景的知识管理解决方案,支撑业务开展知识管理实践,从而提升业务效率、产品/服务质量,打造企业持久竞争力。根据麻省理工学院的知识管理课程,知识管理的价值不依赖于知识或者是IT,而是组织成员对知识的应用。

为了扩大知识管理在华为的影响力,传播知识管理的最佳实践经验,华为表彰在各领域做出突出贡献的团队和个人。公司知识管理部门积极筹备了首届华为公司知识管理大会,并邀请知识管理的高层支持者参会。在大会上,公司领导发布重要讲话"让知识和经验为华为创造价值",号召各级管理者掌握知识管理理念、方法论和工具,用知识管理这把钥匙去打开持续提升员工作战能力、持续提升业务效率的大门。会后,公司轮值CEO还亲自在Hi社区将这篇讲话发布在自己的博文中,为知识管理在公司的进一步推动创造了良好的文化氛围基础,越来越多的业务团队开始认识知识管理,并愿意积极开展知识管理。在研发部门,有20%以上的产品开发部系统化开展项目前、中、后方法,有80%的产品开发部使用并认可行动后反思(After Action Review,AAR)方法。在营销/销售、交付领域的能力中心型组织开始积极承担起知识Owner的职责,主动识别并积极收割知识、项目经验,经过整合、提炼后再为一线提供更高质量的知识产品,并借助实践社区的方法汇聚同行,响应求助,传播优秀实践。华为的知识管理团队牵头刷新发布了知识管理任职标准,为专职和兼职知识管理人员打通了任职发展通道,并将知识管理活动与主业务流程相融合。

案例：龙项目中的知识管理实践

2015年，华为开始启动日本的龙项目。之所以叫龙项目，是因为目标是把它做成真正的精品项目。华为曾经给德国做过项目，但是日本客户可以说是华为所经历过的世界上最挑剔的客户。最终，华为通过知识管理的方法，真正做到了客户满意（见图11.2）。

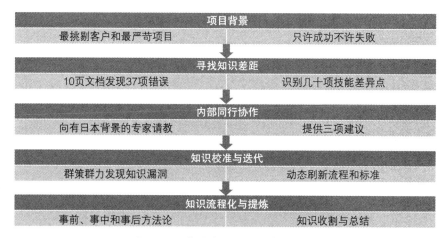

图11.2　华为龙项目知识管理流程

项目背景。对华为来说，日本是高端客户群体。此项目之前，华为历经多年努力都没能打入日本市场，最主要原因是日本对质量极其严苛的要求。2015年，华为有幸在日本中标。因为是EPC网络第一次中标，华为高层要求必须把该项目做成灯塔效应式精品项目。只许成功，不许失败。

寻找知识差距。项目初始，由于是与日本的首次合作，之前没有任何交流经验，因此，华为方面对日本客户的质量要求心里没底。一次，华为一篇10页的文档资料，被日本客户挑出37处错误，包括标点符号错误、拼写错误、结构性的错误和空格错误。在日本人眼里，如果你小事情都做不好，会存在很大的质量风险，这就是日本人做事和打造精品的方式。此外，日本人非常有计划性，对过程有详尽记录，特别关注细节，对很多小问题都刨根问底。为此，华为确定了项目的目标是"三零"——零年期，零投诉，零事故。

为此，华为的项目团队首先召开了头脑风暴会议，目的是识别出离高质量完成项目在知识、流程、方法上还有哪些差距。会议上团队共识别出几十项技能的差异点，其中重点知识差距有十几项，之后，基于每个差异点，团队做了细致的知识管理策划。比如说，日本人对资料档案精益求精，华为团队就自我审视以前给客户提交的资料有什么样的问题，差异点是什么。总之是要把整个端到端的流程、活动全部梳理清楚，把知识活动点上的差距梳理出来。

内部同行协作。在明确了知识差距的基础上，项目团队基于华为知识管理平台开始了知识协作。所谓知识协作，是向华为内部与日本客户打过交道的专家求教，寻找弥补知识差距的方法和途径。项目团队成员首先跟无线部门的人进行协作，因为他们在日本有过项目成功的经验。他们提出了几十条非常有价值的建议：一是人员，必须派最强的人去交互日本项目，因为日本人对提问的深度和技术专业水平的要求都是非常高的；二是与日本客户成立联合实验室，通过双方联合实验室与日本标准实时同步、实时对齐，保证整个过程中每一步都符合客户要求，提前将风险化解；三是分享了日本客户沟通、生活上的习惯，以及沟通的技巧。

项目知识升级。经过项目组会议和同行协作，项目组整体做了全新的系统梳理，提出了新的质量要求和新的行动计划表，具体内容包括需要注意什么，测试中注意事项，应该具有什么技能，每一工作的专门责任人，同时，给每个责任人定一个有经验的导师，通过对他们的培训和能力导入，使整个交互线上的每一个责任主体都具备相应的交互技能。

知识校准与迭代。前面谈到日本客户对资料的要求精益求精，为了找到华为提交资料上的问题，项目组充分利用知识社区上的资源，通过群策群力发现资料中的漏洞。利用当时网络上非常流行的保卫萝卜游戏，在知识社区上的造势，一共有4组20多位"90后"年轻人加入资料测试保卫战的活动中来，分成不同的团队进行对抗，如果发现文档中的一个问题就相当于小组挖到了一个萝卜，包括文字性的和标点符号之类的，如果别的组发现了新的问题或没有发现的问题，那会把萝卜抢回来。当时项目组氛围非常好。其中有一个"90后"专门负责从头到尾的策划和运营。最终，项目资料的质量提升了30%，取得了很好的成效。

在知识迭代过程中，项目组不断与客户对接目标和质量标准，特别是在具体测试过程中，不断识别出新的问题和实时纠偏，在这个过程中，项目团队不断刷新流程和标准，通过持续改进和及时审视有效性，使得发货成功率一次比一次提升。项目组还通过行动后反思的方法，及时总结经验，迭代质量标准。项目团队也从日本客户的工作方法上学到了很多东西。举个例子，日本客户割接设备的时候，仅仅是上垫这一个动作，就要求很高，它会有两个上垫员工，一个员工站在前面负责操作，后面的员工负责保护，员工在上垫之前会三次报告，我要上垫了，通知后面保护的员工，之前华为的单板上垫没有这种要求，直接启动按钮就可以了。这么几步能够极大减少人为失误，值得华为学习，因此，项目组将这一动作细节加入到华为流程中并期望在未来的工作中可以传递下去。

知识流程化。项目团队在整个过程中通过事前学、事中学、事后回顾方法论和流程，不断地将经验教训总结提炼，反复总结回顾改进，最终将成果固化在流程中。在与日本客户割接之前，项目团队做了大量演练，按照客户的要求不断提高质量，在演练过程中也发现大量之前完全没有识别出来的动作。演练分两个层次：一是实验室内部项目团队的演练，二是与客户联合演练。日本客户发现华为团队有提前预防的意识，得到了他们的极大认可。龙项目的四套设备全部是一次性割接上线成功，从客户要求看，基本上是零问题，这在为日本客户提供项目的历史上是从来没有出现过的，之前爱立信在交付设备时也没有达到这种水平。而华为做到一次全部割接成功，在日本客户看来，也是非常不可思议的。

知识提炼。在项目成功交付之后，华为项目团队成员的能力、关键动作规范、资料保证上识别出来特别需要继承发扬的关键性，为此，项目团队专门做了知识总结、提炼和收购，将这次项目的成功经验固化为知识资产，放到知识管理平台所提供的高端项目交付网站上，其中，包括质量要求、模板、要求和流程，里面对如何创建一个高端项目，每一阶段需要获取什么知识，每一个阶段的工作重点，等等，网站上都会有自动提示，这样，对后续团队从事高端项目提供了可重复利用的知识资产。

11.5　知识管理平台建设

知识集成是一个企业的核心竞争力。对于一个拥有17万人、业务涉及200多个国家的跨国公司来说，知识集成的能力从知识获取的广度、深度和速度上可以进行测量。如果每个人、项目团队、事业部或区域的经验教训能够快速地整合和分享，可以极大地提高组织效率，降低知识试错成本，形成具有差异化、组合能力的知识资产。

华为的知识管理平台从2005年开始上线，最初是从以营销为核心的知识集成，逐渐覆盖各项业务活动。3MS用于面向市场一线发布产品的标准营销资料和其他部门级文档，后续陆续增加了案例、视频、图片、术语、市场资讯等频道，2012年又融合了原研发社区构建出公司级Hi社区，2013年上线了知识资产库，至此基本形成华为公司最庞大的知识分享平台。现在在平台上汇聚了公司级资源、精化文库和视频分享、Hi社区、涉及运营商和BG的各种营销资料。

知识管理平台的四层架构

3MS平台架构分为接入层、应用层、服务层、内容层四个层面。在接入层，2014年推出了3MS的移动版，方便用户在安全的前提下随时随地获取知识。此外，多个业务部门也在依托3MS开发自己的移动App，界面和操作根据业务场景各不相同，但其内容都取自3MS。在应用层，目前用户访问量最高的是团队、博客、文档三个应用。目前，3MS共有8 000多个团队，团队访问量占总访问量的85%，团队频道的贡献/访问比是博客频道的1.5倍。这或许可以反映出一个现实：大部分用户更习惯在一个同行、同部门的圈子内活动，如何既满足并丰富圈子形式的应用形态，又拉通不同圈子内的信息，是3MS未来的一个挑战。服务层构建了应用层要调用的各种关键功能。服务层对平台技术提出了更高的要求：让用户感受到"有用"和"好用"靠应用层，能感受到"真心好用"的就要靠服务层。目前，在华为知识管理平台上提供27项服务，包括搜索、多维分类、报表统计、智能推荐、在线编辑、在线阅读和在线评论等。服务层质量的好坏，直接影响用户体验。例如"搜索"服务，为了提升搜索准确率，有大量的幕后工作，诸如优化搜索引擎，整理重点业务领域的高频搜索目标，梳理对应的标准名称和同义词、近义词，设计影响搜索排名权重的多个模型，整理推荐高频搜索关键字，配置大量搜索 Bestbets，优化搜索 UI 体验，等等，成本高昂，但它的价值也很大。初步估算，搜索效率每提升 1 秒，每年就能节约 38 万元人民币的成本。在内容层，目前有多种内容形态并存，包括文档、视频、图片和网页等。以往某类内容固定待在某几个应用上，而未来将把内容与应用解耦，实现内容的跨应用调用（参见图 11.3）。

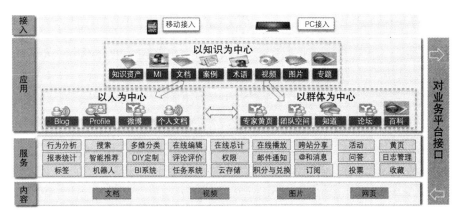

图 11.3　华为知识管理平台 3MS 架构

业务需求驱动知识管理平台的建设发展

平台上的新产品管理由 3MS"创意工厂"与开发方代表组的产品规划与需求管理团队共同协商产品规划、用户需求的受理和版本需求的确定，3MS 开发的产品预算主要来自有业务诉求的部门，因此知识管理产品和服务需求会带有业务部门投资项目的烙印。

目前，华为 3MS 平台的运营组织分三个层面。平台运营目前由公司知识管理组承担，部门运营往往由落地在各部门的知识管理员（KMer）承担，团队管理员则由业务人员承担。在实际运作中，平台管理员和部门管理员关系最为密切，相互提供坚实的支持。部门管理员往往也是 KMer 的一分子，他们是平台优先服务的 VIP 用户，是用户意见传递的渠道，是需求规划、运营政策制定时的重要意见征询对象，是组织大型运营活动时的关键合作伙伴。团队是平台最重要的"基层单元",因此,面对团队管理员的覆盖尤为重要。涉及团队的重大变化意见征集、新功能宣传、重大运营活动等,都会直接与这 8 000 个团队管理员沟通到位。在这三层正式组织之外,还有一个参与运营的重要角色是平台粉丝。粉丝们会对平台改进优化提出建设性意见,抢鲜参与新功能体验内测,积极响应平台的运营活动,形成正面的舆论导向。

11.6　实践知识社区建设

知识实践社区(Community of Practice),是由一群参与主体(可以是组织成员、外界专家,甚至是消费者),因为某种共同的目的、主题、兴趣爱好或哪怕是那么一点关联(可以是工作的某一部分、某一系列等),而走到一起来的非正式的、非结构化的网络团体。实践社区最主要的功能是交流和分享知识和经验。由于企业大量的信息孤岛,人们的隐性知识无法分享和交流,组织的创意和创新潜能无法被激活,员工的流失导致大量宝贵的经验被带走,给组织的知识带来很大损失。因此,实践社区为人们相互交流知识和技能提供了畅通的渠道。在工作中,人们以部门为单位,而在实践社区中,部门乃至企业的界限被打破,空间和时间的界限也被打破。人们可以找企业内的人交流,也可以找企业外的专家咨询;人们可以是在同一个地理位置,更可以是在天南海北;人们不需要像以前那样为某个议题约定时间,可以随时随地进行询问和交流。对于跨国企业来说,基于网络平台的虚拟实践社区对知识的跨组织、跨边界流动具有重要作用。

华为实践社区主要划分为三种类型:一是同行,即有明确的专业领域、有共同知识需求的人,这些人在一起能够创造共同点和共同身份认同,实践社区聚集的专业人员越多,社区价值越大。二是由相互信任、相互帮助自然形成的社区,在社区中,人们是由一群相互影响、共同学习,相互联系沟通技能、知识、信息和情感的人组成,社区成员之间有强烈的认同感与归属感。三是实践社区,这些人在社区中分析案例、故事、经验、想法、方案等。

华为的实践社区重点发挥两个方面的作用:一是高效、低成本地提高员工解决实际问题的能力,有助于员工动态交流和分享高价值经验。新人入职后,企业往往会进行培训,但接受培训的新人难以快速成为业务骨干,因为培训有助于传递信息或者知识,却无法把知识转化为受训人的能力。能力往往是通过实际工作灵活应用知识后产生的。企业需要的是能够利用所学知识解决问题的人,但实际问题通常是高度个性、场景化的,随时间而变化的。每个人如果靠自己试错、探索,需要花几年的时间才能成为解决问题的高手。为了缩短这个距离,在华为实践社区,当有人遇到问题后,可以通过社区提问,有类似经历的同行会提供解决方案,提问人会迅速应用并解决自己的问题,如此完成一次场景化问题到知识再到能力的转化,直接把一个人的能力转化为另一个人的能力。二是促进人员之间的协同。实践社区里的人通过多层面、多维度的交流和分享,相互了解和认识,通过这种机制在成员之间建立基于互惠关系的信任,这种信任关系既有业务知识层面,也有信息分享层面,交往频繁后还会深化到情感层面。通过彼此之间的弱连接,跨组织协同更加高效,基于专业层面的人际关系也相对比较稳定,不会随企业组织结构调整发生大的波动,这种稳定性有助于增强成员的归属感,降低人员的离职率。

华为的知识管理团队在建设、运营和维护实践社区的过程中做了大量基础性工作,如识别本企业的关键知识域、建立社区运营组织与机制,包括组建由支持者、社区领导者、社区引导员等共同工作的社区建设运营团队,搭建社区IT平台,促进实践社区成员的线上交流。华为把每个实践社区都作为新项目进行管理,特别是在启动阶段要做好社区规划,明确社区目标、预期成果、发展路标等。针对社区目标人群和内容特点,建立个性化的社区平台。对于已经建立的实践社区,还需要进行营销工作。让目标人群都知道并加入社区,在这个过程中还会借鉴社会上社交网站的做法,从事主题运营、内容运营、用户运营、栏目运营、事件运营等。该阶段聚焦社区访问量、目标用户增长情况等,并据此定期度量社区。在社区建立起来之后,还需要进一步提高实践社区的黏性,引导社区用户自发形成不同的小圈子。典型的做法包括子领域社区运营、社区众筹等。该阶段要把社区的发展与组织的发展融合起来,承担组织的一部分工作,逐步发挥社区在企业的影响力。每一个时期都有自己的生命周期，企业的知识管理部门也需要定期度量社区的活跃程度，以及该社区是否达到了社区的预期目标。如果社区预定目标发生变化，或者社区所服务的业务领域发生调整，那么社区要相应调整，包括重新确定社区目标、规划社区、重新营销等。和企业中组织的发展类似，如果企业取消了社区原服务的业务，社区也可能解散。实践社区就是企业巨大的流动知识库，在这里汇聚了海量的隐性知识，这是很多企业知识库应用失败后发展起来的新型知识管理形态，是目前最符合知识隐形、动态特性的存储和传播的途径。可以说，实践社区本身是基于知识的人脉圈，人、知识和人与人之间的知识交换形成了实践社区的根本，好的社区要促进良好的知识交换行为的有序发生，而实践社区要长久发展，需要与组织业务融合。

11.7　基于项目的知识管理

项目管理是华为业务工作的核心，华为的管理工作已经从"以职能为核心"向"以项目为核心"转变。以项目为核心的知识管理的目的是以产品开发知识体系为核心，不断搜集以往项目经验，努力让新版本比旧版本做得更好，这是一个知识搜集与重用的过程，可以大大提高知识探索与开发的效率，降低成本。2011年10月，华为公司知识管理项目群引入来自美国陆军、英国石油的两位知识管理顾问，为华为带来业界先进的知识管理理念和方法。其中，最重要的是美军的行动后反思即 AAR[①]，为了将业界知识管理最佳实践应用在华为公司，探索适合华为的知识管理解决方案。

在充分吸收和借鉴业界知识管理实践经验基础上，系统地构建基于产品开发部的知识管理体系框架。通过 AAR、知识交换、Retrospect（项目回顾）[②]、同行协助、知识拜访等专业的知识管理方法，提升组织人员能

---

① AAR是美军常用的一种轻量级、系统化的及时回顾与反思的方法，是美陆军每次完成训练或任务后的检讨方法，以帮助部队在行动中反思及学习的方法与机制。

② Retrospect是一种重量级的项目回顾方法，多适用于项目结束后。

力，不断总结项目过程中的经验教训，持续改进优化，支撑了版本交付质量的持续提高。以项目为核心的知识管理主要在产品开发部门启动，其核心诉求是：在公司流程化运作基础上，记录下流程化和结构化的版本开发动作，将隐性知识显性化，再将显性化的知识作为指南用来指导新版本的开发，通过知识重用，使新版本的开发效率和质量更高。同时，华为在项目开发中积累了大量显性知识，但是还有大量隐性知识在团队成员的头脑当中，通过的项目为核心的知识管理，将隐性知识转化出来。最后，通过有效的项目知识管理，应对市场的快节奏变化，加速新产品开发的速度。

项目知识管理细节包括：通过版本早期设计阶段进行了有效的知识策划，识别出来在这个版本要做的低水平测试活动步骤，该步骤指定了测试中程序所采取的自动化测试操作，并将这些活动落地。当时项目团队缺乏相关经验，为了能更有效地开展这个活动，部门就用知识管理的方法，做了一个事前知识策划和知识拜访，去了趟华为的北京研究所，因为北研在 LLT（Low Level Test）方面做得早一些，在北研调研的团队发现，他们的 LLT 用例能进行自动化。利用知识管理方法，提前规划了事前学的活动，并在试点项目组的帮助下把拜访活动做得更加系统、高效、聚焦，最终从北京研究所某团队那里获得了很大的启示，开发出了一套适合 J 产品部设备级产品的自动化 LLT 用例生成平台，最终使用例生成从 90 分钟下降到 10 分钟，效率改进非常明显。

以项目为核心的知识管理流程

以项目为核心的知识管理给产品开发带来了很多好处，主要表现在：①将以往的经验转化成系统化的知识体系，通过三次敏捷迭代，系统总结和归纳动作、路径、方法和经验，将个人的知识转化成团队和组织的知识，比以往自发行为更加有效，质量大幅度提升，产品部设计没有返工，实现了一次性顺利通过。②充分利用 IT 工具实现对产品开发过程的支撑。③项目知识管理的价值得到更普遍的认可。通过一段时间的试点，华为研发团队普遍能够接受项目过程学习、实践社区和知识资产积累这三大部分。尤其认同知识管理应该从重资产积累到重实战中的应用；在流程、IT 和组织设置上，贯彻知识管理融入业务开发现场的理念。④明确了知识管理始终围绕业务的原则。研发知识管理试点过程始终瞄准业务交付目标，紧紧围绕业务工作展开，并努力获得各级管理者的支持，如履薄冰，精心安排每项知识管理活动，保证效果；不搞一刀切，始终针对具体团队的具体痛点，提供最适合的知识管理解决方案。

华为的项目知识管理已经形成了一整套系统的流程和方法，如图11.4中所示。

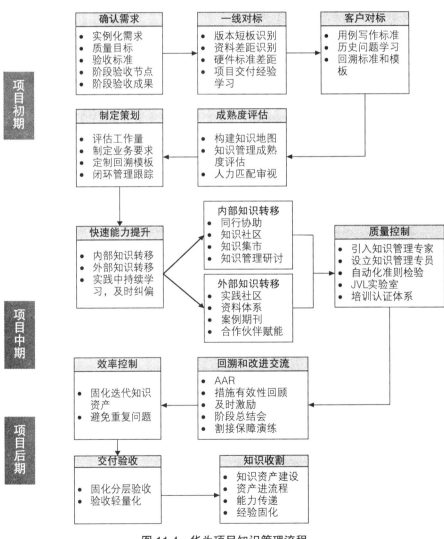

图 11.4 华为项目知识管理流程

在项目初期,与项目有关的知识管理活动包括:对客户需求的确认,系统调研客户需求并得到客户确认;在明确需求的基础上进行一线对标,在已有资料、专家、知识库、硬件设备中寻找可参考的资料;客户对标重点搜集类似客户的服务流程和标准;成熟度评估是在上述资料信息的基础上提出公司应该匹配的资源、人员与服务;制定策略是在知彼知己的基础上,提出企业满足客户需求的策略和方法。

在项目中期,项目实施和推进工作正式展开,需要快速提升能力。通过将企业内外部知识有效地转移到项目团队,提升项目完成的项目和品质;内部知识转移的途径主要包括同行协作、知识社区、知识集市、知识管理研讨;外部知识管理转移包括实践社区、资料体系、案例期刊、合作伙伴;之后是对基于项目的知识体系进行质量控制,由知识专家和知识专员作为把门人。随着项目深化通过回溯和改进交流来总结好的经验(及时激励),对失败和不当做法及时总结和修正(措施有效性回顾),在这个过程中,美军最常用的行动后反思是最重要的方法(AAR);华为项目中知识管理非常重视效率,效率控制环节重视将项目中的知识固化为企业的知识资产,避免问题和知识的重复。

在项目后期,项目知识管理的重点是知识的验收和知识收割,对于知识收割的方法,我们将在项目的案例中进行系统阐述。

案例:知识收割方法论

知识收割是华为近年来开发的重要知识管理工具,目的是把重大项目和事件中有意义和有价值的隐性知识、经验教训和方法论转化出来,成为组织其他部门和成员可以重用的资源、流程和方法。华为的前知识管理部部长谭启德在建立知识收割方法时做出了重要贡献。知识收割的主要流程如图11.5所示。

明确知识收割对象。通常,对于华为新做的项目(被称为从零到一的项目)和一些大企业,华为的知识管理团队会启动知识收割的过程。华为最看重的知识主要有五类:①有价值的知识,也就是能够挣钱的知识。②不二犯的知识,即与容易经常重复犯错的环节、经常出问题的环节相关的知识。新员工（30%—70%）最容易犯的是低级错误，重点培训后可以减少犯错比例。③与工作密切关联的知识，特别是要总结发现最佳实践。④结果证明是行之有效的知识，根据交付结果总结方法论，把关键动作学到手。⑤新员工可以借用的方法论，通过知识提炼和总结，新员工可以大大提升学习速度。识别关键成功要素，找到批量复制方法和路径

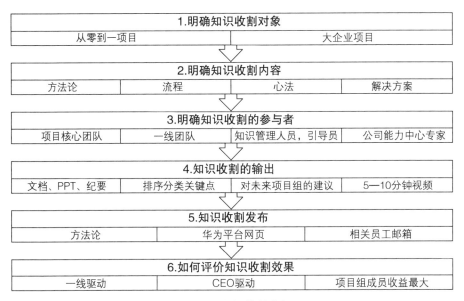

图11.5　知识收割流程

知识收割的过程。知识收割过程重点包括知识收割的内容、参与者和输出的知识成果。华为知识收割团队既包括知识管理部门的人员，负责设计、管理知识收割过程的引导员和公司的能力中心的专家，访谈的对象主要是参与项目的核心骨干成员和在一线工作的团队成员。华为专门培养了负责议程安排的知识管理引导员，并颁发了1 000多张引导员证书。项目团队通过访谈、会议的方式重点了解在项目实施中的方法论、关键流程、做项目的心理历程、遇到的主要困难和问题，以及关键的解决方法。知识收割的成果有不同的形式，如文档、PPT、访谈纪要、问题分类和项目成功的关键经验教训，对未来项目组的反馈和建议，以及5—10分钟的视频。

知识收割的结果。知识收割的结果将会发送到公司知识管理的专有平台上,并以分类的方式便于相关员工查询。同时,知识管理团队还会将成果以邮件的方式抄送给有关的业务团队参考。有些知识收割的成果存放在知识管理平台的开放空间的管理;有些则只开放给相关的私密团队限制性阅读,页面点击量平均达到15—16次,最高的达到3 000多次。知识收割的方法论会大大降低其他团队探索和试错的成本,提高公司相关业务的开展的效率。对于项目团队来说,一起只是专注于做项目,并没有时间思考如何做得更快更好,但知识收割的过程对他们也是一次行动后反思和提炼的过程。

11.8 对知识内容和资产的管理

在华为,知识资产被定义为经过实践所有人整理提炼,并获得组织认可的高价值可重用的知识集合,可为员工高效、高质量交付提供必要支撑。它的展现形式可以是Wiki、网页、文档或图书等,一般根据业务实际需求场景来确定其展现形式,例如根据工作流程或按领域划分主题来结构化知识资产。在知识管理框架中,显性知识管理、经验管理、集体智慧管理三领域并重,都取得了良好的业务成果。根据华为各业务领域的实际情况,将经验管理作为知识管理前期在业务部门推行的主要方向。

经验管理包括对项目实施中不同阶段的知识进行管理,具体有事前学、事中学、事后学三个部分:事前学主要了解和调研前人已经做的工作以及可以重用的知识和经验;事中学是在利用已有知识的基础上,对项目开展中的经验进行复盘、积累和回顾;项目结束后通过事后学方法总结提炼知识,经过领域知识所有者的提炼和整合,最终沉淀为领域知识资产,供其他项目学习、应用。实践社区为同一领域工作员工搭建了一个跨部门、跨体系的合作交流平台。在实践社区,"同行"们可以很方便地参与领域前沿观点的讨论,及时获得工作上疑难问题的解答,分享他人的经验教训,减少犯错和走弯路情况的发生。在事后学阶段,通过有效的知识管理，基于实际经验沉淀下来很多流程、规范、指导书、检查表 / 清单、联系人、相关社区、常见问题解答等知识资产。这里知识被划分为基础知识、二级知识、三级知识和知识精化，并根据使用效率和生命周期废弃不再需要的知识，确保知识的循环。在平台上，通过配置搜索引擎和百度文库式知识库展示，方便员工使用。

构建专业级的知识地图

华为财经账务中心的知识资产管理是典型的领域级知识资产库。华为财经账务中心，负责华为公司的采购付款业务，每年进行约 530 万张发票的账务处理。其员工分布在全球 7 个共享中心，外籍员工多，新员工多，人员流动快。而账务中心的业务由于涉及大量不同的业务场景、国家、接口部门等导致员工工作需要接触大量复杂场景组合，操作指引、场景说明等显性知识多且杂，而且更新较快。

对专业知识进行管理的过程，采用了定制知识地图，筛选重要指示，根据需求对知识进行分类，将知识体系结构化，从而达到容易查找、方便使用和及时更新的目标。根据财经账务中心面对民间知识数量多、官方集成指引少、知识更新速度快等问题，联合公司知识管理团队一同分析了领域知识管理方面存在的问题和关键知识需求，制定了针对性的措施和方案，从知识获取、知识共享、知识再造 / 提炼、知识循环、知识应用各阶段设计全生命周期的显性知识流动循环，并在领域内任命知识 Owner，作为各子领域、知识点的看护人，负责提炼整合、维护本领域的知识资产，从而打造一个官方、可信、最新的知识集合。财经知识资产库的运营、维护组织，由知识管理牵头，组织各子领域的知识 Owner 通过知识分类，将维护工作层层分解，以最小人力投入获取最大化的收益。如在财经的知识体系中，根据工作需要，知识类型包括工作场景、区域、流程、产品解决方案、标签和专业领域。相关用户在应对账务中心复杂的业务场景过程中，可以按照国家、流程、业务类型等多种因素交叉组合，每种组合下均对应了不同的操作指导等知识内容，知识资产库采用了"搜索 + 多维度分类筛选"的方式支撑知识查阅，最大限度地贴近用户查阅场景，方便用户快速定位、获取知识内容。财经账务中心知识资产库建成后，有效地解决了员工操作指引知识难以获取、版本不一的问题，大幅提升了会计工作效率，助力账务中心达成高效付款目标。

11.9 华为与思科的比较

首先，华为在创立之初，就特别明确了知识资产与金融资产的关系。华为将知识资产放在了优先于金融资产的地位上。由于华为切身意识到，自己没有可以依存的自然资源，唯有在人的头脑中挖掘出"大油田、大森林、大煤矿"，企业才能生存和发展。因此，认真负责和管理有效的员工是华为最大的财富，华为必须要尊重知识、尊重个性，崇尚集体奋斗。笔者在访谈过程中，接触到一些早期到华为工作的大学生或研究生，他们在其他单位工作时待遇底下，工作上不受重视，但是到了华为，华为不仅为年轻人安排良好的工作条件和物质待遇，还将一些重大责任和机会交给年轻人。当下在华为工作的年轻人，虽然压力很大，但他们不愿意离开华为，除了待遇超过一般企业外，最令他们割舍不下的是优秀的团队、相对公平的机会和成长空间。在华为的制度设计中，主导思想是知识产权和技术诀窍的价值和支配力超过资本，因为资本只有附属知识，才能保值增值。

其次，华为快速成长的历史是有效吸收外部知识、广泛吸收世界最新研究成果、虚心向国内外优秀企业学习的历程。为了向全球领先企业和咨询公司学习，华为自1995年以来，投入数百亿元购买国外的知识体系和解决方案，从集成产品开发、集成供应链、人力资源、质量管理、财务管理，到最近仍然在实施的LTC，不遗余力。以知识管理为例，为了了解全球知识管理最佳实践，华为邀请美军负责知识管理的首席知识官和实践社区的教授担当顾问或前来授课。在微观层面，华为在技术上和市场上对竞争对手进行深入细致的研究，通过实战模拟做到知己知彼。华为将这种快速吸收获取外部知识、投资自己未来能力建设的方法叫作耗散理论，华为通过卓越的研发和管理获得市场回报，再用这种回报购买和投入更好的知识体系为未来铺路。按照任正非的说法，对未来投资不能手软，不敢用钱是缺少领袖、缺少将军、缺少对未来的战略。华为要求其高层和员工，不仅与博士生导师交流，更要和博士生交流，广泛汲取宇宙能量，对华为来说知识不是最重要的，重要的是掌握和应用知识的能力和视野。很多外国人在解释华为成功时，更多的是从领导人的军方背景、国家的支持方面去解读，但是，他们忽视了华为的学习能力以及追赶世界的勇气和雄心。

最后，华为的知识管理平台和知识管理体系尤其独特，这种独特性表现在与业务密切结合，以用户需求为导向，重视内容管理。华为通过这些方法，快速提炼、有效整合利用组织的最佳实践和经验教训，提高知识的重用性和可转移性。其中，以用户需求为导向是指华为的知识管理平台建设反对使用行政手段来强迫用户输出知识，而是切实地根据用户需求来引导平台建设。为了做到这一点，华为的知识管理团队要定期进行用户调研，了解用户的诉求、期望，并对用户对平台使用的数据和行为分析结果进行比较，从而发现和明确哪些功能需要优化，哪些主题是运营的重点。在对内部网的管理中，还需要不断平衡内部各方的矛盾、偏好和诉求。

与华为的知识管理平台和知识收割方式相比，思科的知识管理更重视组织的跨部门协作。思科充分利用了通信技术企业的优势，全面开发了一套跨国家、跨文化、跨部门的知识管理协作平台，让知识可以无障碍流动和分享，为员工打造一套全新的工作生态系统。在这个系统中，它充分整合了视频音频、文件档案、社交媒体、专家地图、专家工作协作平台等技术和应用，将企业内部、企业与销售团队的交流协作全线打通，为全球办公，为降低知识搜索、沟通成本，为呼唤专家资源，为员工在家办公打造了良好的知识管理平台。

第三部分 研究论文

第十二章

华为如何突破企业双元能力构建的三重困境

12.1 双元能力构建的三重困境

双元能力，即同时维持高强度的探索和利用活动的能力，是华为作为世界领先的信息与通信技术（ICT）解决方案提供商得以生存和赖以发展的一种核心动态能力。借助高强度的探索活动，华为能够敏锐感知技术前沿与动态，洞察客户的隐性需求，快速推出新产品和新功能，从而适应快速变化的环境。借助高强度的利用活动，华为能够持续优化已有产品和技术，巩固其在已有市场的优势地位，沉淀并扩大已有知识经验的应用范围，从而提高现有活动的效率，降低运营成本。

然而，高强度的探索和利用活动往往在彼此促进的同时又彼此干扰。两者的彼此促进体现在：从高强度利用活动中总结的知识可以用于扫描、发现和预测探索活动的方向及评价新技术的价值，从而降低探索活动的风险；同时，高强度探索活动能为知识的提炼和应用提供新的思路，避免利用活动陷入局部最优陷阱。这是因为探索活动和利用活动本质上都是企业的学习过程，都能产生新知识，只是学习方式和知识新颖程度不同：探索活动偏离企业原有的学习轨道，创造与企业原有知识差异较大的新知识，而利用活动遵循企业原有学习轨道，在企业原有知识基础上提炼和抽象新知识。

两者之间的彼此干扰与竞争关系是双元能力构建的关键困境，它主要体现在三个方面。首先是**资源争夺**。高强度的探索和利用活动都要消耗大量资源，两者在资源分配上存在紧张关系。其次是**模式冲突**。高强度探索和利用活动在组织结构、价值取向、管理系统、绩效指标上有着截然不同的要求，对立和冲突的要素给员工造成困扰，也给企业整体管理造成混乱。一般而言，探索活动要求灵活有机型组织结构，松耦合的管理系统，鼓励试错、宽容失败的评价体系；而利用活动要求严格机械型组织结构，紧耦合的管理系统，避免错误、严格淘汰的评价体系。最后是**封闭循环**。高强度探索和利用活动倾向于形成各自强化循环，彼此排斥，难以形成相互促进关系。高强度利用活动追求短期内效率改善和成本降低，风险大不确定性高的探索活动无法满足这一要求，同理，高强度的探索活动看重未来选择和价值，保守而严格的利用活动也无法满足这些要求。当探索和利用在各自的模式中不断重复时，容易形成僵化、惯性和封闭的认知体系。

为了避免探索活动和利用活动彼此干扰，同时尽可能充分发挥各自作用，实现两者的相互促进，企业常常采用分离—集成的双元能力构建策略。分离策略是指在企业内部设立单独的组织单元分别实施探索和利用活动。这些组织单元独立配置各自的组织要素，使得两者在空间和时间上无法相互干扰。分离策略以企业雄厚的资金为基础，依赖企业的资源配置经验和分配能力。集成策略是指企业借助特定的组织结构、情境设计、领导力和团队设计，在探索和利用活动之间建立积极联系，使探索和利用各自的成果能够彼此借鉴，产生积极的交互作用。在双元能力构建中，对企业而言，更具挑战性也更具价值的是探索和利用活动的协调与兼顾。

本文的研究目的是识别华为在双元能力的构建中所采用的分离和集成策略，回答"作为一个在成长初期资源稀缺、管理落后、市场知识不成熟的追赶型企业，华为在构建双元能力的过程中遇到了哪些困难，又采取了哪些有效的解决方案"。关键的研究问题主要集中在下面三个方面：

（1）在资金、人才、管理知识、市场知识等都落后的情况下，华为如何进行探索与利用活动，其在探索和利用活动上配置资源的策略是什么（分离策略）？

（2）为了解决探索与利用模式冲突的问题，华为采用了哪些方式在两者之间建立积极联系，从而实现探索和利用之间的相互促进（集成策略）？

（3）华为的各种分离和集成策略如何帮助企业缓解双元能力构建的困境，不同的集成策略各自发挥了何种作用？

为回答这些问题，我们以对华为中高层领导人、中基层员工、华为顾问等人的一手访谈资料为核心，结合华为高层管理团队的166篇内部讲话（包括任正非自1994年起至2016年的136篇内部讲话），华为官网、年报、内部期刊及论坛相关内容，以及针对华为的国内外学术研究、权威媒体的报道资料和第三方研究机构的调研报告等二手数据，将华为兼顾探索和利用活动时采用的分离—集成策略进行系统研究。

12.2 华为双元能力构建的整体模型

华为双元能力构建的分离—集成策略在图12.1中得到系统呈现。分离策略的目的是关注探索与利用两"元"的不同之处。分离策略的优点是能

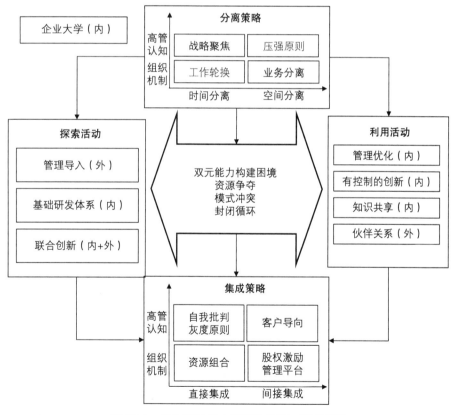

图 12.1 华为双元能力构建的分离—集成策略

够通过时间或空间隔离探索与利用活动,避免二者相互干扰,而且,组织能够集中资源使探索和利用在各自的业务单元内保持独立性和一致性。按照分离策略的作用方式(时间分离或空间分离)和分离策略所属的层级(高层认知或组织机制)可以将华为的分离策略划分为四种形式。在高管认知层面的时间和空间分离策略体现为"压强原则",即高管团队为组织目标确定战略优先级,认准方向高密度地投入资源以实现局部突破。在组织机制层面的时间分离策略体现为"工作轮换",包括针对决策层的"轮值CEO"制度、针对管理层的"岗位轮换"和针对执行层的"业务轮换"等。最后,在组织机制层面的空间分离策略体现为成立不同的"业务单元"分别专注于探索和利用活动。

华为的探索活动主要有三种形式:一是借助外部咨询顾问进行管理导入与管理变革,二是构建面向未来的基础研发体系(华为的2012实验室),三是陆续建立以企业外部资源(如大学、科研机构、合作伙伴的研发团队等)为主的联合创新中心及实验室。第一种探索活动是针对管理理念和模式的探索,后两种探索活动主要针对技术与产品。

华为的利用活动主要有以下四种形式:一是管理优化活动,包括总结管理变革经验、传播最佳实践的内部刊物和员工论坛,如《华为人》《管理优化报》与心声社区等;二是创新控制活动,将"有控制的创新"作为企业整体创新导向;三是创办企业大学,沉淀和提炼内外部隐性知识;四是定期举办合作伙伴大会,巩固和挖掘已有客户市场。

分离策略的缺点在于,独立的探索和业务单元将消耗大量的组织资源,对组织的资源配置有较高的需求。而且,分离策略将加剧探索与利用活动各自的封闭循环,组织将面临知识交换和成果共享方面的障碍。为此,组织还需要构建一系列集成策略,使得探索和利用能够彼此促进。

集成策略的目的是在看似相反的两"元"之间寻找关联点,通过在两者之间建立联系来构建双元能力。越来越多的学者认识到,探索和利用活动之间也可以形成互补关系,探索为利用活动提供了优化和扩展的素材,而利用活动为下一步探索活动提供了知识基础。而集成策略在两类活动的彼此提升和相互转化中发挥了关键的作用。按照集成策略的作用方式（直接集成或间接集成）和集成策略所属的层级（高层认知或组织机制）可以将华为的集成策略划分为四种形式。其中，直接集成是指采用特定的认知和机制使探索和利用的直接组合成为新的组织惯例被组织成员接纳，间接集成是指采用特定的认知和机制使得探索活动和利用活动相互转化：探索活动的成果向利用活动输入，而利用活动的成果也向探索活动输入。

在高管认知层面的直接集成策略体现为"自我批判"与"灰度原则"，这两种高管认知帮助华为完成探索与利用活动的共存与融合。在组织机制层面的直接集成策略体现为"资源组合"，即将擅长进行利用活动和擅长进行探索活动的人力资源进行灵活组合，形成混合型团队兼顾探索与利用。在高管认知层面的间接集成策略体现为"以客户为中心"的企业文化。最后，在组织层面的间接集成策略体现为华为"以奋斗者为本"的股权激励制度和其不断优化的管理体系及平台。这些间接集成策略促使探索活动快速商业化，同时促使利用活动实现创意化。

12.3 探索与利用活动的分离策略

分离策略使组织能够在特定时间段内集中优势资源完成探索或利用活动，避免探索与利用活动之间的相互干扰。在空间上，华为在内部设置了不同的业务单元分别聚焦探索或利用活动。在时间上，华为设置了一系列工作轮换机制，使得探索和利用活动能够交替进行。时间和空间上的分离策略依赖于华为高层对探索与利用战略优先级的认知与排序，这一认知即华为的"压强原则"。

12.3.1 探索活动

探索是指企业偏离原有的学习轨道进行试错、实验、大胆猜想等活动。企业中探索活动以产品和技术的研究与开发为主，但不局限于研发，比如企业在管理模式上的大胆尝试与变革，也属于探索活动。

华为是一家重视探索的公司。以其研发为例，2007年，华为在其第一份公开年报中提到："华为坚持以不少于销售收入10%的费用投入研究开发，并将研发投入的10%用于前沿技术、核心技术及基础技术的研究。"

在过去的12年里,尽管市场需求和竞争形势波动变化,华为累计研发投入达到3 217亿元人民币(折合463.2亿美元),其研发投入占销售收入的比例从未低于8.4%,12年平均数为10.78%。华为在探索活动中主要有3种模式:管理导入、基础研发体系和联合创新。

管理导入

任正非曾说:"管理的创新对高科技企业来说,比技术创新更重要。华为在发展中还存在很多要解决的问题,我们与西方公司最大的差距在于管理。"[1] 自1997年,华为启动一系列管理变革。华为曾花费巨资聘请IBM、Hay、埃森哲、TowersPerrin、德国国家应用研究院(FhG)等知名公司担任咨询顾问,为华为的管理变革提供指引和帮助。[2] 仅IBM参与的咨询项目,华为整体投入近20亿元人民币。

一位在IBM公司任职23年,在1998至2003年间负责与华为合作的IBM顾问回忆道:"双方的合作是从小的项目开始,最初是一个叫'ITS&P'的项目,即IT策略和计划,还有一个采购项目,进行了三四个月时间。1999年华为启动两大重点变革项目:1999年3月以IPD重整研发的管理及流程,年底又启动了ISC项目来提高供应链的效率。2000年到2002年我们还帮助华为在IT方面做系统集成中心、数据中心以及网络研究等重点项目。2002年,开始关注组织及人才培训,与美智公司合作做了组织研究、与华为大学合作的领导力发展项目。从2000年到2003年还成立了ProjectOffice来管理协调所有的项目。一直持续到2003年,所有的项目都告一段落。从1998年到2003年期间,我是IBM在华为所有项目的负责人,与华为的高层保持日常沟通,听取他们的要求,提升服务质量及满意度,并管理IBM的顾问,同时自己也在华为IPD/ISC项目中担任顾问。"[3]

1997年,华为开始与Hay Group公司合作进行人力资源的管理变革。建立了职位体系、薪酬体系、任职资格体系、绩效管理体系以及岗位、角

---

[1] 出自任正非2000年7月20日内部讲话"创新是华为发展的不竭动力"。
[2] http://www.360doc.com/content/16/1004/10/27935442_595670328.shtml
[3] 出自2008年4月30日《华为人》第199期。

色的素质模型。在此基础上形成了华为公司员工的用、选、育、留原则和干部选拔、培养、任用、考核原则。自 1998 年开始，Hay 每年对华为公司人力资源管理改进进行审计，找出存在的问题，然后交给华为解决。2005 年开始，华为公司又与 Hay 合作，进行领导力培养、开发和领导力素质模型的建立，为公司面向全球发展培养领导者。

> 我们引入美国 Hay 公司的薪酬和绩效管理，就是因为我们看到沿用过去的办法，尽管眼前还活着，但是不能保证我们今后继续活下去。现在我们需要脱下草鞋，换上一双美国的鞋……当我们的人力资源管理系统规范了，公司成熟稳定了之后，我们就会打破 Hay 公司的体系，进行创新。我们那时将引入一批"胸怀大志，一贫如洗"的优秀人才，他们不会安于现状，不会受旧规范的约束，从而促使我们的人力资源管理体系再次裂变，促进企业的再次增长。[1]

仍然是在 1997 年，在质量控制和生产管理方面，华为在德国国家应用研究院（FhG）的帮助下，对整个生产体系进行改造，包括立体仓库、自动仓库和整个生产线布局，圆满完成了 21 条生产线的工艺和质量控制的重整。

在核算体系、预算体系、监控体系和审计体系流程的变革方面，华为通过与普华永道、毕马威、德勤、IBM 的合作，落实了财务制度流程、组织机构、人力资源和 IT 平台的"四统一"，构建了"计划——预算——核算——分析——监控——责任考核"闭环的弹性预算体系，实现了国内账务共享，统一了全球会计科目编码和网上财务管理。咨询公司提供的弹性、高效的预算体系和全流程成本管理的理念，使得华为有能力建立独立的审计体系，构建了外部审计、内部控制、业务稽核的三级监控，从而降低公司的财务风险和金融风险。

2007 年开始，华为聘用埃森哲[2]启动了 CRM（客户关系管理），加强从"机会到订单，到现金"的流程管理。2008 年，华为与埃森哲对 CRM 体系进行重新梳理，打通从"机会到合同，再到现金"（LTC）的全新流程，

---

[1] 出自任正非2000年发表在《华为人》的文章"活下去，是企业的硬道理"。
[2] http://www.360doc.com/content/15/1228/05/10348693_523596377.shtml

提升了公司的运作效率。2014年10月，华为和埃森哲已正式签署战略联盟协议，共同面向电信运营商和企业信息与通信技术（ICT）两大市场的客户需求开发并推广创新解决方案。

华为轮值CEO徐直军对此表示："在现实世界与数字世界加速融合的时代，任何单独一家企业都很难满足客户的所有需求。企业需要开放合作，整合优势资源和能力，共同助力客户成功。与埃森哲的合作，将进一步加强华为在企业ICT市场的能力，使我们在丰富的产品组合基础上，为企业和运营商客户提供更多创新的软件和服务解决方案，帮助其提升效率和增加收入。"

此外，华为在战略管理、人力资源管理上聘请美世和波士顿咨询（BCG）担任顾问，在品牌管理上聘请正邦、奥美担任顾问，在客户满意度方面聘请盖洛普担任顾问；在股权激励方面聘请TowersPerrin担任顾问，在企业文化上借助中国人民大学商学院教授制定《华为基本法》。截至2015年，华为18年变革成本高达300亿元人民币。

基础研发体系[①]

华为在1988年下半年成立预研部，当时任正非对预研做了明确阐述：在混沌中寻找战略方向，抓住战略机会，迅速转向预研的立项。自此，华为开始系统性地对具有前瞻性的产品及技术进行研发，同时建立起分工明确的预研体系。

该体系的建设追溯到1996年的三大研发体系，即产品战略研究规划办公室、中央研究部和中试部。其中，产品战略研究规划办公室负责指导中研部的产品研发方向和立项，目标是回答"做什么产品"，以避免"做错产品"；中研部负责组织产品的研发和攻坚，目标是"做出产品"和"及时交付"；中试部则负责小批量生产验证测试、产品生产工艺、产品从研发转生产前的成熟度研究，目标是"做好产品"，发现产品可能的质量问题并在研发早期加以解决。产品战略研究规划办公室、中央研究部和中试部分别对应研发的规划、管理和控制，而预研体系是在规划办公室的基础

---

① http://blog.sina.com.cn/s/blog_53bbdb8c0101rnli.html

上发展起来的。

华为的预研体系中,除了中研部一级部门的预研部外,每个业务部下面都有各自的预研部,如无线业务部有无线的预研部,传输业务部有传输的预研部等。相对于中央硬件部、中央软件部和产品线技术平台部门,预研部负责更新、更难的核心技术及具有前瞻性的产品研发。华为规定,预研经费要占研发总经费的10%,相应的,人员也占到研发总人数的10%,同时预研人员的水平一般要求更高。从1998年开始,预研部做了近百个预研项目,直到2009年,华为公司中研部80%以上的人员在做预研部输出的项目。预研工作的质量是很难评价的。预研部有一句口号"预研成果转化率要保持在70%—80%(按投入计算)"。成果转化率太低说明产品离市场太远,太高又说明预研工作太保守,容易漏掉可能有市场的产品方向。

2012实验室是华为专门从事基础研发创新的研究组织。华为2012实验室在2016年对基础科学的投入近20亿美元。未来,华为在基础科学研究的投入将逐渐增至研发费用的20%—30%。该组织下设16个研究所,包括8个国内研究所和数十个海外研究所。其中,海外研究所的当地员工占研究所总人数70%以上。任正非对2012实验室的整体定位是"长期挣小钱"。"长期"是指2012实验室着眼于公司长期发展目标,聚焦华为的核心竞争力,不随外界热点或诱惑而摇摆。2012实验室的研究方向主要面向未来5—10年的研发和测试需求。华为在各个业务部下设置的实验室则主要面向未来1—3年的研发和测试需求。相比之下,华为2012实验室侧重"活得更好"而不仅仅是"活下去"。"挣小钱"是指2012实验室不需要背负利润压力。一位2012实验室的员工说:"这里是纯研发部门,员工的收入是华为整体收入的均值,一般员工工资外收入是同级别无线部门的一半左右。"一旦员工成为华为的资深研究员(Fellow),工资待遇也大大提升。

联合创新

联合创新是华为整合外部资源进行创新的一种策略。根据合作对象的不同,可将华为的联合创新细分为联合实验室、联合创新中心和全球开放实验室三种形式。

联合实验室主要面向国内外高校等研究机构,目的是开发前沿技术与进入国外市场。华为的窄带 CDMA 技术、SDH 光网络技术、智能网技术等都得益于清华、北大、中科大、北邮、电子科大等高校的合作。目前，华为已与浙江大学共建电磁技术创新联合实验室，与香港理工大学成立现金计算系统与网络光互联实验室。此外，华为在海外大学合作研发上投入巨大，而且几乎所有海外研发中心的选址都靠近当地知名高校。在英国，华为 2017 年投资 1 000 万英镑和英国高校形成合作共盟，华为英国研究所与帝国理工大学开展大数据方面的研究，与萨里大学开展在 5G 方面的合作。

> 我们一定要搞基础研究，不搞基础研究，就不可能创造机会、引导消费。我们的基础研究是与国内大学建立联合实验室来实施的。我们的预研部，只有在基础研究出现转化为商品的机会时，才大规模扑上去。①

1999 年，任正非在印度南部班加罗参观企业和大型的联合实验室时认识到联合研发实验室的强大创新实力，不仅硬件规模庞大，技术实力也是国际一流。他说："为了再补人才不足，以及人才的优势互补，我们决定也在 IIT 大学②建立联合实验室，给科研项目以资助，实行奖学金、奖教金，帮助他们培养人才，其中也吸纳一部分到中国来工作，以致将来可在印度建立分支机构。"③

华为与领先企业构建的联合实验室不仅有助于推动技术研发，也有助于提高华为内部人才的研发能力。1997 年，华为与美国德州仪器成立数字信号处理联合实验室，针对通信产品的数字信号处理（DSP）硬件与软件进行联合开发。这次合作使得华为的中研部与企业内部 DSP 有关的科研力量组织起来，成立又一重要的技术平台部门——信号与信息处理研究中心。通过与德州仪器的合作，华为实现了技术快速突破和技术平台化，不仅提高了华为公司开发工程师对数字信号处理芯片的开发应用能力，而且

---

① 出自《华为基本法》。
② 印度理工学院。——编者注
③ 出自任正非1999年9月26日内部文章"印度随笔"。

快速催生了华为在多媒体领域里的新技术应用。2000年4月，华为与美国英特尔公司在华为深圳基地建立联合开发中心共同参考设计基于英特尔1X架构的通信解决方案，在开发、合作和技术资源共享三大关键领域展开合作。在CDMA和3G领域，华为通过与高通的合作，购买高通的协议专利，实现了技术的快速突破。此外，华为还与摩托罗拉、Agere、Altera、太阳微系统、微软、NEC等世界一流企业建立了类似的联合实验室。①

联合创新中心主要面向电信行业的运营商，目的是贴近运营商的需求和战略以提供创新解决方案。华为和运营商各自投入优秀的专家，运营商的战略、想法和需求与华为的技术、理念和创意在这里充分碰撞，最终形成适应客户需求的领先解决方案。同时，这些方案能够在联合创新中心快速实践、及时投放市场，实现消费者、运营商、华为三方共赢。2006年10月，华为和沃达丰集团在西班牙正式成立了第一个联合创新中心——移动联合创新中心MIC。截至2016年9月，华为与全球客户及合作伙伴共同建立了36个联合创新中心。

联合创新中心已经孵化出许多有影响力的创新成果，如SingleRAN、IP微波、融合计费平台等，已经成为现在业界的主流部署模式，运营商为此节省了大量的网络成本，用户也享受到了更好、更便宜的通信服务。每个创新中心都有自己的专题聚焦领域，帮助运营商应对技术挑战，探索业务模式，实现高效运营。

> 仅在移动领域，华为与沃达丰的联合创新中心每年孵化的创新成果就达40余个。例如，双方共同创新的SingleRAN解决方案全球第一个实现外场测试和商用，为沃达丰无线网络提升了25%的覆盖，减少了40%的站点个数，节约了33.6%的TCO。②

全球开放实验室主要面对行业组织、各个领域和行业的客户及其他合作伙伴，目的是"和全球不同领域、行业的客户、领先实验室以及全球400多家合作伙伴一起，打造以客户为中心，不断创新的行业解决方

---

① http://blog.sina.com.cn/s/blog_53bbdb8c0101rnlb.html
② http://www.huawei.com/cn/publications/communicate/61/HW_141516

案，共赢行业数字化转型"[①]，并与合作伙伴进行相互认证与和授权。截至 2016 年，华为已建成 13 个开放实验室。到 2019 年年底，华为将投资 2 亿美金，建设开放实验室总计 20 个。这些开放实验室将形成一个网络，利用全球资源和能力，捕捉各行业对 ICT 需求的机遇，应对数字化转型大潮，服务本地 ICT 行业生态发展。开放实验室已在苏州、慕尼黑、墨西哥城、新加坡、迪拜、约翰内斯堡、曼谷、巴黎、开罗、莫斯科等地成立，跨越众多行业和领域，目的是在电信行业外寻找创新机遇，探索合作伙伴数字化转型解决方案。在智慧城市领域，目前华为开放实验室已服务于欧洲、非洲、亚太等全球 80 多个国家或地区的 200 多个城市，覆盖 8 亿多人口。在金融领域，华为开放实验室与全球十多家顶尖金融机构和行业独立软件开发商开展联合创新，帮助金融机构从平台转型、产品创新、渠道服务三个层面加速数字化转型，已帮助中国工商银行完成基础架构云化。目前华为已服务全球 300 多家金融机构，包括 Top 10 全球银行中的 6 家。在数字城轨、制造业、教育、互联网、能源、公共安全等领域，也与众多的伙伴进行合作，构建联合解决方案，共同使能行业数字化转型。

12.3.2 利用活动

利用是指企业沿着原有的学习轨道进行优化、拓展、固化和改进等活动。利用活动关注成本降低与效率提高，保障企业的短期利润和收入。对于所有企业而言，利用活动都不可或缺，因为它是企业"活下去"的必要条件。相比于探索活动，利用活动并不需要冒险推进，而是企业的日常工作。华为在利用活动方面也卓有成效。2005—2016 年，经历了金融危机，也经历了电信行业的多次重组和兼并，一些企业在环境冲击后逐渐衰弱，一些企业永远退出了历史舞台，为什么华为依然能够实现销售收入和利润的逐年增长？下文将简要介绍华为在利用活动方面的举措。在华为，典型的利用活动包括管理优化、有控制的创新、知识共享和合作伙伴关系。

管理优化

华为的管理优化活动体现为将"有控制的创新"作为创新活动的整体

---

① http://www.huawei.com/cn/industry-insights/digital-transformation/ ecosystem?ic_source=fhc17

战略导向，将内部出版物和员工社区作为暴露企业问题、沉淀和传播最佳实践的平台。华为的出版物有很多种，但针对组织内部管理优化和问题反思的是《管理优化报》。《管理优化报》1997年创刊，最初叫作《华为大简报》，被认为是华为内部管理改善和管理进步的自我批判工具。《管理优化报》关注公司各部门、业务环节存在的问题或值得推广的优秀经验，但主要是曝光问题类的文章。编辑部要求员工从实际工作出发，提出存在的问题，探讨、分析解决之道。在形式上偏好案例，尤其是事件的细节和数据。理论性文章也要避免泛泛而谈，空谈理论，而要寓理于事，结合实际工作来分析。在主题上，编辑部也做出限定，"一定要跳出本部门的圈子，站在全局衡量事，防止过于从个人角度出发、观点偏激，不追求新、奇、特"。①

> 公司有一个《管理优化报》，是专门批评自己的，也就是揭露"丑陋的华为人"。天津管局来公司访问时，提了一些意见，中研部、中试部全体员工组织听录音，认真反思，写了不少心得，《管理优化报》把它编成了一本书，叫《炼狱》，让以后的研发人员也能明白，怎么从对研究成果负责任转变为对产品负责任。②

为了进一步对内外开放，暴露和改进问题，华为自2008年6月29日正式上线心声社区，华为的内部网站称为"报纸与社区"，广告语是"有你更精彩"。心声社区分为"华为核心价值观讨论区""华为家事""七彩生活""行政服务之窗"和"视频专区"。在这个线上论坛，员工可以分享自己的真实经历与想法，抨击不合理的流程制度、发泄不满情绪、暴露组织弊病。很多人将华为的心声社区称为"透明的玻璃社区"，因为非华为员工尽管无法参与论坛讨论，但可以浏览心声社区中的大部分内容，了解到一个不完美的、真实的华为。

华为咨询顾问吴春波在介绍华为内部开放性时说道："自2008年12月，

---

① http://xinsheng.huawei.com/cn/index.php?app=forum&mod=Detail&act=index&id=1472721&search_result=8
② 出自任正非1998年在联通总部与处以上干部座谈会上的发言"华为的红旗到底能打多久"。

公司发起名为'同一华为,同一愿景!'的华为核心价值观讨论活动以来,至今天(2011年4月5日),已有244 660人次参与讨论,有959人次回复。参与讨论的人次为华为实有员工总数的2倍。被外界广泛关注的五斗米发表于2010年12月15日的帖子"华为,你被谁抛弃——华为十大内耗问题浅析",浏览量达86 600人次,回帖数599。此文还被转载于《管理优化报》。"

心声社区自上线以来,已有98%以上的在职中国员工访问。事实上,很多组织问题,就是在心声社区里暴露出来,为管理层敲响了警钟,也为管理的持续优化指出了方向。

有控制的创新

尽管华为关注面向未来、激进式、偏离原有学习轨道的创新(探索活动),但任正非所提到的"创新"主要是指渐进式和持续改善,而不是从零到一的原始创新,在华为内部也被称为"有控制的创新"。这种"控制"体现在强调利用活动的延续性、商业性和集体性,避免利用活动的颠覆性、盲目性和个人化。"有控制的创新"是华为创新活动的整体战略导向。

延续性是指在全面继承已有知识的基础上不断优化,不轻易打破管理节奏的、妨碍管理积累和成熟。为此,《华为基本法》中坚持"大的经营决策要有阶段的稳定性,不能每个阶段大家都不停地提意见"。任正非在1998年提出"小改进,大奖励;大建议,只鼓励"制度,在1999年提出了强调资源共享的华为货架制度,在2001年提出"有控制的创新";在2009年提出管理改进的"七反对原则",2010年提出针对云平台业务的"鲜花插在牛粪上"战略。

1998年,任正非向华为全体员工提出"小改进,大奖励;大建议,只鼓励"的制度,认为企业在发展早期,由于缺乏管理经验,发展又十分迅速,如果不能通过"小改进"积累管理技巧,而总是在"大建议"和"大战略"上摇摆不定,就无法快速成长而只能走向灭亡。坚持"小改进",就能使身边的工作不断地优化、规范化、合理化。1999年,任正非总结华为"小改进"取得的成绩:"我们在今年'小改进、大奖励'中,一是提高了我们产品的质量;二是提高了我们的工作效率;三个是降低了我们的成本。"①

1999年，任正非提出了华为的货架制度。"一个大公司，最体现降低成本的措施就是资源共享。……华为公司拥有的资源，你至少要利用到70%以上才算创新。每一个新项目下来，就应当是拼积木，只有最后那一点点才是不一样的，大多数基础都是一样的。由于一些人不共享资源地创新，导致我们很多产品进行了大量的重复劳动，根本就不能按期投产，而且投产以后不稳定。共享资源才叫创新"②。

2001年，任正非在"华为的冬天"里描述了管理变革与稳定之间的辩证关系，即组织稳定是常态，变革是偶然，否则改革和创新的成本太高，改动的成本会抵消改进的效益。"各级干部要有崇高的使命感和责任意识，要热烈而镇定，紧张而有秩序。'治大国如烹小鲜'，我们做任何小事情都要小心谨慎，不要随意把流程破坏了，发生连锁错误。"③

2009年，任正非再次重申公司对创新的态度。"管理改进中，要继续坚持遵循"七反对"的原则：坚决反对完美主义，坚决反对繁琐哲学，坚决反对盲目的创新，坚决反对没有全局效益提升的局部优化，坚决反对没有全局观的干部主导变革，坚决反对没有业务实践经验的人参加变革，坚决反对没有充分论证的流程进行实用。"④

2010年，任正非谈到华为云平台的创新工作，仍然强调厚积薄发的利用活动。"华为长期坚持的战略，是基于"鲜花插在牛粪上"战略，从不离开传统去盲目创新，而是基于原有的存在去开放，去创新。鲜花长好后，又成为新的牛粪，我们永远基于存在的基础去创新。在云平台建设过程中，我们一直强调鲜花要插在牛粪上，绑定电信运营商去创新，否则我们的云就不能生存。"⑤

---

① 出自任正非1998年在第二期品管圈活动汇报暨颁奖大会上的讲话"在实践中培养和选拔干部"。
② 同上。
③ 出自任正非2001年发表在《华为人》的文章"华为的冬天"。
④ 出自任正非2009年在运作与交付体系奋斗表彰大会上的讲话"深淘滩，低作堰"。
⑤ 出自任正非2010年在去计算研讨会上的讲话"华为要成为世界通信产业领路人"。

商业性是指创新需要围绕企业的核心竞争力，尤其是利用活动，需要以管理贡献率和目标实现成本为考核依据，始终坚持市场的商业成功为导向，而不是刻意为创新而创新，为标新立异而创新。因为"唯技术的创新和盲目自傲的创新，对于我们没有资金来源的公司来说，无异自杀。"[①] 任正非认为，华为长期还会处于技术实用性研发阶段，因此其创新受到商业价值的局限。任正非在1998年提出的"从对科研成果负责转变为对产品负责"一直是华为服务客户的企业宗旨。

集体性是指华为的利用活动强调组织层面的创新而非个人层面的创新。"我们需要组织创新，组织创新的最大特点在于不是一个个人英雄行为，而是要经过组织试验、评议、审查之后的规范化创新。任何一个希望自己在流程中贡献最大、青史留名的人，一定就会形成黄河的壶口瀑布，长江的三峡，成为流程的阻力。"[②]

知识共享

为应对华为国际化中暴露出来的人员凝聚力不足、价值观和服务理念差异巨大、职业化水平不高等问题，华为于2005年在深圳成立了华为大学，作为企业内部知识共享的最佳平台，瞄准中国企业的黄埔军校，旨在将华为打造为一个学习型组织。华为大学的成立宗旨是为华为员工及客户提供众多培训课程，包括新员工文化培训、上岗培训和针对客户的培训等。

华为大学背负着传承文化、储备人才和沉淀方法三大使命。在传承文化方面，华为大学每年培训的新员工超过两万人，"入职培训就是文化培训"，希望新员工认同华为最基本的价值观，即以客户为中心，以奋斗者为本。在人才储备方面，尤其关注干部培养，被任正非称为"将军的摇篮"。在沉淀方法方面，截至2013年，华为大学累计超过2万门课程，总体学习时长的60%是通过网络课程学习累计的。

---

① 出自任正非2006年12月在国家某大型项目论证会上的发言"实事求是的科研方向与二十年的艰苦努力"。
② 出自任正非2000年在高级副总裁以上干部就"无为而治"，以公司治理为题作文考前的讲话"一个职业管理者的责任和使命"。

除了对学员和讲师采用严格的选拔机制外,华为大学的突出特点是"训战结合"的培训方式。"训战结合"是指培训和实战交替进行的阶段性成果输出方法,把一部分员工从实战中抽回来,经过华为大学的短训后再走向战场。从实战中带着问题回到课堂学习,会对学习和充电有一种强烈的渴求,同时,将学到的东西和能量再带回到实践中,会为工作实践带来新的动力和方法。通过这种循环输出,快速提升员工的能力,将钢铁战士培养为将军。

> 我们20年来有自己成功的东西,我们要善于总结出来,我们为什么成功,以后怎样持续成功。再将这些管理哲学的理念,用西方的方法规范,使之标准化、基线化,有利于广为传播与掌握并善用之,培养各级干部,适应工作。只有这样我们才不是一个僵化的西方样板,而是一个有活的灵魂的管理有效的企业。①

合作伙伴关系

从2011年开始,华为的企业事业部每年都以华为合作伙伴大会的方式强化彼此之间的关系②,目的是与合作伙伴在业务和流程上对接,在技术和资源上互补,不断完善华为自身的服务能力和服务解决方案,同时构建行业生态系统。在七年的合作伙伴大会上,华为始终在渠道合作方面坚持"被集成"和"聚焦"战略。"被集成"是指华为作为ICT基础设施提供商,嵌入合作伙伴的业务,辅助合作伙伴的成功,而不是与合作伙伴形成利益竞争关系。面对海量的企业业务市场(4 000万家中国企业),华为无法仅依靠自己的项目经理。企业业务中,80%以上的销售收入来自渠道合作伙伴,而基于设备现场交付与服务的60%工作量是由合作伙伴完成的,因此,华为提出"客户是中心,伙伴是一线,华为是支撑"的口号。华为"被集成"的目的是帮助合作伙伴搭建和培育良好的运作环境。华为企业BG中国区副总裁(交付与服务)孙茂录说:

---

① 出自任正非2009年在运作与交付体系奋斗表彰大会上的讲话"深淘滩,低作堰"。
② 2011—2013的前三年,华为合作伙伴大会是由其负责企业业务的子公司安捷信组织承办的。

大数据时代已经来临，全球68亿移动用户和27亿的互联网用户，正驱动着企业由传统销售模式向用户体验为中心的新型模式转型，ICT服务生态系统面临转型，重构ICT服务市场，端到端的"大服务"成为必然，这是一种以客户需求为先导、服务能力为基础、构建与合作伙伴为一体的商业模式。

"聚焦"是指聚焦ICT基础设施及相关领域，持续对电信基础网络、云数据中心和智能终端等领域持续进行研发投入，坚持有所为有所不为。华为基于"聚焦"策略对自身的销售组织也做了优化调整，其客户数量从2011年的4 000~5 000家缩减为2014年的2 000多家，随后又缩减到2016年的1 000家左右。调整后，华为一方面可以将更多的资源投入到行业中做深做细，另一方面可以给合作伙伴更多的市场拓展机会。

我们将长期坚持"被集成"不动摇，从"重销轻营"向"营销并重"转变，构建流程简化、合作高效、优势互补的产业生态圈。面向海量的ICT市场，我们渴望与渠道，以及价值增值的系统集成商和独立软件供应商等合作伙伴加强合作力度、扩大合作范围，并积极探讨新的合作模式。①

12.3.3 分离策略一：工作轮换

为了避免个人职务的长期稳定造成组织对探索或利用活动的偏好或依赖，华为设计了一系列工作轮换制度，使公司能够保持探索和利用之间的动态平衡。典型的工作轮换制度包括针对高层管理人员的轮值CEO制度，针对中层管理干部的岗位轮换，针对基层员工的业务轮换。这些轮换制度能够使公司在探索和利用之间灵活切换，避免探索和利用正面冲突，同时，增强员工流动性，提高对探索和利用活动的适应力。

轮值CEO制度是在战略层面促进均衡发展的重要实践。2004年，华为将从美国引入高层管理团队（EMT，Executive Management Team）制度改造为"轮值主席制度"，即主席不是由一人长期担任，而是由八位领导轮流"执政"，每人半年。任正非坦言轮值主席制度的好处，一是锻炼了

---

① 出自华为企业业务部副总裁马悦2013年在合作伙伴大会上的发言。

高层干部处理日常事务和进行战略决策的能力。二是自然地削掉了华为内部的山头，形成了全局利益平衡，轮值CEO能够更大地发挥个人长处，同时避免个人偏执带来的公司僵化。三是使得个人的错误能够在群策群力中得到缓解，避免问题的过度累积。两个循环后（2006年），华为组建了董事会领导下的轮值CEO制度，即由三名副董事长轮流担任CEO，轮值期为6个月。轮值期间，CEO是公司的最高行政首长，负责公司的战略和制度建设，日常经营的决策权则下放给各个业务群、区域。

新的轮值制度减少了轮值人数，使得组织制度和方向能够在一定范围内维持稳定与延续，更好地平衡了组织对稳定和变革的需要。轮值CEO成员在不担任CEO期间，并没有卸掉肩上的使命和责任，而是参与集体决策，并为下一轮值做好充电准备。

> 华为的轮值CEO是由一个小团队组成，由于和而不同，能操纵企业不断地快速适应环境的变化；他们的决策是集体做出的，也避免了个人过分偏执带来的公司僵化；同时可以规避意外风险带来的公司运作的不确定性。①

岗位轮换与业务轮换 即任正非常说的"务实务虚会"。

> 我们的干部轮换有两种，一种是业务轮换，如研发人员去搞中试、生产、服务，使他真正理解什么叫作商品，那么他才能成为高层资深技术人员，如果没有相关经验，他就不能叫资深。因此，资深两字就控制了他，使他要朝这个方向努力。另一种是岗位轮换，让高中级干部的职务发生变动，一是有利于公司管理技巧的传播，形成均衡发展，二是有利于优秀干部快速成长。他们有实践经验，在各种岗位上进步很快，又推动新的员工投入这种循环。这种技术、业务、管理的循环都把优良的东西带到基层去了。②

业务轮换的目的以"务实"为主，主要目的是使管理者和员工熟悉相

---

① 出自任正非2012年的内部文章"董事会领导下的CEO轮值制度辨"。
② 出自任正非1998年在联通总部与处以上干部座谈会上的发言"华为的红旗到底能打多久"。

关业务之间的联系，积累针对某一业务领域的工作经验，增加知识深度；岗位轮换的目的以"务虚"为主，为的是培养员工的管理技巧，积累不同业务领域的协作经验，拓展知识广度。

12.3.4　分离策略二：压强原则

在产品、技术研发和管理变革上，华为根据不同阶段的战略重心，在战略认知上和资源配置上强调"压强原则""力出一孔"和"急用先行"，即认准方向高密度地投入资源以实现局部突破。在30年时间里，华为高度聚焦主航道，重点突破，把有限的资源集中在最迫切、最重要的领域，通过阶段性地抓主要矛盾的做法，一步步地构建自己的核心能力。

压强原则是华为早期在资源局限的条件下突破研发和市场瓶颈的重要思想。《华为基本法》第二十三条：我们坚持"压强原则"，在成功关键因素和选定的战略生长点上，以超过主要竞争对手的强度配置资源，要么不做，要做，就极大地集中人力、物力和财力，实现重点突破。1991年，华为集中全部资金和人力，破釜沉舟，几个月内开发和生产出华为品牌的新型用户程控交换机——3台BH-03（24/224），完成了从代理商向制造商的转变。在1995年，华为启动自主研发，研发骨干纷纷跳槽时，任正非说："华为坚定不移的钉子精神、压强原则，（就是）集中一切可以集中的力量，突破一点，局部领先，使华为渡过起步的艰难。""在华为创业初期，除了智慧、热情、干劲，我们几乎一无所有。从创建到现在华为只做了一件事，专注于通信核心网络技术的研究与开发，始终不为其他机会所诱惑。敢于将鸡蛋放在一个篮子里，把活下去的希望全部集中到一点上。"①

压强原则在华为拓展市场时同样有奇效。在与竞争对手争夺市场的时候，为了获得一个地方市场，华为可以召集分布在各地的数千名销售人员和技术人员，使客户与员工的比例达到1∶100，尽可能快速而全面地响应客户提出的需求。为了争取市场份额，在激烈的市场竞争中生存下来，华为在市场和销售领域密集配置资源，借助压强原则突破国内市场。一些老员工将华为在市场领域的压强原则描述为"人海战术"或"群狼战术"，

---

① 出自任正非2000年7月20日内部讲话"创新是华为发展的不竭动力"。

即派出足够多的人员，抓住每一个潜在客户，随时满足客户的一切需求，做到极致，不给对手留下任何机会。华为曾依赖"群狼战术"打败了爱立信、诺基亚等一流的设备制造商，拿下了一个又一个国内及海外市场。压强原则使华为在短期内集中大量的组织资源，快速弥补与竞争对手的差距，最大限度地发挥内部资源的价值，从而使成功成为可能。

压强原则也用在对激进式技术的探索活动上。2013年，面对大数据流量带来的种种畅想，任正非强调聚焦，在资源和能力有限的条件下与国外领先企业竞争，压强原则是华为成功的唯一可能。"我们只可能在针尖大的领域里领先美国公司，如果扩展到火柴头或小木棒这么大，就绝不可能实现这种超越。"[1]

> 当发现一个战略机会点，我们可以千军万马压上去，后发式追赶，你们要敢于用投资的方式，而不是人力的方式，把资源堆上去，这就是（华为）和小公司创新不一样的地方。人是最宝贵的因素，不保守，敢于打破目前既得的优势，开放式追赶时代潮流的华为人，是我们最宝贵的基础，我们就有可能追上"特斯拉"。[2]

12.4 探索与利用活动的集成策略

集成策略侧重在探索和利用活动之间建立联系，是对分离策略的有力补充。如果组织对在时间和空间上分离的探索和利用业务单元不加干预，这两种学习活动将进入各自的封闭循环，难以产生相互促进的协同效应。因此，集成策略在一定程度上决定了分离策略的效果。很多学者指出，对探索和利用的集成既包括认知层面的思维方式转变，又包括组织层面的机制设计，而从形式上看，对探索和利用活动的集成有直接集成和间接集成两种形式。其中，直接集成是指探索和利用直接组合成为新的组织惯例被组织成员接纳，在认知上体现为华为的"自我批判"和"灰度原则"，在组织机制上体现为华为的内外部资源组合，间接集成是指借助组织的文

---

[1] 出自任正非在2013年度干部工作会议上的讲话"用乌龟精神追上龙飞船"。

[2] 同上。

化、机制、管理平台完成探索和利用之间的相互转化，使探索活动的成果成为利用活动的输入，而利用活动的成果也成为探索活动的输入。在认知上体现为华为"以客户为中心"的企业文化，在组织机制上体现为华为"以奋斗者为本"的激励机制和不断优化的管理体系。

12.4.1 自我批判和灰度原则

自我批判是指员工们，尤其是企业高管们，主动对自己和公司的行为进行反思，暴露工作问题，转变工作思路，寻找持续改进的可能。自我批判是危机意识在行为层面的具体体现。任正非曾多次强调，自我批判就是刨松整个公司思想建设土壤的重要武器。没有掌握自我批判干部，在华为的晋升将受到限制。

例如，在研发规划上，华为的自我批判体现为"红军""蓝军"对抗制度。"红军"负责提出研发方案，是负责规划的标准队伍。"蓝军"要想尽办法打倒"红军"，千方百计地钻他们的空子，挑他的毛病。任正非说："有些人特别有逆向思维，挑毛病特别厉害，就把他培养成为'蓝军'司令……不要怕有人反对，有人反对是好事，不是坏事，这会改变我们的惯性思维，打破我们的路径依赖。"①民主生活会是自我批判的另一表现。从成立起，华为的高层人员就必须参与三个月或半年一次的民主生活会。在会议上，各个高管将对自己的管理方法、公司的战略规划、部门的战略目标等提出尖锐的问题，在激烈的争论中找到问题的解决方案。

从1995年至今，华为已经在内部进行了两次千人大辞职，两次研发"负向奖励"，和无数次"以客户为中心"的反思。1995年，一路高歌猛进的华为市场部遭遇了巨大失败，在国内西部五省的所有通信设备招标中无果而归。华为认识到"个人英雄主义"和"组织山头"的危害，毅然实行了1 000多人的集体大辞职，最终在企业中引入了竞争淘汰机制，在一定程度上保证了组织活力。2007年，华为针对内部职场等级偏见、老员工竞争力不足等问题，启动了7 000多人大辞职：要求包括任正非在内的所有

---

① 出自任正非2002年在华为研委会会议、市场三季度例会上的讲话"认识驾驭客观规律，发挥核心团队作用，不断提高人均效益"。

工作满8年的员工，在2008年元旦之前，都要办理主动辞职手续，竞聘后再与公司签订1—3年的劳动合同。第二次大规模内部辞职活动解决企业竞争力问题，使企业新陈代谢，保持激活状态。2000年，华为召开"呆死料"千人大会，将由于工作不认真、BOM填写不清、测试不严格、盲目创新造成的大量废料作为奖品发给研发系统的几百名骨干。2010年，华为在网络产品线质量大会上，将"埋雷奖""最差CBB奖""架构紧耦合奖"等颁发给网络产品线相关团队和个人，警示研发人员因"幼稚"而给客户和公司造成的损失。附录Ⅲ呈现了自1996年以来华为所经历的13件代表性自我批判事件。

全体华为员工的自我批判并非为批判而批判，也不是为全面否定而批判，而是为优化和建设而批判。① 自我批判的目标是提高公司的核心竞争力。而提高核心竞争力，就要依赖员工们将个人的认知和利益统一起来，达成共识。"华为还是一个年轻的公司，尽管充满了活力和激情，但也充塞着幼稚和自傲，我们的管理还不规范。只有不断地自我批判，才能使我们尽快成熟起来。我们不是为批判而批判，不是为全面否定而批判，而是为优化和建设而批判，总的目标是要导向公司整体核心竞争力的提升。"② 同时，自我批判不是停留在思想层面的反思，而是与实践密切结合的。任正非说："自我批判的目的也不是要大家专心致志地闭门修身养性，或者大搞灵魂深处的革命，而是要求大家不断去寻找外在更广阔的服务对象，或者更有意义的奋斗目标，并且落实到行动上。"③

灰度是一种辩证思考方式，指对各种影响组织发展的不同要素保持宽容，在一段时间不采取非此即彼、非对即错的评价，而是适时做出妥协，使得各个要素之间呈现和谐而非对立的关系。灰度意味着从局部视角转变为全局视角。领导人要从绝对的、强有力的领导到"合适的灰度"，不再仅仅依靠个人能力，而是优化整体结构，强调长久、稳定、理解和宽容，

---

① 出自任正非2001年发表在《华为人》的文章"华为的冬天"。
② 出自任正非2000年9月22日在中研部将呆死料作为奖金、奖品发给研发骨干大会上的讲话"为什么要进行自我批判"。
③ 出自任正非2008年内部文章"从泥坑里爬起来就是圣人"。

遵循规律、把握长期方向。灰度原则要求领导人将短期目标和长期目标统一在全局战略下，分清战略的主次关系。2009年前后，当华为认识到层级式的管理结构使组织远离客户时，任正非提出了从销售一线逆向梳理组织流程的管理变革，号召组织上下以长远的眼光来理解变革的必要性。

> 我们今天提出了以正现金流、正利润流、正的人力资源效率增长，以及通过分权制衡的方式，将权力通过授权、行权、监管的方式，授给直接作战部队，也是一种变革。在这次变革中，也许与二十年来的决策方向是有矛盾的，也将涉及许多人的机会与前途，我想我们相互之间都要有理解与宽容。①

灰度还体现在华为对差异性人才的尊重与宽容。差异性是组织学习效果的保证，对差异的宽容有利于学习效果的提升。管理者的宽容能够将不同性格、不同特长、不同偏好的人凝聚在组织目标和愿景的旗帜下，最大限度地挖掘组织内外部资源的价值。任正非说："公司要宽容'歪瓜裂枣'的奇思异想，以前一说歪瓜裂枣，就把'裂'写成劣等的'劣'。你们搞错了，枣是裂的最甜，瓜是歪的最甜，他们虽然不被大家看好，但我们从战略眼光上看好这些人。今天我们重新看王国维、李鸿章，实际上他们就是历史的歪瓜裂枣。你怎么知道这些歪瓜裂枣就不是这个时代的梵·高，这个时代的贝多芬，未来的谷歌？"② 2016年，任正非在IPD建设蓝血十杰颁奖大会上再次提到："在座各位能接受贝多芬到华为应聘吗？谁知道，聋子也能成为艺术家呢？华为公司要容忍一些'歪瓜裂枣'，容忍一些不太合群的人，允许他们的思想能在公司发酵。"此外，任正非曾多次在组织内部强调"坚决反对完美主义""宽容失败""不要做一个完人"等，希望能够减轻员工的精神负担，避免组织走向极端的评价体系，在探索和利用之间保持平衡。

灰度意味着"和谐"和"妥协"。原则和方向不接受妥协，但方法和方式可以。华为启动手机业务时，曾在内部爆发了"低端"还是"高端"

---

① 出自任正非2009年在华为全球市场工作会议上的讲话"宽容是领导者的成功之道"。
② 出自任正非2010年在去计算研讨会上的讲话"华为要成为世界通信产业领路人"。

的品牌争论和"线上"还是"线下"的渠道争论。最终任正非和余承东采用了双品牌和双渠道策略，同时销售低端和高端手机，同时使用线上和线下渠道，最终使华为手机的品牌知名度和销量在全球市场迅速攀升。在一些人的眼中，妥协是软弱和不坚定的表现，似乎只有毫不妥协，方能显示出英雄本色。但是，这种非此即彼的思维方式，可能断送更大的目标。从这个意义上看，妥协是对坚定不移方向的坚持，也是为"共赢"和"多赢"创造条件。妥协是务实的丛林智慧，放弃原则或一味让步不能算是妥协，明智的交换和一定条件下的共识才是，因为残酷的竞争中，靠的毕竟是理性，而不是意气。"我们在变革中，要抓住主要矛盾和矛盾的主要方面，要把握好方向，谋定而后动，要急用先行、不求完美，深入细致地做工作，切忌贪天功为己有的盲动。"①

在灰度原则下，华为避免组织成员过分关注探索和利用之间的冲突和差异，而是把更多的精力投入到识别、发挥、探索和利用各自的优势上来；避免专注于探索和利用的业务单元彼此打压争夺组织地位，鼓励他们转而开始思考对方的成果可以如何为我所用。组织成员在遭遇变革阻力时，灰度原则鼓励组织成员从积极的方面解读变革的价值和意义，从而避免组织成员消极应对组织变革。灰度原则也鼓励组织成员容忍差异化的观点和人才，为企业的未来拓展增加可能性。

12.4.2 资源组合

不论是探索还是利用活动，华为都大量借助企业外部资源，进行内外部资源组合。如在探索方面，2012实验室集合了全球研发资源，联合创新中心整合了高校、上下游合作企业的优秀创新人才等。在管理变革领域，华为的每一次管理变革都借助了"外脑"。在利用方面，华为也通过"合作伙伴大会"等形式与外部客户及合作伙伴保持深度与密切联系。

内部资源整合与协同。华为为了充分激发和释放内部资源的活力，在组合内部资源过程中，华为的独特之处在于打破内部职能部门的沟通和协作壁垒，围绕目标构建具有指挥权和决定权的跨部门团队。这使得原来专

---

① 出自任正非在2009年1月在销服体系奋斗颁奖大会上的讲话"让一线直接呼唤炮火"。

注于探索或专注于利用活动的个人或业务单元能够信息互通、优势互补。1999年，在进行管理系统改革时，华为在外部顾问的帮助下成立了包括市场、研发、客户服务、采购、生产等部门在内的跨部门小组，目的是疏通全线流程，从全局整改和简化工作流程，避免研发仅关心技术探索，生产和采购仅关心大批量低成本（利用），市场和客户服务仅关心已有客户需求（利用）的局部最优模式。"先把市场、用服、研发打通，然后再把生产、采购捆进来，共同整改流程打通问题，简化程序。成立这个跨部门小组，这个小组就代表公司，有决定权，统管所有的流程。当然，这个小组主要是理顺产品线全流程，并不是多了一层机构。"[1]

2009年，为了有效地提升客户信任，深入理解客户需求和跨部分协同作战，华为在北非的团队尝试建立以客户为中心的"铁三角作战单元"，即以客户经理、解决方案专家、交付专家组成围绕客户需求的工作小组。其中，客户经理负责与客户维持密切的关系，挖掘客户显性的和潜在的需求；解决方案专家负责从公司的技术和产品方案中寻找匹配的解决方案；交付专家则负责方案的交付与回款。这种内部资源组合的方式能够有效解决市场人员不懂技术、技术人员不懂市场的内部壁垒，快速准确地响应市场需求，也有助于将研发成果快速商业化。海外"铁三角"团队的资源重组形式启发华为在全组织范围内开展"以客户为中心"逆向梳理组织结构和流程的组织变革。"铁三角的精髓是为了目标，打破功能壁垒，形成以项目为中心的团队运作模式。公司业务开展的各领域、各环节，都会存在铁三角，三角只是形象说法，不是简单理解为三角，四角、五角甚至更多也是可能的。这给下一阶段组织整改提供了很好的思路和借鉴，公司主要资源要用在找目标、找机会，并将机会转化成结果上。后方配备先进设备、优质资源，应该在前线一发现目标和机会时就及时发挥作用，提供有效的支持，而不是拥有资源的人来指挥战争、拥兵自重。谁来呼唤炮火，应该让听得见炮声的人来决策。"[2]

---

[1] 出自任正非2004年11月在华为研委会会议、市场三季度例会上的讲话。
[2] 出自任正非在2009年1月在销服体系奋斗颁奖大会上的讲话"让一线直接呼唤炮火"。

12.4.3 客户导向

1996年,任正非看到沙漠中的迪拜因重视文化建设而成为"沙漠中的香港",感慨华为也是一个一无所有、生存环境恶劣的小公司,也需要借助文化创造环境和资源。他说:"资源是会枯竭的,唯有文化生生不息。"尽管今天华为的企业文化包括六个核心价值观,即成就客户、艰苦奋斗、自我批判、开放进取、至诚守信和团队合作,"成就客户"是其最终战略导向,而其他五个价值观是为保证这一战略导向顺利实现而必须坚持的组织品质。任正非曾说:"客户是华为的衣食父母,天底下唯一给华为钱的只有客户,华为之所以能够活下来,其中很关键的因素就是坚持以客户为中心,并且也只有不断坚持以客户为中心才能让华为活得更久一些。"与其他同样强调以客户为中心的企业相比,华为"以客户为中心"的特征是"重视弱势和小规模客户"且"将客户服务作为工作方向"。

在华为发展的初期,任正非就强调,华为不应该像一些成熟大公司一样只关心大客户和重要客户而忽视或轻视小客户。事实上,小客户同样也能发现企业产品和服务上的缺陷,同样可以为公司带来利润,关注他们的声音能够更早地让华为发现问题、识别需求、打开市场。1997年,欧美等经济发达的市场被海外知名而大型的电信企业占领,名不见经传的华为根本难以打开局面,华为海外市场的开拓就是从服务于贫穷落后国家的"弱势"客户开始的。事实上,非洲(含中东地区)、东南亚后来成为华为重要的"打粮区"。自1997年华为开启国际化道路,无数员工被外派到非洲,他们不仅有感染疾病的风险,同时也可能遭遇各种战乱和冲突。2007年,华为员工为中国移动在海拔6 500米的珠峰开通了世界上海拔最高的基站;在巴西雨季持续的一个月里,借助地面帐篷在短暂的"无雨"时间中完成了1 000多个基站的安装。2011年利比亚战争爆发,许多欧美知名移动设备提供商纷纷在第一时间选择撤离,中国政府也安排专机接送在利比亚的华人华侨,只有华为员工还选择与客户在一起。2011年日本福岛爆发核危机之后,华为董事长孙亚芳带领华为日本团队不仅没有撤离,反而增派人手,在一天内就协助软银、E-mobile等客户,抢通了数百个基站。这些对客户的关注和坚守为华为赢得了尊敬和信赖,也为华为带来了源源不断的订单。

除了关注"弱势和小规模"客户,华为还将"以客户为中心"作为技术路标、变革方向和价值评价的标尺。"公司正在迈向新的管理高度,以什么来确定我们的组织、流程、干部的发展方向呢?以什么作为工作成绩的标尺呢?我们要以为客户提供有效服务来作为我们工作的方向,作为价值评价的标尺,当然是包括了直接价值与间接价值。不能为客户创造价值的部门为多余部门,不能为客户创造价值的流程为多余流程,不能为客户创造价值的人为多余的人,不管他多么辛苦,也许他花在内部公关上的力气也是很大的,但他还是要被精简的。"在公司成立之初,华为曾以全面周到的服务来弥补技术缺陷,无意中建立了以客户为中心的价值观,但并没有真正认识到它的重要性。随着公司的成熟,华为从很多没有以客户为中心而导致的失败中领悟到这一核心价值观的重要性。任正非回忆:"在90年代的后期,公司摆脱困境后,自我价值开始膨胀,曾以自我为中心过。我们那时常常对客户说,他们应该做什么,不做什么……我们有什么好东西,你们应该怎么用。例如,在NGN的推介过程中,我们曾以自己的技术路标,反复去说服运营商,而听不进运营商的需求,最后导致被淘汰出局。"

12.4.4 股权激励

华为强调按贡献拿待遇,而不是按工龄拿待遇。华为的激励制度最初是"全员持股",随后演变为"工者有其股"和"不让雷锋吃亏",最终形成了"坚持以奋斗者为本"的价值分配体系。在任正非看来,华为的员工大致分为三类,第一类是普通劳动者,第二类是一般奋斗者,第三类是有成效的奋斗者,即有使命感的人。第三类员工才被认为是华为的中坚力量,有资格分享公司的剩余价值,即股票和奖金。与实施员工持股的其他公司相比,华为激励制度的特征是"大量员工持股"和"向奋斗者倾斜"。

华为的激励制度是随公司发展而不断变化的。在创业初期,任正非基于自己过去的人生挫折,感悟到与员工分担责任、共享利益是弱势的个体户公司聚集人才最有效最快速的方法。公司成立早期,对公司起决定作用的往往是几个技术骨干,一批非常拼搏却规模较小的团队。公司无法拿出很多钱给关键员工,便设立激励制度的主要目的是筹集资金和聚集人才。"我创建公司时设计了员工持股制度,通过利益分享,团结起员工,那时我还不懂期权制度,更不知道西方在这方面很发达已有多种形式的激励机制。"① 任正非说:"华为每年都分红、扩股。这种模式暗含着几个先决条件。第一,公司每年必须增长,否则不断分新股份,老股份被稀释,如果稀释的太厉害,老股份持有者也不干,股份过分稀释,价值也会缩水到没有价值的地步。第二,数万人持股,而且不是自由市场可以交易的股份,风险是很大的,一旦公司发生亏损,后果不堪设想。"

通过奋斗者持股制度,大多数奋斗者与公司成为利益共同体,为个人长期利益考虑,他们必须支持企业放眼未来,适应环境变化,进行成果不确定的研发和市场探索活动,减小组织内部对探索活动的阻力。同时,奋斗者持股制度实现企业与员工的风险共担,使得决策者在承担风险的同时必须想尽一切办法降低风险,避免伤害包括自己在内的大多数公司股东的利益。此外,当企业持续领跑时,这种激励制度允许企业员工进行集体决策,对企业发展方向负责,在一定程度上弥补了探索活动方向模糊的短板。

随着公司走向成熟,早期获得股权的员工积累了大量的股权分红,也渐渐失去了奋斗的热情和变革的动力。为了避免了奋斗者的懈怠,同时为新员工营造相对公平的工作环境,华为的股权激励制度越来越向奋斗者、成功团队、高绩效者倾斜。员工并不依靠资历获取报酬,而是依靠其对公司的贡献。这意味着员工必须不断奋斗,持续为企业做出贡献,才能分享企业成长带来的回报。这种激励制度与中国传统文化中"通过努力改变命运"的价值观保持一致,能够从内部激发员工的生产力和工作热情,将员工的个人自我实现与公司目标统一起来。

华为在开创初期,注意了以劳动为本位的产权结构,团结一切员工,形成一个利益共同体。在企业走向规模经营的时候,十分注重解决按劳分配与按资本分配的关系,形成新老员工共同奋斗的新景象,

---

① 出自任正非2011年12月在华为内部论坛上的文章"一江春水向东流"。

使老员工不会松懈斗志，又使新员工心态平衡，使人才源源不断地涌入。80%的员工在企业持股，增强了企业的自洁力，再加上以薪养廉，企业有了十分活泼、自我约束能力十分强的运行控制机制。对于非资源型高科技企业，员工持股对企业稳定、避免信息资产流失，有很大意义。①

12.4.5 管理平台

对于高科技企业来说，探索式创新和利用式创新是企业的核心活动，流程、系统、价值链等是企业的辅助性活动，支撑辅助性活动的资产称为互补性资产。核心技术商业化的成功需要互补性资产做支持，它会提高模仿者拓展市场时的准入壁垒，提高新技术的商业价值。探索和利用活动能够共享组织的已有资产（如制造、渠道、服务、互补性技术、外包、市场营销、金融等），可以提高利用活动的效率，降低探索活动的风险。早在1995年，任正非在确立要把华为打造成为世界一流企业的战略愿景时，就敏锐地认识到互补性资产的战略价值，华为与世界级企业的差距不是人才，也不是技术，而是管理水平。

持续优化的管理体系与平台通过对探索活动实施科学的设计和必要的管控弥补了探索活动高不确定性、高风险性的短板。因为这些管理体系与平台大多从国外先进企业引入，沉淀了国外优秀企业的运营经验，同时经过华为公司的长期适应性优化，也沉淀了华为公司的管理经验。企业通过这些管理流程以及系统执行和评估探索活动，能够在一定程度上降低探索活动的不确定性，而通过这些管理流程以及系统执行和评估利用活动，能够以更加全面综合的角度评估企业已有经验的价值。以IPD实施为例，华为在IPD实施项目中学习了新的研发理念和研发流程，在投资能力上增加了长线产品研发能力，在资源配置上从原来的"拍脑瓜"靠经验的研发资源配置方式转向了围绕客户资源配置研发需求，在研发流程上从原来局限在研发部门的研发流程扩展成全组织研发流程。而且，这些管理系统与流程并非引入后就一成不变，而是在华为的发展过程中不断被优化和更新，

---

① 黄卫伟.以奋斗者为本.北京：中信出版社，2014.

适应新的业务需求。

持续优化的管理体系与平台对利用活动的支持体现在加速知识复用和扩散上。管理体系与平台使得企业知识传播超越了地域、时间和个人的限制,加速了优秀经验的传播与分享,鼓励探索和利用成果的交换。以北非市场"铁三角作战单元"为例,通过心声社区的讨论、内部刊物的扩散,北非市场的最佳实践后来被应用到其他海外市场,最终启发了华为高层领导人对组织结构变革的讨论。

此外,管理体系与平台的持续优化能够加速员工对知识的编码、传播、共享和应用,最大程度促进知识的交流,在探索和利用活动之间形成知识交流的通道,促进二者之间的协同关系。通过灵活的流程组合与便捷的知识流动和分享,使得探索和利用活动的成果能够得到及时、高效和更大范围的传播。

12.5 华为如何克服双元能力构建的三重困境

我们看到,华为综合使用了不同类型的分离—集成策略缓解双元能力构建的三重困境——资源争夺、模式冲突和封闭循环。这些分离—集成策略要求企业既做出认知层面的调整,又制定相应的组织机制。

12.5.1 走出资源争夺的困境

资源争夺源于资源分配不均和资源高度受限,这意味着这一困境的解决有两种思路。第一,用压强原则应对资源分配不均的问题。第二,通过内外部资源组合解决资源短缺的问题。前者属于分离策略,后者属于集成策略。

当探索和利用争夺组织资源时,利用活动往往占据上风。这是因为利用活动难度较低,能够在短期内为组织带来持续稳定的现金流,尤其是在企业发展早期,组织依赖利用活动带来的低风险的、稳定的现金流在激烈的竞争中存活。然而,对企业来说异常艰难的是,在原本捉襟见肘的资金中,坚持对投入高、风险大、回报不确定的探索活动的持续投入。为了保持企业对探索活动的持续投入,华为将"压强原则"写入《华为基本法》,推动企业完成研发突破、市场突破和管理突破,使华为从一个贴牌代理商晋级为自主品牌的生产商，从一个市场后进入者成长为市场知名品牌，从一个管理落后的"杂牌军"成长为一支"正规军"。

随着企业的逐渐壮大，资金和物资上的局限已不再成为组织的主要局限，管理者的注意力成为更加稀缺的资源，压强原则也有了新的含义。在资金和物资稀缺的发展早期，压强原则帮助组织设定探索活动的下限，保证企业对探索活动配置一定数额的资源。在资金和物资高度丰富的企业发展后期，压强原则帮助组织设定探索活动的上限和边界。在任正非看来，华为探索活动不应该遍地开花，也不应该追逐热点，而是应该聚焦到"主航道"上，即电信行业的云管端业务，在特定时期完成"针尖"领域的突破。

压强原则风险巨大，华为也曾有过惨痛的教训。华为在移动通信领域犯过两个错误：一个是基于 PHS 技术的小灵通；另一个是被人称为"华为豪赌"的 3G。华为斥资巨大，却并没有收获预期的结果。要想避开"豪赌"，避免盲目地"集中人力、物力和财力"，关键是要选好"成功关键因素和战略生长点"。在任正非看来，这个成功的关键因素就是"以客户为中心"，即将客户的需求作为企业探索活动的方向和路标。

总之，压强原则要求华为思考探索和利用活动的战略优先级，在组织资源稀缺的时候保证对探索活动的投入，在组织资源富足的时候，限定探索活动边界，依据战略需要交替展开探索与利用，保持两者的动态平衡。任正非说："原来我们往核心收得太厉害了，这样我们的技术进步快了，而市场就弱了一点。现在市场变化了，客户需求也变化了，我们可以扁平一点。在攻克新技术时，使队形变得尖一些，增大压强，以期通过新技术获得多一些的市场。当新技术的引导作用减弱的时候，我们要使队形扁平化一些，多做一些有客户现实需求但技术不一定很难的产品。"

针对资源短缺的问题，组织一方面可以采用一系列措施将组织外部资源内部化，另一方面可以通过重组内部资源最大限度地发挥内部资源的价值。如前文所述，在研发资源的内部化方面，华为通过与世界各地的大学及科研机构建立联合实验室，与运营商等主要客户建立联合创新中心，与其他行业的合作伙伴建立全球开放创新中心等方式，整合内外部优秀研发资源，将华为的研发水平推向世界领先水平。在市场开拓方面，华为鼓励本地员工加盟，在一些地区，员工本地化水平超过75%。在管理变革方面，华为也大量地引入领先的咨询顾问，帮助华为完成管理变革的落地。这些外部资源弥补了华为早期的发展短板，保证了华为探索和利用活动的水准。

在引入外部资源时，华为的独特之处在于高度认可和尊重外部资源的价值。例如，在聘请IBM顾问来公司实施管理变革时，任正非提出"僵化、固化和优化"的原则，具体是指全面导入外部顾问的知识体系，不用过去的行为和理念干扰新体系的导入。在全面理解、导入和落地管理顾问带来的新知识体系后，在与企业实践稳定接轨的基础上再提出改进意见，在这个过程中，"僵化"是为了避免业务部门讨价还价、拖拖拉拉。

> 从我们高级领导来看，我认为IPD项目是公司最大的一件事情，公司干这件事情下了很大决心，在座的每个人都要高度投入进去，我们一定要完成目的。怎么做好这件事情呢？就是要听顾问的话，即使顾问错了，也要听顾问的话，经过实践检验顾问发现他是错的，那么由他自己纠正。如果顾问不纠正，以后我们发现了，我们大家再来讨论，也是可以纠正的。但是，现在我们肯定是没有经验的，所以我们肯定要向顾问学习，坚定不移地按照顾问的观念扭转。世界上有很多好东西，有很多公司比IBM还要好，但是我们在世界上只学一个。①

对内部资源的充分挖掘与利用同样可以帮助企业缓解探索和利用争夺有限组织资源的困境。在华为发展早期，企业缺乏专业人才，很多华为员工往往身兼数职，公司鼓励员工通过业余的、主动的学习来提升能力。任正非曾在对内部员工的讲话中反复强调，华为要"站在巨人的肩膀上"，以优秀的个人和企业为学习榜样，不断优化流程和产品。在任正非的讲话中，华为的学习对象涉及了中芯、大唐、联想、海尔、小米、IBM、上海贝尔实验室、Lucent、Motorola、Alcatel、Nokia、Cisco、Ericsson等十余家企业。这种学习意识打破了企业的职能界限，也超越了个人的特长领域，是渗透华为员工，尤其是高层管理干部的重要思想。随着企业不断发展，

---

① 出自任正非2000年5月17日在第一个试点PDT开工会上的讲话。

对内部资源的挖掘与利用不断规范化，内部刊物、心声社区、华为大学都成为华为员工学习的平台，业务轮换、岗位轮换、跨职能团队组合、项目制工作机制也成为华为重组内部资源的组织机制。这种内部资源的充分挖掘和流动重组使得华为的员工有能力从事探索和利用活动，探索和利用单元的成果也因此容易在组织中交融碰撞、优势互补，从而激发既高效又灵活的双元性企业创新。

12.5.2　走出模式冲突的困境

探索和利用在组织架构、领导力、绩效导向和文化风格上都有着截然不同的模式。在组织架构上，探索活动往往要求机械式、扁平灵活的组织结构，而利用活动往往要求层级式、规范的组织结构。在领导力上，探索活动往往要求特质鲜明、富有魅力的变革型领导人；而利用活动往往要求自律严格、雷厉风行的交易型领导人。在绩效导向上，探索活动重视未来增长、欣赏差异、宽容失败；而利用活动则重视当下绩效回报，强调效率和成本而排斥差异和失败。在文化风格上，探索活动强调即兴活力，而利用活动则强调可控高效。探索和利用之间的模式冲突是持续存在的，无法消除。这既是探索和利用活动的本来特质，也是人在认知上追求一致性、统一性的认知局限所决定的。

模式冲突的困境也可以采用分离—集成策略化解。从分离策略看，如果将探索和利用在时间和空间上分割开来（包括压强原则、工作轮换和分离的业务单元），就可以避免模式冲突。但是，采用分离策略解决模式冲突仅是将探索和利用的冲突暂时压制下来，无法使两类活动彼此促进，长期来看，分离策略不仅无法缓解模式冲突，反而可能放大这种差异，导致探索和利用彼此排斥。因此，在分离策略之后，还需要组织采用一系列集成策略将探索和利用之间的成果集成起来。

首先，管理者需要调整其对探索—利用张力的认知，使探索和利用的长期共存成为组织中的惯例，被大多数成员接纳。这就要求管理者以一种二者共存的悖论思维而不是非此即彼的取舍思维来认知探索与利用之间的复杂关系。悖论思维的认知前提就是接受悖论和冲突的持续存在，而不是偏好或者压抑其中一方。在这种思维下，才有可能构建有效的悖论管理策略。华为的"灰度原则"和"自我批判"体现了这种悖论认知。"灰度原则"是指组织对探索和利用活动均保持开放心态,不急于否定或支持一方,在组织内部保留多种可能性。"自我批判"则帮助组织在探索或利用业务单元内发现当前模式的不足和缺陷,为模式的优化及融合提供可能性。

其次,管理者还应该尽量将探索和利用的最终目标统一起来,使得在这一目标下,探索活动能够向利用活动转化,而利用活动也可能向探索活动转化。华为"以客户为中心"的企业文化就促进了这种相互转化。

"以客户为中心"的企业文化缩短了从探索向利用转化的商业化路径。在"以客户为中心"的企业文化下,企业能够贴近客户的需求进行研发和管理变革,而不是一味追逐纯粹的技术前沿与高端科技,导致研发脱离市场需求。学者们发现,能够真正做到以客户为中心的组织通常具备动态市场连接能力,即超强的市场感知能力,能够迅速联系和组合客户,迅速搭建网络,使企业探索成果能够在短时间内试错、改进、走向市场。这一能力使得企业能够以客户价值为导向选择和组合最优的资源,而不是局限在探索或利用活动中做最优决策,从而缩短了从探索向利用转化的商业化路径。同时,"以客户为中心"的企业文化降低了从利用向探索转化的创意化难度。诚意和周到的服务为企业下一步市场拓展和技术开发积累了客户信任与支持,使企业能够在巩固成熟市场的基础上以较少的成本和精力完成新一轮的探索活动,进入探索与利用相互转化的良性循环。

总结来看,华为"以客户为中心"的企业文化(1)模糊了探索活动与利用活动的边界和分离,通过客户这一共同目标聚合两方,强化了两者之间共同的最终结果,弱化了它们之间的差异和竞争,通过以客户为核心的绩效考核机制,不断强化两者的协同;(2)通过重视"弱势和小规模"客户,弥补了利用活动容易导致组织过度自信的短板;(3)通过将客户服务作为工作方向弥补了探索活动方向模糊的短板。正因为如此,"以客户为中心"的企业文化能够发挥"黏合剂"的作用促进探索和利用的协同作用。

在完成了认知模式上的调整后,组织层面的一系列机制,包括资源组合,"以奋斗者为本"的激励机制和不断优化的管控平台将组织认知上的调整落实到组织层面的机制上。通过内外部的资源组合与重组,组织能够将擅长探索或利用的个人组合到一个项目团队中,从而在一个项目团队中兼顾探索与利用。

"以奋斗者为本"的激励制度将探索活动所产生的长期价值和利用活动所产生的短期价值统一在"对公司真正有价值的贡献"这一更加宏观的概念中。这一宏观概念肯定探索和利用对企业的积极作用,同时有一定的模糊性以调和两者的悖论关系。在奋斗者股权激励制度下,员工不仅关心探索活动和利用活动各自的顺利开展,更加关心探索活动的后续商业化和利用活动的创新,因为只有二者产生良性互动和协同,股东的回报才最高。因此,当探索活动和利用活动彼此干扰、难以取舍时,持股员工将努力发挥主动性,寻找创造性的解决方案或追求两全其美的可能性。因此,"以奋斗者为本"的激励机制对缓解探索和利用之间的模式冲突有着至关重要的作用:(1)凝聚了员工对未来增长和可持续发展的高度共识。当员工长期利益和企业战略目标高度一致时,企业从事探索活动的阻力大幅度降低。当企业从事风险大、投入高、前景模糊的探索活动时,出于企业发展增长的考虑,高层凝聚共识,领导变革的效率会大大提高。(2)确保短期效益的实现和商业目标的达成。当个人财务收益与组织收益高度关联时,员工有强烈的意愿达成现有商业价值最大化的目标,避免利用活动中惰性的形成,解决了大企业利用活动持续优化动力下降、决策过于保守的弊端。(3)在短期目标和长期目标之间的协同。员工与企业的利益共同体引导持股员工关注探索和利用活动之间的协同可能性,并提高了持股员工将探索活动与利用活动相互组合的热情。

不断优化的管控平台最初从国外领先企业直接导入,沉淀了这些领先企业的最佳实践和管理理念,随后,华为公司结合自身实践不断优化改良,使得该管理平台在流程上能够衔接探索和利用活动,通过高度流畅和规范的流程在探索和利用活动之间建立联系,促进两者的成果交换与转化。例如,LTC(Lead To Cash)端对端回款流程就是一个将市场机会(以探索活动为主)转变为现金流(以利用活动为主)的流程范例。

12.5.3 走出封闭循环的困境

探索和利用都可能形成封闭循环。长期专注的利用活动可能使组织在过往的成功经验中盲目膨胀，紧紧抓住过去的经验而排斥与过往经验不同的新事物，这将导致组织进一步投入利用活动，形成利用式封闭循环；长期专注探索活动可能使组织过度偏好风险，夸大对未来的判断，排斥渐进的、改良性的工作，这将导致组织进一步投入探索活动，形成探索式封闭循环。为了打破这种封闭，组织需要主动引入外部视角，将外部新鲜的知识引入企业的日常运作中。

在认知层面，前文提及的"以客户为中心"的华为文化和灰度原则，均能够在已有模式中引入新的知识，帮助组织打破现有模式的强化循环。但在走出封闭循环这一困境中，更值得关注的是华为的"自我批判"思维。有时候仅仅是引入新的视角，并不能帮助组织走出封闭循环，因为随着组织走向成熟和规范，分离的探索活动和分离的利用活动将在各自的体系中产生组织惰性和惯性，逐渐丧失变革的动力，对外部环境的变化也渐渐迟钝。"自我批判"帮助组织主动拆掉这些由惰性和惯性构筑的"思维的墙"，重新审视组织的发展与成功规律，为组织带来新的活力与机会。正是在这样"主动的"自我审视和批判中，华为能够主动暴露已有体系的问题，抓住环境中的微弱信号，一次又一次启动管理优化和变革，当危机来临时，真正将危险转化为机遇，从而实现"弯道超车"。

组织层面的自我批判使得华为的业务部门能够听到来自"旁观者"的声音，从不同的视角审视业务部门的活动和决策，从而创造机会打破探索和利用的封闭循环。这种自我批判也显示出华为对错误和宽容的开放态度，即犯错是常态，但更需要找到问题的根源，并从错误中学习。在任正非看来，自我批判是公司耗散结构中不可或缺的一部分。"公司长期推行的管理结构就是一个耗散结构，我们有能量一定要把它耗散掉，通过耗散，使我们自己获得一个新生……因此，我们总是在稳定与不稳定、在平衡与不平衡的时候，交替进行这种变革，从而使公司保持活力。"[①]

在组织机制层面，分离策略中的工作轮换也是打破封闭循环的好做法。工作轮换制度一方面使得探索和利用业务单元能够在时间上交替发挥

---

① 出自任正非2011年1月17日在公司市场大会上的讲话"成功不是未来前进的可靠向导"。

价值，完全隔离另一方的干扰；另一方面也使得公司的人才，尤其是高层管理人员，成为视野开阔的多面手。由于组织的高层管理人员及其团队负责组织的关键资源分配和关键战略决策，高层管理人员个人层面的双元能力有助于组织在长期做出使探索和利用保持相对平衡的资源分配决策及战略决策。

集成策略中的资源组合通过引入企业外部的资源（如合作伙伴、高效、顾问公司等）或改变已有资源的使用模式（如重新解读、团队重组、组织重组等）来打破封闭循环。而"以奋斗者为本"的股权激励机制容易激发员工的主动学习和主动反省行为，从而促进企业知识的沉淀、传播与反思，达到放大知识价值和避免学习陷阱的作用。与很多企业正在实施的股权激励方式不同，华为这种向奋斗者倾斜的激励方式，能够有效解决成熟企业惰性和惯性的问题，使组织主动激发和维持持续优化的活力。

当"以奋斗者为本"的股权激励制度与分离的探索活动结合时，它将鼓励员工积极适应环境变化，不会因为维护短期既得利益而排斥变革，从而降低了成熟企业内部的变革阻力；同时，从"贡献"出发综合评估探索活动的风险和价值，避免企业陷入探索活动的强化循环，单方面追求风险。当"以奋斗者为本"的股权激励制度与分离的利用活动结合时，它鼓励员工忘记过去的成就和贡献，继续进行管理优化；同时，避免员工因过度自信导致的自满与惰性。在"以奋斗者为本"的激励制度下，员工有机会获得企业的股份，从而与企业形成真正意义上的利益共同体，激发员工的工作主动性和工作潜能，使员工在个人层面把握探索和利用之间微妙的平衡关系，既不至于因为过于激进而冒太大的风险，也不至于过于保守而错失未来的机会。

12.6　讨论与结论

本章总结了华为双元能力构建中的分离和集成策略。按照分离和集成策略发生的层级（高管认知或组织机制）和作用方式（分离策略的时间分离或空间分离方式，集成策略的直接集成或间接集成方式），我们将其分别划分为四种类型，并讨论了这些策略如何帮助华为缓解探索和利用之间

第十二章 华为如何突破企业双元能力构建的三重困境

的三重困境。

克服每一个困境都要求组织配合使用分离—集成策略，并在高管认知和组织机制上做出调整。针对资源争夺的困境，华为在认知上采用压强原则，在行为上采用资源组合策略。针对模式冲突困境，除了使用分离策略避免探索和利用的相互干扰，更重要的是使用集成策略建立两者之间的联系。这包括在认知层面采用灰度原则和自我批判原则形成探索和利用共存的组织惯例，借助"以客户为中心"的企业文化和"以奋斗者为本"的股权激励制度将两者的目标统一起来，也包括在组织机制上组合内外部资源形成探索和利用并存的项目小组或重组内部资源使员工成为探索和利用兼顾的多面手，以及借助组织管理平台使探索和利用活动各自的成果能够在流程上交换借鉴、彼此转化。针对封闭循环困境，华为在认知上主要借助自我批判原则打破组织的认知壁垒；在行为上则借助工作轮换、资源整合策略促进探索和利用业务单元的知识流动与更新。下文将分别介绍华为如何借助整合能力走出双元能力构建的三重困境。

具体而言，在高管认知上，**压强原则**帮助组织在资金、人才、管理知识、市场知识等都落后的情况下，对探索和利用的战略优先级进行排序。尤其是保证组织发展初期对探索活动的投入，从而实现研发、市场和管理水平的突破。在组织发展后期，压强原则帮助组织聚焦核心业务进行探索，并通过战略优先级的动态调整，实现探索和利用的动态平衡。**灰度原则**帮助组织从宏观的、长期的、整体的、全局的角度宽容地看待探索和利用之间的差异，允许差异化的想法、人才和方案在组织中并存。这种灰度鼓励探索性或利用性业务单元以积极的方式解读差异，为两者的和谐共处创造认识环境。与灰度原则不同，认知层面的**自我批判**不是侧重业务单元对外部差异的积极解读，而是关注业务单元对自身的反省。自我批判使组织始终保持对组织外部环境变化的敏感性，在反思中调整行为。它逼迫业务单元跳出其擅长且熟悉的业务（探索或利用），审视当前的业务是否面临危机，从而打破探索或利用的封闭循环。此外，**"以客户为中心"的企业文化**通过重视"弱势和小规模"客户，弥补了利用活动容易导致膨胀的短板，又通过"将客户服务作为工作方向"弥补了探索活动方向模糊的短板。

前者为探索性成果的商业化做好了市场准备,缩短了从探索向利用转化的商业化周期;后者为利用性成果的创意化打下了知识基础,降低了从利用向探索转化的创意化难度。而且,"以客户为中心"的企业文化将探索和利用活动的最终目标统一起来,有助于探索和利用活动围绕客户需求交换客户洞察、市场信息和前沿技术,形成流动性知识而打破两类活动各自的强化循环。在压强原则、灰度原则、自我批判和"以客户为中心"的企业文化四重认知调整下,华为形成了关于探索和利用既对立又统一的悖论思维。

在组织机制上,**工作轮换制度**一方面通过交替进展探索和利用活动避免两者模式冲突,另一方面通过培养既熟悉探索活动又熟悉利用活动的多面手管理者,提高管理人员的决策行为复杂性,从而使组织在整体上和长期发展中保持探索和利用的相对平衡。**资源组合**通过搜寻外部资源扩大可用资源的范围,同时通过对内部资源的重组提高内部资源的利用效率,从而缓解探索和利用争夺有限组织资源的困境。**"以奋斗者为本"的股权激励制度**将企业的大量奋斗者与企业形成长期利益共同体,在探索活动上既不会因为个人偏好而盲目冒进,也不会因为短期利益而拒绝变革和风险,在利用活动上既不会因为已有成绩而丧失优化动力,也不会因为过分短视而丧失未来风险,在探索和利用的协同上点燃了企业主要奋斗者将探索活动商业化和将利用活动创意化的热情。最后,**持续优化的管理体系及平台**通过对探索活动实施科学的设计和必要的管控,弥补了探索活动高不确定性、高风险性的短板,通过为利用活动提供高效的平台及工具,加速利用性成果的复用和扩散。此外,管理体系与平台的持续优化能够加速员工对知识的编码、传播、共享和应用,最大限度促进知识的交流,在探索和利用活动之间形成知识交流的通道,促进二者之间的协同关系。在工作轮换制度、资源组合和重组、"以奋斗者为本"的股权激励制度和持续优化的管理平台四重组织机制的调整下,华为形成了一系列拓展资源、调和冲突和打破封闭循环的组织实践。

第十三章

从低端到高端：华为手机如何实现升级换代

华为公司是全球领先的信息与通信技术（ICT）解决方案提供商，拥有运营商业务、企业业务和消费者业务三大战略单元，员工超过17万，业务遍及全球170多个国家和地区，服务世界三分之一以上的人口。本文的案例研究对象是消费者业务，即终端手机的研发和销售业务。我们基于华为手机业务发展的关键事件，将其发展历程划分为三个阶段：第一阶段，旧平衡期。华为的消费者业务，即终端手机的研发和销售，自2003年起步，2009年手机出货量居全球第三位，但没有自己的品牌，属于低端机。第二阶段，变革期。2008年前后，以智能手机操作系统为代表的激进式创新技术，颠覆了手机行业的竞争格局。2011年，华为开始走上自B2B向B2C转型的道路。消费者业务集团的战略定位从原来的低端功能机转变为高端智能机。由于砍掉了大部分运营商定制业务，华为手机的销量跌至全球第八位。2014年，华为智能手机销售量排名再次回到全球前三，2017年首次超过苹果，跻身高端机行列。

13.1　放弃低端手机，启动产品升级（2003—2010）

2003年3月，为推广通信设备，华为成立手机业务部，提供终端配套服务。当时，手机业务部的主要客户以运营商为主，专为运营商定制生产作为用户赠品的低端白牌手机，在集团中处于边缘地位，终端部门的老总都是从其他事业部"发配"过来的。2009年，华为甚至一度考虑是否要将手机业务整体出售。

在产品领域，华为于2004年10月专门组建了手机芯片研发队伍，借助已有的研发流程 IPD 和架构，开始进行海思芯片的自主研发，希望走出对美国芯片的依赖。2009 年推出了第一款智能手机芯片 K3V1，但由于没有理解用户的真正需求，最终没能市场化。例如，当时为了降低成本，一家海外运营商要求华为去掉手机上的闪光灯功能，但这个地方经常停电，用户经常拿闪光灯来做手电筒用，所以消费者对这样的产品根本不接受。

为运营商生产定制机，从外观到界面都由运营商说了算，华为扮演的只是工程师的角色。定制机更新速度快，功能设计不考虑用户需求，同时伴随着苛刻的价格限制。华为以前做产品是先设定好价格目标，根据这个价格目标倒推成本，然后分解到客户能买多少钱的屏、多少钱的电池、多少钱的外观结构件、多少钱的射频处理器，之后再进行设计。这种产品开发要求导致了极强的成本导向，用户体验并非首要考量要素。当时华为手机在产品设计上软肋尽显。

在市场领域，华为将手机作为网络设备的"添头"捆绑销售给运营商，销售额保持高速增长，2006 年为整个集团贡献近半数利润。2009 年，华为 CDMA 手机累计出货超过 6 000 万部，是全球第三大供应商。但由于运营商不断压低定制机出厂价，高销量并没有持续带来太多利润，净利率甚至低至个位数。此时，华为手机在全球拥有海量用户，但却是白牌手机，没有自己的品牌，消费者在这些手机上看不到华为的任何标志，手机只有抠掉电池才能看到华为制造的小字样，更谈不上推广宣传活动。

13.2 手机升级换代的战略路径（2011—2013）

2010 年以来，华为不断寻找可增长的全球市场：运营商业务 1 000 亿美元的市场空间中，华为已经做到 30% 且增长率开始下滑。如何确保企业的可持续增长？华为把眼光放在手机上，消费者业务的市场规模每年达到 4 000 亿美元，华为只要努力做到 20% 就可以实现 500 亿—800 亿美元的营收。2010 年 12 月，任正非与终端骨干员工座谈，对手机业务提出了新的战略定位：放弃给运营商代工白牌机，转向研发自主品牌。彼时，华为还不敢尝试高端市场，因为此前从没卖过 2 000 元以上的手机，"怕做不好砸口碑"。2011 年，华为正式提出"云管端"一体化战略，调整业务架构，成立消费者业务集团，大大提高了手机业务在集团中的战略地位。同年11月，华为终端召开三亚会议，启动B2C转型，明确把最终消费者而不是运营商作为公司客户，这个决定大大改变了后来华为手机的研发和销售模式。另一个重要决定是任命余承东执掌终端业务。余承东1993年加入华为，曾带领无线业务超越爱立信成为全球第一。余承东上任后，决心要做数一数二的高端手机，定价在4 000元以上。他迅速从诺基亚、三星和华为的其他业务部门召集人才，搭建了强有力的管理团队。自此，华为手机业务开始由低端向高端迈进，从运营商贴牌手机向大众消费品牌转型。

华为手机业务从B2B向B2C转型面临着诸多困难。第一，"基因"冲突。华为扔掉运营商的拐杖，让终端产品直面开放市场，由此面临着思维模式上的巨大转变。以往终端部门只需要按照客户要求，以成本为导向，由工程师主导产品设计，最后将产品销售给全球数百家运营商即可。华为几乎没有直接为终端消费者提供服务的经验，如何洞察消费者需求并对市场做出快速反应是华为不熟悉的领域。第二，内部惰性。在很多员工看来，按照运营商要求生产定制机的模式产品更新速度快、出货量有保证，没有改变必要，因此并不愿意改变现状。当时，余承东大幅缩减定制机比例，做高端手机的决定遭到了内部三分之二的人反对。第三，外部压力。运营商对华为手机业务的转型施加了巨大压力。为了走出对运营商渠道的依赖，2012年在任正非的鼎力支持下，余承东力排众议砍掉了3 000万部低端智能机和功能机业务，超过上一年总出货量的一半。随之而来的是，运营商开始陆续撤销与华为的合作，欧洲的15个手机定制客户最后只剩下了1个，终止合作的客户包括沃达丰、法国电信等巨头，华为终端业务发展速度大幅下滑。

那么，华为做高端智能手机的优势在哪里？华为开始研究自己的战略机会点，苹果具有软件、品牌影响力、产品设计和生态系统的优势，三星具有硬件和供应链优势，小米等互联网企业具有线上营销的优势，华为的优势在于：一是长期研发投入积累的技术优势。华为拥有强大的自主芯片设计能力，雄厚的通信领域专利技术储备，以及进行照相技术、视频技术、数据挖掘等超前研究工作的"2012实验室"。二是充足的资源优势。

2010 年，华为实现净利润 247 亿元，有能力投入充足资源进行战略布局。任正非曾说："当发现一个战略机会点，我们可以千军万马压上去，后发式追赶，你们要敢于用投资的方式，而不仅仅是以人力的方式，把资源堆上去，这就是和小公司创新不一样的地方。"三是灵活的管理优势，通过有效的管理激发技术、人才和资金发挥最大潜能。华为拥有"以客户为中心，以奋斗者为本"的企业文化，充分激活员工的群体奋斗精神。同时，华为曾投入巨资聘请国际顶尖咨询公司对企业的研发、供应链、人力资源、财务体系等各方面进行管理变革，促进业务流程规范化。这些使得华为庞大的团队不仅拥有强大的实力，还具备强悍的执行力和灵活性。

在产品领域，华为开始将自研芯片技术应用到产品中。2012 年在 P1 机型中，华为首次使用海思芯片，但由于技术缺陷，出现了严重发热和高功耗问题。当时消费者说华为在用一颗"千年祖传"的芯片 K3V2，冬天可以当暖手宝。此后，应用海思芯片重金打造的 Ascend D1、P2 等精品手机都没有取得很好的反响。华为持续进行芯片技术改进，基本保持每年推出一颗芯片。除核心芯片技术外，华为还涉及周边芯片技术、通信、图像、操作系统和多项终端相关技术研发，2012 实验室的前沿基础研究也进一步促进芯片开发与周边部门的协同及手机架构创新，对质量也有了更好的控制。

产品设计上，华为从以成本为中心转向以用户为中心，投入大量资源开始探索。设计团队从来没有设计高端机型的经验，购回市面上所有同类机型进行拆机分析，总结每款产品结构设计、性能设计和外观设计的优点，尝试设计制造华为自己的高端手机。余承东鼓励工程师们大胆试错，并乐于开出巨额支票，"他甚至愿意为一款旗舰型产品花五倍于历史最高纪录的钱，并最大限度调用公司资源支持"。余承东还专门聘请了原西门子产品概念设计总监、宝马主设计师 Hagen Fendler 担任华为终端手机产品首席设计总监，并成立创新设计团队 Dream Lab，以用户体验牵引开发设计。

双渠道策略。为了实现 B2B 向 B2C、从低端到高端的转型，余承东大刀阔斧地砍掉了半数低端定制机业务，运营商渠道受到极大影响。随着运营商渠道占比的逐年下降，华为内部对销售主渠道的选择产生了激烈争论：一派观点认为要对标小米，大力发展线上电商渠道，切分互联网手机红利；另一派则认为电商渠道占比不足10%的市场份额，应坚持分销商等线下公开渠道。双方各执一词，最后余承东拍板决定采取双渠道策略让两匹马赛跑，"只要有一匹马杀出来，就成功了"。

打造高端品牌形象。为了争取消费者市场，华为逐渐转变了一直以来的"低调"风格，从幕后走到台前，向用户传递高端、时尚的品牌形象，形成产品溢价。2012年起，华为手机在全球范畴内开展了一系列品牌营销活动，赞助全球顶级联赛和国家足球队，同时成为AC米兰、阿森纳等多个全球顶级俱乐部的合作伙伴，这些活动极大提升了华为手机的品牌知名度。2013年，华为智能手机发货量达到5 200万台，进入全球前三，全球品牌知名度从2011年不到3%，增长至52%，精品化战略初见成效，2014年进入高速发展期。

13.3　如何打造高端品牌（2014年至今）

2014年，4G LTE网络的迅速发展为华为手机带来了前所未有的历史机遇。随着旗舰机型Mate 7的热销，华为手机的高端战略由此走通，董事会将消费者业务纳入主航道，成为公司最主要的业务之一。2015年，全球智能手机销量增长首次降至10%以下，手机市场由初次购机市场进入换机市场。换机市场的特点是改善型需求，手机价值逐步向中高端移动（SH3）。2016年，在三星和苹果出货量均下降的情况下，华为仍然实现了30%的强势增长，占据全球智能手机市场份额的9.5%，稳居前三[1]，并实现了国内智能手机市场的四个第一：市场份额第一，品牌知名度第一，净推荐值第一，服务满意度第一。

在这一阶段，华为由技术领先导向转变为价值导向，聚焦内部重点技术，整合外部优势资源，力求推出战略性产品实现商业成功。从内部来看，华为不断改进海思芯片，2014年打造出华为第一款手机系统级芯片（System on Chip，SOC）麒麟910，搭载该芯片的P7成为当年的热销机型。

---

[1] IDC报告，https://www.idc.com/promo/smartphone-market-share/vendor

2015年发布麒麟950，站到了顶级手机芯片的行列，已能与高通、联发科的高端产品较劲。同时，以价值创造作为评判体系，对终端研发的各项技术进行筛选，对满足大众需求的重点技术集中突破。从外部来看，华为整合全球资源进行创新，包括莫斯科的算法中心、日本的通信研发中心、旧金山的UI设计中心等全球15个研究院/所和36个联合创新中心，将技术创新成果应用于最新产品并提供更加出色的用户体验。例如，华为自主研发的图像信号处理单元应用到Mate 8机型，为用户带来更快的对焦速度、更好的清晰度和更准确的色彩明暗度；Mate S机型创造性地引入Press Touch屏幕压感技术，打破了以往二维触屏操控系统，开启了人机交互的新纪元；此外，识别速度提升100%、识别率大幅提升的指纹2.0技术、"可圈可点"的指关节操作也成为业界领先技术。华为还与其他行业的优秀企业合作进行开放式创新：与徕卡合作设立麦克斯·别雷克创新实验室联合研发提升移动终端拍照技术；与哈曼卡顿合作全面提升产品音效品质；与谷歌合作制造Nexus 6P在北美地区取得突破性进展，等等。此外，华为在中国、欧洲和其他地区还设有十几个开放实验室，邀请600多个伙伴开展合作研究，并且设立了10亿美元的"开发者启动项目"提供强有力的支持。任正非曾说："我们要集自己的优势和别人的优势。若我的车没油了，搭上有优势的车，也就有优势了。"

产品设计美学。换机市场的到来伴随着用户需求从功能型向改善型转变，华为敏锐地洞察到消费者在手机功能之外的美学需求，将智能手机定位为时尚科技产品。华为在巴黎开设了全球第一家美学研究中心，从奢侈品、汽车、3D设计等不同领域挖来了十名法国和中国设计师，将研究成果应用在智能手机和其他智能终端。余承东聘请了原三星移动公司创意总监Joonsuh Kim和苹果公司前创意总监Abigail Sarah Brody加盟，领导华为的设计工作。这个阶段挑战华为的是，已经积累的技术将以何种形状表现出来。

双品牌策略。变革期确定的双渠道策略为华为打开了B2C市场，随之而来的是产品线上线下定价冲突问题，这是由于线上渠道商常不遵守价格协议，导致互联网首发产品被降价销售。为了解决这个问题，2013年12

月华为将荣耀品牌独立，提出华为与荣耀双品牌运作：华为品牌以线下渠道为主，对标苹果三星，持续提高在全球高端市场的竞争力；荣耀品牌基于互联网运作模式定位年轻群体，形成中低端"护城河"。双品牌运作让华为市场份额大幅提升，在多个国家成功进入智能手机第一阵营。这个阶段华为手机努力将自己打造成一个充满活力的高端产品，在品牌投入上依然大手笔。从邀请梅西代言，到请好莱坞巨星为 P9 站台，努力打造国际品牌影响力。伴随着中高端机型的全球畅销，以及全球范围内的营销攻势，华为的全球品牌知名度持续上升，从 2011 年小于 3% 提升至 2014 年的 65%，2016 年更是达到了 81%。[①]2014 年，华为入选 Interbrand Top 100 全球最具价值品牌，排名第 94 位，成为中国（不包括港澳台地区）首个上榜品牌；2016 年排名提升至第 72 位，增值 18%。2013 年，华为的 NPS（手机用户净推荐值）指标是 −24%，这意味着大部分人给华为手机负面评价多于好评。后来华为内部分析，这是因为大量售价 60 美元的低端机造成的品牌形象。2014 年，这组刺激华为高管的数据有了明显变化：由原来的 −24% 转为 43%，位居业界第三。

市场渠道整合。双品牌策略使得华为和荣耀在国内市场出现左右手互搏的局面。2015 年 1 月，华为终端决定进行架构调整，对荣耀进行战略回收，在营销上对两个品牌进行统一协调管理。华为在利用荣耀品牌摸索打通线上渠道后，开始大力拓展线下渠道，2015 年年底启动"千县计划"推动零售渠道下沉。2016 年华为的线下服务专营店数量增长至 460 多家，全球零售阵地总量提升至 7 万多家，公开渠道收入占比提升至 71%。

13.4 华为手机获得成功的关键方法

根据案例分析，本文对华为手机从低端到高端转型过程中的跨职能双元能力构建模式演化提炼出五个原则：

探索与利用活动顺序：先难后易

华为手机各阶段的跨职能双元能力各不相同，总体上对产品和市场领

---

① IPSOS调研结果。

域进行先难后易的间断性突破。华为首先将探索重点聚焦在难度最大、耗时最长的核心芯片技术研发上，进入变革期开始逐步将探索重点从产品领域转向市场领域，在产品设计、渠道构建和品牌建设上同步发力。同时，通过市场领域搜寻和识别新的机会，为产品核心技术的利用式创新提供指导。

探索与利用活动路径：分领域聚焦，间断性突破

华为手机历时短短三年就实现了从低端到高端的成功转型，这得益于华为通过压强原则，快速聚集、整合内外部优质资源，实现后发制胜。在产品探索上，华为整合全球联合创新中心和研究院，与全球多个行业的顶尖企业合作、全面布局终端相关技术，打造"全球创新蜂巢"，让员工像蜜蜂一样朝一个方向努力，包括芯片技术、材质研究、用户体验和美学研究等。在市场探索上，余承东聚集了各领域的顶尖人才。

探索与利用活动方法：连续试错

华为坚信自主技术创新的战略性地位，坚持投入芯片技术的研发。最初几代芯片技术落后，处理器发热严重拉低销量，但华为没有放弃，坚持让高端手机几乎全部使用自研海思芯片，帮助芯片连续试错持续改善，以平均每年推出一颗芯片的速度不断拉近行业距离。也正是由于芯片技术优势的不断凸显，使得华为手机不必受制于人，能够自主安排产品发布节奏，并凭借芯片差异化获得市场青睐。经过十余年发展，华为终端的海思芯片已经能与高通、联发科等品牌的高端芯片比肩。

市场渠道探索方式：先分离后整合原则

在摆脱供应商渠道依赖，构建 B2C 公开渠道过程中，华为首先将线上和线下渠道分离，采取双渠道策略进行探索。同时，华为将荣耀品牌独立运作，从产品规划、渠道策略、定价推广各方面都给予足够空间使其自由探索互联网营销模式。荣耀经历一年的发展，收入从 1 亿元激增至 24 亿元后，互联网渠道基本成型。华为再将荣耀的线上渠道与传统线下渠道整合。

市场品牌探索方式：并列争球原则

华为在打造自主品牌时，采用华为与荣耀双品牌策略。华为品牌定位高端商务人群，荣耀品牌定位年轻人群，各自对标行业标杆。华为品牌注重塑造企业中高端形象，为荣耀品牌背书；荣耀通过主打年轻人熟悉的互联网渠道，提高品牌亲和力。两个品牌互相促进，形成并驾齐驱互为支撑的良性局面。

13.4.1 在产品升级中领导人的核心作用

华为手机之所以能够在变革期打破旧平衡、进入新平衡，快速实现不同跨职能双元能力的切换，华为CEO任正非和终端业务CEO余承东这两位领导人发挥了重要作用。那么，一把手需要发挥哪些关键作用？而作为变革带头人的余承东又需要发挥哪些作用呢？

任正非的关键作用

选拔具有成功经验的人。任正非明确终端业务战略地位后，选拔无线业务英雄余承东执掌终端业务。余拥有成功经验，经过一线实战历练，同时他追求完美、个性偏执，又能保持乐观积极心态鼓舞下属攻坚克难。这样的人才无疑是打开终端新局面的有力领导者。

充分信任授权。终端业务是华为从B2B向B2C转型的探索，余承东大刀阔斧的诸多做法受到了内外部的种种质疑。内部员工不理解，为什么放着好好的定制机业务不做，非要按照消费者多变的需求来做产品，做出来的高端产品能不能卖得出去。外部运营商也不支持，如果做战略调整，不按照他们的意愿生产价格低廉的白牌机，就终止合作。当时，处于内忧外患境地的余承东得到了任正非的大力支持，"2015年之前，每年都有各种各样的噪音。他（任正非）顶着各种声音，让我继续干下来，给我信任和支持。任总是非常了不起的人，有胸怀，他不会盯着你的一点小错误，他看大的方面，看大的格局"。

鼓励探索。任正非主张战略异见就是战略储备。在终端内部对做线上荣耀品牌还是线下华为品牌争论不休时，任正非拍板决定采用并列争球机制，这就如同内部的两匹赛马，看谁能把自己的模式弄得更为低成本、高效率，看谁能最后胜出，在探索转型的道路上"只要有一匹马杀出来，就成功了"。

战略耐心。任正非经常强调"在大机会时代，我们千万不要机会主义，而要有战略耐性",华为公司"要有马拉松精神,慢慢跑,要持续赢利"。在小米们乘着互联网的风口来势汹汹时,任总对员工说华为必须"要坚持走自己的路""不要让互联网引起发烧",2014 年,华为荣耀狂欢节甚至打出了"为退烧而生"的广告口号。华为手机坚持精品战略,充分利用雄厚的技术积累,让手机以品质和用户体验取胜。"我们只要手机做到高质量,又适配了全球一部分人的需求,就奋力在网上销售就行了。我们与京东、阿里是不一样的,我们能控制交易质量,而且有一把知识产权大伞罩着全球市场。"

余承东的关键作用

勇于突破。在华为内部,余承东以打硬仗闻名,人称"余疯子"。意思是在外人看来是"痴人说梦"式的目标,余都能坚信不疑并将其实现。在担任终端董事长之前,他整整做了 18 年的电信网络设备,也曾担任无线产品线总裁,将业务做到销售额全球第二、发货量全球第一。余承东作为终端业务的领军人,更强调不断突破自我,不仅要追赶苹果、三星,更要成为全球第一,引领智能手机的发展。他常鼓励团队"我们一定要改进快,每个人的紧迫感和危机意识再强一些,学习主动性再高一些,不断挑战卓越,让实力成为自己的名片,要有成为世界顶尖高手的决心勇气"。余承东在微博上频频与粉丝互动,经常与苹果 PK,非常高调张扬。谈到小米,他说"小米从来都不是华为的竞争对手";谈到三星,他说"我认为它没有太大的竞争力";谈到市场,他说"未来全球只有两家手机厂商可以生存下来"。任正非偶尔也会开玩笑批评:华为最会吹牛的就是余承东。如此敢说敢干的余承东与传统的保守华为人形象相去甚远,却也在内部得到了最大程度的包容,因为亟待转型的终端业务恰恰需要一个这样敢想、敢突破的将军。

全球资源组合。为了推动手机业务从低端到高端的转型,余承东重新招兵买马,组合全球优秀人才,仅在办公室内就曾经亲自面试了数十名高层管理者。他所欣赏的精英标准是"革命性思想,对细枝末节一丝不苟,两者最好兼而有之"。余承东成功说服曾担任西门子产品概念设计总监、宝马主设计师的德国人 Hagen Fendler 担任华为终端手机产品首席设计总监。在他的游说下，Fendler 甚至举家迁往深圳。余承东对手机产品的研发投入也集合了全球最优秀的创新力量。华为在旧金山建立了 UI 设计中心，在伦敦西区附近设立了设计中心，在巴黎设立了美学研究中心（聚焦设计趋势和材料），在莫斯科设立了算法中心，在日本设立了通信研发中心，在印度设立了软件中心，以及在欧洲设立了 5G 研发中心。此外还聚合了一批各行业优秀的合作伙伴，如谷歌、微软、施华洛世奇、徕卡等。

改变探索原则。随着终端业务从 B2B 向 B2C 转型，余承东对终端产品的探索原则也提出了新的要求。以往是成本导向，导致工程师被迫压低产品器件规格，自然无法设计出顶级之作。余承东提出，华为必须从成本导向中转变过来，要以极限标准来要求自己，务必做到"世界一流水准"。他更改设计流程，一旦新的 ID 设计出炉，硬件工程师就必须在既有的框架内完成硬件设计，一旦设计与技术冲突，后者必须服从设计。为了让工程师们放开手脚，余承东鼓励他们大胆试错，同时最大限度地调动公司的资源，提供各方面的支持。

13.4.2 大企业产品创新与互补性资产的关系

促进华为手机实现低端到高端成功转型的另一个关键要素是互补性资产的作用。当外部环境变化时，组织的互补性资产可能保留价值，也可能需要改造，或者完全贬值，这取决于不同互补性资产与新的核心技术之间的适应程度。互补性资产本身的优化和更新，对提高企业在技术转型期的适应力有重要作用。通过案例分析，我们将华为手机的互补性资产分为三类。华为在开发新产品过程中，重要的互补性资产包括：

管理体系

1997 年任正非访问 IBM 后开始了管理体系的变革和建设，引入 IPD，使华为的产品开发从小作坊模式走向规模化、流程化、可管理和可重复。此后，华为还斥巨资聘请了国际顶尖咨询公司开展了供应链变革、人力资源变革、财务体系变革等，使得华为的管理创新、组织创新及整个组织管理能力都有了巨大提升。余承东在组建新团队时可以直接应用这些制度和流程，让新业务快速启动，有序开展工作。

企业文化

在转型过程中,华为企业的核心理念在消费者 BG 并没有改变,终端业务仍然坚持"以客户为中心,以奋斗者为本"的核心价值观。为了实现低端到高端的变革,余承东四处找手机界人士拜访、听取意见,迅速补齐自己对 2C 业务的理解。手机业务管理层每年必须去做一天促销员,工程师则要去维修网点做维修接待,听取消费者抱怨,不去者不能涨薪、涨级别,真正做到以客户为中心。终端业务也坚持自我批判,帮助产品体系时刻保持清醒头脑,虚心向外界学习。对华为来说,掌控市场节奏是一个循序渐进的过程:在 D1 机型上学会了如何管控价格;在麦芒机型上学会了如何更好地营销;在 P1 机型上学会了交付节奏和市场节奏的一致等。通过不断的尝试与自我反思,华为才终于在 P6 机型上迎来了所有经验的爆发。

技术体系

在手机厂商之前,华为首先是一家网络设备厂商,对于 4G 网络的熟悉程度,是单纯的手机厂商所不具备的。华为自 1992 年开始就坚持将每年销售额的至少 10% 投入研发,在通信、算法及一些基础领域积累了强大的技术实力,所以"即使将同一块芯片给别人用,他们也用不好。怎么去用好芯片,怎样去规避那些只有在手机上发生的问题,华为都有一套自己的解决方法。它需要在平台上实现,而非集成在芯片里"。正是华为在通信、算法及一些基础领域积累的技术实力,支撑它突破最难的技术关卡,打造出产品真正差异化的核心竞争力。

资金

转型的探索与试错需要投入大量资源,资金无疑是核心要素之一。华为作为全球通信设备领域中收入和利润最高的公司,为开辟智能终端市场提供了足够的资金保障。任正非曾说:"终端一旦有风险,它退下来,我们也有七八百亿美金管道底线支撑着它,它还可以东山再起……(我们)允许终端有冒险精神。"

华为在开发新产品中适应性改造的互补性资产包括:

组织结构

随着华为手机从 B2B 向 B2C 转型,其组织架构也发生了相应改变,从"以技术为中心"转向"以客户为中心",从中央集权式的管理逐步迈向"让听得见炮声的人来呼唤炮火",不断加强权力下放,前方(一线员工)是作战系统,后方(管理干部)是精干的资源、服务、支持系统。实行管理权与指挥权适当分离。后方对前方反馈的信息做评估,然后组成重装旅,包括技术专家、产品专家、财务专家、谈判专家、供应链专家等,帮助完成解决方案,形成整个组织对市场的快速响应能力。在人才队伍上,余承东以无线老员工为起点,从组织内外聘请了研发、供应链管理、产品设计、营销等各个领域的专家。在销售服务、营销团队等方面,任正非也从华为大平台调集了一批优秀干部来补充终端实力。

运营商网络

华为手机最初开展运营商定制业务,所嵌入的价值网络不仅提供了资源,也是一种束缚。为与运营商维持密切的合作关系,华为不得不承诺超高的运营商利益,导致早期的产品研发必须严格控制成本,用户个人体验和精品意识并非首要考量要素。华为手机从 ODM 开始向自有品牌转型时,欧洲区曾经的 15 个合作运营商只剩下 1 个,价值网络几乎被彻底破坏。后来随着华为逐渐受到消费者青睐,品牌影响力日益提升,合作运营商才慢慢回来了。"背后支撑你的是供应商、制造商以及与你一起合作的技术厂商,它们不断跟你合作和探索,才能保证创新像发动机一样让你保持领先。"价值网络从"资源—压力"转变为"资源—合作"模式,华为与供应商建立长期的战略合作,有不少技术都是联合研发。

华为在开发新产品过程中新构建的互补性资产包括:

品牌

对于终端转型,余承东的思路是:"第一个可以实现超越的是产品,这个最容易,一年就可以见效;其次则是渠道,需要两年努力;第三件事就是品牌,至少要三年或者更长,因为影响人的大脑、改变人的思想难度最大。"华为手机面向消费者市场,从零开始打造自己的品牌,推行华为与荣耀的双品牌策略。通过一系列卓有成效的品牌推广活动,华为在全球消费者的品牌认知度和美誉度均大幅提升。在全球化进程中,华为的营销策略也非常注重与本地化的紧密结合,例如足球作为欧洲最风靡的运动,华为在欧洲围绕足球进行了一系列的赞助、合作等体育营销，帮助华为品牌迅速在欧洲消费市场树立起了良好的品牌形象。华为也非常注重实体店的打造，因为线下店面承载着品牌的展示，完成直面消费者的售前与售后流程。华为请法国美学研究中心的国际顶尖设计师主导，多家顶级建筑设计公司参与实施打造兼具设计、时尚、人文及艺术元素的店面形象，不断提升华为品牌在消费者心中的感知性。同时，华为请好莱坞巨星亨利·卡维尔和约翰逊·斯嘉丽为产品代言人，展示了自己的品牌实力，让华为在世界范围内获得了更大的曝光，有利于华为的海外推广。

服务体系

为了提高对市场的反应速度，华为在全球设立了制造工厂和直接管理的客服中心，在全球设立了16个制造工厂，其中2个为自有工厂，其余为合资和外包工厂，并设有2个区域中心和1个逆向中心。任正非认为，服务体系就是"给成吉思汗的战马钉个马掌"，不然太软跑不动。因此，消费者业务一定要把服务体系建起来。做服务就是要不赚钱，要敢于投资，促进销售，促进称霸。任正非要求，一个地区、一个国家至少要有一个华为负责建设与运营管理的客户服务中心，并且要构建多层次服务队伍，特别是面向消费者的服务人才要"英雄不问出处"，给领班充分授权，当场解决问题。

这三类互补性资产对于配置不同阶段跨职能双元能力发挥了重要作用，降低新技术和市场的不确定性和变革风险，帮助华为克服变革障碍进入新的平衡期，成功实现转型。

13.5　从低端到高端：华为经验总结

华为手机从低端到高端的转型过程为企业提供了一种应对激进式创新实现变革的思路，即在新旧平衡期与变革期组合构建不同形式的跨职能双元能力。认知层面，企业在不同的发展阶段都应重视跨职能双元能力的构建，并且认识到先难后易的构建原则，提前做好技术储备，保有战略耐性。操作层面，管理者需要针对企业所处的不同阶段配置不同的产品和市场策略组合。在外部环境稳定时，应前瞻性地根据行业趋势进行产品领域的探索活动，为随时可能到来的变革做好准备。一旦受到激进式创新的冲击，组织可以快速加大产品领域的探索力度，同时根据新技术的需求在市场领域进行探索，双重发力促进组织转型。进入新平衡期后，在对产品进行利用式创新的基础上，持续拓展市场，提高企业绩效。

组织变革会遇到很多的困难和挫折，前进轨迹充满波折，在初期由于旧有业务受到破坏，可能会出现绩效大幅下滑的情况。此时，领导人应把握好战略定位，任命合适人选充分授权并给予信任，坚定组织成员信心，稳定成员情绪，支持其渡过转型阵痛期。对于在任企业来说，互补性资产是其面对激进式创新、保持竞争优势的重要资产。特别是无形的互补性资产，对企业具有战略价值。企业的变革过程中要充分利用仍具价值的资产，同时根据新技术的特点和需求发展构建新的互补性资产。

附录 I

华为公司发展历程

附录 II

华为组织变革历程

附录 Ⅲ

华为典型的自我批判事件

时间和事件	描述
1996年，市场部集体大辞职	1995年年底，一路高歌猛进的华为市场部遭遇了巨大失败，在国内西部五省的所有通信设备招标中无果而归。华为认识到"个人英雄主义"和"组织山头"的危害，1996年毅然发动了1 000多人的集体大辞职，最终在企业中引入了竞争淘汰机制
1998年，反复听客户抱怨录音改进研发	"各个部门都要向研发、中试部门学习，他们十分认真对待客户的批评，全体听录音、讨论、整改。'闻过则改'，认真听取批评意见，不断地自我批判，不断地改进，使自己变得更优秀。"（任正非，"小改进，大奖励"，1998）
2000年，"呆死料"千人大会	2000年9月1日，华为召开了一场特殊的"颁奖大会"，将这些年由于工作不认真、BOM填写不清、测试不严格、盲目创造成的大量废料作为奖品发给研发系统的几百名骨干
2001年，民主生活会	"高级干部每年都有民主生活会，民主生活会上提的问题是非常尖锐的。……我希望这种精神一直往下传，下面也要有民主生活会，一定要相互提意见，相互提意见时一定要和风细雨。"（任正非，"华为的冬天"，2001）
2002—2003年，移动软交换部门自我批判	从1995年开始启动的移动核心网交换机，华为的市场份额总是长不大，7年后更是到了即将被业界淘汰的境地。2002年夏天，移动软交换部门内掀起管理、技术两方面持续的反思和大改进。各级管理者深刻检讨自己在流程、项目管理水平、产品技术、人员组织、员工技能等方面存在的诸多问题，更从责任心和服务意识上进行反思
2005—2007年，EMT民主生活会	2005年12月，华为召开了EMT民主生活会，从任正非开始，跟华为有关联交易的所有公司高层亲戚朋友的公司全部进行清理。会议通过《EMT自律宣言》，要求在此后的两年时间内完成EMT成员、中高层干部的关联供应商申报与关系清理，并通过制度化宣誓方式层层覆盖所有干部，接受全体员工的监督
2007年，7 000名干部大辞职	此前华为员工工号按入职先后顺序分配，导致企业内部形成职场等级偏见，影响了办公效率。同时，一批老员工开始"沉淀"，拿着高工资但竞争力下降。为此，华为要求包括任正非在内的所有工作满8年的员工，在2008年元旦之前，都要办理主动辞职手续，竞聘后再与公司签订1—3年的劳动合同。第二次大规模内部辞职废除现行的工号制度，加速企业新陈代谢

续表

时间和事件	描述
2010年,网络产品线质量大会	华为网络产品线质量大会上,网络产品线相关团队和个人陆续上台,获得"埋雷奖""最差CBB奖""架构紧耦合奖"等。通过这些"负向奖励",华为警示研发人员不要因"幼稚"而给客户和公司造成损失
2011年,马电事件回望	马电事件是指马来西亚电信CEO向华为董事长孙亚芳投诉华为马电团队在履约、项目管理上的失职。此后,华为大学案例组牵头总结马电项目失败案例。案例突出"以客户为中心"及"集成协同"两大主题,同时兼顾项目群、流程、版本管理等涉及管理改进的具体方面
2012年,体验海底捞服务	2012年,任正非邀请部分公司领导及慧通服务人员代表体验海底捞服务,学习他们以客户为中心的优质服务,反思如何真正做到以客户为中心
2013年,终端整风大会	华为企业业务BG和消费者业务BG未能实现核心管理人员年初承诺的增长目标。于是,两个业务群在内部展开了多次"深刻理解商业成功导向"的整风会议,强调把盈利和消费者等服务为导向的商业成功放在首位,将"虚无缥缈地追求所谓的全球品牌"放到次席
2014年,华为反腐大会	2014年,华为在反腐大会上披露,共查处116名涉嫌腐败的华为员工,其中有83名华为员工内部坦白,29名主动申报,这些都被内部从轻处罚,剩下4名被查出来的问题员工则被移交司法处理
2017年,宣誓大会	华为在深圳坂田基地召开了2017年干部工作作风宣誓大会

附录Ⅳ

华为联合创新中心简介

创新中心	成立时间	合作伙伴	战略定位
移动联合创新中心（首个）	2006	沃达丰	创造了多种新技术和新产品并实现规模商用，合作涵盖了无线所有战略领域
应用创新中心	2006	沃达丰	重点关注业务和运营情况，以确保软件创新成果能在不同子网完全应用
无线联合创新中心	2007	中国移动	共同探讨现网重大问题的解决方案；跟踪研究移动网络发展新趋势、新技术；共同研究企业应用的通信技术
核心网创新中心	2008	沃达丰	聚焦IT和通信融合，支撑其网络结构演进
固定—移动融合创新中心	2010	沃达丰	E2E解决方案领域，推广端到端技术解决方案
中国电信—华为联合创新中心	2010	中国电信	基于IPv6的技术创新，集中在关键技术研究、新技术标准和专利合作、IPv6联合实验室建立等三个层面
传输创新中心	2011	沃达丰	提高传输能力，并有效减少传输成本
联合创新中心	2011.1	贝尔（加拿大）	合作开发宽带无线网络技术，产品及服务
联合创新中心	2011.1	加拿大电信运营商TELUS	合作开发有线以及无线领域的宽带技术
企业云业务联合创新中心	2011.6	TELUS、卡尔顿大学	建立云计算实验室，致力于企业云应用的研究
华秦节能减排结合创新中心	2012.2	全球产能最大的不锈钢企业太原钢铁、山西华秦信息	完善家产变频器系列化和工艺程度
腾讯—华为联合创新中心	2012.3	腾讯	在Openflow、SDN等网络领域，简化路由网络，vSwitch应用等领域展开合作

续表

创新中心	成立时间	合作伙伴	战略定位
电子政务联合创新中心	2012.8	国家信息中心	在电子政务云计算标准规范研制、IPV6创新应用研究验证、电子政务理论创新等领域进行合作
数字医疗联合创新中心	2013.3	东软	华为提供ICT产品与平台,东软提供医疗业务和应用,形成业界领先、功能完善、性能优越的数字医院解决方案,并对整体方案进行了集成验证
轨道交通联合创新中心	2013.4	中国通号研究设计院	为全球轨道交通行业客户提供涵盖通信、信息化领域的整体解决方案和服务,共同推动铁路通信技术、产品与解决方案创新
Zain—华为联合创新中心	2014.6	科威特Zain移动公司	中东地区第一家联合创新中心,为帮助Zain公司在科发展网络服务业务,尤其是4G LTG在科的应用提供整合平台
大数据联合创新中心	2014.6	上海联通	以大数据为驱动引擎,使整体流量经营向精准、敏捷、开放的互联网运作模式转变
骨干网400G/IT联合创新中心	2014.8	中国联通	聚焦400G/IT核心路由器平台验证,研究40G/100G网络的平滑演进,并借助先进的400G/IT平台,提升骨干网建网效率
联合创新中心	2014.11	意大利电信	在固网和移动领域为客户提供多元化的、丰富的新服务和解决方案
OpenCloud联合创新中心	2015	意大利电信	从基础设施、云操作系统、ICT-O网络自动化管理、云应用程序以及云集成服务等端到端的全方位创新合作
联合创新中心	2015.1	宇信科技	深入开发金融云数据中心解决方案和全渠道银行解决方案
NFV产业联合创新中心	2015.2	腾讯	在技术创新、产品研发、解决方案以及市场营销等方面加速互联网在移动宽带网络上的应用创新
联合创新中心	2015.3	SAP	在HANA一体机、云计算、物联网、工业4.0、电信业务上展开合作
智慧交通与车联网联合创新中心	2015.3	重庆中交通信信息技术有限公司	就车联网提供创新行业解决方案
SDN/NFV联合创新中心	2015.4	中国联通网络技术研究院	聚焦新一代网络体系架构研究、SDN/NFV研发环境建设和业务应用创新

续表

创新中心	成立时间	合作伙伴	战略定位
远程医疗与医疗大数据联合创新中心	2015.5	郑州大学第一附属医院	共同推进远程医疗系统、大数据应用、移动医疗等多方面的解决方案升级与业务创新
智能光伏联合创新中心	2015.8	黄河水电	推动智能光伏技术平台建设,将数字信息技术、互联网技术与光伏发电技术相融合,以至于提升发电量和光伏电站的运营效率
联合创新中心	2015.12	印度政府	提供ICT解决方案测试,为印度客户及行业渠道合作方提供培训支持,整合多个垂直解决方案
智慧清洁能源联合创新中心	2015.12	中民新能	华为计划在5年内,协助中民新能打造15GW以上业界最领先的智能光伏电站
小蜂窝联合创新中心	2015.12	Telkomsel、印尼大学	推动室内网络数字化升级与智能业务创新,加速小蜂窝产业发展
联合创新中心	2016.1	波兰波兹南超算中心(PSNC)	在高性能计算(HPC)、云存储、大数据等领域进行联合研究
ICT创新中心	2016.1	印尼通信部	为印尼本地提供行业创意平台和资源,提供信息通信技术人才培养
能源物联网联合创新中心	2016.2	苏美达集团	在智能光伏电站关键部件的研发与应用、智能光伏电站解决方案及能源物联网技术领域展开技术研发合作
联合创新中心	2016.3	马耳他政府	用于研发"安全城市"解决方案,帮助公共管理部门应对安全威胁
电力创新中心	2016.6	泰国PEA	助力泰国PEA建设高速安全生产网络
商业联合创新中心	2018.2	中国电信	合力打造差异化的创新产品与解决方案,为用户带来更加极致的通信服务体验

注:以上资料来自华为历年年报。

华为相关研究及参考文献

[1] 安海. 华为公司股权激励制度研究 [D]. 对外经济贸易大学，2014.

[2] 白景坤. 组织惰性视角下组织变革对企业持续成长影响研究——以柯达公司历史上的 5 次重大组织变革为例 [J]. 财经问题研究，2014（11）.

[3] 曹香东. 华为公司智能手机网络营销策略研究 [D]. 中国地质大学（北京），2015.

[4] 陈春花，乐国林，曹洲涛. 中国领先企业管理思想研究 [M]. 北京：机械工业出版社，2014.

[5] 陈德智，刘辉. 是高效率还是低成本？——华为追赶爱立信 [J]. 科学学研究，2014，32（12）：1836—1845.

[6] 陈广. 华为的企业文化 [M]. 深圳：海天出版社，2007.

[7] 陈广. 任正非：华为的冬天——唯有惶者才能生存的冬天哲学 [M]. 深圳：海天出版社，2015.

[8] 陈秋菊. 华为公司国际化发展中的技术创新模式分析 [D]. 吉林大学，2017.

[9] 程东升. 任正非管理日志. 全新修订版. 杭州：浙江大学出版社，2013.

[10] 程东升，刘丽丽. 华为真相：在矛盾与平衡中前进的"狼群" [M]. 北京：当代中国出版社，2003.

[11] 程东升，刘丽丽. 华为经营管理智慧：中国"土狼"的制胜攻略 [M]. 北京：当代中国出版社，2005.

[12] 程东升，刘丽丽. 华为三十年：从"土狼"到"狮子"的生死蜕变 [M]. 贵阳：贵州人民出版社，2016.

[13] David Alexander Ingham. 中国企业从模仿走向创新的策略研究——华为公司是如何成为中国创新企业的典范 [D]. 重庆大学，2016.

[14] 邓小翔，丘缅. 顾客导向视角下的组织学习与企业自主技术创新能力——华为公司的案例分析 [J]. 科技管理研究，2016，36（3）：188—193.

[15] 丁庆功. 华为公司协同战略研究 [D]. 重庆大学，2014.

[16] 董小英，王馨，张娜. 中国企业竞争情报标杆实践 [J]. 中欧商业评论，2011：70—73.

[17] 董小英,周佳利.信息时代的创新与管理:思科启示录[M].北京:北京大学出版社,2014.

[18] 董小英,周佳利.信息时代的创新与管理:思科启示录[J].北大商业评论,2014(6).

[19] 方兴东,郭开森.歼击伏击:华为思科之战启示录[M].北京:中国经济出版社,2013.

[20] 高宇航.华为公司国际化进程的价值链优化问题研究[D].对外经济贸易大学,2015.

[21] 巩见刚,董小英.基于高层支持与信息化咨询的知识转移研究[J].商业研究,2011(9):13—18.

[22] 巩见刚,董小英.信息化中高层支持的维度表现以及影响因素分析——一个本土案例研究[J].管理学报,2012,9(9):1349—1355.

[23] 巩见刚,董小英,张娜.高层领导企业家精神与信息化成功——以华为公司的信息化推进过程为例[C].中国管理学年会,2010.

[24] 郭楚凡.华为时间管理与高效工作法[M].北京:中国铁道出版社,2016.

[25] 胡红卫.研发困局:研发管理变革之路.北京:电子工业出版社,2009.

[26] 胡莹,王安民,夏维力.华为战略变更测度:基于战略变更综合矩阵[J].经济管理,2008(7):93—96.

[27] 华牧.创华为:任正非传[M].北京:华文出版社,2017.

[28] 黄继伟.华为内训[M].北京:中国友谊出版社,2016.

[29] 黄丽君,程东升.资本华为[M].北京:当代中国出版社,2010.

[30] 黄伟芳,李晓阳.华为正传[M].北京:红旗出版社,2017.

[31] 黄卫伟.华为工作法[M].北京:中信出版社,2016.

[32] 黄卫伟.价值为纲:华为公司财经管理纲要[M].北京:中信出版社,2017.

[33] 黄卫伟.以奋斗者为本[M].北京:中信出版社,2014.

[34] 黄卫伟.以客户为中心[M].北京:中信出版社,2016.

[35] 黄卫伟.走出混沌.北京:人民邮电出版社,1998.

[36] 黄志伟.华为管理法:任正非的企业管理心得[M].苏州:古吴轩出版社,2017.

[37] 黄志伟.华为人力资源管理[M].苏州:古吴轩出版社,2017.

[38] 靳卫东,高波,吴向鹏.企业家精神:含义、度量和经济绩效的评述[J].中南财经政法大学学报,2008(4).

[39] 荆晓娟，彭剑锋，张斌. 华为的创新法则 [J]. 财会月刊，2014（36）：21—21.

[40] 康路晨. 华为项目管理之道 [M]. 北京：中国铁道出版社，2017.

[41] 孔祥露. 非一般的华为：任正非经营管理智慧 [M]. 深圳：海天出版社，2008.

[42] 李放，林汉川，刘扬. 面向全球价值网络的中国先进制造模式构建与动态演进——基于华为公司的案例研究 [J]. 经济管理，2010（12）：16—23.

[43] 李飞. 华为公司供应商评价研究 [D]. 华中科技大学，2014.

[44] 李洪文. 任正非：九死一生的坚持 [M]. 北京：中国言实出版社，2014.

[45] 李慧群. 华为的管理模式. 深圳：海天出版社，2006.

[46] 李理. 移动互联网环境下华为公司市场营销策略研究 [D]. 上海外国语大学，2016.

[47] 李强，揭筱纹. 商业生态系统网络核心企业价值评价研究——基于华为和中兴的对比分析 [J]. 科技进步与对策，2012，29（4）：110—114.

[48] 李蓉. 员工持股制度与公司创新——基于华为技术有限公司的案例研究 [D]. 西南财经大学，2016.

[49] 李伟，聂鸣，李顺才. 企业自主创新体系框架及影响因素研究——以华为为例 [J]. 科学管理研究，2009，27（1）：9—11.

[50] 李信忠. 华为的思维：解读任正非企业家精神和领导力 DNA[M]. 北京：东方出版社，2007.

[51] 梁道森. 华为公司服务转型价值研究 [D]. 北京交通大学，2014.

[52] 廖娅妮. 华为公司市场营销战略研究 [D]. 西南交通大学，2014.

[53] 刘彩虹. 华为智能手机营销策略应用分析 [D]. 太原理工大学，2014.

[54] 刘善仕，彭娟，张光磊等. 基于集成产品开发模式的人力资源管理实践演进研究 [J]. 管理学报，2013，10（7）：960—966.

[55] 刘维静. 国际化背景下华为公司研发策略研究 [D]. 华中科技大学，2016.

[56] 柳卸林，吴晟，朱丽. 华为的海外研发活动发展及全球研发网络分析 [J]. 科学学研究，2017，35（6）：834—841.

[57] 龙晓蕾. 华为公司的国际化战略与其创新绩效关系的研究——基于制度和资源理论视角 [D]. 首都经济贸易大学，2013.

[58] 楼河. 华为哲学概论：一个公司的基本价值观、核心价值观和普世价值观 [M]. 南京：江苏文艺出版社，2013.

[59] 楼河. 华为哲学概论 [M]. 南京：江苏文艺出版社，2013.

[60] 卢刚. 向华为学习卓越的产品管理 [M]. 北京：北京大学出版社，2013.

[61] 路云.任正非谈商录[M].北京：北京联合出版公司，2014.

[62] 毛武兴，陈劲，王毅.动态环境中企业核心技术能力的演化过程研究——以朗讯科技与华为技术的技术能力演变为例[J].管理工程学报，2006，20（1）：124—129.

[63] 孟瑶，梁巧转，张晶等.战略领导力的核心构成对下属工作绩效影响的跨层级研究——积极组织行为学视角[J].软科学，2014，28（1）：72—76.

[64] 彭剑锋，吴青阳.华为的价值评价体系，我们应该这样学[J].中国人力资源开发，2014（6）：12—20.

[65] 曲智.任正非内部讲话：关键时，任正非说了什么[M].北京：新世界出版社，2013.

[66] 曲智，申楠.任正非内部讲话2：华为成为全球第一的带队之道[M].北京：石油工业出版社，2016.

[67] 单娟，董国位.新兴市场后发企业逆向创新路径研究——来自华为公司的案例分析[J].科技进步与对策，2017，34（2）：87—93.

[68] 司辉.华为的研发与创新[M].深圳：海天出版社，2012.

[69] 孙科柳，易生俊，曾文明.华为人力资源管理方法论[M].北京：中国人民大学出版社，2016.

[70] 孙向杰.任正非：文化至上[M].北京：群言出版社，2016.

[71] 田涛等.枪林弹雨中成长：华为人讲述自己的故事（一）[M].北京：生活·读书·新知三联书店，2016.

[72] 田涛，吴春波.下一个倒下的会不会是华为[M].北京：中信出版社，2012.

[73] 田涛，殷志峰.厚积薄发：华为系列故事[M].北京：生活·读书·新知三联书店，2017.

[74] 王宏起，武建龙.企业主导优势及其选择方法研究[J].中国软科学，2010（7）：151—157.

[75] 王楠.任正非：永远思考失败[M].北京：时事出版社，2017.

[76] 王培林，2010.对华为知识创新过程的理性分析[J].科技进步与对策.27（17）：120—123.

[77] 王伟立，李慧群.华为的管理模式（第3版）[M].深圳：海天出版社，2012.

[78] 韦尔宗.任正非：商业的秘密[M].北京：民主与建设出版社，2017.

[79] 吴春波.从华为的管理实践看中国企业的全球竞争力[J].中国人力资源开发，2014（6）：43—50.

[80] 吴春波. 华为没有秘密 [M]. 北京：中信出版社，2016.

[81] 吴建祖，毕玉胜. 高管团队注意力配置与企业国际化战略选择——华为公司案例研究 [J]. 管理学报，2013，10（9）：1268—1274.

[82] 吴先明，梅诗晔. 基于自主创新的追赶战略：资源依赖视角 [J]. 经济管理，2016（6）：59—70.

[83] 吴晓波等. 华为管理变革 [M]. 北京：中信出版社，2017.

[84] 武亚军."战略框架式思考""悖论整合"与企业竞争优势——任正非的认知模式分析及管理启示 [J]. 管理世界，2013，235（4）：150—167.

[85] 武亚军. 中国本土新兴企业的战略双重性：基于华为、联想和海尔实践的理论探索 [J]. 管理世界，2009（12）：120—136.

[86] 希文. 任正非内部讲话 [M]. 哈尔滨：哈尔滨出版社，2017.

[87] 邢柏. 行为的规矩：华为人力资源管理内训手册 [M]. 北京：北京联合出版有限公司，2017.

[88] 邢柏. 关键的少数：任正非说干部培养 [M]. 长春：北方妇女儿童出版社，2016.

[89] 晏梦灵，董小英，余艳. 多层次组织学习与企业研发双元能力构建——以华为 IPD 系统实施为例 [J]. 研究与发展管理，2016，28（4）：72—86.

[90] 晏梦灵，余艳，董小英. 基于信息系统与组织学习的双元能力构建机制：以华为为例 [J]. 信息系统学报，2016（1）：77—92.

[91] 杨震宁，李东红，李德辉. 中国制造业的产业追赶机制：跨案例研究 [J]. 科学学与科学技术管理，2014（10）：51—63.

[92] 殷群."世界级"创新型企业成长路径及驱动因素分析——以苹果、三星、华为为例 [J]. 中国软科学，2014（10）：174—181.

[93] 余东明. 基于组织变革的华为高管全球心智研究 [D]. 南京邮电大学，2014.

[94] 余胜海. 任正非"灰度管理"的智慧 [J]. 企业管理，2012（9）：14—15.

[95] 余胜海. 任正非和华为：非常人，非常道 [M]. 武汉：长江文艺出版社，2017.

[96] 张继辰，文丽颜. 华为的人力资源管理（第 3 版）[M]. 深圳：海天出版社，2012.

[97] 张继辰，王伟立. 华为目标管理法 [M]. 深圳：海天出版社，2015.

[98] 张力升. 军人总裁任正非：从普通士兵到通信霸主 [M]. 北京：中央编译出版社，2008.

[99] 张利华. 华为研发（第 3 版）[M]. 北京：机械工业出版社，2017.

[100] 张笑恒. 华为内部讲话：你的奋斗终有回报 [M]. 北京：民主与建设出版社，2017.

[101] 赵凡禹，燕君. 任正非正传：指挥狼之队驰骋沙场的商界思想家传奇 [M]. 武汉：华中科技大学出版社，2010.

[102] 赵海涛，陈广. 华为的企业文化（第3版）[M]. 深圳：海天出版社，2012.

[103] 赵建华. 华为员工培训与激励法则 [M]. 北京：中国铁道出版社，2017.

[104] 赵立龙，魏江. 制造企业服务创新战略与技术能力的匹配——华为案例研究 [J]. 科研管理，2015，36（5）：118—126.

[105] 郑彤彤，谢科范. 基于用户创新视角的后发企业追赶战略研究 [J]. 科技进步与对策，2014（18）：136—139.

[106] 周留征. 华为创新 [M]. 北京：机械工业出版社，2017.

[107] 周锡冰. 华为管理课：从狼性团队到灰度理论 [M]. 南昌：江西人民出版社，2016.

[108] 朱瑞博，刘志阳，刘芸. 架构创新、生态位优化与后发企业的跨越式赶超——基于比亚迪、联发科、华为、振华重工创新实践的理论探索 [J]. 管理世界，2011（7）：69—97.

[109] 庄学敏. 基于华为的战略转型分析 [J]. 科研管理，2017，38（2）：144—152.

[110] Alavi, M., & Leidner, D. E. 2001. Review: Knowledge management and knowledge management systems: Conceptual foundations and research issues. *MIS Quarterly*, 25(1): 107-136.

[111] Alavi, M., & Tiwana, A. 2002. Knowledge integration in virtual teams: The potential role of KMS. *Journal of American Society for Information Science and Technology*, 53 (12): 1029-1037.

[112] Andriopoulos, C., & Lewis, M. W. 2009. Exploitation-exploration tensions and organizational ambidexterity: Managing paradoxes of innovation. *Organization Science*, 20 (4): 696-717.

[113] Ansoff, H. I., & McDonnell, E. J. 1990. *Implanting Strategic Management*. Prentice Hall.

[114] Argote, L. 2011. Organizational learning research: Past, present and future. *Management Learning*, 42 (4): 439–446.

[115] Argyres, N., 1996. Capabilities, technological diversification and divisionalization. *Strategic Management Journal*, 17(5): 395–410.

[116] Atuahene-Gima, K. and Ko, A. 2001. An empirical investigation of the effect of market orientation and entrepreneurship orientation alignment on product innovation. *Organization Science*, 12(1): 54–74.

[117] Baker, W. E., & Sinkula, J. M. 2007. Does market orientation facilitate balanced innovation programs? An organizational learning perspective. *Journal of Product Innovation Management*, 24: 316–334.

[118] Baum, J. A. C.(ed.). 2002. *The Blackwell Companion to Organizations*. Oxford: Blackwell.

[119] Beckman, C. M. 2006. The influence of founding team company affiliations on firm behavior. *Academy of Management Journal*, 49(4): 741–758.

[120] Benner, M. J., & Tushman, M. L. 2003. Exploitation, exploration, and process management: The productivity dilemma revisited. *Academy of Management Review*, 28 (2): 238-256.

[121] Bharadwaj, A. S. 2000. A resource-based perspective on information technology capability and firm performance: an empirical investigation. *MIS Quarterly*, 24(1): 169-196.

[122] Bhatt, G. D., & Grover, V. 2005. Types of information technology capabilities and their role in competitive advantage: an empirical study. *Journal of Management Information Systems*, 22 (2): 253-277.

[123] Brown, S. L., & Eisenhardt, K. M. 1997. The art of continuous change: Linking complexity theory and time-paced evolution in relentlessly shifting organizations. *Administrative Science Quarterly*, 42: 1-34.

[124] Cao, Q., Gedajlovic, E., & Zhang, H. 2009. Unpacking organizational ambidexterity: Dimensions, contingencies, and synergistic effects. *Organization Science*, 20 (4): 781-796.

[125] Cenfetelli, R., & Bassellier, G. 2009. Interpretation of formative measurement in information systems research. *MIS Quarterly*, 33 (4): 689–708.

[126] Christensen, C. M. 1997. *The Innovator Dilemma*. Harvard Business School Press.

[127] Cooper, A. C., & Dan, S. 1976. Strategic responses to technological threats. *Business Horizons*, 19(1): 61–69.

[128] Cyert, R. M., & March, J. G. 1963. *A Behavioral Theory of the Firm*. Prentice-Hall.

[129] Dane, E. 2010. Reconsidering the trade-off between expertise and flexibility: A cognitive

entrenchment perspective. *Academy of Management Review*, 35 (4): 579-603.

[130] Danneels, E. 2008. Organizational antecedents of second-order competences. *Strategic Management Journal*, 29(5): 519–543.

[131] De Luca, L. M., & Kwaku, A. G. 2007. Market knowledge dimensions and cross-functional collaboration: Examining the different routes to product innovation performance. *Journal of Marketing*, 71: 95-112.

[132] Denison, D. R., Hooijberg, R. and Quinn, R. E. 1995. Paradox and performance: toward a theory of behavioral complexity in managerial leadership. *Organization Science*, 6(5): 524-540.

[133] Devaraj, S., & Kohli, R. 2003. Performance impacts of information technolgy: Is actual uasge the missing link? *Management Science*, 49 (3): 273-289.

[134] Ebben, J. J., & Johnson, A. C. 2005. Efficiency, flexibility, or both? Evidence linking strategy to performance in small firms. *Strategic Management Journal*, 26(13): 249-1259.

[135] Eisenhardt, K. M., & Martin, J. A. 2000. Dynamic capabilities: what are they? *Strategic Management Journal*, 21 (10-11): 1105-1121.

[136] Eldredge, N. and Gould, S. J. 1972. Punctuated equilibria: An alternative to phyletic gradualism. *Models in Paleobiology*: 82-115.

[137] Fang, C., Lee, J., & Schilling, M. A. 2010. Balancing exploration and exploitation through structural design: The isolation of subgroups and organizational learning. *Organization Science*, 21 (3): 625-642.

[138] Feldman, M. S., & Pentland, B. T. 2003. Reconceptualizing organizational routines as a source of flexibility. *Administrative Science Quarterly*, 48: 94-118.

[139] Floyd, S. W., & Lane, P. J. 2000. Strategizing throughout the organization: Managing role conflict in strategic renewal. *Academy of Management Review*, 25(1): 154-177.

[140] Foster, R. N., 1986. *Innovation: The Attacker's Advantage*. N.Y.: Summit Books.

[141] Ghemawat, P. 1991. Market incumbency and technological inertia. *Marketing Science*, 10(2): 161-171.

[142] Gibson, C. B., & Birkinshaw, J. 2004. The antecedents, consequences, and mediating role of organizational ambidexterity. *Academy of Management Journal*, 47 (2): 209-226.

[143] Gilbert, R. J., & Newbery, D. M. G. 1984. Uncertain innovation and the persistence of monopoly: Comment. *American Economic Review*, 74(1): 238-242.

[144] Grover, V., Purvis, R. L., & Segars, A. H. 2007. Exploring ambidextrous innovation tendencies in the adoption of telecommunications technologies. *IEEE Transactions on Engineering Management*, 54 (2): 268-285.

[145] Gupta, A. K., Smith, K. G., & Shalley, C. E. 2006. The interplay between exploration and exploitation. *Academy of Management Journal*, 49 (4): 693-706.

[146] Guttel, W. H., & Konlechner, S. W. 2009. Continuously hanging by a thread: Managing contextually ambidextrous organizations. *Schmalenbach Business Review: ZFBF*, 61: 150.

[147] Hannan, M. T., & Freeman, J. 1984. Structural inertia and organizational change. *American Sociological Review*, 49(2): 149-164.

[148] He, Z.-L., & Wong, P. K. 2004. Exploration vs. exploitation: An empirical test of the ambidexterity hypothesis. *Organization Science*, 15 (4): 481-494.

[149] Heavey, C., & Simsek, Z. 2014. Distributed cognition in Top Management Teams and organizational ambidexterity: The influence of Transactive Memory Systems. *Journal of Management*, 1 (1): 1-27.

[150] Henderson, R. M., & Clark, K. B. 1990. Architectural innovation: The reconfiguration of existing product technologies and the failure of established firms. *Administrative Science Quarterly*, 35(1): 9-30.

[151] Henderson, R. 1993. Underinvestment and incompetence as responses to radical innovation: Evidence from the photolithographic alignment equipment industry. *Rand Journal of Economics*, 24(2): 248-270.

[152] Herrmann, A., Gassmann, O., & Eisert, U. 2007. An empirical study of the antecedents for radical product innovations and capabilities for transformation. *Journal of Engineering and Technology Management*, 24 (1): 92-120.

[153] Hill, S. A., & Birkinshaw, J. 2014. Ambidexterity and survival in corporate venture units. *Journal of Management*, 40 (7): 1899–1931.

[154] Im, G., & Rai, A. 2008. Knowledge sharing ambidexterity in long-term interorganizational relationships. *Management Science*, 54 (7): 1281-1296.

[155] Im, G., & Rai, A. 2014. IT-enabled coordination for ambidextrous interorganizational relationships. *Information Systems Research*, 25 (1): 72-92.

[156] Ireland, R. D., & Webb, J. W. 2007. Strategic entrepreneurship: Creating competitive advantage through streams of innovation. *Business Horizons*, 50(1): 49-59.

[157] Jabr, W., Mookerjee, R., Tan, Y., & Mookerjee, V. S. 2014. Leveraging philanthropic behavior for customer support: The case of user support forums. *MIS Quarterly*, 38 (1): 187-208.

[158] Jansen, J. J. P., Van Den Bosch, F. A., & Volberda, H. W. 2006. Exploratory innovation, exploitative innovation, and performance: Effects of organizational antecedents and environmental moderators. *Management Science*, 52 (11): 1661-1674.

[159] Jansen, J. J. P., Templaar, M. P., Bosch, F. A. G. V. d., & Volberda, H. W. 2009. Structural differentiation and ambidexterity: The mediating role of integration mechanisms. *Organization Science*, 20 (4): 797-811.

[160] Kane, G. C., & Alavi, M. 2007. Information technology and organizational learning: An investigation of exploration and exploitation processes. *Organization Science*, 18 (5): 796-812.

[161] Kang, S. C., & Snell, S. A. 2009. Intellectual capital architectures and ambidextrous learning: A framework for human resource management. *Journal of Management Studies*, 46 (1): 65-92.

[162] Kathuria, A., & Konsynski, B. 2012. Juggling paradoxical strategies: The emergent role of IT capabilities, Thrity third International Conference on Information Systems. Orlando.

[163] Kogut, B., & Zander, U. 1992. Knowledge of the firm, combinative capabilities, and the replication of technology. *Organization Science*, 3 (3): 383-397.

[164] Kuhn, T. S. 1970. *The Structure of Scientific Revolutions*. University of Chicago Press.

[165] Kyriakopoulos, K., & Moorman, C. 2004. Tradeoffs in marketing exploitation and exploration strategies: The overlooked role of market orientation. *International Journal of Research in Marketing*, 21 (3): 219-240.

[166] Lapointe, L., & Rivard, S. 2005. A multilevel model of resistance to information technology implementation. *MIS Quarterly*, 29 (3): 461-491.

[167] Lavie, D., & Rosenkopf, L. 2006. Balancing exploration and exploitation in alliance formation. *Academy of Management Journal*, 49 (4): 797-818.

[168] Leiponen, A., & Helfat, C. E. 2010. Innovation objectives, knowledge sources, and the benefits of breadth. *Strategic Management Journal*, 31 (2): 224-236.

[169] Leonard-Barton, D. 1992. Core Capabilities and Core Rigidities: A Paradox in

Managing New Product Development. *Strategic Management Journal*, 13(1): 111-125.

[170] Levinson, D. J., & Darrow, C. N. 1984. The seasons of a man's life, *New Ideas in Psychology*, 2(3): 269-279.

[171] Levinthal, D. A., & March, J. G. 1993. The myopia of learning, *Strategic Management Journal*, 14(2): 95-112.

[172] Levitt, B., & March, J. G. 1988. Organizational learning, *Annual Review of Sociology*, 14(1): 319-340.

[173] Lewis, M. W. 2000. Exploring paradox: Toward a more comprehensive guide. *Academy of Management Review*, 25 (4): 760-776.

[174] Li, C. R., Lin, C. J., & Chu, C. P. 2008. The nature of market orientation and the ambidexterity of innovations. *Management Decision*, 46 (7): 1002-1026.

[175] Lubatkin, M. H., Simsek, Z., Ling, Y., & Veiga, J. F. 2006. Ambidexterity and performance in small-to medium-sized firms: The pivotal role of top management team behavioral integration. *Journal of Management*, 32 (5): 646-672.

[176] Lumpkin, G. T., & Dess, G. G. 1996. Clarifying the Entrepreneurial orientation construct and linking it to performance. *Academy of Management Review*, 21(1): 135-172.

[177] Majchrzak, A., Wagner, C., & Yates, D. 2013. The impacts of shaping on knowledge reuse for organizational improvement with wikis. *MIS Quarterly*, 37 (2): 455-469.

[178] Malhotra, A., Gosain, S., & EI Say, O., A. 2005. Absorptive capacity configurations in supply Chains: Gearing for partner-enabled Market Knowledge Creation. *MIS Quarterly*, 29(1).

[179] March, J. G. 1991. Exploration and exploitation in organizational learning. *Organization Science*, 2 (1): 71-87.

[180] McCarthy, I. P., & Gordon, B. R. 2011. Achieving contextual ambidexterity in R&D organizations: a management control system approach. *R&D Management*, 41 (3): 240-259.

[181] McGrath, R. G. 2001. Exploratory learning, innovative capacity, and managerial oversight. *Academy of Management Journal*, 44 (1): 118-131.

[182] Melville, N., Kraemer, K., & Gurbaxani, V. 2004. Review: Information technology and organizational performance: An integrative model of IT business value. *MIS Quarterly*, 28 (2): 283-322.

[183] Menguc, B., & Auh, S. 2008. The asymmetric moderating role of market orientation on the ambidexterity–firm performance relationship for prospectors and defenders. *Industrial Marketing Management*, 37 (4): 455-470.

[184] Meyer, C. B., & Stensaker, I. G. 2006. Developing capacity for change. *Journal of Change Management,* 6 (2): 217-231.

[185] Miller, D. 1990. *The Icarus Paradox: How Excellent Organizations Can Bring About Their Own Downfall*. Haper Business.

[186] Miller, D. 1993. The architecture of simplicity. *Academy of Management Review*, 18(1): 116-138.

[187] Mom, T. J., Van Den Bosch, F. A., & Volberda, H. W. 2007. Investigating managers' exploration and exploitation activities: The influence of top-down, bottom-up, and horizontal knowledge inflows. *Journal of Management Studies*, 44 (6): 910-931.

[188] Nemanich, L. A., & Vera, D. 2009. Transformational leadership and ambidexterity in the context of an acquisition. *Leadership Quarterly*, 20: 19-33.

[189] Nonaka, I., & Takeuchi, H. 1995. *The Knowledge-creating Company: How Japanese Companies Create the Dynamics of Innovation*. Oxford University Press, USA.

[190] O'Reilly, C. A., & Tushman, M. L. 2008. Ambidexterity as a dynamic capability: Resolving the innovator's Dilemma. *Research in Organizational Behavior*, 28: 185-206.

[191] O'Reilly, C. A., & Tushman, M. L. 2013. Organizational ambidexterity: Past, present, and future. *The Academy of Management Perspectives*. 27(4): 324-338.

[192] O'Reilly, C. A., & Tushman, M. L. 2004. The ambidextrous organization. *Harvard Business Review*, 82: 74-81.

[193] Pavlou, P. A., & El Sawy, O. A. 2006. From IT leveraging competence to competitive advantage in turbulent environments: The case of new product development. *Information Systems Research*, 17 (3): 198-227.

[194] Pavlou, P. A., & El Sawy, O. A. 2010. The "Third Hand": IT-enabled competitive advantage in turbulence through improvisational capabilities. *Information Systems Research*, 21 (3): 443-471.

[195] Phene, A., Tallman, S., & Almeida, P. 2012. When do acquisitions facilitate technological exploration and exploitation? *Journal of Management*, 38 (3): 753-783.

[196] Poole, M. S., & Van de Ven, A. H. 1989. Using paradox to build management and organization theories. *Academy of Management Review*, 14 (4): 562-578.

[197] Raisch, S. 2008. Balanced structures: Designing organizations for profitable growth. *Long Range Planning*, 41: 483-508.

[198] Raisch, S., Birkinshaw, J., Probst, G., & Tushman, M. L. 2009. Organizational ambidexterity: Balancing exploitation and exploration for sustained performance. *Organization Science*, 20 (4): 685-695.

[199] Rosenbloom, R. S., & Christensen, C. M. 1994. Technological discontinuties, organizational capabilities, and strategic commitments. *Industrial and Corporate Change*, 3(3): 655-685.

[200] Rothaermel, F. T., & Hill, C. W. 2005. Technological discontinuities and complementary assets: A longitudinal study of industry and firm performance. *Organization Science*, 16(1): 52-70.

[201] Rothaermel, F. T., & Alexandre, M. T. 2009. Ambidexterity in technology sourcing: The moderating role of absorptive capacity. *Organization Science*, 20 (4): 759-780.

[202] Rothaermel, F. T., & Deeds, D. L. 2004. Exploration and exploitation alliances in biotechnology: A system of new product development. *Strategic Management Journal*, 25 (3): 201-221.

[203] Russo, A., & Vurro, C. 2010. Cross-boundary ambidexterity: Balancing exploration and exploitation in the fuel cell industry. *European Management Review*, 7: 30-45.

[204] Sambamurthy, V., Bharadwaj, A., & Grover, V. 2003. Shaping agility through digital options: Reconceptualizing the role of information technology in contemporary firms. *MIS Quarterly*, 27 (2): 237-263.

[205] Siggelkow, N., & Levinthal, D. A. 2003. Temporarily divide to conquer: Centralized, decentralized, and reintegrated organizational approaches to exploration and adaptation. *Organization Science*, 14 (6): 650-669.

[206] Simon, H. A. 1955. A Behavioral model of rational choice. *Quarterly Journal of Economics*, 69(1): 99-118.

[207] Simsek, Z., Heavey, C., Veiga, J. F., & Souder, D. 2009. A typology for aligning organizational ambidexterity's Conceptualizations, Antecedents, and Outcomes. *Journal of Management Studies*, 46 (5): 864-894.

[208] Smith, W. K., & Lewis, M. W. 2011. Toward a theory of paradox: A dynamic equilibrium model of organizing. *Academy of Management Review*, 36 (2): 381-403.

[209] Smith, W. K., & Tushman, M. L. 2005. Managing strategic contradictions: A top

management model for managing innovation streams. *Organization Science*, 16 (5): 522-536.

[210] Smith, W. K., Binns, A., & Tushman, M. L. 2010. Complex business models: Managing strategic paradoxes simultaneously. *Long Range Planning*, 43 (2): 448-461.

[211] Srivardhana, T., & Pawlowski, S. D. 2007. ERP systems as an enabler of sustained business process innovation: A knowledge-based view. *Journal of Strategic Information Systems*, 16: 51-69.

[212] Stenner, U., & Lavie, D. 2014. Ambidexterity under scrutiny: Exploration, and exploitation via internal organization, alliance, and acquisitions. *Strategic Management Journal*, 35: 1903–1929.

[213] Swart, J., & Kinnie, N. 2007. Simultaneity of learning orientations in a marketing agency. *Management Learning*, 38 (3): 337–357.

[214] Taylor, A. and Helfat, C. E., 2009, Organizational linkages for surviving technological change: Complementary assets, middle management, and ambidexterity, *Organization Science*, 20(4): 718-739.

[215] Taylor, A., & Greve, H. R. 2006. Superman or the fantastic four? Knowledge combination and experience in innovative teams. *Academy of Management Journal*, 49 (4): 723-740.

[216] Teece, D. J., Pisano, G., & Shuen, A. 1997. Dynamic capabilities and strategic management. *Strategic Management Journal*, 18 (7): 509-533.

[217] Thomas, J. B. S. W. S. H., John C. 2001. Understanding "strategic learning": Linking organizational learning, knowledge management, and sense making. *Organization Science*, 12 (2): 331-345.

[218] Tippins, M. J., & Sohi, R. S. 2003. IT competency and firm performance: Is organizational learning a missing link? *Strategic Management Journal*, 24 (8): 745-761.

[219] Tiwana, A. 2008. Do bridging ties complement strong ties? An empirical examination of alliance ambidexterity. *Strategic Management Journal*, 29 (3): 251-272.

[220] Tiwana, A. 2010. Systems development ambidexterity: Explaining the complementary and substitutive roles of formal and informal controls. *Journal of Management Information Systems*, 27 (2): 87-126.

[221] Tripsas, M. and Gavetti, G. 2000. Capabilities, cognition, and inertia: Evidence from digital imaging. *Strategic Management Journal*, 21(10-11): 1147-1161.

[222] Tripsas, M. 1997. Unraveling the process of creative destruction: Complementary assets and incumbent survival in the typesetter industry. *Strategic Management Journal*, 18(1): 119-142.

[223] Turner, N., Swart, J., & Maylor, H. 2013. Mechanisms for managing ambidexterity: A review and research agenda. *International Journal of Management Reviews*, 15: 317-332.

[224] Tushman, M. L., & Anderson, P. 1986. Technological discontinuities and organizational environments. *Administrative Science Quarterly*, 31(3): 439-465.

[225] Tushman, M. L., & O'Reilly III, C. A. 1996. Managing evolutionary and revolutionary change. *California Management Review*, 38 (4): 8-28.

[226] Tushman, M., Smith, W. K., Wood, R. C., Westerman, G. and O'Reilly, C. 2010. Organizational designs and innovation streams. *Industrial and Corporate Change*. 19(5): 1331-1366.

[227] Utterback, J. M. 1994. Mastering the dynamics of innovation. *Research-Technology Management*, 37(1): 1-16.

[228] Voss, G. B., & Voss, Z. G. 2013: Strategic ambidexterity in small and medium-sized enterprises: Implementing exploration and exploitation in product and market domains. *Organization Science*, 24(5): 1459-1477.

[229] Wake, D. B., Roth, G., & Wake, M. H. 1983. On the problem of stasis in organismal evolution. *Journal of Theoretical Biology*, 101(2): 211-224.

[230] Wang, N., Liang, H., Zhong, W., Xue, Y., & Xiao, J. 2012. Resource structuring or capability building? An empirical study of the business value of information technology. *Journal of Management Information Systems*, 29 (2): 325-367.

[231] Wei, Z., Yi, Y., & Guo, H. 2014. Organizational learning ambidexterity, strategic flexibility, and new product development. *Journal of Product Innovation Management*, 31 (4): 832–847.

[232] Weick, K. E. 1995, *Sensemaking in Organizations*. Sage Publications.

[233] Wernerfelt, B. 1984. A resource-based view of the firm. *Strategic Management Journal*, 5(2): 171-180.

[234] Westenholz, A. 1993. Paradoxical thinking and change in the frames of reference, *Organization Studies*, 14(1): 37-58.

[235] Winter, S. G. and Nelson, R. R. 1982. *An Evolutionary Theory of Economic Change*.

Belknap Press of Harvard University Press.

[236] Zahra, S. A., & George, G. 2002. Absorptive capacity: A review, reconceptualization, and extension. *Academy of Management Review*, 27 (2): 185-203.

[237] Zhou, K. Z., & Li, C. B. 2012. How knowledge affects radical innovation: Knowledge base, market knowledge acquisition, and internal knowledge sharing. *Strategic Management Journal*, 33 (9): 1090-1102.

[238] Zollo, M., & Winter, S. G. 2002. Deliberate learning and the evolution of dynamic capabilities. *Organization Science*, 13 (3): 339-351.